U0505129

中国社会科学院文库
经济研究系列
The Selected Works of CASS
Economics

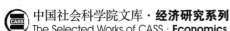中国社会科学院创新工程学术出版资助项目

中国社会科学院文库·经济研究系列
The Selected Works of CASS · Economics

区域协同低碳发展路径与政策

溢出-反馈效应的视角

Pathway and Policy for Regional Coordinated Low Carbon Development
Perspective of Spillover-feedback Effects

张友国 / 著

社会科学文献出版社
SOCIAL SCIENCES ACADEMIC PRESS (CHINA)

《中国社会科学院文库》
出版说明

　　《中国社会科学院文库》（全称为《中国社会科学院重点研究课题成果文库》）是中国社会科学院组织出版的系列学术丛书。组织出版《中国社会科学院文库》，是我院进一步加强课题成果管理和学术成果出版的规范化、制度化建设的重要举措。

　　建院以来，我院广大科研人员坚持以马克思主义为指导，在中国特色社会主义理论和实践的双重探索中做出了重要贡献，在推进马克思主义理论创新、为建设中国特色社会主义提供智力支持和各学科基础建设方面，推出了大量的研究成果，其中每年完成的专著类成果就有三四百种之多。从现在起，我们经过一定的鉴定、结项、评审程序，逐年从中选出一批通过各类别课题研究工作而完成的具有较高学术水平和一定代表性的著作，编入《中国社会科学院文库》集中出版。我们希望这能够从一个侧面展示我院整体科研状况和学术成就，同时为优秀学术成果的面世创造更好的条件。

　　《中国社会科学院文库》分设马克思主义研究、文学语言研究、历史考古研究、哲学宗教研究、经济研究、法学社会学研究、国际问题研究七个系列，选收范围包括专著、研究报告集、学术资料、古籍整理、译著、工具书等。

中国社会科学院科研局

2006 年 11 月

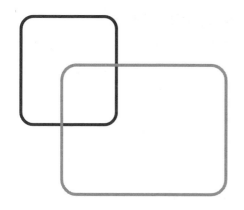

目　录

第二篇　基于溢出—反馈效应的碳排放 转移与责任分配研究

第三篇　基于溢出—反馈效应的碳排放 空间结构分解分析

绪　论[*]

　　气候变暖是人类共同面临的全球性的环境挑战。作为全球最大的发展中国家同时也是全球最大的碳排放国家之一，中国已经在多个场合通过一系列决议向世界显示了为减缓气候变化做出重大贡献的决心，并做出了一系列庄严承诺。特别是在 2015 年 11 月召开的巴黎气候变化大会上，中国已经以国家自主贡献的形式宣布，在 2030 年左右达到本国的碳排放峰值，并争取提前达到这一峰值。

　　然而，碳峰值并不会随着经济发展水平的提高而自然到来，因而通过什么样的路径、实施怎样的政策来实现碳峰值和强度目标是当前中国亟待解决的问题。如果选择的路径和实施的政策得当，那么实现碳峰值和强度目标不仅不会对中国的经济社会发展产生刚性约束，反而会促进中国的经济发展方式向绿色低碳转型（He，2014）。反之，则可能对中国的经济社会发展产生严重的负面冲击，甚至导致经济硬着陆。

　　正因为如此，中国碳减排的实现路径与政策选择近年来已经引起了社会各界的广泛关注，学界也展开了大量相关研究。而其中，如何科学制定分时段、分地区的碳排放目标又是当前中国实现碳排放峰值目标亟待解决的问题（He，2014；Chen & Groenewold，2015）。一方面，中国幅员辽阔，各个区域之间经济社会发展差异巨大，功能定位大相径庭，不同地区的碳峰值到达

---

　　* 本书的一系列阶段性成果已经先后发表于《中国工业经济》、《数量经济技术经济研究》、《中国人口资源与环境》、Energy Economics、Energy Policy 等国内外经济学和环境研究领域内的权威学术期刊，部分成果被人民大学报刊复印资料全文转载。

时间、峰值额以及实现峰值的主动性必然存在差异（Chen & Groenewold，2015）。另一方面，区域之间还存在密切的经济社会关联性，这些关联性及其影响也必须在碳峰值目标实现路径与政策的设计中予以充分考虑（Meng等，2013）。

因而，如何在低碳约束下统筹区域发展，形成有利于温室气体减排的区域发展格局、产业结构、生产方式、生活方式，最终促进生态文明建设与经济建设的相互融合，是当前中国迫切需要解决的重大现实问题。本书就是作者从经济学视角对这一问题所做的一系列思考和研究。

一 区域协同低碳发展的概念、内涵与战略意义

（一）区域协同低碳发展的概念

"协同发展"是指一个系统中的各个子系统既能够充分发挥各自的发展优势，又能充分借助其他子系统的各种优势克服自身缺陷，从而使自身获得尽可能好的发展并惠及其他子系统的发展，同时又要能尽量减少、降低乃至避免自身与其他子系统之间的冲突，如此以达到各子系统之间相互适应、相互支撑、相互协作、相互配合、相互促进的良性互动的发展状态，并最终实现整个系统的最优发展和协调发展。

将协同发展论延伸至区域层面，便有了"区域协同发展"概念。显然，区域协同发展不是局限于个别区域的发展，而是涵盖多个区域的共同发展。它要求将多个区域作为一个相互关联的有机系统来看待，这个有机系统中的各个区域都是其不可或缺的子系统，各个区域既有其独立性，又与其他区域有着紧密的联系。进一步，区域协同发展既不是将多个区域不加区分地作为一个整体看待，更不是只关注其中的某一个区域而不考虑其他区域及所有区域构成的整体，而是在充分考虑各区域相互关联机制及各区域目标的基础上，谋求整体目标的实现。

"低碳发展"是一种以低碳排放为特征的可持续发展模式。当然低碳发展通常也会呈现低能耗、低污染物排放等其他特征。不过，上述概念只是对低碳发展的静态理解，主要是指低碳发展模式实现后的理想状态。然而，上述理想状态并非一蹴而就，通常需要经过全社会的共同努力，并假以时日才能逐渐实现。因此，如果针对所有发展阶段来定义低碳发展，或者动态地理解低碳发展，则可将其定义为：在实现经济、社会发展目标的同时，尽可能少地产生碳排放，使发展呈现不断与碳排放脱钩的状态，并最终使发展对碳

排放的依赖程度降至极低的水平。

"区域协同低碳发展"显然是由"区域协同发展"与"低碳发展"复合而成或交叉而成的概念，它必然要同时满足区域协同发展与低碳发展的要求或标准。如果以低碳发展为目的，以协同发展为约束或途径，则区域协同低碳发展可以理解为：通过发挥某一地域内各个区域的优势和能动性，形成区域间的良性互动，从而使各个区域最大限度地实现低碳发展，并最大限度地实现整个地域的低碳发展。换个角度，也可以给出上述区域协同低碳发展定义的对偶定义，即将区域协同低碳发展定义为：在低碳约束下，最大限度地在某一地域内实现区域协同发展，继而实现各个区域的共同发展。

（二）区域协同低碳发展的内涵

1. 区域协同低碳发展既强调经济增长，更强调以低碳排放的方式实现经济增长

"发展才是硬道理"。经济增长仍然是当前中国发展的重要任务，它是2020 年全面建成小康社会，实现 2020 年国内生产总值和居民人均收入比2010 年翻一番目标的根本保障。区域协同低碳发展也要服从全面建成小康社会这一战略目标，而且其根本着眼点本来就是发展，因而它必然要求经济持续增长，而且要保持中高速增长。不过，区域协同低碳发展对经济增长的质量提出了更高的要求，即以尽可能低的碳排放以及尽可能低的能源消耗和其他污染物排放为代价实现经济的中高速可持续增长。区域协同低碳发展要求经济增长控制在生态环境可承载的范围内，不能造成生态环境特别是气候的不可恢复性破坏，同时要求经济增长必须满足能源及其他资源安全要求。这就要求通过技术的不断创新和进步、产业结构和能源结构的不断优化和升级以及可持续生活方式的不断形成，使经济增长对能源消耗、碳排放及资源消耗和其他污染排放的依赖程度不断下降。

2. 区域协同低碳发展既注重全局性的低碳发展，也要兼顾各个区域的低碳发展

区域协同低碳发展首先要从全局出发考虑整个地域的低碳发展，而不是从个别或某些区域出发考虑其低碳发展，相关的战略、规划和政策措施必须是有利于整个地域的低碳发展，而不是仅仅有利于某个或某些区域的低碳发展。不过全局性的低碳发展水平又是由各个区域的低碳发展水平共同决定的，各区域的低碳发展水平提高了，全局性的低碳发展水平也必然提高。进一步，一个地域中各个区域的特征或优劣势往往不同，甚至可能存在非常大

的差异，因而整个地域的低碳发展必须充分考虑区域间的差异性，从而使制定和实施的低碳发展方案能够兼顾各个区域的低碳发展，不至于顾此失彼并对全局性的低碳发展产生不利影响。总而言之，区域协同低碳发展以全局性的低碳发展为目标，而全局性的低碳发展以各个区域的低碳发展为基础，因而全局性的低碳发展必须兼顾各个区域的低碳发展。

3. 区域协同低碳发展既鼓励区域间的良性竞争，更鼓励区域间的协同作用和互利共赢

一个地域中的各个区域既密切关联，又有相对的独立性，也有各自的利益和责任。毛泽东同志在《论十大关系》一文中总结中国社会主义建设的基本经验时曾指出，"要充分发挥中央和地方两个积极性"。许多学者认为中国改革开放以来的高速经济增长就得益于以经济增长为指挥棒的激励机制所带来的各行政区域的激烈竞争。因而，要实现全局性的低碳发展目标，也应该而且必须充分调动各个区域的积极性。如果引入以低碳发展为指挥棒的激励机制，必然也能形成区域间的良性竞争局面，从而有利于调动各区域的低碳发展积极性，激发其低碳发展的潜能。然而，区域协同低碳发展强调竞争并不是为了优胜劣汰，即不是为了使某些区域越来越先进，而另一些区域越来越落后，而是为了激发各区域更好地发挥自身的优势，或者努力提升自身的优势并扭转劣势，从而使各区域共同发展。过于强调区域间的竞争有可能物极必反，如造成地方保护主义，从而不利于区域间扬长避短，并形成整个地域的"内耗"。因此，区域协同低碳发展更应鼓励区域间形成协作互赢的低碳发展模式，使各个区域的优势得到最好的发挥，产生"1＋1＞2"的协同效应，最大限度地推进整体的低碳发展。

（三）区域协同低碳发展的战略意义

1. 区域协同低碳发展是中国全面建成小康社会和实现更长远发展目标的内在要求

协同发展论已被世界上许多国家或地区确定为社会可持续发展的基础。当前，"协调发展"是引领中国发展的五大理念之一，协调发展的重要内容之一就是区域协调发展，而区域协同发展显然是区域协调发展的必然要求和实现途径。同样，低碳发展也被世界大部分国家或地区当作社会可持续发展的基石。中国共产党第十八次全国代表大会将生态文明建设作为中国特色社会主义建设"五位一体"总体布局中的一个重要方面，而绿色、低碳、循环发展就是这次会议提出的生态文明建设的一项具体要求。中国共产党第十

八届五中全会进一步将绿色发展确立为中国未来发展必须遵循的五大发展理念之一，而低碳发展在某种意义上可以理解为绿色发展的一个重要内容。因此，区域协同低碳发展不仅十分契合中国的发展理念，也是建设中国特色社会主义的应有之义。

2. 区域协同低碳发展不仅是生态文明建设的必然要求，也是生态文明建设的重要途径

生态文明建设是一项复杂的系统工程，其内涵极其丰富。减少碳排放、确保能源安全无疑是当前生态文明建设中非常重要和紧迫的任务，而要完成上述任务就必须大力推行低碳发展。进一步，低碳发展对生态文明建设的其他领域也具有非常显著而积极的外部效应，因为低碳发展不仅有利于减少能源消耗和碳排放，而且十分有利于减少其他资源消耗和污染排放。因此，努力实现低碳发展必将极大地促进生态文明建设，改善生态环境质量，并有助于人们共享生态文明建设成果，保护人民的身心健康。

3. 区域协同低碳发展有助于将生态文明建设融入经济建设，从而有助于提升经济增长质量和可持续竞争力

短期来看，低碳发展收紧了经济增长的碳排放约束条件，会对经济增长产生一定的冲击。然而，正是通过强化碳排放约束，原有高能耗、高污染排放的粗放型经济增长模式才有可能被遏制，继而逐渐向低碳经济增长模式转变。因而，长期、动态来看，区域协同低碳发展有利于在全国范围内激励技术进步，特别是节能减碳领域的技术创新和技术进步，促进产业结构优化升级，推动能源结构向清洁型转变，引导居民生活方式向低碳化转型，从而最终使经济增长更多地依靠创新并逐渐与能耗和碳排放脱钩，继而提升经济增长质量。特别是，低碳发展如今已成为世界潮流，一个国家如果能够率先在低碳技术领域取得突破和进展，率先推出低碳技术标准及其他相关标准，有能力提供消费者认可的低碳产品，就能率先形成具有竞争力的低碳品牌和低碳产业，获得低碳发展领域的话语权和相关规则的制定权，从而提高本国的可持续竞争力。区域协同低碳发展无疑是中国提升上述可持续竞争力的助推器。

4. 区域协同低碳发展是中国应对全球气候变化、融入和引领全球环境治理的客观要求和坚实保障

如前所述，气候变化如今不仅是一个全球生态环境问题，更是一个全球性的政治经济问题。中国的特色社会主义建设和发展离不开世界，世界经济发展和环境治理也离不开中国的贡献。作为一个负责任的大国，中国已经大大超出自身的义务，向世界庄严承诺了 2020 年的碳强度控制目标和 2030 年左右实现碳排放峰值的总量控制目标。显然，国家的碳排放控制离不开区域协同低碳发展。一方面，国家的碳减排目标需要逐级分解到各个区域，中央督促各地方实现其碳减排目标，才能有效保证国家碳减排目标的顺利实现。另一方面，充分发挥各个地区的比较优势，形成区域协同效应，十分有利于提高各地区及全国的低碳发展水平，从而有利于国家碳减排目标的实现。中国实现上述碳排放控制目标，不仅会对全球气候变化做出巨大贡献，还将为世界的低碳发展提供一个中国模式，而区域协同低碳发展也必将作为这一中国模式的重要内容为其他国家所学习和借鉴。

二　国内外相关研究现状

区域低碳发展的路径与政策是当前低碳发展研究领域的热点研究方向，特别是对这一问题的经济学研究十分活跃。目前这一领域比较热点的问题主要包括如下几个方面：一是关于区域碳排放估计及碳排放影响因素的研究；二是关于区域间碳排放交互影响的研究，包括碳排放转移、溢出—反馈效应问题及相关方法；三是关于区域碳排放效率的研究，包括区域碳强度、区域碳生产率以及区域碳边际减排成本三方面的研究；四是关于区域碳减排政策的影响及优化的研究，主要包括碳交易、碳税及其他政策、不同政策间的比较及不同政策间的协同等内容。

（一）区域碳排放估计及碳排放影响因素研究

1. 区域碳排放估计

区域碳排放的估计是区域碳减排研究的基础。相关研究者一般都采用 IPCC 提供的指南估计碳排放，即各类经济主体消耗的各种化石能源数量与相关技术参数相乘，从而得到其碳排放量。不过，在估计中国区域碳排放的研究中还有两个难题需要妥善解决。

需要解决的第一个问题是各区域公布的能源消耗量加总与官方公布的全国能源消耗量差异巨大，从而导致区域加总的碳排放估计量与全国的碳排放估计量严重不符。根据 Guan 等（2012）的研究，区域加总的二氧化碳排放估计量比全国的二氧化碳排放估计量高出 1.4 亿吨。需要解决的第二个问题是目前只能找到各区域六部门的能源消耗数据，绝大多数省份细分行业的能源消耗数据缺失。这一问题之所以重要，是因为对于很多有关区域间碳排放转移、区域间碳排放交互影响以及区域碳减排政策模拟研究而言，分地区细分部门的碳排放估计量是不可或缺的数据。这两个问题的彻底解决当然只能依靠国家统计部门提供质量更高的能源消耗统计数据，但这恐怕还需要较长一段时间。

为了使区域加总的碳排放量与全国的碳排放量匹配，研究者提出了一些方案。Su 和 Ang（2010）提出了一个估计区域细分行业碳排放的优化方法，他们的主要思路是根据省际多区域投入产出表并采用 RAS 方法将国家细分部门的碳排放量分配给各区域的相应部门。Weitzela 和 Ma（2014）也用全国的碳排放估计量来矫正区域的碳排放估计量。他们根据省际多区域投入产出表中各区域同一部门的能源投入价值量将全国相应部门相应能耗的碳排放量按比例分配。Zhang 和 Tang（2015）、Zhang（2015）及张友国（2015）则采用了另一思路，他们先通过各种数据来源（主要是区域统计年鉴）收集和估计分地区分部门的能耗数据，在此基础上初步估计分地区分部门的碳排放量，然后根据全国分部门的碳排放估计量按比例调整分地区分部门的碳排放初步估计量。他们还进一步估计了各地区水泥生产中的工艺性碳排放。此外，大部分需要估计区域细分部门碳排放的研究也多采用基于地区层面能耗数据的估计方法，如 Guo 等（2012）、Meng 等（2013）、Fan 等（2016）。

2. 区域碳排放影响因素研究

研究区域碳减排首先必须搞清楚碳排放的决定因素。因此，近年来很多学者从区域层面充分研究了碳排放的影响因素，包括人口、经济发展水平、技术水平、就业结构、能源结构、产业结构、城市化、工业化、农业用地向建设用地转换以及对外开放度等诸多因素。其中绝大部分研究都涉及多个影响因素及其对碳排放的影响力度。根据研究方法，有关碳排放影响因素的研究主要分为三类。

一是基于分解方法的研究，这类研究能够直接测算各类因素对碳排放的贡献值。分解方法一般基于环境影响评估模型（如著名的 IPAT 恒等式及其衍生的 KAYA 恒等式）展开，该方法通常可分为两类：指数分解方法和投入产出结构分解（Structural Decomposition Analysis，SDA）方法。指数分解方法的优势在于它可以更方便地应用年度数据，但它不能考虑区域间的碳排放交互影响。现有研究中多数是基于指数分解方法特别是对数均值迪氏指数（LMDI）分解方法的研究，如 Chen 和 Yang（2015）对中国 1995～2011 年的碳排放变化进行了时空分解。SDA 方法则考虑了区域间深刻的经济关联性，因而能够刻画它们的碳排放交互影响，但其可用数据只能局限于每隔几年才公布一次的区域投入产出表，同时该方法还存在分解形式不唯一的问题。为了解决 SDA 方法分解形式不唯一的问题，可以考虑将该方法与指数分解（如 LMDI）方法结合起来，这样可以兼顾两种方法的优势。目前也有个别研究采取了这种综合方法的策略，如 Zhang 和 Tang（2015）基于多区域投入产出表和 LMDI 方法对中国省际出口隐含碳的研究。未来还可以考虑将这种综合方法与年度数据相结合来研究区域碳排放因素。

二是基于计量经济学方法和地区面板数据的研究。最近的研究如 Cao 等（2016），他们采用阈值模型和 1979～2013 年面板数据的研究表明，城市化水平超过阈值（0.43）后对中国碳排放的影响将加剧，且东、中、西部各地区的阈值水平不同。由于分解方法通常基于环境影响恒等式展开，因而其考虑的因素也须由恒等式中的基本因素通过恒等变换的形式衍生出来，这就大大限制了其研究因素的多样性。与分解方法相比，计量经济学方法则能够根据相应的理论灵活地将多种因素纳入模型，并检验各种因素对碳排放是否具有统计意义上的显著性。因而计量经济学方法研究的因素能更加广泛，但该方法不能确定各种因素对碳排放的实际贡献，而只能估计碳排放对各种因素的弹性系数。

三是基于混合方法的研究，即综合分解方法与计量经济方法的研究。其中，主要被采用的方法是可拓展的随机性的环境影响评估（STIRPAT）模型，这类模型通过取对数将传统的环境影响评估模型 IPAT 从乘数形式转换为计量模型，并能纳入更多的因素。不过，这种混合方法似乎更多地体现了计量经济学方法的特征，即主要估计碳排放对相关因素的弹性系数。目前，有不少研究基于 STIRPAT 模型分析了诸多因素对中国区域碳排放的影响，发现这些因素对各地能耗及碳排放的影响差异巨大。例如，Wang 和 Zhao（2015）的研究表明，能源强度在发达地区对碳排放的影响超过其在发展中地区和欠发达地区的影响，城市化、产业结构以及外贸依存度在欠发达地区的影响超过其在另两类地区的影响，而人口和人均 GDP 在发展中地区的影响最为突出。

在因素分析的基础上，一些研究进一步对碳排放峰值和碳减排潜力作了预测。最近的研究如 Du 等（2012），他们采用面板数据模型分析了 1995～2009 年中国经济发展与碳排放的关系，其计量结果支持 EKC 假说，并发现直到 2020 年中国的碳排放仍将持续增长但减排潜力也很巨大。还有些研究讨论了分区域的碳减排策略研究。例如，Wang 和 Zhao（2015）根据其研究结果提出了针对不同类型区域的低碳发展政策建议，认为中国欠发达地区应控制城市化进程、调整产业结构、降低外贸依存度；发展中地区应控制人口增长；发达地区则应进一步提升技术水平。

（二）区域间碳排放交互影响研究

区域间存在广泛而密切的经济关联性，由此可能带来区域间碳排放的交互影响，这一因素也是区域碳排放峰值路径研究中应当考虑的重要因素。这一研究领域的问题主要包括两类：一是关于区域间碳排放转移的问题，包括转移量的测算及相关理论假说的检验；二是对区域间碳排放溢出和反馈效应的研究。

1. 区域间碳排放转移问题

关于区域间碳排放转移问题的研究又可细分为两类。

一是关于区域间碳排放转移量或区域间贸易隐含碳的测算。这一方面的研究主要基于区域投入产出模型展开，而近年来有关中国区域间投入产出表的研究工作为其提供了数据基础。在大经济区域层面，如赵慧卿和郝枫（2013）基于区域间投入产出模型测算了中国八大区域间产品（服务）贸易隐含的碳排放在区域之间的流动和转移总量。在省际层面，Guo 等（2012）测算了不同年份中国省际的碳排放转移。这些研究基本都发现碳排放总体上呈现东部地区向中、西部地区转移。还有大量文献估计了国际的碳排放转移（最近的如彭水军等，2015），特别是 Marques 等（2013）从供给的视角研究了国际的碳排放转移。

二是关于区域间碳排放转移驱动因素的研究。这一方面的研究主要集中于检验污染避难所假说和要素禀赋假说。这两种假说相互对立：前者强调发达地区会向欠发达地区转移污染；后者强调资本稀缺地区（通常是欠发达地区）向资本密集地区（通常是发达地区）转移污染。其中，绝大多数研究都基于计量经济方法展开，而所得结论则不尽一致。很多研究（如曾贤刚，2010）的结果都不支持污染避难所假说，但也有研究支持该假说（林伯强和邹楚沅，2014）。还有一些学者采用投入产出模型研究了这一问题，如张友国（2015）基于投入产出模型提出了五种贸易模式，并在中国省际层面展开实证分析。其研究结果表明，污染避难所假说和要素禀赋假说都只能部分解释中国的区域间贸易。

此外，大部分关于区域间碳排放转移的研究都认为区域碳排放责任核算应当考虑转移的碳排放，但相关讨论主要限于两种责任原则，即生产者责任和消费者责任。值得注意的是，个别学者（如赵慧卿和郝枫，2013）基于多区域投入产出模型（Multiregional Input-Output，MRIO）和生产者与消费者共担责任原则核算了区域碳排放责任。Zhang（2015）则进一步考察了包括共担责任原则在内的七种原则的优缺点，并基于这些原则对中国省际碳排放责任进行了实证分析。

2. 区域间碳排放溢出和反馈效应研究

关于区域间碳排放溢出和反馈效应的研究并不多见。从现有文献来看，对这一问题的研究主要基于两类方法。一类方法是多区域投入产出模型。有不少文献分析了区域间的经济溢出和反馈效应，但从环境视角特别是碳排放视角出发的研究还很少见。Su 和 Ang（2011）分析了国际贸易中的碳排放反馈效应而未涉及溢出效应；Meng 等（2013）研究了中国区域间的碳排放溢出效应而未考虑反馈效应；唐志鹏等（2014）分析了出口引起的中国区域间碳排放溢出—反馈效应，但未考虑其他最终需求（如消费和投资）的影响。最近，张友国（2016）则基于三区域投入产出模型提出了区域间的碳排放溢出—反馈效应的测算方法，在此基础上从供给驱动的角度研究了 2002～2010 年中国东、中、西部三大区域间的碳排放溢出—反馈乘数效应和实际效应。其研究发现，在整个研究时期，东、中部对西部以及东、中部之间的溢出乘数有所下降，但西部对东、中部的溢出乘数有所上升；而三大地区的反馈乘数都有所上升。同时，张友国（2016）的研究还表明，区域间的碳排放溢出效应远远大于其反馈效应，这与那些从经济视角出发的研究结果是一致的。

另一类方法是计量经济模型。基于这类方法的研究侧重于检验区域间碳排放溢出效应的显著性，而基本不考虑反馈效应。徐盈之和王书斌（2015）建立包括 R&D 经费支出、高新技术产业规模、城市人口规模、节能环保财政支出等因素在内的空间杜宾模型，其研究结果表明，中国省际碳减排活动具有空间溢出效应，且空间溢出效应具有明显的空间差异性。李炫榆和宋海清（2015）采用空间回归模型偏微分方法，衡量了结构变化对碳排放水平的三种溢出影响，即区域内直接影响、区域间间接影响和空间溢出总影响。其研究结果表明，基于空间合作的多元结构优化是比规模控制和技术进步更加重要的减排途径。

3. 关于区域间碳排放交互影响的研究方法比较

在有关区域间碳排放转移以及碳排放溢出和反馈效应的研究中，主流研究方法有两类，即计量经济模型和投入产出模型。相对于计量经济模型而言，基于投入产出模型的方法能具体验证特定地区在特定时点的贸易是否支持某种理论假说，且能分析和判断个体的贸易模式，但不适宜回答具体因素（特别是非主导因素）是否对贸易有显著影响。而计量经济模型通常将许多区域视为一个样本，不易区分单个区域的贸易模式，但便于检验某种因素是否对贸易产生了显著影响。投入产出模型能准确地测算出区域间碳排放转移量以及碳排放溢出和反馈效应的大小，而计量经济模型只能检验这些效应是否具有统计上的显著性。同时，投入产出模型能充分考虑产业间的相互影响且没有内生性问题，这是计量经济模型难以实现的。不过，能用于投入产出模型分析的数据相对较少，因为许多国家和地区并不是每年都编制投入产出表，特别是多区域投入产出表。因此，两种方法各有优势和劣势，需要根据研究的目的来选择。

进一步，在区域间碳排放转移研究中，投入产出模型的方法又可分为两类：一是基于单区域投入产出模型的双边贸易含污量（Emissions Embodied in Bilateral Trade，EEBT）方法；二是基于多区域投入产出模型的方法（以下简称 MRIO 方法）。EEBT 方法和 MRIO 方法的主要区别在于它们对调入的中间投入品采取了不同的处理方式，但它们没有对错之分。一个地区的调入品通常有三种用途：①中间投入；②本地区的最终消费；③作为中转贸易品调出到区域外。EEBT 方法将三种用途的调入品及相关的环境责任都分配给购买国（地区）。MRIO 方法将前两种用途的调入品及相关的环境责任分配给购买国（地区），将第三种用途的调入品及相关的环境责任分配给最终消费国（地区）而不是作为中转地的购买国（地区）。通常第三种用途的调入品可能会经过好几次转口贸易才被最终消费。总的来看，EEBT 方法只考虑双边贸易，因而也更透明，更适用于双边贸易谈判。MRIO 方法能够刻画国家（地区）之间因贸易而产生的溢出—反馈效应，并能涵盖所有上游生产活动所产生的间接影响，但 MRIO 方法需要更多的数据和信息支持。

（三）区域碳排放效率研究

从经济发展的角度来看，碳排放效率包含碳排放强度和碳生产率两种形式，从减缓碳排放和改善环境的视角出发，碳排放效率可分为另外两种形式——碳减排成本及碳减排成本有效性。碳减排成本又可区分为碳减排总成本和碳减排边际成本。由于碳减排总成本及碳减排成本有效性通常与碳减排政策影响的研究结合在一起，因而将它们放在区域碳减排政策部分讨论。这一部分主要讨论碳排放强度、碳生产率以及碳减排边际成本研究。相关研究主要涉及碳排放强度、碳生产率及碳减排边际成本测算，同时其中不少研究还讨论了它们的影响因素，如技术进步、产业结构、能源消费结构、环境规制、经济发展水平、经济活动的空间集聚、外贸开放度和人口城市化等。

1. 区域碳排放强度研究

碳排放率研究首先涉及的问题是碳排放效率评价方法的选取。在有关碳排放强度的研究中，绝大部分研究者都采用碳排放与货币化的产出（通常用的指标是 GDP）来衡量碳排放强度，不过也有少数学者采用碳排放与实物产出（如交通里程、发电量等）来衡量碳排放强度。

自 2009 年中国宣布碳排放强度减排目标后，这一目标引起了不少学者的研究兴趣，其中一些研究就集中于区域碳排放强度的差异及其变化趋势（岳超等，2010；孙耀华等，2012）。这些研究都表明中国区域间碳排放强度差异显著。不过，由于选取的方法及研究时期不同，不同研究对上述差异的变化趋势有不同的判断。例如，岳超等（2010）发现 1995 ~ 2007 年中国省际碳强度差异变化不大，省际碳强度差异主要由区域内部省际差异导致，而区域间差异贡献较小；孙耀华等（2012）运用 Theil 指数的研究则表明，1995 ~ 2009 年及 2000 ~ 2010 年省际碳排放强度差异存在增大的趋势，且主要是由区域间差异增大造成，中国四大区域碳排放强度呈现"俱乐部收敛"的特征。

2. 区域碳生产率研究

碳生产率研究首先要解决的问题是如何评价碳生产率。从现有的文献来看，碳生产率的评价方法主要有两类：比值法和基于方向距离函数（Directional Distance Function）的前沿分析方法。比值法是一种传统的评价方法，常用的比值法表达式即单位碳排放产生的产品或服务的价值（通常用的指标也是 GDP）。比值法测算的是经济主体的绝对效率，采用比值法的研究习惯将碳排放效率称为碳生产率。不少研究都采用比值法测算碳生产率，如潘家华和张丽峰（2011）、刘传江等（2015）、李小平等（2016）。

由于方向距离函数在处理污染等缺乏价格信息的非合意产出方面具有突出的优势，因而基于方向距离函数的前沿分析方法在碳排放效率研究中的应用频率颇高。该方法的核心思想是寻找一组经济主体的生产前沿，从而计算出各经济主体效率，其实质是对经济主体的相对效率进行评价。基于这种方法的研究通常将碳排放效率称为碳排放绩效。常用的前沿分析方法有两种。一种是数据包络分析（Data Envelopment Analysis，DEA），其主要思路是通过线性规划寻找一组经济主体的生产前沿，从而计算出各经济主体效率。另一种前沿分析方法是随机前沿分析（Stochastic Frontier Analysis，SFA）。SFA与 DEA 的主要区别在于：SFA 考虑了随机因素对各经济主体效率的影响，同时它需要预先假定经济主体的生产函数形式并估计相关参数；而 DEA 不考虑随机因素的影响，也无须假定生产函数和估计相关参数。因而 DEA 被称为非参数方法，而 SFA 被称为参数方法。

目前关于碳生产率的研究主要集中在区域层面。其中，绝大多数学者都采用 DEA 方法测算碳排放效率，如陈诗一（2012）、韩晶等（2015）。也有部分研究采用 SFA 方法，如杜克锐和邹楚沅（2011），但采用该方法的研究相对较少。究其原因，可能是 SFA 方法要求采用与现实比较符合的生产函数形式，这一函数形式不太容易确定，而 DEA 方法则可以避免这种麻烦。大部分关于中国区域碳生产率的研究都发现中国区域间碳生产率差异显著：东南地区各省（市）的碳生产率较高，而中、西部地区省份的碳生产率较低，且不同省份碳生产率的改善速度不一致。韩晶等（2015）还发现区域碳排放绩效在空间上存在较强的正相关性，表现出区域集群特征。

区域碳生产率的变化趋势也为相关研究者所关注，但基于不同方法的研究所得出的结论也不同。采用比值法的研究一般都发现各区域的碳生产率呈现不断上升的趋势（如潘家华和张丽峰，2011）。而基于前沿分析方法的研究（如陈诗一，2012）则发现区域碳生产率呈现波动变化态势，个别时段甚至发现区域碳生产率整体性的退化趋势。同时，由于选取的样本及方法上的差异，不同研究对区域碳排放效率差异的变化趋势以及碳排放效率影响因素的评价也有不同。例如，杜克锐和邹楚沅（2011）发现区域碳排放效率差异有扩大趋势，而王群伟等（2010）却发现上述差异呈下降趋势。又如，刘传江等（2015）发现在全国及东、中、西部地区，环境规制与碳生产率之间均存在 U 形关系；李小平等（2016）的研究发现，环境规制对中国省际碳生产率提升具有显著正向影响。

3. 区域碳边际减排成本

碳边际减排成本是制定碳减排政策的重要参考依据，这一指标的估算方法通常可以分为三类：基于专家型碳减排成本模型、基于宏观经济—能源—

环境模型以及基于微观供给侧的碳减排成本曲线（魏楚，2014）。其中，基于宏观经济—能源—环境模型的方法又可细分为"自顶向下"（如 CGE 模型）和"自底向上"（如 MARKAL 模型）两类（崔连标等，2013；魏楚，2014）。基于微观供给侧的碳减排成本曲线包括非参数距离函数方法、参数距离函数方法。在区域碳边际减排成本研究中，比较常见的是后两种方法。

基于宏观经济—能源—环境模型的碳边际减排成本研究主要采用多区域 CGE 模型。崔连标等（2013）基于多区域 CGE 模型测算了不同情境下中国各省市"十二五"期间的碳边际减排成本，发现省市间碳边际减排成本差异巨大，且呈现东部发达地区向中、西部地区递减的趋势。吴力波等（2014）基于多区域 CGE 模型模拟分析了各省市 2007～2020 年的边际减排成本曲线。他们发现区域碳边际减排成本曲线的斜率会随着减排行动的推进而逐渐增大，甚至会出现拐点并进一步上翘，且不同省市其边际减排成本曲线上翘的幅度以及出现拐点的位置均存在差异。

同样，基于方向距离函数方法的碳边际减排成本估算既有基于 DEA 的非参数方法，也有基于 SFA 的参数方法。如前所述，前一种方法不需要先验假定的生产函数形式，但对样本数据比较敏感；后者则需要先验假定的生产前沿函数形式，这便于计算碳排放的影子价格（魏楚，2014），但假定的函数形式是否合乎实际则是一个需要克服的关键问题。在现有研究中，利用非参数距离函数方法的研究如刘明磊等（2011）对各省区碳边际减排成本的估算；基于参数化方向距离函数模型的研究如魏楚（2014）对中国 104个地级市碳边际减排成本的研究。这些研究都发现中国的区域碳边际减排成本呈现逐年递增的趋势，且区域间碳边际减排成本差异显著，东部经济发达省份的碳边际减排成本明显大于中、西部地区。同时，魏楚（2014）还发现城市边际减排成本与单位 GDP 排放水平之间呈 U 形曲线关系，与第二产业比重负相关，并与城市化水平正相关。

此外，傅京燕和代玉婷（2015）借鉴 CGE 模型的思路构造了总减排成本函数，同时结合自下而上的地方法从微观层面核算碳减排成本，用于估计高、中、低碳三类地区的碳边际减排成本函数，发现低碳区的碳边际减排成本与碳减排量呈正比，高、中碳区的碳边际减排成本与碳减排量之间呈倒 U 形曲线关系。

（四）区域碳减排政策的影响及优化研究

无论是研究区域碳排放的影响因素还是区域间碳排放的交互影响，最终的目的都是为区域碳减排提供有价值的政策参考和科学依据。上述两类研究都是强调各种经济社会因素的变化将对区域碳排放产生怎样的影响。与之相对的研究则是分析区域碳减排行动会对各种经济社会变量以及碳排放产生怎样的影响。后一类研究关注的就是碳减排政策的影响及优化问题。就已有的文献而言，区域间碳排放交易以及碳税可能是被研究得最多的区域碳减排政策。

1. 区域间碳交易政策的影响及优化研究

（1）碳排放权的区域分配研究

区域间碳排放交易首先要解决的问题就是碳排放权的区域分配问题，可以说这一问题是气候变化领域争论的核心问题。至今这一问题都没有得到很好的解决，因为得到社会各界广泛承认的碳排放权分配理论至今都还没有出现。已经提出的各种碳排放权分配方法也都有各自的优劣点和侧重点，还没有出现各利益方都乐于接受的最优分配方法。总的来看，公平原则和效率原则是碳排放权分配方案考虑得最多的两种原则。据此，可以根据碳排放权分配方案所依据的原则将它们分为如下三类。

一是基于公平原则的分配方案。按公平原则分配碳排放权受到广泛的认可，但关于公平原则的具体理解和实施则没有统一的答案。不少研究认为，在多种公平指标中，人均累积排放指标更多地反映了公平原则。总的来看，发达国家不考虑历史排放，同时倾向于在全球碳减排目标约束下未来人均碳排放趋同。发展中国家提出的碳排放权分配方案则强调碳排放的历史累积责任、人口因素以及发展权利，其中比较有影响的方案有"两个趋同"分配方案（陈文颖等，2005）、"碳预算"方案（潘家华和陈迎，2009）。

近年来，对公平原则下分配方案的研究仍在继续，并涌现出一些有特色的方案，如国务院发展研究中心课题组（2009）根据产权理论和外部性理论，建立了一个界定各国历史排放权和未来排放权的理论框架。Yu 等（2014）在综合考虑碳减排能力（经济发展水平）、责任（累计碳排放或能源消费量）、潜力（碳排放效率或能源效率）等诸多因素的基础上提出了区域碳排放权分配方案。Panayotou 等（2012）基于净损失差异提出了一种公平概念，并据此提出了公平性气候变化政策建议。他们的数值模拟结果表明，按上述政策，资源将从温带地区国家流向热带地区国家，或者从很大程度上说，从富裕国家流向贫穷国家。李钢和廖建辉（2015）量化了隐含在物资资本中的碳资本存量，并在此基础上设计了新的全球碳排放权分配方案。

二是基于效率原则的分配方案。这类方案旨在改善碳排放绩效、降低碳减排成本（或提高碳减排成本的有效性）。其中大部分以碳排放绩效为衡量标准的方案都是基于方向距离函数和 DEA 方法提出来的。最近的研究如李小胜和宋马林（2015）从国家整体效率最大化视角提出了中国省际碳排放权分配方案，他们主张效率低的省份应该减少排放；效率高的省份则应该增加排放。以碳减排成本最小化为基准的方案则需要通过建立数量经济模型测算相关地区的碳减排成本，如 Li 等（2015）基于多国 CGE 模型同等碳减排对各国的影响，发现各国的减排成本差异显著，发达国家的减排成本远大于大的发展中国家（如中国、印度）。他们建议减排成本低的国家应多承担减排任务，以降低全球的碳减排成本。

三是兼顾公平与效率的分配方案。一些学者在探讨碳排放权分配方案时，尝试将公平与效率原则统一起来。例如，在最近的研究中，Wei 等（2012）基于拓展的 Slacks-Based Measure（SBM）模型估算了 1995～2007 年 29 个省份的碳减排潜力和减排边际成本，并在此基础上进一步根据加权的公平和效率指数构建了地区碳减排能力指数，将之用于各省碳减排能力的排序。兼顾公平与效率的分配方案是一个值得进一步加强的研究方向，但其面临的挑战也不小。因为，兼顾公平与效率的分配方案不仅面临着如何选择公平指标的难题，还需要合理解决公平原则与效率原则的权重取舍问题。

值得一提的是，还有很多学者对现有分配方案公平性和有效性的评价。Marklund 和 Samakovlis（2007）采用碳边际减排成本（作为效率指标）以及三联法（Triptych）推荐的生活水平、经济结构、能源效率、发电能源结构、气候以及人口规模和增速等公平因素所做的研究表明，欧盟的碳排放机制对公平与效率都有充分考虑。王利宁和陈文颖（2015）计算比较了代表性分配方案下各主要国家和地区 2010～2100 年的分配额，并在此基础上用人均累计排放构建的 Theil 指数评价了各方案的公平性。其结果表明，考虑历史责任的方案能有效减少全球排放的不公平性；考虑能力的方案有助于减少附件 I 国家和非附件 I 国家间已存在的排放不公平性。Ni 等（2015）提出了有关气候变化政策公平、效率和政治三方面的八个假说，结合产出方向距离函数和计量经济模型检验了中国碳减排任务地区分解政策的政治倾向。其结果表明中央政府似乎不太考虑政策效率，而对政策的公平性比较关注，同时社会稳定性也是政策设计的重要准则。此外，还有些研究采用碳排放基尼系数来评价分配方案的公平性。这种评价方法相对简单，但也显得片面。

（2）区域视角下碳交易的影响与优化研究

一方面，有很多研究对区域间碳交易的影响进行了定量评估。大多数都集中于经济影响评价，并侧重碳减排成本和福利这两个方面。在侧重碳减排成本影响的研究中，崔连标等（2013）的研究表明，为了实现"十二五"碳减排目标，与没有碳交易的情形相比，全国碳交易市场和六省市参与碳交易分别能节约减排成本23.4%和4.4%，因而碳交易机制能显著降低中国的碳减排成本。在侧重于福利影响的研究中，Fujimori等（2015）模拟了在多种技术约束及责任分担机制情形下，采用碳交易机制实现既定气候目标对低、中、高收入国家及全球福利的影响；Hübler等（2014）模拟了中国通过碳交易机制实现2020年和2030年碳控制目标造成的GDP损失；袁永娜等（2012，2013）、吴洁等（2015a）模拟了碳交易对中国区域经济发展的影响。还有一部分研究同时考虑了碳交易对福利和减排成本的影响，如吴洁等（2015b）、Fan等（2016）模拟了碳交易对中国各省经济、碳减排成本和碳减排效率的影响。此外，也有一些研究评价了碳交易的其他经济影响和碳排放影响，如齐天宇等（2014）基于全球多区域CGE模型（20个部门19个地区）并以2020年为时点分析了全球碳交易的能源经济影响；Meunier等（2014）评价了碳配额分配机制对竞争力和全球碳泄露的影响；Cong和Wei（2010）采用基于主体的模型研究了碳交易对中国电力部门碳排放、电价和碳价的潜在影响。

另一方面，还有一些研究提出了区域间碳交易机制的优化建议。一是关于碳排放权分配基础的优化研究。Meunier等（2014）从竞争力和全球碳泄露的影响出发，认为最优的选择是将基于产出和基于能力这两种碳配额分配机制对相结合，或者在不确定性有限的情形下采用基于产出的分配机制。袁永娜等（2012）的模拟表明，相对于按行业属性分配方法和按区域经济发展水平分配方法而言，两阶段分配方法（中央与地方政府相结合）是较为现实和可操作性更大的碳排放许可的强度分配标准。Cong和Wei（2010）对基于碳排放和基于产出的配额分配方案所做的研究表明，前者对电价和碳价的影响更大，而后者更有助于电力部门的碳减排。二是关于碳排放权发放方式的优化研究。袁永娜等（2013）的研究表明基于强度分配标准的免费发放部分对GDP和区域经济不平衡的负面影响较小，是较优的碳排放许可初始分配方式。吴洁等（2015 a，2015b）通过研究则认为在中国碳交易体系建设的初期，免费分配与拍卖结合的混合模式是较优的选择。

值得指出的是，在有关区域层面碳交易政策的优化研究中，作为一种主流政策分析模型，多区域 CGE 模型得到了不少学者的青睐。为了将碳交易机制刻画在多区域 CGE 模型中，相关研究一般采取如下方法：将碳排放权作为一种可自由交易的自然要素外生给定，化石能源消费产生的碳排放与碳排放权投入绑定，同时化石能源作为一种生产要素与资本、劳动一起嵌入生产函数（如袁永娜等，2012，2013；齐天宇等，2014；Hübler 等，2014）。最近，吴洁等（2015a，2015b）以及 Fan 等（2016）则提出了另一条途径，他们通过中国多区域 CGE 模型的建立，并与一个刻画交易主体在交易过程中的决策优化问题的碳交易模型结合，实现了微观决策和宏观影响评估的有效衔接。

2. 碳税及其他区域碳减排政策的影响与优化研究

（1）区域视角下碳税的影响与优化研究

碳税是另一种受到广泛关注的区域碳减排政策。与碳交易不同的是，碳税是按庇古的环境成本内部化思路提出来的碳减排市场化机制，而碳交易是根据科斯的产权理论设计的碳减排市场化机制。从区域视角考察碳税的研究大致可分为如下三类。

一是统一碳税的经济—能源—环境影响。何建武和李善同（2010）基于 30 个省份和 23 个部门的多区域 CGE 模型研究了统一碳税对区域经济发展的影响，发现统一税率碳税政策既会带来地区整体福利的下降，同时也带来地区差距的扩大。潘文卿（2015）基于 2007 年中国区域间投入产出表的研究结果表明，与从生产者责任方征税相比，从消费者责任方征收碳税，可以较大幅度地减轻对西北、东北等欠发达地区及相关产业竞争力带来的负面影响，同时又不致使东南沿海经济发达地区及相关产业的额外负担上升幅度过大。

二是碳税的差异化问题研究。显然，在次优世界中即存在其他市场扭曲（如税收和市场力量）的情形下，统一碳价不是最优的。因此，差异化碳价应该成为气候变化政策的一个重要选项。Anthoff 和 Tol（2010）指出，估计碳排放的边际损害成本需要将气候变化对不同收入和不同地区人群的各种影响货币化，对于全球性的决策者来说最佳的政策选择（如碳税水平），未必是区域性决策者的最佳选择。Elliott 和 Fullerton（2014）基于多区域 CGE 模型的研究表明，在资本和劳动自由流动的情形下，单个部门或地区征收碳税会产生负的碳泄露效应，即带动其他部门或地区的碳减排。上述效应的产生取决于消费者用非税产品替代应税产品相对于厂商用劳动和资本替代碳排放的能力。而以往的研究则基本不考虑这种效应的可能性，且多发现显著的正的碳泄露效应。毛艳华和钱斌华（2014）在综合考虑环境效应、经济效应和劳动就业效应的基础上，基于多区域6部门CGE模型提出了中国八大地区差别从价碳税的优化建议。

三是统一碳税和差异化碳税的绩效比较。有几位学者基于多区域CGE模型讨论了次优世界中差异化碳价的优化问题。李娜等（2010）的研究表明，实施统一碳税将进一步加剧中国区域间经济发展的不平衡，实施差别碳税有助于缩小区域发展差距。不过他们没有充分考虑统一税率和差别税率的可比性问题，即两者是否能实现同等的碳减排目标。Boeters（2014）的结果也表明，不同地区不同部门碳价的差异化程度巨大，几乎是从碳税（碳价为正值）变化到碳补贴（碳价为负值）。从统一碳价转变为差异化碳价能大幅度改善福利。同时，差异化碳价的重要驱动因素正是业已存在的市场扭曲。但Böhringer等（2014）的研究却表明，欧盟和美国从实施统一碳价变为实施差异化碳价，其福利影响几乎可以忽略。总的来看，关于次优世界中碳税优化问题的研究还有待进一步丰富和深入。

（2）区域层面其他碳减排政策的影响研究

除了碳交易和碳税之外，其他区域碳减排政策特别是能源价格（税）也受到了不同程度的关注。Richmond和Kaufmann（2006）基于OECD国家的面板数据所做的实证研究表明，引入能源价格后，环境库兹涅茨曲线假说不成立。这意味着经济增长并不能自动实现收入和环境质量的双重改善。Vandyck和Van Regemorter（2014）将宏观的CGE模型与微观模拟框架相结合的分析发现，比利时各地区经济受能源税的影响差异显著，而这主要是因为各地的产业结构不同。

3. 区域视角下不同碳减排政策之间的比较及协同优化研究

（1）不同碳减排政策之间的比较研究

为了评价各种碳减排政策的绩效，从而为决策者选取最佳的政策提供依据，不少学者对不同碳减排政策进行了比较研究。不过，从区域视角出发的碳减排政策比较研究还相对较少，且主要侧重于两种政策之间的经济绩效比较。有关碳交易与其他市场化政策的比较是区域碳减排政策比较研究的重点。相关研究结果表明，碳交易和其他市场化政策之间不存在绝对的优劣性，两者之间只有相对优劣性。这种相对优劣性表现为如下两个方面。

一方面，在一定的制度环境下，碳交易和其他市场化政策各有优势。例如，Zakeri 等（2015）的研究表明，碳交易从碳排放、成本及服务水平各方面都能产生更好的供应链绩效；而从不确定性角度来看，碳税可能更优。又如 Chen 和 Groenewold（2015）发现，就区域间经济发展不平衡的影响而言，碳交易和碳减排补贴机制的相对优劣性取决于不平衡性的衡量方式、政府出售碳排放交易所获收入的分配方式以及补贴方式。

另一方面，随着制度环境的变化，两者之间的优劣性还会发生变化。碳价、碳税税率、最佳可获得技术的价格、企业预期、碳交易建设与管理成本都会影响碳交易机制和碳税在减排成本上的比较优势（王文军等，2016）。吴力波等（2014）基于区域 CGE 模型模拟发现，当前中国各省边际减排成本曲线较为平缓，因而碳交易更适用，但随着减排行动的推进，上述曲线会变得陡峭，那时就要进一步考虑引入碳税政策。

（2）不同政策之间的协同优化研究

近年来，关于不同碳减排政策以及碳减排政策与其他环境政策之间的协同问题日益受到研究者的关注。一方面，不同政策之间可能存在冲突，因而制定政策时必须尽量避免或最小化这种冲突。另一方面，不同政策产生的协同作用可能远远超过单独一项政策所能达到的效果，因而应尽可能通过政策组合来发挥出它们的协同效力。一些研究从理论上探讨了不同政策发挥协同作用的可能性和可行性（魏庆坡，2015），一些研究通过政策模拟研究揭示了政策组合的协同作用（Mercure 等，2014），还有一些研究探讨了政策间协同程度的定量测度问题（张国兴等，2014）。

目前，这一领域的研究绝大多数都是从整个经济体系（如整个国家）出发讨论政策协同问题，但也有少数学者开始关注政策协同对不同地区经济及碳排放的影响。例如，Mercure 等（2014）研究了不同碳减排政策协同效力。他们基于一个宏观经济模型从技术扩散和路径依赖的视角分析了全球21 个地区电力部门温室气体减排的多种政策，发现各种政策之间存在协同效应，即不同政策组合产生的影响大于单独实施这些政策产生的影响之和。具体来说，单独实施碳税并不能带来最大的碳减排量，必须将碳税与技术补贴以及上网电价等政策结合起来才能取得预期的效果。

区域层面碳减排政策与其他可持续发展政策的协同问题也引起一些学者的关注。此类研究通常基于多区域的经济—能源—环境模型（如多区域集成评估模型、多区域 CGE 模型）展开。其中，气候变化、大气污染及能源政策之间的协同性是讨论得比较多的问题。研究结果一般都表明单独实施某类政策并不能保证其相应的政策目标能实现，而综合实施各类政策则通常能保证某一政策目标能顺利实现，且具有成本有效性。例如，Dong 等（2015）基于多区域 CGE 模型（AIM/CGE）和温室气体与大气污染物互动与协同（GAINS）模型分析了碳减排和大气污染物减排政策的协同作用。其结果表明，同时实施两类政策，能使中国 2020 年单位 GDP 的碳排放比 2005 年水平低 41%，2030 年 PM2.5 排放维持在 2005 年水平。协同效益较高的省份包括 GDP 较高的省份，如广东、江苏和山东；能源生产基地，如内蒙古和山西；低质煤省份，如四川；以及工业基地，如辽宁。

此外还有学者研究了区域间碳减排政策的协同问题。例如余晓钟等（2012）运用解析结构模型（Interpretive Structural Model）分析，从复杂的影响因素及因素链中，找到影响跨区域低碳经济协同发展的表层因素、浅层因素、中层因素和深层因素，为跨区域低碳经济协同发展的实现提供决策参考依据。

（五）对当前国内研究的总结

无论是在国际层面还是国内层面，区域碳减排都是十分重要的课题，它关乎国际或国内的碳减排目标能否实现，以及能否公平并以最低的代价实现。关于区域碳减排的研究已经取得了十分丰富的成果和长足的进展。其中，区域碳排放影响因素的分析不仅客观地评价了各种因素对碳排放的历史贡献、它们影响力的区域差异，并且有助于明确未来区域碳减排的方向和途径。对区域间碳排放交互影响的研究不仅有助于深化人们对区域碳排放格局的理解，更为制定更加公平、有效的区域碳减排政策提供了科学依据。区域碳排放效率研究揭示了区域碳排放效率的差异、发展态势及其影响因素，相关结论是科学制定政策措施、改善区域碳排放效率并促进区域碳减排的重要基础。关于区域碳减排政策的研究主要集中于碳减排的市场化机制，其中又以碳交易和碳税为主。这一领域的研究能够为政策制定部门的科学决策提供有力支撑。不过，在区域碳减排研究领域仍有许多问题需要进一步加强研究。除了分地区、分行业的碳排放估计等基础数据方面的问题外，至少还有如下两个领域的研究亟待深化。

一方面，供给视角下的区域碳排放交互影响研究不足。有关区域间碳排放交互影响的研究也主要是从需求的角度展开，供给视角未受到应有的重视。其中，虽然有个别学者分析了供给视角下国际的碳排放转移，也有个别学者讨论了供给视角下的区域碳排放责任问题，但基于供给视角的中国区域间碳排放转移研究还没有公开发表文献。同样，供给视角下的区域间碳排放溢出和反馈效应研究，特别是省际的碳排放溢出和反馈效应研究也极其缺乏。从需求视角出发的研究中，则很少同时考虑各类需求的碳排放溢出和反馈效应。

进一步，目前关于区域碳排放影响因素的研究中，虽然基于指数分解的方法主要从供给的视角出发区分因素，但这类研究忽视区域间的交互影响；基于投入产出结构分解的方法虽然考虑了区域间的交互影响，但只是从需求视角出发解释各种因素的影响。可以说，从供给视角出发并考虑区域间交互影响的因素研究也属空白。因此，基于供给视角的区域碳减排研究亟待加强，值得研究的问题诸如供给视角下区域间碳排放交互影响的机制及影响程度的测度、各种供给侧因素影响碳排放的机理及其贡献、供给侧因素与需求侧因素的差异及相关减排路径的协同等。这一方面的研究也是当前中国供给侧结构性改革中一个有重要价值的研究领域。

另一方面，在有关区域碳减排政策影响及其优化研究中，一些关键问题尚未彻底解决。如引言中所述，亟待解决的一个关键问题是如何科学制定分区域、分时段的碳排放控制目标。在很大程度上这一问题就是如何兼顾公平与效率原则在区域间进行跨期碳排放权分配的问题，因而对该问题的研究不仅具有重要的理论意义，也具有十分重大的现实意义。目前虽然涌现许多区域间碳排放权的分配方案，但还没有一个公认的"最佳"方案，关于碳排放权分配的理论和方法研究还需要结合中国的国情继续推进。

目前中国正致力于建立一个统一的国家碳交易市场，这一市场能否有效促进中国实现碳排放峰值，同样有赖于分区域、分时段碳排放控制目标的科学制定。同时，市场运行机制的设计还需要进一步吸取碳交易试点地区的经验和教训。进一步，中国碳交易市场与国际市场的联结也是未来需要考虑的问题。虽然中国至今尚未开始推行碳税，但作为碳交易的"竞争性"政策，碳税研究也极具现实意义。有关碳税的研究也亟待深化，如是否需要以及如何实施区域差别化碳税税率、如何设置碳税税率水平、如何公平且有效地支出碳税收入等。当然，有关能源价格、碳金融、碳减排技术创新补贴等其他碳减排政策的研究也需进一步加强。特别要强调的是，不同碳减排政策之间的协同优化则是构建碳减排政策体系需要解决的关键问题，但目前关注这一问题的学者还很少，相关研究仍处于起步阶段。

三　本书内容梗概及主要贡献和创新

（一）本书内容梗概

本书主要从区域间溢出—反馈效应的视角，研究了区域协同低碳发展的路径域政策，共包括十一章内容，分为三篇。

第一篇包含第一章至第六章，主要探讨了区域间经济和碳排放的交互影响及其机制——溢出—反馈效应。第二篇包括第七章至第九章，是对区域间溢出—反馈效应的拓展分析，主要探讨了区域间贸易及相关的碳排放转移、贸易模式和碳排放责任问题。第三篇包含第十章和第十一章，是在考虑区域间溢出—反馈效应的基础上，从省际关联和省际经济格局的视角分析中国碳排放的影响因素和区域低碳发展路径。

第一章对中国的区域经济格局和区域间贸易进行了总体研究和描述。为了分析区域间的经济关联性，本章构建了区域间影响力系数和感应度系数指标，并将之用于评价各省对经济的供给侧推动力和需求侧拉动力。实证分析结果表明，当前，中国的三大产业仍主要集中在东部地区，但随着西部大开发、中部崛起、振兴东北老工业基地等一系列区域经济发展战略的实施，中部、西部和东北地区对三大产业产值的贡献正不断增大，与东部地区贡献的差距呈持续缩小的发展态势。就产业结构而言，东部地区整体上已经进入以服务业为主的后工业化发展阶段，而其他地区仍处于快速工业化阶段。正是由于中国各地区的经济发展水平、产业结构等存在显著的差异，区域间的贸易才得以不断发展，使区域间的经济关联性日趋紧密。当然，区域间贸易对不同区域的影响以及不同区域通过贸易对其他地区的影响差异也比较明显。后向影响力（需求拉动）较大的主要是东部地区的省份，如山东、江苏、浙江、北京、天津；而前向影响力（供给推动）较大的多为中西部资源禀赋较好且工业发展较好的几个省份，如内蒙古、辽宁、陕西及四川。

第二章在以往研究的基础上，基于 MRIO 模型构造了三区域的供给侧和需求侧溢出—反馈效应分析框架。从经济学视角来看，所谓区域间溢出效应是指一个地区经济活动所发生的变化对其他地区的影响。所谓区域间反馈效应则是一个地区经济活动发生的变化所引起的其他地区经济活动的变化反过来对该地区产生的影响。区域间溢出和反馈效应得以存在的基础就是区域间密切的贸易活动。正是区域间贸易的存在，一个地区经济活动的变化才能够在影响本地区的同时传导至其他地区，并对其他地区产生影响，继而对本地区产生间接影响。本章在刻画区域间经济和环境溢出—反馈机制的基础上，提出了相应的区域间经济和碳排放溢出—反馈效应测度方法。

第三章分别从需求和供给的角度测算了 2002～2010 年东、中、西部三大地区间的经济和碳排放溢出—反馈效应。无论是从需求还是供给的角度出发，三大地区的经济及碳排放的区域内效应都远远大于各自的溢出效应，而后者又明显大于反馈效应。研究时期内，三大地区的经济溢出、反馈乘数效应总体上都有所上升。由于三大地区的碳排放强度都有所下降，因而它们的碳排放溢出乘数效应与经济溢出乘数效应有所不同，但碳排放反馈乘数效应、经济反馈乘数效应的变化方向一致。而三大地区实际的经济和碳排放溢出、反馈效应都显著上升，因为它们的经济规模都显著增大。同时，东部对中、西部地区的经济溢出乘数效应都明显小于中、西部对东部地区相应的经济溢出乘数效应，但三者间碳排放溢出效应的相对大小却没有完全呈现这一特征。同时，2007 年以来东、中、西部地区的经济反馈乘数效应依次递减，但东部地区的碳排放反馈效应却一直小于中部和西部。不过，由于东部地区的经济规模显著大于中、西部地区，因而东部地区的各种实际经济和碳排放溢出、反馈效应都明显大于后两者。

第四章通过对京津冀地区供给侧和需求侧经济和碳排放溢出—反馈效应的测算，分析了该地区经济一体化进程及其碳排放影响。研究结果表明，北京、天津及河北的经济发展水平具有明显的区域梯度。不过，在研究时期内，三地区之间的经济溢出乘数始终处于较低水平，甚至总体上有所下降。区域间溢出效应对北京和天津经济的贡献也明显下降，仅对河北经济的贡献略有上升，且对三地区经济的贡献一直未超过一成。三地区间的碳排放溢出效应也较小，但大于相应的经济溢出效应。每个地区不同部门的经济和碳排放溢出效应差异显著，且不同地区的经济和碳排放溢出效应主导部门也差别甚大。总体上，北京和天津对河北的经济和碳排放溢出效应明显大于河北对前两地区相应的溢出效应。同时，北京、天津、河北三地区同一部门的经济和碳排放溢出乘数都依次递减。上述现象表明，京津冀经济一体化仍处于较低阶段，进展缓慢甚至有所退化。因此，北京、天津、河北应当明确各自的区域功能定位，合理规划各自的支柱产业，最大限度地破除区域间贸易壁垒，以加快京津冀地区的经济一体化进程。同时，三地区间应加强区域间碳减排合作。

第五章主要从需求侧出发测算了长江经济带上、中、下游地区之间的增加值和碳排放溢出效应和反馈效应。研究发现在整个研究时期内，上、中、下游地区的增加值溢出效应远远低于区域内效应。下游地区的增加值溢出乘数有所上升，但碳排放溢出乘数略有下降；上游和中游地区的增加值和碳排放溢出乘数则都明显下降。三地区中，消费的增加值区域内乘数最大而碳排放乘数几乎都是最小，出口的增加值区域内乘数最小，调出中间品的碳排放区域内乘数最大。不过，消费的增加值和碳排放溢出乘数都最小，资本形成以及调出中间品则具有相对较大的增加值和碳排放溢出乘数。三地区中，农林牧渔业及大部分服务业部门对本地增加值具有较大影响力，而对本地碳排放影响较小。增加值溢出乘数较大的部门多属于制造业，碳排放溢出乘数较大的部门多为能源密集型部门。因此，扩大内需特别是消费在最终需求中的比重以及通过大力发展服务业调整出口结构，有助于提高长江经济带的增加值。改善能源密集型部门的碳排放效率，能有效减缓长江经济带的碳排放。提升各地区之间的服务业贸易往来，不仅是改善长江经济带增加值溢出效应的关键，也是降低区域间碳排放溢出效应的有效途径。

第六章分别从需求和供给的角度测算了中国省级层面的经济和碳排放效应。研究结果表明，省际层面的经济和碳排放溢出乘数都相对较大，远远大于上述基于更大尺度区域的研究结果。这意味着各省的初始投入和最终需求不仅对本省的经济和碳排放有决定性影响，也会对其他地区的经济和碳排放产生重要影响。不同省份之间的经济和碳排放溢出乘数具有非常明显的差异性，特别是大区域内（如东、中、西部）不同省份的经济和碳排放溢出乘数也存在很显著的差异。因而不能以大区域的经济和碳排放溢出效应评价代替区域内省份的经济和碳排放溢出效应评价。经济溢出效应较大的部门主要集中于第二产业，需求侧经济溢出效应较大的部门以资本品供应部门为主，而供给侧经济溢出效应较大的部门则以中间产品供应部门为主。不同类型的初始投入和最终需求的各类经济和碳排放乘数差异显著。同样，在整个研究时期内，大多数省份的经济溢出效应有所下降，所有省份的碳排放溢出效应都有所下降，且碳排放溢出效应的全国平均降幅明显大于各类经济溢出效应的平均降幅。

第七章研究了与区域间贸易密切相关的区域间碳排放转移问题，研究这一问题有助于深入了解区域间的碳排放影响，同时能为政府部门制定更科学的区域碳排放权分配方案提供科学依据。本章同时采用双边贸易含污量（EEBT）方法以及 MRIO 模型方法来测算区域间的碳排放转移。前者不区分区域间贸易品的用途（中间使用或最终使用）、透明且易于操作，后者区分贸易品的用途，从而能够刻画区域间的溢出—反馈效应但较为复杂。采用前一方法得到的结果表明，贸易隐含碳净调出地区多为中西部地区省份，特别是内蒙古、山西等煤炭富集且重工业较发达的地区，而东部地区的浙江、上海、北京和广东则是贸易隐含碳净调入最大的几个省份。采用后一方法测得的碳排放转移总量明显下降，且许多省份（如北京、江苏、浙江、广东等）的净贸易隐含碳（调出与调入隐含碳的差额）符号与采用前一方法得到的结果相反。这两种方法无所谓对错，但考虑问题的视角不同。在研究碳排放转移问题时应注意这两种方法对结果的影响及它们不同的政策含义。

第八章基于 EEBT 方法实证分析了碳排放视角下中国省际和四大地区层面的区域间贸易模式。结果表明，在典型年份中绝大多数省份的国内贸易都表现为污染避难所模式或要素禀赋模式，甚至个别省份的国内贸易既是污染避难所模式又是要素禀赋模式。四大地区的国内贸易在整个研究时期内主要表现为污染避难所模式，也有一些表现为要素禀赋模式。进一步，一些省份或区域的国内贸易还可能在某一年份表现为污染避难所模式，但在另一年份却表现为要素禀赋模式。由此可见，污染避难所假说和要素禀赋理论都只能部分解释中国的区域间贸易，但两者合起来能够很好地解释中国的区域间贸易。当然，也有少数省份或区域的贸易在某些年份表现为其他模式。同时，当前中国的区域间贸易整体上不利于中国的碳减排。本章的发现意味着通过强化环境规制、加强区域间环境治理合作以及深化区域经济一体化可以优化区域间贸易模式并促进中国的碳减排。

第九章基于 MRIO 模型和七种环境责任核算原则，对中国的省际碳排放乘数和碳排放责任进行了比较分析。这些核算原则对应着不同的区域经济利益和区域间经济关联性，其政策含义也不同。实证分析的结果表明，不同核算原则下各省份的碳排放乘数显著不同。不过，不管采用哪种原则，碳密集型部门即直接碳排放强度较高的部门总是具有较高的碳排放乘数，因而那些碳密集型部门比重较大的地区也总是具有较大的碳排放乘数。改变核算原则时，一些地区的碳排放责任会发生显著变化，但也有一些地区的碳排放责任变化很小。然而，无论在哪种原则下，碳排放责任较大的省份总是经济规模（总产出）较大的省份（如山东、江苏和广东），而经济规模较小的省份（如宁夏、青海和海南）的碳排放责任总是较小。本章还进一步根据省际碳排放乘数和不同原则下的碳排放责任分布特点，提出了一系列区域性碳减排政策建议。

第十章基于 MRIO 模型分析了金融危机前后（2007～2010 年）中国省级出口隐含碳的变化及其影响因素。分析表明，东部 10 个省份占中国出口隐含碳的份额超过 80%，其中仅广东的出口隐含碳份额就超过 20%。不过，东部省份的出口隐含碳强度普遍低于其他省份。前者的平均值仅相当于后者平均值的 2/3。在研究时期内，包括所有东部省份在内的 17 省份的出口隐含碳有所下降。同时，除甘肃和宁夏外，所有省份的出口隐含碳强度都有所下降。结合对数均值迪氏指数方法（LMDI）和结构分解分析，本章发现出口隐含碳强度变化带来的技术效应有效地减少了大多数省份特别是东部省份的出口隐含碳。除北京、江苏、黑龙江和陕西外，各省出口产品结构的变化都有利于降低其出口隐含碳。出口的地区分布变化使 11 个省份的出口隐含碳下降，而使其余省份的出口隐含碳增加。受金融危机影响，出口规模变化虽然仍导致各区域出口隐含碳增加，但其总影响明显低于技术效应。

第十一章采用基于 MRIO 模型的空间结构分解方法，分析了 2002～2030 年及三个分阶段中（2002～2007、2007～2010、2010～2030）各省内和省际经济格局变化对中国碳排放的影响。研究结果表明，在整个研究时期内东部地区的碳排放量和碳排放效率都显著高于其他地区，但其碳排放份额将持续下降。各省经济增长带来的规模效应始终主导着中国碳排放的变化，而各省生产部门的技术进步则一直是最重要的碳减排因素。最终需求和中间投入的地区结构历史变化总体上不利于减缓碳排放，且这一趋势在研究时期内将延续下去。最终需求分配结构和部门结构变化在 2010 年以前导致碳排放增加，但未来很可能成为重要的碳减排因素。因此，进一步加强技术进步、合理设定区域碳排放目标以及优化最终需求的分配结构和部门结构是中国尽早实现碳排放峰值的重要途径。

（二）主要贡献和创新

本书的主要贡献和创新可归纳为如下方面。

本书的第一篇是关于区域间经济和碳排放溢出—反馈效应的研究。区域间溢出—反馈效应是区域间碳排放转移研究、区域低碳协同发展、跨区域碳排放权分配等相关研究必须考虑的关键问题。本书对这一问题的研究首先在方法上有所突破，即基于 MRIO 模型从供给和需求两个视角将传统的两区域溢出—反馈效应分析方法拓展至三区域情形。其次，应用上述方法，首次在不同层面对中国区域间的供给侧和需求侧经济和碳排放溢出—反馈效应予以研究，包括东、中、西部三大经济地带之间的溢出—反馈效应，京津冀地区的溢出—反馈效应，长江经济带上、中、下游之间的溢出—反馈效应以及省级层面的区域间溢出—反馈效应。再次，从需求侧出发，测算并比较了消费、资本形成及出口等不同类型需求的产出、劳动报酬、增加值、进口和碳排放溢出—反馈效应，并综合评价了各类需求的碳排放效率。又次，基于供给侧的视角，测算并比较了增加值与进口的产出、消费、资本形成、出口、总需求及碳排放溢出—反馈效应。最后，分析了区域间经济和碳排放溢出、反馈效应的差异性，且比较了不同地区的碳排放溢出—反馈效应和经济溢出—反馈效应。

本书第二、三篇的相关研究可视为区域间经济和碳排放溢出—反馈效应研究的拓展。其一，分别采用 EEBT 方法和 MRIO 方法测算了省际的碳排放转移，并对这两种方法所得的结果进行了比较分析。上述两种碳排放转移测算方法的本质区别就在于：MRIO 方法考虑了区域间溢出—反馈效应，而 EEBT 方法没有。其二，考虑到中国有诸多处于不同发展阶段的省份及其形成的大区域，区域间贸易很有可能呈现多种模式，本书采用基于投入产出模型的方法，同时对中国 30 个省份的国内贸易模式进行了评价。这一方法克服了计量经济模型难以判别具体省份贸易模式的局限性，因为后者通常需要将多个省份的时间序列作为一个样本加以分析，只能从统计意义上判定样本作为一个整体的贸易模式，从而忽略了具体省份的贸易特性。其三，为了深入讨论省际碳排放责任，本书基于 MRIO 模型建立了七种环境责任核算原则下的区域碳排放责任核算方法，从区域层面对上述原则及其方法的内在联系和差异进行了总结，并将这些方法用于分析中国各省的碳排放责任。是否考虑以及如何考虑区域间的溢出—反馈效应就是上述环境责任核算原则的根本差别。其四，在充分考虑区域间溢出—反馈效应的基础上，本书将 MRIO 模型与 LMDI 分解方法相结合，首次对中国省际层面的出口隐含碳进行了因素分解。其五，本书进一步采用基于 MRIO 模型的结构分解分析（SDA）方法研究了省际经济格局变化对中国碳排放的历史影响，同时结合投入产出预测技术，对未来省际经济格局变化的碳排放影响进行了情景分析。

第一篇
中国区域间经济和碳排放
溢出—反馈效应研究

第一章
中国区域经济格局及区域间贸易

第一节 中国产业分布的空间格局

一 三大产业的空间格局

（一）三大产业在四大地区的分布

中国地域辽阔，各地自然资源禀赋、生产要素（人力资源、资本）及历史和政策原因形成的产业基础具有较大差异，这些因素共同决定了中国产业分布的空间格局。图1-1显示了改革开放以来若干年份中国三大产业增加值的地区份额[1]。其中，第二产业进一步划分为工业和建筑业。同时，根据国家统计局的标准[2]，可将全国分为东部、中部、西部和东北四大地区。东部10省（市）包括北京、天津、河北、上海、江苏、浙江、福建、山东、广东和海南，中部6省包括山西、安徽、江西、河南、湖北和湖南，西部12省（区、市）包括内蒙古、广西、重庆、四川、贵州、云南、西藏、陕西、甘肃、青海、宁夏和新疆，东北3省包括辽宁、吉林和黑龙江。

容易看出，无论是农业、工业、建筑业还是第三产业，它们在东部地区的份额都明显高于其在另外三大地区的份额。相对而言，工业和第三产业在东部地区的集中度更高一些，近十年来这两大产业超过50%的增加值都来自东部地区。建筑业在东部地区的集中度次之，其增加值的40%～50%由

---

① 如无特别说明，本章原始数据均来自历年《中国统计年鉴》。

② http://www.stats.gov.cn/tjzs/cjwtjd/.

东部地区贡献。农业在东部地区的集中度最低，东部地区在其增加值中所占的份额不到40%。

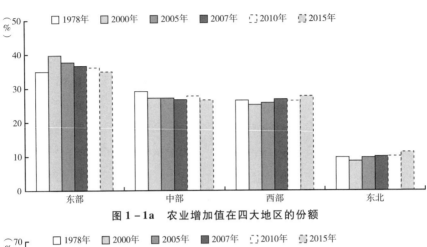

图1-1a　农业增加值在四大地区的份额

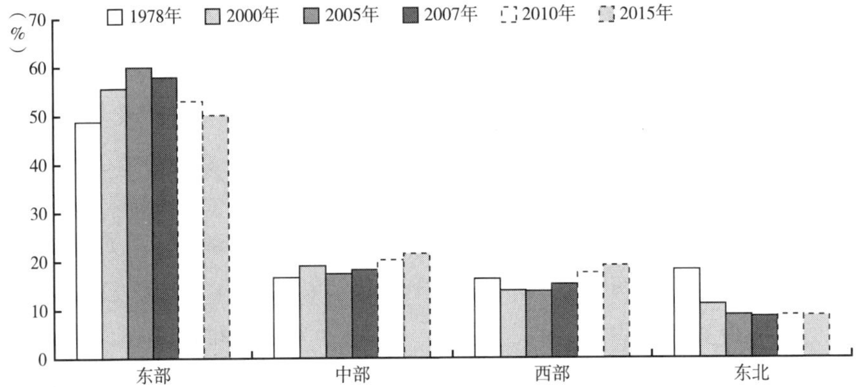

图1-1b　工业增加值在四大地区的份额

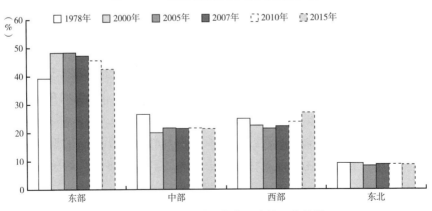

图1-1c　建筑业增加值在四大地区的份额

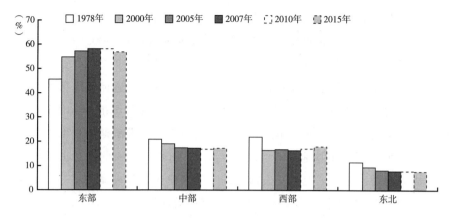

图 1 – 1d　第三产业增加值在四大地区的份额

　　注：图 1 – 1a 至图 1 – 1d 中，1978 年三大产业的地区份额根据《新中国 60 年统计资料汇编 1949～2008》刊载的相关数据计算得到，2000～2015 年三大产业的地区份额根据历年《中国统计年鉴》刊载的地区生产总值数据计算得到。考虑到本节的分析目的是产业的地区分布状况即横向比较，而不是产业或地区生产总值的时间变化即纵向比较，因此本节都以当年数据为基础进行计算。

　　中部和西部地区在几大产业增加值中所占的份额很接近。这两大地区在农业和建筑业增加值中的份额接近 30%，在工业和第三产业增加值中的份额在 20% 左右。东北地区在几大产业增加值的份额最小，都只有 10% 左右。东北地区包含的省份数目只有三个，在几大地区中最小，这可能是其在几大产业增加值中份额最小的原因。

　　近十年来，东部地区各省份在工业、建筑业及第三产业增加值中的平均份额为 4%～6%，在农业增加值中的平均份额低于 4%。中部地区各省份在农业增加值中的份额平均为 5% 左右，但在工业、建筑业及第三产业增加值中的平均份额只有 3% 左右。西部地区各省份在农业和建筑业增加值中的平均份额略高于 2%，在工业和第三产业增加值中的平均份额低于 2%。东北地区各省份在几大产业增加值中的平均份额都在 3% 左右。不过，在改革开放初期，作为中国工业基地，东北地区各省份在工业增加值中的平均份额超过了 6%。

　　不过，各大产业在不同时期的区域格局也略有变化。东部地区在农业增加值中的份额在 1978～2000 年期间有所上升。同一时期，其他三大地区农业增加值的份额则都有所下降。2000 年之后，东部地区农业增加值的份额逐渐下降直至其 1978 年的水平。同一时期，中部地区农业增加值的份额整体持平,而西部地区和东北地区农业增加值的份额则呈上升趋势。

东部地区在工业和建筑业增加值中的份额在 1978 ~ 2005 年持续上升,随后出现较明显回落。改革开放以来,东部地区是最先实施对外经济开放政策的地区,加之东部地区本身就具有很好的工业基础,因而该地区的工业发展速度明显高于其他地区。建筑业的发展与工业发展密切相关,因而东部地区的建筑业也发展得更快。不过,随着中国西部大开发战略、中部崛起战略以及振兴东北老工业基地战略的实施,加之 2008 年金融危机对东部地区出口造成的冲击,近年来上述三大地区的工业和建筑业发展速度超过了东部地区。因而 2005 年以来东部地区工业和建筑业增加值的份额持续下降。

与此同时,1978 ~ 2005 年西部和东北地区的工业增加值份额明显下降,中部地区的工业增加值则先略有上升,而后略有下降。2005 年以来,中部和西部地区的工业增加值份额呈逐步上升的变化趋势,而东北地区的工业增加值份额则基本稳定。1978 ~ 2005 年,中部、西部和东北地区的建筑业增加值份额都有所下降。2005 年以来,西部地区的建筑业增加值份额也呈现明显的上升趋势,而中部和东北地区的建筑业增加值份额则变化不大。

类似地,东部地区的第三产业增加值份额在 1978 ~ 2007 年持续增加,但近几年略有下降。中部地区的第三产业增加值份额在 1978 ~ 2010 年持续下降,其后略有回升。西部地区第三产业增加值份额在 2007 年前整体呈现下降趋势,其后有所回升。东北地区第三产业增加值份额在 2007 年前也呈现不断下降的变化趋势,其后变化不大。

(二)三大产业的省际分布

为了进一步考察三大产业的省际分布状况,本部分采用 2015 年的数据计算了大陆 31 个省份各大产业增加值占全国的比例(见附录 A)。表 1 - 1 显示了各大产业增加值居前五位和后五位的省份。

农业增加值居前五位的省份是山东、河南、江苏、河北以及四川,它们合计占全国农业增加值的约 33%。同时,这几个省份也是中国的人口大省,它们 2015 年底的人口数仅低于广东。大量的人口为这几个省的农业发展提供了坚实基础。反之,农业增加值排在最后的五个省份则是人口规模较小的省份,包括青海、天津、北京、上海及西藏。其中三大直辖市的人口又以城镇人口为主,从事农业生产的人口更低。

表 1 - 1　2013 年分产业增加值排前五位与后五位的省份

产业	增加值排前五位的省份	增加值排后五位的省份
农业	山东、河南、江苏、河北、四川	青海、天津、北京、上海、西藏
工业	广东、山东、江苏、浙江、河南	甘肃、青海、宁夏、海南、西藏
建筑业	江苏、山东、浙江、广东、四川	贵州、宁夏、海南、青海、西藏
第三产业	广东、江苏、山东、浙江、北京	甘肃、海南、宁夏、青海、西藏

　　工业增加值位居前五位的省份是广东、山东、江苏、浙江和河南，其中仅河南属于中部地区，其余省份则都属于东部地区。这几个省份的工业增加值合计占全国份额的近 43%。同时，容易看出，山东、江苏和河南还是农业增加值位居前五的省份。工业增加值最小的五个省份则为甘肃、青海、宁夏、海南和西藏。除海南外，这些省份都属于西部地区，人口也相对稀少。

　　建筑业增加值位居前五位的省份是江苏、山东、浙江、广东和四川，与工业增加值居前五位的省份重合度较高。建筑业增加值最小的五个省份分别是甘肃、宁夏、海南、青海和西藏，也与工业增加值最小的五个省份重合度较高。由此可见，建筑业的规模与工业规模有着较密切的关联性，因为工业所需投资（建筑安装工程）中有相当部分都是建筑业提供的。

　　第三产业增加值位居前五位的省份依次为广东、江苏、山东、浙江和北京，它们全部都是东部省份且其第三产业增加值合计超过全国份额的 41%。其中广东、江苏、山东、浙江还都是工业增加值居前五位的省份。而特别值得一提的是北京，其农业和工业增加值在全国的排名都比较低，但其第三产业却能超过大多数省份。此外，上海市第三产业的增加值紧随北京之后，所占的份额也超过了 5%。第三产业增加值最小的五个省份则与工业增加值最小的五个省份完全一样。

二　若干重要行业的地区格局

　　由于三大产业都是诸多细分行业的集合，因而它们的空间格局不一定能反映某些细分行业的空间格局。为此，进一步分析了一些重要行业的空间格局，这有助于深入理解中国区域之间的贸易。考虑到细分行业数据的可获得性问题，这里不妨以 2010 年中国区域间投入产出表（刘卫东等，2014）刊载的数据展开分析。

中国的能源禀赋体现了以煤为主的特征，而煤炭又主要分布在少数几个省份。从煤炭开采和洗选业的产出来看，山西约占全国的 17.3%，山东紧随其后约占 13.6%，河南和内蒙古的份额也超过了 9%。此外，河北和四川的份额超过 6%，安徽和陕西的份额超过 4%。上述 8 个省份在全国煤炭开采和洗选业产出中的份额合计超过 72%，但它们大部分的工业增加值排名并不靠前，且主要是中、西部省份。反之，广东、江苏及浙江等东部工业大省的煤炭开采和洗选业份额则极低，特别是广东和浙江的煤炭开采和洗选业产值为 0，而江苏的煤炭开采和洗选业份额也只略高于 1%。此外，东部地区的上海、海南对煤炭开采和洗选业的贡献也为 0，而北京和天津的贡献也只略高于 1%。

黑龙江是石油和天然气开采业产出最大的省份，约占全国的 19.4%。其次是陕西，其石油和天然气开采业产出约占全国的 16.9%。天津和新疆在全国石油和天然气开采业产出中的份额超过 10%，山东的份额超过 9%，广东和吉林的份额超过 5%。上述 7 个省份在全国石油和天然气开采业产出中的份额合计达到 79%。与此同时，海南、浙江、广西等 10 个省份的石油和天然气开采业产出为 0。作为工业大省的江苏、河南，其石油和天然气开采业产出也极小。

金属矿采选业和非金属矿及其他矿采选业的地域分布也比较集中。其中，河北、内蒙古、山东、河南以及辽宁在全国金属矿采选业产出中的份额都超过 8%，其余省份的份额均未超过 5%；前五个省份对全国金属矿采选业产出的贡献合计超过 56%。天津、上海、江苏、浙江及海南等东部省份对金属矿采选业产出的贡献均为超过 0.5%。非金属矿及其他矿采选业主要分布在山东、内蒙古、河南、湖北、广东、江西和河北，这些省份对全国非金属矿及其他矿采选业的贡献都超过 5%，合计贡献达 59%。

石油加工、炼焦及核燃料加工业主要集中于山东、辽宁、广东、黑龙江、江苏、陕西、浙江和新疆。其中不少也都是石油和天然气开采业份额较大的省份，如黑龙江、陕西、新疆。这些省份具有发展石油加工、炼焦及核燃料加工业的资源禀赋优势。不过，也有一些是石油和天然气开采业份额很小的省份，如浙江和江苏。可能的原因是，近年来中国石油的对外依赖度一直很高，浙江及江苏等沿海省份可能进口了大量的原油进行加工并供本地和全国其他地区使用，因而其石油加工、炼焦及核燃料加工业也比较发达。

电力、热力的生产和供应业的地区分布相对较为分散。其中广东的电力、热力的生产和供应业位居第一，约占全国的 11.7%；江苏和山东的份额紧随其后，分别为 8.0% 和 7.8%；浙江和河北的份额分别为 6.7% 和 5.1%。电力、热力的生产和供应业的地区分布与工业的地区分布比较相似。这表明对电力和热力需求大的地区，该行业的规模也相应较大。同时，中国电力、热力的生产和供应业主要以煤炭燃烧发电、发热为主，而广东、江苏及浙江等电力、热力的生产和供应业规模居前的省份并非煤炭资源密集地区，作为煤炭主要产地的山西、内蒙古却并非电力、热力的生产和供应业规模最大的地区。这从一个侧面反映了中国煤炭消费地与产出地不一致的特点。

第二节　区域间产业结构的差异

由于资源禀赋和发展水平不同，中国各地区的产业结构也存在显著差异。表 1-2 显示了 2015 年四大地区及全国的生产总值构成。容易看出，四大地区的国内生产总值中农业的比重都是最低的，这表明中国早已从农业大国转变为工业大国。其中，东部地区的农业比重又明显低于其他三个地区的农业比重。

表 1-2　2015 年四大地区及全国的生产总值构成

单位：%

地区	第一产业	第二产业			第三产业						
		工业	建筑业	合计	交通运输、仓储和邮政业	批发和零售业	住宿和餐饮业	金融业	房地产业	其他	合计
东部	5.6	38.4	5.3	43.7	4.5	11.1	1.9	8.1	5.4	19.5	50.5
中部	10.8	40.0	6.9	46.9	4.6	7.6	2.4	5.6	3.8	17.9	41.9
西部	12.0	35.6	9.2	44.8	4.8	7.6	2.7	6.7	3.5	17.6	42.9
东北	11.4	37.1	6.3	43.4	5.1	10.0	2.5	5.7	3.8	17.7	44.8
全国	8.4	38.1	6.5	44.5	4.6	9.6	2.2	7.1	4.6	18.7	46.8

东部地区的第二产业比重已经明显低于第三产业的比重。这意味着东部地区整体上已经跨越了工业化阶段，即将进入后工业化发展时期。

其他三个地区第三产业的比重均未超过 45%。这从一个侧面反映，除东部地区外，中国其他地区整体上仍处于快速工业化阶段或即将进入工业化后期。

从 2015 年省际层面的生产总值构成来看（见附表 A2），农业在国内生产总值中的比重低于 5% 的地区有上海、北京、天津、浙江和广东，都是经济发达的东部地区省市。农业在国内生产总值中的比重高于 15% 的省份有云南、贵州、广西、黑龙江、新疆和海南，其中仅海南属于东部地区。此外还有甘肃等 9 个省份的农业比重超过 10%。

生产总值中第二产业比重最低的五个省份是北京、海南、上海、黑龙江和西藏，这些省份第二产业的比重为 20% ~ 37%。其中，北京和上海的第二产业比重较低是因为这两个城市已经迈过工业化发展阶段，进入了以服务业为主的后工业化时期。贵州正处于快速工业化起步时期，其第二产业的比重可能会进一步上升。海南和西藏则尚未进入快速工业化阶段，这两个地区的工业基础也相对比较薄弱。

生产总值中第二产业比重最高的五个省份是陕西、内蒙古、福建、江西和吉林，这些省份第二产业的比重为 50% ~ 51%，它们都是中、西部地区的省份。除上述几个省份外，安徽和青海的生产总值中第二产业比重也比较高。

生产总值中第三产业比重较低的省份是吉林、广西、安徽、江西、河北、河南，这些省份第三产业的比重都未超过 40%。西藏、上海及北京第三产业的比重则分别高达 53%、68% 和 79%。如前所述，北京和上海第三产业的比重之所以很高是因为这两个城市进入了后工业化时期。而西藏第三产业的比重较高主要是因为其农业和第二产业发展不够。

第三节　区域间贸易规模、特征及发展趋势

中国区域间存在经济技术发展水平、资源禀赋、产业结构等诸多差异，这大大促进了中国区域间的贸易发展。本节将以 2002、2007 和 2010 年中国区域间投入产出表为基础来分析中国区域间的贸易及其特征。2002 年的表是在李善同等（2010）编制的中国地区扩展投入产出表的基础上，进一步按多区域投入产出表的编表方法编制而成。后两张表是由中国科学院区域可持续发展分析与模拟重点实验室和国家统计局核算司合作编制的（刘卫东

等，2012，2014）。为了使三个年份的区域间投入产出表具有可比性，本节采用双重平减法（United Nations，1999）将 2002 年和 2010 年的区域间投入产出表调整到了 2007 年的价格水平。所用到的各区域分行业价格指数主要来自各省统计年鉴。

2002、2007 和 2010 年中国区域间的贸易总量分别为 6.0 万亿元、13.8 万亿元和 19.8 万亿元，分别约占当年总产出的 15%、18% 和 17%。这意味着各地区的产出中提供给其他地区使用的部分无论是绝对量还是相对量都是不可忽略的，区域间的贸易对各地区的经济有着重要的影响。

而且对各地区而言，其国内贸易相对于其总产出的比重也不一样。例如，2007 年陕西向国内其他地区调出的产品量约占其总产出的 40%。吉林、河北、天津及内蒙古向国内其他地区调出的产品量占各自总产出的比例超过 20%。此外，安徽、新疆、贵州等 10 个省份向国内其他地区调出的产品量占各自总产出的比例超过 20%，而湖北和山东向国内其他地区调出的产品量占其总产出的比例低于 10%。

同一时期，吉林、陕西、天津、宁夏和贵州从国内其他地区调入的产品量占其总产出的比例超过 30%。新疆、青海、云南等 11 个省份从国内其他地区调入的产品量占其总产出的比例超过 20%。不过，湖北和山东从国内其他地区调入的产品量占其总产出的比例低于 10%。

区域间的贸易品大体上又可分为两部分：一是作为中间使用即中间需求；二是作为最终使用即最终需求，包括居民和政府消费、固定资本形成、存货等。本节的研究表明，约有 70% 的区域间贸易品是中间使用品，另外 30% 是最终使用品。这意味着区域间贸易主要是为了满足各区域的生产需要。

当然，各地区的国内调入中用作中间投入的比例有显著差异（如图 1 - 3 所示）。例如，2007 年江苏和浙江的国内调入中超过 80% 都被这两个省份用作中间投入，而山西、贵州以及宁夏的国内调入中只有 50% 被这三个省份用作中间投入。同样，各地区的国内调出中用作中间投入的比例也有显著差异。例如，2007 年山西的国内调出中都被其他省份用作中间投入的比例高达 94%，甘肃、新疆、海南以及青海的国内调出中 80% 以上被其他省份用作中间投入，而重庆的国内调出中都被其他省份用作中间投入的比例却只有 48%，四川和北京的国内调出中都被其他省份用作中间投入的比例也不超过 60%。

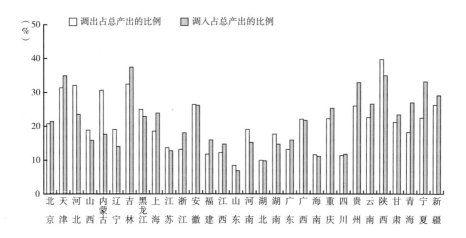

图 1 - 2 2007 年各地区国内调出量和调入量占其总产出的比例

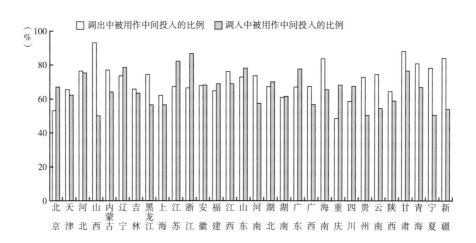

图 1 - 3 2007 年各地区国内调出和调入中被用作中间投入的比例

第四节 区域间经济关联性分析

一 区域影响力系数和感应度系数

为了分析中国区域间的经济关联性，本节借鉴投入产出分析中产业关联的分析方法，构建了区域影响力系数和感应度系数。假定有 k 个区域，

每个区域都有 n 个同质的部门，则可将区域 r 部门 j 的影响力系数 F_j^r 定义如下：

$$F_j^r = \frac{\frac{1}{nk}\sum_{s=1}^{k}\sum b_{ij}^{sr}}{\frac{1}{n^2k^2}\sum\sum b_{ij}^{sr}} = \frac{\sum_{s=1}^{k}\sum b_{ij}^{sr}}{\frac{1}{nk}\sum\sum b_{ij}^{sr}} \qquad (1-1)$$

其中，b_{ij}^{sr} 是区域 r 的部门 j 对区域 s 部门 i 的完全消耗系数。

在此基础上，可将区域 r 的影响力系数 F^r 定义如下：

$$F^r = \frac{\frac{1}{n^2k}\sum_{s=1}^{k}\sum b_{ij}^{sr}}{\frac{1}{n^2k^2}\sum\sum b_{ij}^{sr}} = \frac{\sum_{s=1}^{k}\sum b_{ij}^{sr}}{\frac{1}{k}\sum\sum b_{ij}^{sr}} \qquad (1-2)$$

一个区域的影响力系数反映了该区域增加一个单位的最终使用时，对其他区域产出所产生的影响，即其需求波及效果。如果一个区域的影响力系数大于 1，这表明该区域对全国总产出的影响超过各区域的平均影响力。一个区域的影响力系数越大，表明该区域对全国总产出的拉动作用越大。

类似的，可将区域 r 部门 i 的感应度系数 E_i^r 定义如下：

$$E_i^r = \frac{\frac{1}{nk}\sum_{s=1}^{k}\sum h_{ij}^{rs}}{\frac{1}{n^2k^2}\sum\sum h_{ij}^{rs}} = \frac{\sum_{s=1}^{k}\sum h_{ij}^{rs}}{\frac{1}{nk}\sum\sum h_{ij}^{rs}} \qquad (1-3)$$

其中，h_{ij}^{rs} 是区域 r 的部门 i 对区域 s 部门 j 的完全分配系数。

在此基础上，可将区域 r 的感应度系数 E^r 定义如下：

$$E^r = \frac{\frac{1}{n^2k}\sum_{s=1}^{k}\sum h_{ij}^{rs}}{\frac{1}{n^2k^2}\sum\sum h_{ij}^{rs}} = \frac{\sum_{s=1}^{k}\sum h_{ij}^{rs}}{\frac{1}{k}\sum\sum h_{ij}^{rs}} \qquad (1-4)$$

一个区域的感应度系数反映了各个区域的最终使用都增加一个单位时，该区域的产出所受到的影响，即其需求感应程度。如果一个区域的感应度系数大于 1，则表明该区域的感应度超过各区域的平均感应度。一个区域的感应度系数越大，则表明该区域对国民经济的推动作用越大。

还可以进一步将全国范围内某一行业的影响力系数 F_j 和感应度系数 E_i 定义如下：

$$F_j = \frac{\frac{1}{nk^2} \sum_{r=1}^{k} \sum b_{ij}^{sr}}{\frac{1}{n^2 k^2} \sum \sum b_{ij}^{sr}} = \frac{\sum_{r=1}^{k} \sum b_{ij}^{sr}}{\frac{1}{n} \sum \sum b_{ij}^{sr}} \qquad (1-5)$$

$$E_i = \frac{\frac{1}{nk^2} \sum_{r=1}^{k} \sum h_{ij}^{rs}}{\frac{1}{n^2 k^2} \sum \sum h_{ij}^{rs}} = \frac{\sum_{r=1}^{k} \sum h_{ij}^{rs}}{\frac{1}{n} \sum \sum h_{ij}^{rs}} \qquad (1-6)$$

二 区域关联性分析——需求侧拉动和供给侧推动作用

结合上述方法和中国区域间投入产出表，本节计算了 2002 年、2007 年和 2010 年中国 30 个省份的影响力系数和感应度系数（如表 1-3 所示），以此来分析中国各省份的需求侧拉动和供给侧推动作用。

表 1-3　地区影响力系数和感应度系数

地区	影响力系数			感应度系数		
	2002 年	2007 年	2010 年	2002 年	2007 年	2010 年
北　京	1.024	1.010	1.153	1.044	0.883	1.000
天　津	1.049	1.030	1.039	0.999	0.995	1.032
河　北	1.023	1.055	0.997	1.090	1.125	1.077
山　西	0.997	0.981	0.935	0.996	1.093	1.016
内蒙古	0.890	0.968	0.969	1.013	1.158	1.125
辽　宁	1.088	1.024	1.076	1.085	1.019	1.001
吉　林	0.973	1.030	0.992	1.030	1.037	0.978
黑龙江	0.949	1.008	0.928	0.987	1.097	0.908
上　海	0.906	0.952	1.057	0.966	0.822	0.853
江　苏	1.041	1.078	1.027	1.071	0.980	1.040
浙　江	1.115	1.064	1.074	1.079	0.904	0.988
安　徽	0.985	0.975	0.979	1.019	0.963	0.939
福　建	1.005	0.987	0.973	0.963	0.897	0.971
江　西	0.998	1.026	1.078	0.969	0.963	1.152
山　东	1.051	1.170	1.179	1.027	1.163	1.152
河　南	1.062	1.077	1.028	0.990	1.107	1.059
湖　北	0.996	0.972	0.930	0.999	0.959	1.003

地区	影响力系数			感应度系数		
	2002 年	2007 年	2010 年	2002 年	2007 年	2010 年
湖　南	0.931	0.948	0.933	0.958	0.919	0.946
广　东	0.915	0.949	1.019	0.874	0.831	0.929
广　西	0.954	0.914	0.989	1.018	0.969	1.021
海　南	1.004	0.896	0.958	0.958	0.854	0.939
重　庆	0.995	1.022	1.022	0.941	0.937	1.047
四　川	1.031	1.014	0.993	1.016	1.003	1.035
贵　州	0.923	0.993	0.936	0.984	1.052	0.985
云　南	1.017	0.984	0.965	1.053	1.103	0.924
陕　西	1.030	0.982	0.948	1.046	1.056	1.047
甘　肃	1.081	0.885	0.946	1.001	0.908	0.956
青　海	0.952	0.978	0.939	0.891	1.027	1.048
宁　夏	1.010	1.014	0.966	0.938	1.067	0.945
新　疆	1.004	1.013	0.971	0.997	1.110	0.883

2002 年影响力系数最大的是浙江，紧随其后的是辽宁、甘肃、河南和山东。影响力系数大于 1 的还有天津、江苏、四川、陕西、河北、北京、云南、宁夏、福建、海南和新疆 11 个省份。感应度系数最大的是河北，紧随其后的是辽宁、浙江、江苏和云南。感应度系数超过 1 的还有陕西、北京、吉林、山东、安徽、广西、四川、内蒙古以及甘肃 9 个省份。

2007 年影响力系数最大的是山东，影响力系数居前五位的还有江苏、河南、浙江和河北。影响力系数大于 1 的还有天津、吉林、江西、辽宁、重庆、宁夏、四川、新疆、北京和黑龙江 10 个省份。同年感应度系数最大的省份也是山东，紧随其后的是内蒙古、河北、新疆和河南四省份。感应度系数大于 1 的还有云南、黑龙江、山西、宁夏、陕西、贵州、吉林、青海、辽宁和四川 10 个省份。

2010 年影响力系数最大的省份仍然是山东，影响力系数居前五位的还有北京、江西、辽宁和浙江。影响力系数大于 1 的还有上海、天津、河南、江苏、重庆以及广东 6 个省份。2010 年感应度系数最大的省份也是山东，紧随其后的是江西、内蒙古、河北和河南 4 个省份。感应度系数大于 1 的还有青海、重庆、陕西、江苏、四川、天津、广西、山西、湖北、辽宁和北京

11 个省份。

上述结果表明，山东、江苏、浙江、河南、辽宁、北京、天津等省市始终具有较高的影响力系数，即对国民经济具有较大的需求侧拉动作用。这些省份都具有较高的工业比重且大部分具有较大的经济规模。感应度系数也始终较高的省份包括山东、河北、内蒙古、辽宁、陕西以及四川，这些省份对国民经济具有较大的供给侧推动作用。同样，这些省份也都是工业比重较高的省份。进一步，山东和辽宁还是影响力系数和感应度系数始终都较高的省份，且 2007 年和 2010 年山东的影响力系数和感应度系数都位居第一。

比较 2007 年和 2002 年的结果可知，这两年影响力系数大于 1 的省份数目非常接近，且重合度比较高。不过，2002 年影响力系数大于 1 的甘肃、陕西、云南、福建和海南，它们在 2007 年的影响力低于平均水平，取而代之的是吉林、江西、重庆和黑龙江。同样，2007 年和 2002 年感应度系数大于 1 的省份数目也比较接近。只不过，2002 年感应度系数较高的浙江、江苏、北京、安徽、广西和甘肃在 2007 年时被山西、黑龙江、河南、宁夏、贵州、青海和新疆取代。

比较 2010 年和 2007 年的结果可知，2010 年影响力系数大于 1 的省份数目明显少于 2007 年影响力系数大于 1 的省份数目，不过这两年影响力系数大于 1 的省份重合度也较高。2010 年河北、吉林、宁夏、四川、新疆和黑龙江的影响力系数不再大于 1，而上海和广东的影响力系数则大于 1。由此可见，影响力系数大于 1 的省份有进一步向东部地区集中的趋势。2010 年和 2007 年感应度系数大于 1 的省份数目很接近且重合度较高。同时，2007 年感应度系数较高的新疆、云南、黑龙江、宁夏、贵州和吉林在 2010 年被江西、重庆、江苏、天津、广西、湖北和北京取代。

三 跨区域的行业关联性分析

还可进一步计算各地区各类行业的影响力系数和感应度系数。为了便于分析，以 2010 年为例，选取影响力系数和感应度系数排名前 5%（前 45 位）的行业来观察哪些行业对国民经济具有重要作用（如表 1 – 4 所示）。

表 1 - 4　2010 年影响力系数和感应度系数排名前 5% 的行业及其所在地区

地区	行业	影响力系数	地区	行业	感应度系数
重 庆	纺织服装鞋帽皮革羽绒及其制品业	2.406	青 海	电力、热力的生产和供应业	1.831
重 庆	木材加工及家具制造业	1.614	广 西	金属矿采选业	1.815
北 京	非金属矿及其他矿采选业	1.578	江 西	金属矿采选业	1.776
北 京	金属矿采选业	1.565	河 北	金属矿采选业	1.757
上 海	建筑业	1.506	四 川	金属矿采选业	1.734
青 海	电力、热力的生产和供应业	1.469	福 建	金属矿采选业	1.726
辽 宁	建筑业	1.460	湖 南	金属矿采选业	1.713
重 庆	非金属矿及其他矿采选业	1.443	山 西	金属矿采选业	1.711
天 津	建筑业	1.429	江 苏	石油和天然气开采业	1.709
北 京	煤炭开采和洗选业	1.423	内蒙古	石油和天然气开采业	1.706
山 东	纺织业	1.407	内蒙古	金属矿采选业	1.704
山 东	金属制品业	1.394	江 西	电力、热力的生产和供应业	1.701
山 东	非金属矿物制品业	1.390	陕 西	金属矿采选业	1.698
北 京	电力、热力的生产和供应业	1.389	广 西	煤炭开采和洗选业	1.694
江 西	金属矿采选业	1.387	陕 西	石油和天然气开采业	1.688
山 东	纺织服装鞋帽皮革羽绒及其制品业	1.385	河 北	石油和天然气开采业	1.685
江 西	纺织业	1.384	天 津	石油和天然气开采业	1.677
辽 宁	住宿餐饮业	1.379	重 庆	金属矿采选业	1.671
山 东	造纸印刷及文教体育用品制造业	1.376	贵 州	金属矿采选业	1.670
江 西	金属制品业	1.374	云 南	金属矿采选业	1.666
山 东	建筑业	1.360	上 海	石油和天然气开采业	1.659
宁 夏	建筑业	1.356	江 西	煤炭开采和洗选业	1.656
广 西	交通运输设备制造业	1.346	河 南	金属矿采选业	1.653
上 海	燃气及水的生产与供应业	1.346	青 海	金属矿采选业	1.653
辽 宁	研究与试验发展业	1.342	山 西	煤炭开采和洗选业	1.646
上 海	其他制造业	1.339	甘 肃	石油和天然气开采业	1.639
内蒙古	交通运输设备制造业	1.313	山 东	石油和天然气开采业	1.637
广 西	非金属矿物制品业	1.311	青 海	石油和天然气开采业	1.634
山 东	电力、热力的生产和供应业	1.307	内蒙古	煤炭开采和洗选业	1.634
新 疆	纺织服装鞋帽皮革羽绒及其制品业	1.303	河 南	石油和天然气开采业	1.623
山 东	交通运输设备制造业	1.303	广 东	石油和天然气开采业	1.623
天 津	金属制品业	1.302	四 川	石油和天然气开采业	1.623

地区	行业	影响力系数	地区	行业	感应度系数
山 东	金属矿采选业	1.298	浙 江	煤炭开采和洗选业	1.622
上 海	交通运输及仓储业	1.298	山 东	煤炭开采和洗选业	1.618
浙 江	纺织业	1.297	四 川	煤炭开采和洗选业	1.604
山 东	木材加工及家具制造业	1.292	河 南	煤炭开采和洗选业	1.598
山 东	电气机械及器材制造业	1.292	辽 宁	煤炭开采和洗选业	1.595
安 徽	建筑业	1.290	内蒙古	交通运输设备制造业	1.594
广 东	建筑业	1.287	江 苏	金属矿采选业	1.593
江 西	非金属矿物制品业	1.283	新 疆	石油和天然气开采业	1.583
北 京	建筑业	1.283	吉 林	石油和天然气开采业	1.565
海 南	建筑业	1.281	广 东	金属矿采选业	1.563
江 西	木材加工及家具制造业	1.281	黑龙江	石油和天然气开采业	1.561
浙 江	非金属矿物制品业	1.277	重 庆	石油和天然气开采业	1.558
浙 江	纺织服装鞋帽皮革羽绒及其制品业	1.274	山 东	金属矿采选业	1.557

容易看出，影响力系数较大的行业虽然来自不同地区，但它们几乎都属于第二产业。其中，有 9 个是来自不同地区的建筑业，这显示了建筑业对国民经济的强大拉动作用。来自不同地区的纺织服装鞋帽皮革羽绒及其制品业、非金属矿物制品业数目各有 4 个；金属矿采选业，纺织业，木材加工及家具制造业，金属制品业，交通运输设备制造业，电力、热力的生产和供应业的数目各有 3 个；非金属矿及其他矿采选业的数目有 2 个。由此可见，影响力较大的第二产业中又以制造业为主。此外，影响力较大的行业也有个别属于第三产业，包括辽宁的住宿餐饮业、辽宁的研究与试验发展业以及上海的交通运输及仓储业。

感应度系数较大的行业分布更为集中，主要是来自不同地区的金属矿采选业（17 个）、石油和天然气开采业（16 个）以及煤炭开采和洗选业（9 个）。此外，还有青海的电力、热力的生产和供应业，内蒙古的交通运输设备制造业以及江西的电力、热力的生产和供应业。由此可见，采掘业对中国国民经济的推动作用非常重要，这些行业为中国的经济发展提供了重要的原材料和能源产品，是中国名副其实的基础性产业。从另外一个角度来看，与能源相关的石油和天然气开采业、煤炭开采和洗选业以及电力、热力的生产和供应业又在感应度系数较大的行业中占最大比例，因而能源行业可称得上是中国国民经济的主导产业。

　　从地区分布来看，影响力系数较大的行业有 11 个来自山东，来自北京和江西的分别有 5 个，来自上海的有 4 个，来自辽宁、浙江和重庆的分别有 3 个，来自天津和广西的分别有 2 个。这从一个侧面揭示了上述几个省份影响力系数较大的原因。感应度系数较大的行业中有 4 个来自内蒙古，来自山东、河南、江西、四川和青海的各有 3 个，来自河北、山西、江苏、广东、广西和陕西的各有 2 个。上述几个省份大部分也都是感应度系数较大的省份。

四　全国范围内的行业关联性分析

　　仍以 2010 年为例来分析全国范围内不同行业的关联性。表 1 - 5 显示了各行业影响力系数和感应度系数及其排序。容易看出，在跨区域行业影响力系数和感应度系数排名前 5% 的行业中出现频次较高的行业，在全国范围内的影响力系数和感应度系数也较高。因此，全国范围内的行业关联性计算结果与跨区域的行业关联性计算结果具有高度一致性。

　　影响力系数最大的行业是建筑业，紧随其后的是纺织服装鞋帽皮革羽绒及其制品业、金属制品业、非金属矿物制品业和交通运输设备制造业。其他影响力系数大于 1 的行业依次还有纺织业，造纸印刷及文教体育用品制造业，电力、热力的生产和供应业，木材加工及家具制造业，通用、专用设备制造业，住宿餐饮业，电气机械及器材制造业，非金属矿及其他矿采选业，租赁和商业服务业，金属冶炼及压延加工业，其他制造业，化学工业，金属矿采选业以及燃气及水的生产与供应业 14 个行业。可见大部分行业的影响力系数都超过平均水平，而且其中多为制造业。

表 1 - 5　2010 年行业影响力系数和感应度系数及其排序

部门代码[①]	部门名称	影响力		感应度	
		系数	排序	系数	排序
s1	农林牧渔业	0.799	27	0.958	17
s2	煤炭开采和洗选业	0.970	21	1.411	2
s3	石油和天然气开采业	0.710	30	1.193	6
s4	金属矿采选业	1.007	18	1.538	1
s5	非金属矿及其他矿采选业	1.031	13	1.185	7
s6	食品制造及烟草加工业	0.978	20	0.857	22

---

　　①　全书部门代码（s1 ~ s30）所代表的部门名称与此表中相同。后文不再一一罗列。

部门代码	部门名称	影响力		感应度	
		系数	排序	系数	排序
s7	纺织业	1.094	6	1.064	11
s8	纺织服装鞋帽皮革羽绒及其制品业	1.171	2	0.773	27
s9	木材加工及家具制造业	1.089	9	0.913	19
s10	造纸印刷及文教体育用品制造业	1.091	7	1.129	9
s11	石油加工、炼焦及核燃料加工业	0.888	25	1.298	4
s12	化学工业	1.010	17	1.182	8
s13	非金属矿物制品业	1.142	4	0.978	14
s14	金属冶炼及压延加工业	1.016	15	1.216	5
s15	金属制品业	1.149	3	1.035	12
s16	通用、专用设备制造业	1.086	10	0.854	23
s17	交通运输设备制造业	1.134	5	0.860	21
s18	电气机械及器材制造业	1.064	12	0.869	20
s19	通信设备、计算机及其他电子设备制造业	0.787	28	0.768	28
s20	仪器仪表及文化办公用机械制造业	0.904	24	0.852	24
s21	其他制造业	1.015	16	1.021	13
s22	电力、热力的生产和供应业	1.091	8	1.326	3
s23	燃气及水的生产与供应业	1.001	19	0.930	18
s24	建筑业	1.236	1	0.422	30
s25	交通运输及仓储业	0.954	23	1.094	10
s26	批发零售业	0.728	29	0.965	15
s27	住宿餐饮业	1.065	11	0.823	25
s28	租赁和商业服务业	1.019	14	0.960	16
s29	研究与试验发展业	0.959	22	0.803	26
s30	其他服务业	0.812	26	0.723	29

感应度系数最大的行业是金属矿采选业，排名前五位的行业依次还有煤炭开采和洗选业，电力、热力的生产和供应业，石油加工、炼焦及核燃料加工业以及金属冶炼及压延加工业。其他感应度系数大于1的行业依次还有石油和天然气开采业、非金属矿及其他矿采选业、化学工业、造纸印刷及文教体育用品制造业、交通运输及仓储业、纺织业、金属制品业和其他制造业8个行业。容易看出，感应度系数大的行业主要来自采掘业及与之密切相关的能源行业和制造业。同时，感应度系数大于1的行业数目总体上要明显少于影响力系数大于1的行业数目。

还有部分行业的影响力系数和感应度系数都大于 1，它们包括金属制品业，纺织业，造纸印刷及文教体育用品制造业，电力、热力的生产和供应业，非金属矿及其他矿采选业，金属冶炼及压延加工业，其他制造业，化学工业以及金属矿采选业 9 个行业。这些行业可视为当前中国国民经济的支柱产业，这些行业都属于工业部门，且大部分为重化工业。这意味着中国国民经济整体上仍处于快速工业化发展阶段，重化工业仍发挥着重要作用。

第五节　小结

中国区域间经济发展水平差异较大，东部地区的经济发展水平明显高于其他地区。无论是农业、工业、建筑业还是第三产业，它们在东部地区的份额都明显高于其在另外三大地区的份额。特别是工业和第三产业在东部地区的集中度更高一些，东部地区对这两大产业增加值的贡献超过 1/2。从省际层面来看，三大产业增加值居前列的省份几乎都是东部地区的省份，如广东、江苏、山东、浙江等。不过，随着中国西部大开发战略、中部崛起战略以及振兴东北老工业基地战略的实施，中部、西部和东北地区在各大产业增加值的贡献呈上升趋势。

虽然中国早已从农业大国转变为工业大国，各个地区也都已跨越了农业时代，但不同地区的工业化进程差异显著。东部地区整体上已经跨越了工业化阶段，即将进入后工业化发展时期，其中上海及北京可以说已经进入后工业化时期。不过，中部、西部和东北地区整体上仍处于快速工业化阶段或即将进入工业化后期。

中国区域间的经济发展差异大大促进了中国区域间的贸易发展。中国区域间的贸易总量约占各区域总产出的 1/5，其绝对量不容忽视。一些地区调出的产品甚至超过其总产出的 40%，也有一些地区的调入产品占其总产出的比例超过 30%。而且区域间的贸易品有 70% 都是用于满足各区域的生产需要，即被用作中间投入，只有 30% 左右是最终使用。

区域间巨大的贸易量及其特殊的结构特征形成了中国区域间紧密的经济关联性。不过，不同地区对国民经济的影响力度和方向也存在显著差异。在整个研究期间，山东和辽宁还是影响力系数和感应度系数始终都较高的省份，即这两个省份对国民经济的需求侧拉动和供给侧推动作用都较大。需求侧拉动作用始终较大的省份还有江苏、浙江、河南、北京、天津，而供给侧推动作用始终较大的省份还有河北、内蒙古、陕西以及四川。同时，在整个研究期间，需求侧拉动作用较大的省份有进一步向东部地区集中的趋势。

跨区域的行业关联性分析表明，需求侧拉动作用较大的行业虽然来自不同地区，但它们几乎都属于第二产业，特别是制造业，只有个别行业有个别属于第三产业。供给侧推动作用较大的行业分布更为集中，主要是来自不同地区的金属矿采选业，石油和天然气开采业，煤炭开采和洗选业以及电力、热力的生产和供应业。它们是名副其实的基础产业。同时，上述需求侧拉动作用较大的行业和供给侧推动作用较大的行业又分别主要来自需求侧拉动作用较大的省份和供给侧推动作用较大的省份。

总的来看，中国不同地区的发展阶段差异明显，区域经济格局整体上呈现东部暂时领先，而其他地区发展势头更快的特征。对国民经济拉动作用较大的省份主要集中在东部地区，而对国民经济推动作用较大的省份多来自中部、西部和东北地区。考虑到不同地区的发展阶段差异，同时为了进一步发挥各地的比较优势，中国应当加快打破区域贸易壁垒，建立全国统一市场，在发挥市场决定作用的同时，积极制定相应的区域经济发展政策和产业政策，提高跨区域的资源配置效率，推动中国区域经济的协调、平衡发展。

第二章
区域间经济和环境
溢出一反馈效应测度方法

第一节　国内外有关溢出一反馈效应的研究回顾

区域之间通过贸易会对彼此的经济以及资源和环境产生影响，而这些影响又可进一步区分为溢出效应和反馈效应。区域间溢出一反馈效应在很大程度上反映了区域协调发展水平。马克思曾指出"社会分工是由原来不同而又互不依赖的生产领域之间的交换产生的"，而"把一定生产部门固定在国家一定地区的地域分工，由于利用各种特点的工场手工业生产的出现，获得了新的推动力"。也就是说，合理的区域分工继而区域协调发展离不开区域间贸易的充分发展，而区域间贸易发展得越充分，区域间溢出一反馈效应也将越大。

对区域间溢出一反馈效应问题的定量研究可追溯至 Machlup（1943）、Metzler（1950）的探索，他们试图通过乘数解释一个地区或国家的收入变化如何影响其他地区或国家的收入。改革开放以来，中国经济持续高速增长。不少学者认为，中国经济高速增长的影响因素有很多，而市场化改革及其带来的国内市场一体化也是其中的一个重要原因（Bai 等，2012）。因而，近年来中国区域间的经济溢出和反馈效应引起了不少学者的兴趣。

按照研究方法，可以将区域间溢出一反馈效应的研究分为两类：基于计量经济学方法的研究（Brun 等，2002；Beck 和 Winker，2004；李林等，2011；Bai 等，2012；Sun 等，2015）和基于投入产出模型的研究（张亚雄和赵坤，2006；潘文卿和李子奈，2007；吴福象和朱蕾，2010；吴添和潘文卿，2014）。比较而言，计量经济学方法能够灵活地引入多个因素来研究区域间的经济溢出效应，并能有效处理年度数据，但该方法主要考察区域间溢出效应是否具有统计学意义上的显著性，而不能具体测算溢出效应的大小，且很难用于分析反馈效应。投入产出模型虽然难以有效利用年度数据，但该方法能测算溢出—反馈效应的具体程度，且具有坚实的经济理论基础。

Miller（1963）的研究表明，部门总产出（产品）区分为两部分：一部分是为了提供本部门的最终需求而生产的产品，另一部分是为了满足其他部门提供最终需求而生产的产品。后一部分产出实际上就反映了部门之间的反馈效应，虽然他当时并未明确提出这一概念。同时，他指出上述产品决定机制也适用于区域层面。继而，Miller（1966，1969）基于投入产出模型正式提出了区域间反馈效应概念及其测度方法，并给出了实证分析结果。Miller的一系列研究为后来区域间溢出—反馈效应的分析框架奠定了基础。不过，他没有进一步将区域间经济的交互影响区分为溢出效应和反馈效应。

Miller的上述研究发表之后，引发了不少有关反馈效应的理论和实证研究。较早的研究如 Gillen 和 Guccione（1980）、Miller（1986）、Guccione 等（1988）给出了多区域投入产出模型中忽略反馈效应将带来的误差上限表达式以及 Greytak（1970，1974）、Riefler 和 Tiebout（1970）、Round（1979）、Schreiner 和 Chang（1980）和 Richardson（1985）对区域间经济反馈效应的研究[①]。最近的研究如 Su 与 Ang（2011）对贸易中碳排放反馈效应的分析。特别值得一提的是，Sonis 等（1993，1995a）将反馈回路和层级概念及相关方法引入反馈效应分析，并带动了一系列相关实证研究（如 Sonis 等，1995b；1997；2001）[②]。国内也有几位学者对反馈效应进行了实证研究，如潘文卿和张润君（2009）对中国 8 大区域间反馈回路的层级分析。

溢出—反馈效应的分析框架主要由 Stone（1978）、Pyatt 和 Round（1979）、Round（1985）等发展起来。他们将社会核算矩阵（SAM）中的核

[①] Miller（1969）的实证研究表明区域间反馈效应很小，Richardson（1985）也得到了类似的结果，但 Greytak（1970，1974）、Riefler 和 Tiebout（1970）、Round（1979）的研究则表明区域间反馈效应很显著，且应当被考虑。Round（2001）对有关反馈效应的研究文献作了回顾。

[②] Sonis 和 Hewings（2001）对有关反馈回路研究的文献作了较好的回顾。

算乘数矩阵分解为三部分：一部分表示转移效应（Transfer Effects），另一部分表示闭回路效应（Close-loop Effects），还有一部分表示开回路效应（Open-loop Effects）[①]。Stone（1978）、Pyatt 和 Round（1979）的工作主要集中于单区域内产出、要素需求及收入之间关系的分解，而 Round（1985）则将上述分析框架拓展至多区域。Round（2001）进一步将上述方法应用于多区域投入产出模型中 Leontief 逆矩阵的分解，并将上述三种效应依次解释为区域内效应（Intraregional Effects）、区域间反馈效应（Interregional Feedback Effects）和区域间溢出效应（Interregional Spillover Effects）。Dietzenbacher（2002）认为 Leontief 逆矩阵和供给驱动型投入产出模型中的 Ghosh 逆矩阵（Ghosh，1958）都可以分解为区域内及区域间的上述三种效应，并基于两区域投入产出模型给出了它们的具体表达式。Dietzenbacher（2002）还对欧盟六国 1985 年的溢出、反馈效应进行了实证研究。

目前，基于投入产出模型的溢出—反馈效应研究多以中国为对象，且涉及多个层面。在国际层面，潘文卿（2006）及吴添和潘文卿（2014）分别测算了中国与世界其他地区以及中国与日本的经济溢出—反馈效应。在国内区域层面，张亚雄和赵坤（2006）、潘文卿和李子奈（2007）分别实证分析了 1997 年和 2000 年中国沿海与内陆的经济溢出和反馈效应。彭连清和吴超林（2009）、吴福象和朱蕾（2010）分别基于两区域和三区域投入产出模型分析了东、中、西三大地带的经济溢出和反馈效应。还有些涉及产业层面的研究，如胡霞和魏作磊（2009）、李惠娟（2014）分析了中国区域间服务业的溢出、反馈效应，余典范等（2011）分析了中国产业间的溢出、反馈效应。上述研究多为对单个年份溢出—反馈效应的静态分析，而潘文卿（2012，2015）则进一步分析了 1997~2007 年中国沿海与内陆以及八大区域间经济溢出和反馈效应的动态变化。此外，国外也有一些类似的研究，如 Dietzenbacher（2002）对欧盟六国 1985 年的溢出、反馈效应进行了实证研究。[②]

随着生态环境问题的日益突出，最近几年一些学者也开始关注区域间的

---

① Stone（1978）给出的是加法分解形式，而其他学者给出的是乘法分解形式。

② 此外，潘文卿和李子奈（2008）还分析了沿海三大增长极对内陆地区经济的溢出效应。也有些研究采用计量经济学模型研究了区域间的经济溢出效应，如 Brun 等（2002）、Bai 等（2012）、Sun 等（2015）。还有学者（如 Beck & Winker，2004）基于计量经济模型同时估计区域间的经济溢出—反馈效应。

环境交互影响。唐志鹏等（2014）分析了出口对中国八大区域碳排放的溢出、反馈效应，但他们没有考虑总的最终需求（包括消费、投资和出口）的影响，更未考虑供给侧视角下区域间的碳排放溢出—反馈效应①。

不过，以往有关中国区域间溢出—反馈效应的研究主要从需求的视角研究这一问题，而很少从供给的视角展开分析。当前，中国正大力推进供给侧结构性改革，这是中国深化改革、增强经济持续增长动力、适应和引领经济新常态的重大创新举措。当然，供给侧结构性改革并不意味着放弃需求侧管理，而是要实现由低水平供需平衡向高水平供需平衡跃升。由此可见，供给侧改革和需求侧管理并不冲突，两者具有辩证统一的关系，能相互加强。因此，从供给和需求双向视角研究区域间溢出—反馈效应具有重要意义，而这正是本章的主要贡献。此外，以往基于需求侧的溢出—反馈效应研究主要集中于分析最终需求的产出效应，而很少涉及增加值效应及劳动报酬效应，一般也未区分不同类型最终需求的溢出—反馈效应，本章也试图对这些不足予以弥补。

第二节　区域间贸易的经济和环境溢出—反馈机制分析

区域间存在多种多样的经济社会维度和自然生态维度的溢出—反馈机制。从经济学视角来看，所谓区域间溢出效应是指一个地区经济活动所发生的变化对其他地区的影响。所谓区域间反馈效应则是一个地区经济活动发生的变化所引起的其他地区经济活动的变化反过来对该地区产生的影响。区域间溢出效应和反馈效应得以存在的基础就是区域间密切的贸易活动。正是区域间贸易的存在，一个地区经济活动的变化才能够在影响本地区的同时传导至其他地区，并对其他地区产生影响，继而对本地区产生间接影响。

图2-1是描述区域间的溢出—反馈机制的示意图。假定有三个区域a、b和c，它们之间有贸易往来。为了叙述的方便，不妨假定一个封闭的经济体系可划分为k个区域，每个区域的经济系统都是由n个行业构成的。参考以往文献（如Turner等，2007；Miller & Blair，2009），可以建立一个示意性的三区域经济—环境投入产出模型（如表2-1所示）。其

①　此外，还有一些研究分析了区域间的碳排放转移（如石敏俊等，2012；张友国，2015）及相关责任问题（Zhang，2015）。

中，X^r 是区域 r（$r = a$、b、c）的产出向量，其元素 x_j^r 是区域 r 中部门 j 的总产出；Y^r 为最终使用向量，其元素 y_i^r 表示区域 r 生产的最终需求中第 i 类产品或服务的价值；Z^{rs} 是区域 s（$s = a$、b、c）中间使用的来自区域 r 的产品价值矩阵，其元素 z_{ij}^{rs} 表示区域 r 向区域 s 的部门 j 提供的中间投入品 i 的价值量；q^r 是区域 r 的碳排放向量，其元素 q_i^r 为区域 r 部门 i 的直接碳排放；V^r 是区域 r 的增加值向量，其元素 v_j^r 是区域 r 中部门 j 的增加值。

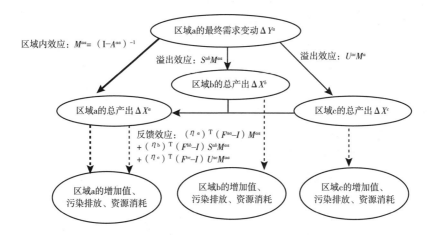

图 2-1a　需求侧（后向关联）视角下区域间溢出—反馈机制

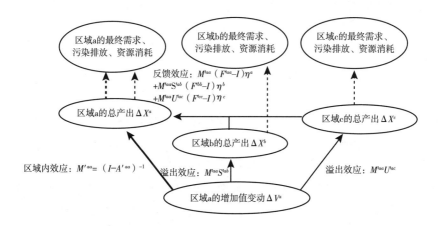

图 2-1b　供给侧（前向关联）视角下区域间溢出—反馈机制

注：图 2-1a 和 2-1b 中虚线箭头表示影响区域产出后，继而对其他相应的经济和环境变量产生影响。

表 2 - 1　三区域经济—环境投入产出表

投入 \ 产出		中间使用			最终需求				总产出
		区域a	区域b	区域c	消费	资本形成	出口	合计	
中间投入	区域a	Z^{aa}	Z^{ab}	Z^{ac}	C^a	$C_F^{\,a}$	$E_X^{\,a}$	Y^a	X^a
	区域b	Z^{ba}	Z^{bb}	Z^{bc}	C^b	$C_F^{\,b}$	$E_X^{\,b}$	Y^b	X^b
	区域c	Z^{ca}	Z^{cb}	Z^{cc}	C^c	$C_F^{\,c}$	$E_X^{\,c}$	Y^c	X^c
增加值	劳动报酬	$C_L^{\,a}$	$C_L^{\,b}$	$C_L^{\,c}$					
	其他项	⋮	⋮	⋮					
	合计	$(V^a)^{\mathrm{T}}$	$(V^b)^{\mathrm{T}}$	$(V^c)^{\mathrm{T}}$					
进口		$I_M^{\,a}$	$I_M^{\,B}$	$I_M^{\,C}$					
碳排放		$(X^a)^{\mathrm{T}}$	$(X^b)^{\mathrm{T}}$	$(X^c)^{\mathrm{T}}$					
总投入		$(q^a)^{\mathrm{T}}$	$(q^b)^{\mathrm{T}}$	$(q^c)^{\mathrm{T}}$					

在此基础上，令 A^{rs} 为区域 s（s = a、b、c）中间使用的来自区域 r 的产品系数矩阵，其元素 $a_{ij}^{\,rs} = z_{ij}^{\,rs}/x_j^{\,s}$，即区域 r 部门 i 向区域 s 部门 j 提供的中间投入品价值量与区域 s 部门 j 总投入的比值。A'^{rs} 是区域 r 向区域 s（s = a、b、c）提供的中间使用产品系数矩阵，其元素 $a'^{\,rs}_{ij} = z_{ij}^{\,rs}/x_i^{\,r}$，即区域 r 部门 i 向区域 s 部门 j 提供的中间投入品价值量占区域 r 部门 i 总产出的份额。不失一般性，本章以区域 a 为例来说明区域间的经济溢出—反馈机制。

从需求侧的角度出发，区域 a 为了生产出其包括最终使用品 Y' 在内的各类产品，需要用三类投入：来自本地区的中间投入 Z^{aa}、来自其他地区（区域 b 和区域 c）的中间投入 Z^{ba} 和 Z^{ca}，以及增加值（初始投入）V^a。上述三类投入就构成了区域 a 的总投入，而区域 a 生产出的各类产品就是其总产出。在需求侧视角下，最终需求通常被当作外生变量看待。当区域 a 的最终需求发生变动时，来自本地的中间投入会相应变动，从而引起本地区总产出的变动。这就是需求引起的区域内效应。与此同时，来自其他地区的中间投入也会发生变动以适应或满足区域 a 的最终需求变动，并引起其他地区总产出的变动。这就是区域 a 的需求带来的溢出效应。而且，其他地区总产出的变动反过来将引起其他地区对区域 a 各类产品需求的变动，从而影响区域 a 的总产出。这就是区域 a 的需求引起的反馈效应。进一步，各地区的增加值及其构成（如劳动报酬）会随着总产出一起变动，因而最终需求变动也会对增加值及其构成产生区域内、溢出和反馈效应。

从供给侧的角度出发，一个地区的总产出可分为三部分：一是供本地区中间使用，二是供其他地区中间使用，三是供本地区和其他地区最终使用。如前所述，增加值即初始投入是获得总产出所需的三类投入之一。同时，从供给侧关联的视角出发，增加值通常被视为外生变量。当区域 a 的增加值发生变动时，本地的总产出会相应变化，即区域内效应。区域 a 总产出的变化将使其分配给其他地区的中间使用也发生变化，即引起其他地区中间投入的变化，继而引起其他地区总产出的变化。这就是供给侧视角下的溢出效应。相应地，其他地区总产出的变化也会使它们分配给区域 a 的中间使用发生变化，从而带来区域 a 总产出的变化，即反馈效应。类似地，各地区的最终需求及构成部分（消费、资本形成和出口）一般也会随总产出一起变动，于是增加值变动也会对最终需求及各类需求产生相应的区域内、溢出和反馈效应。

第三节　三区域经济和碳排放溢出—反馈效应分析方法

前文明确了区域间溢出效应和反馈效应的概念及其机制。本节将基于三区域投入产出模型，分别从需求侧和供给侧的视角出发给出两者的测度方法。

一　需求侧溢出—反馈效应

借鉴 Round（1985）的方法并基于经典的 Leontief 模型，三区域的需求侧关联可表示为：

$$\begin{pmatrix} X^a \\ X^b \\ X^c \end{pmatrix} = \begin{bmatrix} A^{aa} & A^{ab} & A^{ac} \\ A^{ba} & A^{bb} & A^{bc} \\ A^{ca} & A^{cb} & A^{cc} \end{bmatrix} \begin{pmatrix} X^a \\ X^b \\ X^c \end{pmatrix} + \begin{pmatrix} Y^a \\ Y^b \\ Y^c \end{pmatrix} \qquad (2-1)$$

将式（2-1）进行变换，易得（具体推导见附录 B）：

$$X^a = F^{aa} M^{aa} Y^a + F^{aa} U^{ba} M^{bb} Y^b + F^{aa} S^{ca} M^{cc} Y^c \qquad (2-2)$$

$$X^b = F^{bb} M^{bb} Y^b + F^{bb} U^{cb} M^{cc} Y^c + F^{bb} S^{ab} M^{aa} Y^a \qquad (2-3)$$

$$X^c = F^{cc} M^{cc} Y^c + F^{cc} U^{ac} M^{aa} Y^a + F^{cc} S^{bc} M^{bb} Y^b \qquad (2-4)$$

其中

$$F^{aa} = [\, I - D^{ab} D^{ba} - (D^{ab} D^{bc} + D^{ac})(I - D^{bc} D^{cb})^{-1}(D^{cb} D^{ba} + D^{ca})\,]^{-1}$$

$$S^{ca} = (D^{ab} D^{bc} + D^{ac})(I - D^{bc} D^{cb})^{-1}$$

$$U^{ba} = D^{ab} + S^{ca} D^{cb}$$

$$D^{ab} = (I - A^{bb})^{-1} A^{ab}$$

$$M^{aa} = (I - A^{aa})^{-1}$$

M^{bb}、M^{cc} 的表达式分别与 M^{aa} 类似；F^{bb}、F^{cc} 的表达式分别与 F^{aa} 类似；S^{ab}、S^{bc} 的表达式分别与 S^{ca} 类似；U^{cb}、U^{ac} 的表达式分别与 U^{ba} 类似；其他 D 的表达式分别与 D^{ab} 类似。

可将式（2-2）~式（2-4）表示为：

$$
\begin{pmatrix} X^a \\ X^b \\ X^c \end{pmatrix} = \begin{bmatrix} F^{aa} & & \\ & F^{bb} & \\ & & F^{cc} \end{bmatrix} \begin{bmatrix} I & U^{ba} & S^{ca} \\ S^{ab} & I & U^{cb} \\ U^{ac} & S^{bc} & I \end{bmatrix} \begin{bmatrix} M^{aa} & & \\ & M^{bb} & \\ & & M^{cc} \end{bmatrix} \begin{pmatrix} Y^a \\ Y^b \\ Y^c \end{pmatrix}
\tag{2-5}
$$

区域间反馈效应　区域间溢出效应　区域内效应

Dietzenbacher（2002）以两个区域为例给出的区域内乘数、区域间溢出效应以及区域间反馈效应的具体表达式具有清晰的经济学含义，可将其拓展到三个区域的情形。由式（2-5）可知，区域间 Leontief 逆矩阵可表示为：

$$
\begin{aligned}
&= \begin{bmatrix} L^{aa} & L^{ab} & L^{ac} \\ L^{ba} & L^{bb} & L^{bc} \\ L^{ca} & L^{cb} & L^{cc} \end{bmatrix} = \begin{bmatrix} F^{aa} & & \\ & F^{bb} & \\ & & F^{cc} \end{bmatrix} \begin{bmatrix} I & U^{ba} & S^{ca} \\ S^{ab} & I & U^{cb} \\ U^{ac} & S^{bc} & I \end{bmatrix} \begin{bmatrix} M^{aa} & & \\ & M^{bb} & \\ & & M^{cc} \end{bmatrix} \\
&= \begin{bmatrix} F^{aa} M^{aa} & F^{aa} U^{ba} M^{bb} & F^{aa} S^{ca} M^{cc} \\ F^{bb} S^{ab} M^{aa} & F^{bb} M^{bb} & F^{bb} U^{cb} M^{cc} \\ F^{cc} U^{ac} M^{aa} & F^{cc} S^{bc} M^{bb} & F^{cc} M^{cc} \end{bmatrix}
\end{aligned}
$$

令 $\eta^a = \eta^b = \eta^c = (1, \cdots, 1)^T$。以区域 a 为例，其最终需求产生的总产出效应为：

$$
\begin{aligned}
&[(\eta^a)^T, (\eta^b)^T, (\eta^c)^T][(L^{aa})^T, (L^{ba})^T, (L^{ca})^T] \\
&= (\eta^a)^T F^{aa} M^{aa} + (\eta^b)^T F^{bb} S^{ab} M^{aa} + (\eta^c)^T F^{cc} U^{ac} M^{aa} \\
&= (\eta^a)^T M_{aa} + (\eta^b)^T S^{ab} M^{aa} + (\eta^c)^T U^{ac} M^{aa} + [(\eta^a)^T (F^{aa} - I) M^{aa} + \\
&\quad (\eta^b)^T (F^{bb} - I) S^{ab} M^{aa} + (\eta^c)^T (F^{cc} - I) U^{ac} M^{aa}]
\end{aligned}
$$

其中，$(\eta^a)^T M^{aa}$ 表示需求侧区域内产出乘数，$(\eta^b)^T S^{ab} M^{aa}$ 表示区域 a 对区域 b 的需求侧产出溢出效应，$(\eta^c)^T U^{ac} M^{aa}$ 表示区域 a 对区域 c 的需求

侧溢出效应，而区域 a 通过影响区域 b 和 c 而对自身产生的需求侧反馈效应为 $(\eta^a)^{\mathrm{T}}(F^{aa}-I)M^{aa}+(\eta^b)^{\mathrm{T}}(F^{bb}-I)S^{ab}M^{aa}+(\eta^c)^{\mathrm{T}}(F^{cc}-I)U^{ac}M^{aa}$。类似地，可以得到其他区域的各项效应。进一步，如果将 η 定义为增加值率或劳动报酬率（增加值或劳动报酬与总产出的比值）向量，则可得到相应的增加值或劳动报酬的各类乘数。

二　供给侧溢出—反馈效应表达式

Round（1985）和 Dietzenbacher（2002）分别给出了三区域的溢出—反馈效应表达式和两区域的供给侧溢出—反馈效应表达式，但都没有给出三区域的供给侧溢出—反馈效应。本书对他们的方法进行了拓展，并建立了三区域的供给侧溢出—反馈效应。基于经典的 Ghosh 模型，三区域供给侧的经济关联可表示为：

$$\begin{pmatrix}X^a\\X^b\\X^c\end{pmatrix}^{\mathrm{T}}=\begin{pmatrix}X^a\\X^b\\X^c\end{pmatrix}^{\mathrm{T}}\begin{bmatrix}A'^{aa}&A'^{ab}&A'^{ac}\\A'^{ba}&A'^{bb}&A'^{bc}\\A'^{ca}&A'^{cb}&A'^{cc}\end{bmatrix}+\begin{pmatrix}V^a\\V^b\\V^c\end{pmatrix}^{\mathrm{T}}\qquad(2-6)$$

类似需求侧溢出—反馈效应，可以将供给侧溢出—反馈效应表达如下（具体推导见附录 C）：

$$\begin{pmatrix}X^a\\X^b\\X^c\end{pmatrix}^{\mathrm{T}}=\begin{pmatrix}V^a\\V^b\\V^c\end{pmatrix}^{\mathrm{T}}\begin{bmatrix}M'^{aa}&&\\&M'^{bb}&\\&&M'^{cc}\end{bmatrix}\begin{bmatrix}I&S'^{ab}&U'^{ac}\\U'^{ba}&I&S'^{bc}\\S'^{ca}&U'^{cb}&I\end{bmatrix}\begin{bmatrix}F'^{aa}&&\\&F'^{bb}&\\&&F'^{cc}\end{bmatrix}\qquad(2-7)$$

区域内效应　　　　区域间溢出效应　　　区域间反馈效应

其中

$$F'^{aa}=[I-D'^{ab}D'^{ba}-(D'^{ac}+D'^{ab}D'^{bc})(I-D'^{cb}D'^{bc})^{-1}(D'^{ca}+D'^{cb}D'^{ba})]^{-1}$$

$$S'^{ca}=(I-D'^{cb}D'^{bc})^{-1}(D'^{ca}+D'^{cb}D'^{ba})$$

$$U'^{ba}=D'^{ba}+D'^{bc}S^{ca}$$

$$D'^{ab}=A'^{ab}(I-A'^{bb})^{-1}$$

$$M'^{aa}=(I-A'^{aa})^{-1}$$

M'^{bb}、M'^{cc} 的表达式分别与 M'^{aa} 类似；F'^{bb}、F'^{cc} 的表达式分别与 F'^{aa} 类似；S'^{ab}、S'^{bc} 的表达式分别与 S'^{ca} 类似；U'^{cb}、U'^{ac} 的表达式分别与 U'^{ba} 类似；其他 D' 的表达式分别与 D'^{ab} 类似。

由式（2-7）可知，区域间 Ghosh 逆矩阵可表示为：

$$G = \begin{bmatrix} G^{aa} & G^{ab} & G^{ac} \\ G^{ba} & G^{bb} & G^{bc} \\ G^{ca} & G^{cb} & G^{cc} \end{bmatrix} = \begin{bmatrix} M'^{aa} & & \\ & M'^{bb} & \\ & & M'^{cc} \end{bmatrix} \begin{bmatrix} I & S'^{ab} & U'^{ac} \\ U'^{ba} & I & S'^{bc} \\ S'^{ca} & U'^{cb} & I \end{bmatrix} \begin{bmatrix} F'^{aa} & & \\ & F'^{bb} & \\ & & F'^{cc} \end{bmatrix}$$

$$= \begin{bmatrix} M'^{aa}F'^{aa} & M'^{aa}S'^{ab}F'^{bb} & M'^{aa}S'^{ab}F'^{cc} \\ M'^{bb}U'^{bc}F'^{aa} & M'^{bb}F'^{bb} & M'^{bb}S'^{bc}F'^{cc} \\ M'^{cc}S'^{ca}F'^{aa} & M'^{cc}U'^{cb}F'^{bb} & M'^{cc}F'^{cc} \end{bmatrix}$$

以区域 a 为例，其初始投入产生的总产出效应为：

$$\left[(G^{aa})^{\mathrm{T}}, (G^{ab})^{\mathrm{T}}, (G^{ac})^{\mathrm{T}} \right] \left[(\eta^{a})^{\mathrm{T}}, (\eta^{b})^{\mathrm{T}}, (\eta^{c})^{\mathrm{T}} \right]^{\mathrm{T}}$$
$$= M'^{aa}F'^{aa}\eta^{a} + M'^{aa}S'^{ab}F'^{bb}\eta^{b} + M'^{aa}U'^{ac}F'^{cc}\eta^{c}$$
$$= M'^{aa}\eta^{a} + M'^{aa}S'^{ab}\eta^{b} + M'^{aa}U'^{ac}\eta^{c} + \left[M'^{aa}(F'^{aa} - I)\eta^{a} + \right.$$
$$\left. M'^{aa}S'^{ab}(F'^{bb} - I)\eta^{b} + M'^{aa}U'^{ac}(F'^{cc} - I)\eta^{c} \right]$$

其中，$M'^{aa}\eta^{a}$ 表示供给侧区域内产出乘数，$M'^{aa}S'^{ab}\eta^{b}$ 表示区域 a 对区域 b 的供给侧产出溢出效应，$M'^{aa}U'^{ac}\eta^{c}$ 表示区域 a 对区域 c 的供给侧产出溢出效应，而区域 a 通过影响区域 b 和 c 而产生的供给侧产出反馈效应为 $M'^{aa} + (F^{aa} - I)\eta^{a} + M'^{aa}U'^{ac}(F'^{cc} - I)\eta^{c}$。类似地，可以得到其他区域的各项效应。进一步，如果分别将 η 定义为消费率或资本形成率或出口率（消费或资本形成或出口与总产出的比值）向量，则可得到相应的供给侧消费、资本形成和出口乘数。

第三章
中国三大地带间供需双向经济
和碳排放溢出—反馈效应

第一节　各省分行业的碳排放估计

本章实证分析需要用到的数据主要包括各省的投入产出表、省际贸易数据及各省分行业的碳排放数据。其中，2002 年各省的投入产出表及省际贸易数据取自李善同等（2010），2007 年和 2010 年各省的投入产出表及省际贸易数据则根据刘卫东等（2012，2014）编制的 30 省（自治区、直辖市）区域间投入产出表整理得到。为了使三个年份的区域间投入产出表具有可比性，本书采用双重平减法（United Nations, 1999）将 2002 年和 2010 年的区域间投入产出表调整到了 2007 年的价格水平。所用到的各区域分行业价格指数来自各省统计年鉴[①]（如表 3 - 1 所示）。

各省分行业的碳排放没有现成的资料可用，需要根据官方发布的相关数据进行估计。本章采用各区域分行业的能源消费数据和居民生活能源消费数据及 IPCC（2006）的方法估计了各区域分行业的碳排放。各省工业分行业的能源消费数据来自相应省份的统计年鉴[②]；农业、服务业及居民生活的能源消费数据来自《中国能源统计年鉴》刊载的各区域《综合能源平衡表》。

[①] 个别省份（如湖南）工业分行业价格指数缺失，本书用相邻省份（如湖北）工业分行业价格指数作为替代。

[②] 河北 2002 年工业分行业分品种的能源消费数据来自《河北经济年鉴 2003》；上海 2002 年和 2007 年工业分行业的能源消费数据来自 2003 年和 2008 年的《上海工业交通能源统计年鉴》，2010 年相关数据来自《上海能源统计年鉴 2011》。

需要说明的是，各区域统计年鉴一般只刊载本地区工业分行业的主要能源消费数据①或仅给出分行业的能源消费总量②。还有一些省份甚至没有公布工业分行业的能源消费数据③。各区域《综合能源平衡表》给出了各区域农业、工业和服务业完整和详细的能源消费数据，以及能源转换过程中用到的各类数据，但未对工业行业进行细分。为了尽可能可靠地估计各区域分行业的碳排放量，本书采取了如下方法。

第一步，用各地区工业分行业分品种能源消费数据初步估计相应的行业碳排放量，并据此估计各行业的碳排放份额。第二步，用各区域《综合能源平衡表》中合计的工业分品种能源消费数据估计各区域工业总的碳排放量。第三步，用第一步估计的各行业碳排放份额作为权重，并用第二步估计的各区域工业总的碳排放量作为控制数，调整各区域工业分行业的碳排放量。最后，根据《中国能源平衡表》估计全国的碳排放，并据此对各省的碳排放估计值进行了调整。

在第一步中，对那些工业分行业能源统计数据缺失的省份，本书利用《中国经济普查年鉴2004》和《中国经济普查年鉴2008》刊载的各区域分行业分品种能源消费数据估计各行业在其所在区域工业碳排放中的份额。对那些只给出了分行业的能源消费总量的省份，本书利用《中国经济普查年鉴2004》和《中国经济普查年鉴2008》刊载的分品种能耗数据估计这些地区分行业的综合能源碳排放系数，继而初步估计出相关行业的碳排放量和份额。

除化石能源燃烧产生碳排放外，水泥生产过程中所用的石灰等原材料也会分解并产生工艺性碳排放。从现有的研究来看（如 CDIAC 的估计④），这部分碳排放的数量不容小觑。因此，本章根据 CDIAC 估计的中国水泥生产中的工艺性碳排放，同时结合中国各地区的水泥产量，估计了各省与水泥相关的工艺性碳排放。

最后要指出的是，本书后续各章节所采用的各区域分行业的碳排放数据与本章是一致的。

---

① 例如广东 2010 年仅有分行业的能源消费总量、煤炭消费量和电力消费量数据。
② 河北、山东、广西、贵州 2007 年和 2010 年以及云南 2007 年和海南 2010 年只有分行业的能源消费总量数据。
③ 江苏、浙江、四川 2007 年和 2010 年以及海南 2007 年工业分行业的能源消费没有直接统计数据。
④ http：//cdiac. ornl. gov/CO$_2$_ Emission/timeseries/national.

表 3 - 1　数据来源

数据类型	细分数据	来源
各省的投入产出表及省际贸易数据	2002 年	李善同等（2010 年）
	2007 年	刘卫东等（2012 年）
	2010 年	刘卫东等（2014 年）
各省分行业价格指数		各省统计年鉴
各省分行业分品种能源消费数据	大多数省份工业分行业分品种的能源消费量	相应省份的《统计年鉴》
	河北 2002 年工业分行业分品种的能源消费量	《河北经济年鉴》
	上海工业分行业分品种的能源消费量	2003 年和 2008 年《上海工业交通统计年鉴》以及《上海能源统计年鉴 2012》
	河北、山东、广西、贵州 2007 年和 2010 年，云南 2007 年，广东和海南 2010 年工业分行业分品种的能源消费量	根据各省《统计年鉴》刊载的分行业能耗总量、《中国经济普查年鉴 2004》和《中国经济普查年鉴 2008》刊载的各区域分行业分品种能源消费数据估计
	江苏、浙江、四川 2007 年和 2010 年及海南 2007 年工业分行业分品种的能源消费量	利用《中国经济普查年鉴 2004》和《中国经济普查年鉴 2008》刊载的各区域分行业分品种能源消费数据估计
	各省农业、服务业及居民生活的能源消费量	2002 ~ 2010 年《中国能源统计年鉴》
各地区的水泥生产过程中的碳排放		根据 CDIAC 估计的中国水泥相关碳排放和各地区的水泥产量估计

第二节　三大地带间的经济溢出—反馈效应实证研究

本章测算了 2002 ~ 2010 年三大地带间的经济和碳排放溢出—反馈效应。为此，需要将前文所提及的中国 2002 ~ 2010 年的省际多区域投入产出表合并成东、中、西部三大地带的投入产出表。本章的地区划分中，东部地区包括北京、天津、河北、辽宁、上海、江苏、浙江、福建、山东、广东、海南等省（直辖市），中部地区包括黑龙江、吉林、山西、安徽、江西、河南、湖北、湖南等省，西部地区包括内蒙古、广西、重庆、四川、贵州、云南、陕西、甘肃、青海、宁夏、新疆等省（自治区、直辖市）。

一 需求侧经济溢出—反馈效应

表 3-2 显示了 2002~2010 年三大地带的需求侧产出溢出—反馈乘数（单位最终产品的产出溢出—反馈效应）以及三大地带实际的产出溢出—反馈效应（总的最终产品产生的产出溢出—反馈效应）。表 3-3 显示了 2010 年各地区各类最终需求的各类经济乘数。对于各个地区需求侧的各类经济效应而言，无论是从乘数还是从实际效应来看，区域内效应远远超过溢出效应，而溢出效应又显著地高于反馈效应。如表 3-4 所示，上述结果的出现是因为各个地区的中间投入主要还是依赖本地区的产品，来自其他地区的产品只占很少的一部分，因而最终需求的变动对本地区总产出的影响较大，而对其他地区总产出的影响相对而言要小很多，于是区域内效应远远大于溢出效应。一个地区的反馈效应则相当于本地生产通过溢出效应影响其他地区的总产出之后，再通过其他地区的溢出效应影响本地区的总产出，因而其影响力进一步衰减，比溢出效应更小。

表 3-2 2002~2010 年需求侧综合产出乘数的分解

年份	东部				中部				西部			
	区域内	溢出		反馈	区域内	溢出		反馈	区域内	溢出		反馈
		中部	西部			西部	东部			东部	中部	
						乘数						
2002	2.174	0.110	0.043	0.019	2.023	0.056	0.293	0.021	1.931	0.207	0.109	0.010
2007	2.089	0.132	0.094	0.038	1.921	0.078	0.307	0.032	1.762	0.353	0.112	0.030
2010	2.256	0.141	0.110	0.032	1.999	0.081	0.269	0.025	1.902	0.264	0.089	0.023
						实际效应（万亿元）						
2002	22.991	1.162	0.459	0.200	7.722	0.212	1.119	0.079	5.288	0.568	0.299	0.026
2007	46.691	2.958	2.090	0.856	12.524	0.506	2.002	0.206	8.618	1.724	0.549	0.148
2010	73.773	4.616	3.608	1.058	22.267	0.899	2.995	0.284	15.310	2.127	0.716	0.182

表 3-3 2010 年各类最终需求的各类经济乘数分解

需求类型	东部				中部				西部			
	区域内	溢出		反馈	区域内	溢出		反馈	区域内	溢出		反馈
		中部	西部			西部	东部			东部	中部	
						产出乘数						
消费	2.054	0.113	0.085	0.024	1.864	0.071	0.204	0.019	1.734	0.189	0.066	0.015
资本形成	2.397	0.167	0.133	0.040	2.123	0.090	0.328	0.031	2.038	0.326	0.110	0.029
出口	2.183	0.127	0.097	0.028	1.889	0.072	0.214	0.020	1.764	0.202	0.068	0.016
综合	2.256	0.141	0.110	0.032	1.999	0.081	0.269	0.025	1.902	0.264	0.089	0.023

续表

需求类型	东部				中部				西部			
	区域内	溢出		反馈	区域内	溢出		反馈	区域内	溢出		反馈
		中部	西部			西部	东部			东部	中部	
增加值乘数												
消费	0.806	0.044	0.036	0.007	0.812	0.031	0.062	0.007	0.836	0.056	0.025	0.006
资本形成	0.696	0.059	0.050	0.012	0.717	0.035	0.091	0.011	0.730	0.091	0.039	0.011
出口	0.715	0.047	0.039	0.008	0.799	0.031	0.064	0.008	0.820	0.059	0.026	0.006
综合	0.712	0.052	0.043	0.010	0.760	0.033	0.077	0.009	0.775	0.075	0.032	0.008
劳动报酬乘数												
消费	0.380	0.020	0.016	0.003	0.399	0.015	0.027	0.003	0.447	0.024	0.012	0.002
资本形成	0.297	0.022	0.019	0.005	0.313	0.014	0.036	0.004	0.358	0.036	0.015	0.004
出口	0.320	0.021	0.017	0.003	0.382	0.014	0.028	0.003	0.425	0.025	0.012	0.003
综合	0.314	0.021	0.017	0.004	0.351	0.014	0.031	0.004	0.393	0.031	0.014	0.003

表3-4　各地中间投入占本地总投入的比重

单位：%

地区	2002 年			2007 年			2010 年		
	东部	中部	西部	东部	中部	西部	东部	中部	西部
东部	54.06	2.70	0.97	52.36	3.14	2.31	55.78	3.05	2.44
中部	6.40	49.97	1.25	7.05	48.23	1.81	5.60	50.06	1.77
西部	4.35	2.43	48.23	8.30	2.41	43.85	5.50	1.76	47.51

（一）各地区需求侧经济溢出—反馈效应的动态变化

各地区最终需求的产出、增加值及劳动报酬溢出—反馈效应在整个研究期间的动态变化特征基本相似，因而本章仅以产出溢出—反馈效应为例来说明它们在研究时期内的动态变化。分地区来看，三大地带的区域内产出乘数在研究时期内呈现先下降后上升的变化特征，只不过东部地区的区域内产出乘数整体上有所上升，而中部和西部地区的区域内产出乘数整体上略有下降。进一步的分析表明，这是因为三大地带对本地产品的依赖程度先降后升，即三大地带所使用的来自本地区的中间投入占本地区总投入的比重都是先降后升，且在整个研究时期内东部的上述比重总体有所上升，而中部和西部的上述比重则有所下降。类似地，三大地带的产出反馈乘数则表现为先上升后下降但整体都表现为显著上升。

产出溢出效应由区域内和区域间的投入产出关系共同决定。东部地区对中部和西部地区的产出溢出乘数都逐年递增，特别是对西部地区的产出溢出乘数增长明显。其中，2002～2007 年东部的区域内产出乘数有所下降，但其对中、西部地区产品的依赖程度上升，即其所使用的来自中部和西部的中间投入在其总投入中的比重有所上升，因而东部对后两者的溢出效应仍表现为上升。2007～2010 年东部的区域内产出乘数明显上升，同时东部对西部地区产品的依赖程度略有上升，对中部地区产品的依赖程度略有下降，因而总体上东部地区对后两者的溢出效应也有所上升。

中部地区对西部地区的产出溢出乘数持续上升，其主要原因是中部对西部地区产品的依赖程度持续上升。西部地区对中部地区的产出溢出乘数则先上升后下降且整体有所下降，这主要是因为西部对中部地区产品的依赖程度也是先上升后下降且整体有所下降。类似地，中部地区和西部地区对东部地区的产出溢出乘数都是先上升后下降且整体有所上升。

（二）不同类型最终需求的经济乘数差异

由于不同类型最终需求的产品结构不同，因而它们的各类经济乘数会有所不同。本章以 2010 年为例来分析各类最终需求的经济乘数。比较可知，三地区的各类最终需求中，资本形成的各类产出乘数都明显高于消费和出口的同类产出乘数，出口的各类产出乘数又略高于消费的同类产出乘数。由此可见，投资确实是中国经济最有效的需求侧驱动力量，出口次之，消费又次之。这也能在一定程度上解释中国在过去几十年中为什么会选择投资和出口主导型经济增长模式。

然而，从增加值和劳动报酬乘数来看，情况却有所不同。在各地区中，消费的区域内增加值和劳动报酬乘数都明显高于其他两类最终需求，出口次之，资本形成的区域内增加值和劳动报酬乘数最低。由于各种区域内乘数都远远大于相应的溢出乘数和反馈乘数，因而三大地带中消费对增加值和劳动报酬的拉动作用最显著，出口次之，资本形成的作用最小。这意味着，虽然投资和出口主导的增长模式更有利于拉动总产出，但消费主导的经济增长模式更有利于拉动增加值和劳动报酬，或者可以说消费主导的经济增长模式更有效。

进一步，消费的区域内增加值和劳动报酬乘数之所以相对较高，主要是因为消费的部门构成中，轻工业部门和服务部门占主导，而它们拉动的产业部门也多是增加值率和劳动报酬率相对较高的部门。不过，各地区中资本形成的增加值和劳动报酬溢出乘数总体上仍高于消费和出口，而后两类最终需求的增加值和劳动报酬溢出乘数则很接近。

（三）地区需求侧经济乘数的差异

需求侧各类经济乘数存在明显区域差异。以 2010 年各地区最终需求的各类经济乘数（表 3 - 3 中的综合经济乘数）为例，东部、中部和西部地区的需求侧区域内产出乘数以及产出反馈乘数都依次递减。进一步的分析表明，就本地中间投入占本地总投入的比重这一指标来看，东、中、西部地区也是依次递减，这可能是它们的需求侧区域内产出乘数依次递减的原因。消费、资本形成及出口的区域内产出乘数也具有类似的区域差异特征。同时东、中、西部需求侧（包括消费、资本形成、出口等不同类型需求）的产出、增加值及劳动报酬反馈乘数也依次递减。不过，东、中、西部需求侧（包括消费、资本形成、出口及最终需求整体）的区域内增加值和劳动报酬乘数却依次递增，其主要原因在于东、中、西部的增加值率和劳动报酬率依次递增：2010 年东、中、西部的增加值率依次为 0.313、0.377、0.404，劳动报酬率依次 0.137、0.170、0.196。

东部地区对中部和西部地区需求侧（包括消费、资本形成、出口及最终需求整体）的产出溢出乘数低于后两者对前者相应的产出溢出乘数，以往研究也有类似发现（如潘文卿和李子奈，2007）。上述现象可作如下解释：东部所使用的来自中、西部地区的中间使用占其总投入的份额，明显低于中、西部地区所使用的来自东部地区的中间使用占其总投入的份额，因而前者对后两者的需求侧产出溢出乘数明显小于后两者对前者的需求侧产出溢出乘数①。本章进一步发现，东部对中、西部需求侧（包括消费、资本形成、出口及最终需求整体）的增加值和劳动报酬溢出乘数也明显小于中、西部地区对东部相应的增加值和劳动报酬溢出乘数。

类似地，中部对西部的需求侧产出溢出乘数总体上低于后者对前者的溢出乘数，这主要是因为中部资本形成对西部的产出溢出乘数低于后者对前者相应的溢出乘数。不过，中部对西部的需求侧增加值和劳动报酬溢出乘数总体上却略高于后者对前者相应的溢出乘数，这主要是因为中部消费和出口对

---

① 然而，从实际产出溢出效应来看，结果正好相反，这是因为实际效应考虑了各地区的最终产品总量，而东部地区的最终产品总量要远远高于中、西部地区。

西部的增加值和劳动报酬溢出乘数却略高于后者对前者相应的溢出乘数。进一步，东部对中部的各类需求侧（包括消费、资本形成、出口及最终需求整体）经济溢出乘数明显大于东部对西部相应的经济溢出乘数。同时，中部和西部对东部的各类需求侧（包括消费、资本形成、出口及最终需求整体）经济溢出乘数也明显大于前两者彼此之间相应的经济溢出乘数。这是因为东部对中部产品的依赖程度要大于其对西部地区产品的依赖程度，同时中部和西部对东部产品的依赖程度要大于两者之间的产品依赖程度（如表3-4所示）。

（四）分部门需求侧经济溢出乘数

考虑到部门的反馈乘数相对于其区域内乘数和溢出乘数而言十分微小，为便于论述，本章将其与部门的区域内乘数合并为本地影响乘数；同时将部门对不同区域的溢出乘数也加以合并。另外，受篇幅所限，本章仅分析2010年三大地带分部门的产出和增加值乘数（如表3-5所示）①。

表3-5　2010年各地区分部门的需求侧经济乘数

部门代码	产出						增加值					
	本地影响乘数			溢出乘数			本地影响乘数			溢出乘数		
	东部	中部	西部	东部	中部	西部	东部	中部	西部	东部	中部	西部
s1	1.84	1.63	1.58	0.17	0.20	0.18	0.87	0.88	0.90	0.07	0.07	0.06
s2	2.16	2.07	1.86	0.29	0.34	0.31	0.79	0.80	0.84	0.11	0.11	0.09
s3	1.69	1.26	1.58	0.15	0.11	0.23	0.86	0.94	0.86	0.06	0.03	0.07
s4	2.30	2.11	2.07	0.24	0.37	0.35	0.80	0.79	0.81	0.09	0.12	0.11
s5	2.23	2.31	2.07	0.25	0.38	0.38	0.79	0.77	0.79	0.10	0.12	0.12
s6	2.34	2.12	1.95	0.28	0.30	0.26	0.75	0.78	0.81	0.13	0.11	0.09
s7	2.76	2.40	2.10	0.30	0.35	0.38	0.73	0.76	0.78	0.12	0.12	0.12
s8	2.72	2.39	2.14	0.29	0.38	0.57	0.75	0.77	0.73	0.11	0.12	0.17
s9	2.64	2.27	2.13	0.30	0.31	0.41	0.72	0.77	0.75	0.12	0.10	0.13
s10	2.72	2.29	2.07	0.27	0.39	0.50	0.70	0.73	0.71	0.10	0.12	0.15
s11	1.78	1.66	1.86	0.32	0.25	0.18	0.49	0.59	0.59	0.16	0.10	0.06
s12	2.52	2.11	2.01	0.29	0.41	0.34	0.65	0.68	0.73	0.11	0.13	0.10
s13	2.64	2.37	2.23	0.38	0.38	0.38	0.72	0.77	0.79	0.12	0.12	0.12
s14	2.31	2.10	2.10	0.37	0.35	0.28	0.57	0.64	0.68	0.13	0.11	0.09

---

① 2002年和2007年分部门的需求侧和供给侧经济溢出—反馈乘数见附录D。

续表

部门 代码	产出						增加值					
	本地影响乘数			溢出乘数			本地影响乘数			溢出乘数		
	东部	中部	西部	东部	中部	西部	东部	中部	西部	东部	中部	西部
s15	2.62	2.28	2.25	0.41	0.43	0.47	0.64	0.70	0.69	0.14	0.13	0.13
s16	2.55	2.11	2.11	0.30	0.48	0.45	0.65	0.66	0.67	0.11	0.14	0.13
s17	2.58	2.26	2.32	0.36	0.58	0.53	0.66	0.62	0.64	0.12	0.17	0.15
s18	2.55	2.16	2.10	0.33	0.48	0.47	0.61	0.63	0.64	0.11	0.14	0.13
s19	1.98	1.70	1.73	0.14	0.24	0.24	0.43	0.56	0.53	0.05	0.07	0.07
s20	2.24	1.94	1.82	0.21	0.31	0.37	0.57	0.64	0.63	0.08	0.09	0.11
s21	2.55	2.29	1.91	0.33	0.43	0.35	0.70	0.73	0.79	0.12	0.14	0.11
s22	2.54	2.21	2.19	0.45	0.40	0.27	0.69	0.77	0.84	0.18	0.13	0.08
s23	2.14	1.98	2.03	0.30	0.33	0.28	0.74	0.77	0.79	0.13	0.12	0.10
s24	2.62	2.33	2.23	0.36	0.45	0.54	0.72	0.74	0.72	0.13	0.14	0.16
s25	2.18	1.86	1.87	0.25	0.32	0.35	0.76	0.79	0.77	0.10	0.10	0.11
s26	1.67	1.56	1.52	0.10	0.15	0.17	0.91	0.90	0.90	0.04	0.05	0.05
s27	2.35	2.15	2.06	0.28	0.36	0.35	0.80	0.80	0.82	0.12	0.13	0.12
s28	2.38	1.98	1.92	0.21	0.35	0.36	0.80	0.80	0.80	0.10	0.11	0.11
s29	2.33	1.91	1.76	0.24	0.34	0.27	0.78	0.82	0.83	0.09	0.08	0.08
s30	1.89	1.70	1.57	0.14	0.23	0.22	0.87	0.86	0.88	0.05	0.07	0.07
综合	2.29	2.02	1.92	0.25	0.35	0.35	0.72	0.77	0.78	0.09	0.11	0.11

注：本表及表3-8中部门代码及其含义如下：s1：农林牧渔业；s2：煤炭开采和洗选业；s3：石油和天然气开采业；s4：金属矿采选业；s5：非金属矿及其他矿采选业；s6：食品制造及烟草加工业；s7：纺织业；s8：纺织服装鞋帽皮革羽绒及其制品业；s9：木材加工及家具制造业；s10：造纸印刷及文教体育用品制造业；s11：石油加工、炼焦及核燃料加工业；s12：化学工业；s13：非金属矿物制品业；s14：金属冶炼及压延加工业；s15：金属制品业；s16：通用、专用设备制造业；s17：交通运输设备制造业；s18：电气机械及器材制造业；s19：通信设备、计算机及其他电子设备制造业；s20：仪器仪表及文化办公用机械制造业；s21：其他制造业；s22：电力、热力的生产和供应业；s23：燃气及水的生产与供应业；s24：建筑业；s25：交通运输及仓储业；s26：批发零售业；s27：住宿餐饮业；s28：租赁和商业服务业；s29：研究与试验发展业；s30：其他服务业。

　　三大地带对本地产出影响乘数较大的部门存在明显差异，但对本地产出影响乘数较小的部门很相似。东部本地产出影响乘数居前五位的部门主要是轻工业部门（纺织业、造纸印刷及文教体育用品制造业、纺织服装鞋帽皮革羽绒及其制品业、木材加工及家具制造业），只有一个属于重工业部门（非金属矿物制品业）。中部本地产出影响乘数居前五位的部门中，轻工业部门（纺织业、纺织服装鞋帽皮革羽绒及其制品业）和重工业部门（非金属矿物制品业、非金属矿及其他矿采选业）各占两个，还有一个是建筑业。

西部本地产出影响乘数居前五位的部门除建筑业外都是重工业部门（交通运输设备制造业，金属制品业，非金属矿物制品业和电力、热力的生产和供应业）。三大地带对本地产出影响乘数最小的五个部门则都包括农林牧渔业、石油和天然气开采业、其他服务业、批发零售业。此外，石油加工、炼焦及核燃料加工业在东部和中部也属于对本地产出影响乘数最小的五部门之一。

三大地带中产出溢出乘数较大的部门与本地产出影响乘数较大的部门存在明显差异，且地区间产出溢出乘数较大的部门也有较大差异。东部产出溢出乘数最大的五个部门除建筑业外都是重工业部门（电力、热力的生产和供应业，金属制品业，非金属矿物制品业，金属冶炼及压延加工业）。中部产出溢出乘数最大的五个部门除建筑业外也都是重工业部门（交通运输设备制造业，通用、专用设备制造业，电气机械及器材制造业，金属制品业）。西部产出溢出乘数最大的五个部门则既包括建筑业，又包括重工业部门（交通运输设备制造业、电气机械及器材制造业）和轻工业部门（造纸印刷及文教体育用品制造业、纺织服装鞋帽皮革羽绒及其制品业）。不过，三大地带产出溢出乘数最小的五个部门相似度极高，都包括批发零售业、其他服务业、农林牧渔业和通信设备、计算机及其他电子设备制造业；东部和中部还包括石油和天然气开采业。

三大地带本地增加值影响乘数较大（小）的部门相似度较高，但各地区中本地增加值影响乘数较大（小）的部门与本地产出影响乘数较大（小）的部门存在非常明显的差异。三大地带本地增加值影响乘数居前五位的部门都包括批发零售业、其他服务业、农林牧渔业与石油和天然气开采业。此外，东、中、西部本地增加值影响乘数居前五位的部门还分别包括租赁和商业服务业，研究与试验发展业，电力、热力的生产和供应业。这些本地增加值影响乘数最大的部门中，多数（批发零售业、其他服务业、农林牧渔业与石油和天然气开采业）甚至属于本地产出影响乘数最小的部门。同时，三大地带本地增加值影响乘数最小的五个部门都包括通信设备、计算机及其他电子设备制造业，石油加工、炼焦及核燃料加工业，仪器仪表及文化办公用机械制造业，电气机械及器材制造业。此外，交通运输设备制造业还属于中部和西部本地增加值影响乘数最小的五个部门之一。除石油加工、炼焦及核燃料加工业外，这些本地增加值影响乘数最小的部门都不属于本地产出影响乘数最小的五部门。

三大地带中增加值溢出乘数最大的五个部门也完全不同于该地区本地增加值影响乘数最大的五个部门，但与该地区产出溢出乘数最大的五个部门高度相似。东部增加值溢出乘数最大的五个部门都是重工业部门（电力、热力的生产和供应业，石油加工、炼焦及核燃料加工业，金属制品业，非金属矿物制品业，金属冶炼及压延加工业）。中部增加值溢出乘数最大的五个部门除建筑业外也都是重工业部门（交通运输设备制造业，通用、专用设备制造业，电气机械及器材制造业，其他制造业）。西部增加值溢出乘数最大的五个部门依次为纺织服装鞋帽皮革羽绒及其制品业、建筑业、造纸印刷及文教体育用品制造业、交通运输设备制造业、电气机械及器材制造业。同时，三大地带增加值溢出乘数最小的五个部门相似度也极高，且与相应产出溢出乘数最小的五个部门完全一致。由此可见，各部门的产出溢出乘数对其增加值溢出乘数有较大的影响。

二　供给侧经济溢出—反馈效应

供给侧和需求侧实际上是从相反的方向观察统一供应链（或需求链），两者既有区别又存在相似之处。本章曾指出，一个地区（A）对另一个地区（B）的需求侧溢出效应反映了前者（A）对后者（B）的产品依赖程度。而一个地区（A）对另一个地区（B）的供给侧溢出效应则反映了后者（B）对前者（A）的产品依赖程度。表3-6显示了2002～2010年三大地带的供给侧产出乘数和实际效应，表3-7显示了2010年三大地带的供给侧消费、资本形成及出口乘数。表3-8显示了分部门的供给侧产出和最终需求乘数。

表3-6　2002～2010年各地区供给侧产出溢出—反馈效应

年份	东部				中部				西部			
	区域内	溢出		反馈	区域内	溢出		反馈	区域内	溢出		反馈
		中部	西部			西部	东部			东部	中部	
乘数												
2002	2.173	0.105	0.047	0.019	2.001	0.067	0.343	0.022	1.935	0.177	0.083	0.008
2007	2.082	0.091	0.068	0.037	1.933	0.071	0.439	0.034	1.795	0.449	0.117	0.031
2010	2.242	0.087	0.058	0.032	2.008	0.057	0.429	0.027	1.918	0.478	0.120	0.025
实际效应（亿元）												
2002	22.854	1.101	0.494	0.200	7.854	0.262	1.347	0.087	5.204	0.476	0.225	0.022
2007	45.036	1.960	1.476	0.810	13.470	0.493	3.062	0.238	9.255	2.313	0.603	0.158
2010	69.453	2.682	1.801	0.982	23.838	0.675	5.097	0.326	17.349	4.320	1.083	0.228

表 3 - 7　2010 年各地区初始投入从供给侧对各类最终需求的影响乘数分解

乘数类型	东部				中部				西部			
	区域内	溢出		反馈	区域内	溢出		反馈	区域内	溢出		反馈
		中部	西部			西部	东部			东部	中部	
消费	0.308	0.012	0.008	0.003	0.352	0.008	0.044	0.003	0.336	0.047	0.018	0.003
资本形成	0.339	0.021	0.016	0.006	0.372	0.016	0.071	0.006	0.373	0.080	0.024	0.006
出口	0.560	0.015	0.010	0.006	0.418	0.010	0.089	0.005	0.393	0.097	0.022	0.004
最终需求	1.207	0.048	0.033	0.015	1.143	0.034	0.204	0.014	1.103	0.224	0.064	0.014

表 3 - 8　2010 年三大地带分部门供给侧经济乘数

部门代码	产出						最终需求					
	本地影响乘数			溢出乘数			本地影响乘数			溢出乘数		
	东部	中部	西部	东部	中部	西部	东部	中部	西部	东部	中部	西部
s1	2.65	2.17	1.79	0.15	0.47	0.47	1.43	1.26	1.22	0.10	0.28	0.28
s2	3.75	2.58	2.75	0.25	1.62	1.34	1.09	0.63	0.74	0.13	0.65	0.56
s3	3.81	2.60	2.43	0.42	1.70	1.91	1.05	0.67	0.57	0.20	0.66	0.76
s4	3.93	3.38	3.10	0.33	1.00	1.38	0.98	0.74	0.61	0.16	0.43	0.58
s5	3.10	2.67	2.58	0.23	0.86	0.71	0.99	0.78	0.85	0.13	0.42	0.34
s6	2.25	1.78	1.63	0.15	0.32	0.35	1.51	1.51	1.42	0.11	0.20	0.22
s7	2.77	2.49	1.90	0.15	0.90	0.85	1.13	0.92	0.86	0.08	0.45	0.42
s8	1.87	1.73	1.76	0.12	0.27	0.27	1.30	1.38	1.33	0.07	0.15	0.14
s9	2.18	1.98	2.07	0.13	0.37	0.42	1.06	0.98	1.00	0.08	0.19	0.22
s10	2.86	2.49	2.43	0.22	0.63	0.56	1.14	1.10	1.17	0.14	0.34	0.30
s11	3.12	2.44	2.12	0.33	0.85	1.14	1.07	0.93	0.76	0.17	0.39	0.51
s12	2.99	2.46	2.39	0.26	0.69	0.67	1.11	1.03	1.06	0.14	0.33	0.33
s13	2.48	2.48	2.27	0.16	0.54	0.24	0.99	0.84	1.00	0.10	0.32	0.13
s14	3.00	2.48	2.13	0.26	0.83	1.24	0.95	0.75	0.60	0.14	0.38	0.55
s15	2.68	1.90	2.26	0.24	0.51	0.44	1.04	0.91	0.99	0.13	0.25	0.22
s16	1.99	1.64	1.96	0.17	0.40	0.41	0.96	0.93		0.13		0.20
s17	1.91	1.72	2.00	0.13	0.39	0.59	1.06	0.90	0.88	0.07	0.20	0.30
s18	1.98	1.73	1.95	0.14	0.39	0.39	1.05	0.95	1.03	0.08	0.20	0.19
s19	1.80	1.63	1.70	0.06	0.28	0.29	1.07	1.07	1.07	0.04	0.16	0.16
s20	1.81	2.18	1.96	0.08	0.39	0.37	1.07	1.04	1.09	0.04	0.19	0.18
s21	2.82	2.32	2.15	0.28	0.48	0.53	1.04	0.95	1.00	0.14	0.22	0.24
s22	3.25	2.65	2.55	0.20	0.84	0.97	1.23	1.02	0.99	0.10	0.38	0.43
s23	2.51	1.99	1.84	0.13	0.40	0.48	1.41	1.36	1.36	0.07	0.20	0.24

部门代码	产出						最终需求					
	本地影响乘数			溢出乘数			本地影响乘数			溢出乘数		
	东部	中部	西部	东部	中部	西部	东部	中部	西部	东部	中部	西部
s24	1.11	1.10	1.04	0.01	0.02	0.02	1.03	1.03	1.02	0	0.01	0.01
s25	2.70	2.34	2.29	0.17	0.50	0.69	1.20	1.12	1.02	0.09	0.24	0.33
s26	2.11	2.08	2.21	0.15	0.32	0.67	1.21	1.22	1.03	0.08	0.17	0.34
s27	2.05	1.88	1.75	0.10	0.25	0.36	1.54	1.56	1.52	0.06	0.13	0.20
s28	2.43	2.06	2.19	0.12	0.45	0.46	1.29	1.18	1.18	0.07	0.25	0.25
s29	1.90	1.86	1.83	0.07	0.20	0.26	1.33	1.45	1.45	0.05	0.10	0.13
s30	1.83	1.62	1.61	0.06	0.17	0.24	1.53	1.60	1.56	0.04	0.08	0.12
综合	2.27	2.04	1.94	0.14	0.49	0.60	1.22	1.16	1.12	0.08	0.24	0.29

（一）三大地带总的供给侧与需求侧经济溢出—反馈效应的比较

研究结果表明，许多基于供给侧的发现与基于需求侧得到的结果是一致的。

第一，无论是乘数还是实际效应，各个区域供给侧的区域内产出、消费、资本形成及出口效应也总是远远超过相应的溢出和反馈效应，而溢出效应又明显大于反馈效应。上述结果的出现是因为三大地带提供的中间产品也主要用于本地的生产，只有少部分供应外地。

第二，三大地带的供给侧区域内产出乘数也是先下降后上升，但由于各区域的增加值持续增长，因而它们的实际区域内产出效应也持续增长。各地区供给侧区域内消费、资本形成及出口乘数的动态变化情形也类似。此外，同一地区的各种供给侧产出效应与相应的需求侧产出效应也非常接近。

第三，东部对中部和西部地区的各类供给侧经济溢出乘数也都明显低于后两者对前者相应的供给侧经济溢出乘数，因为东部提供给中、西部的中间产品占其总产品的份额总是低于后两者提供给东部的中间产品占各自总产品的份额。不过，实际效应正好相反，因为东部地区的增加值总量要远远高于中、西部地区。

第四，东部对中部的供给侧产出、消费、资本形成及出口溢出乘数一直大于东部对西部相应的供给侧溢出乘数，因为东部提供给中部的产品总是较多。而且中部和西部对东部的各类供给侧溢出乘数也都明显大于中部和西部之间相应的供给侧溢出乘数，因为中部和西部提供给东部的产品总是多于两者之间相互提供的产品。

同时，基于供给侧的发现与基于需求侧的发现还存在"对偶"性一致的地方。例如，东部对西部的供给侧产出溢出乘数先升后降，这一变化特点与西部对东部的需求侧产出溢出乘数相同，因为两者反映的都是西部对东部产品的依赖程度。类似地，中部对西部的供给侧产出溢出乘数则先上升后下降，而后者对前者的需求侧产出溢出乘数也是先上升后下降。此外，西部对中部的供给侧产出溢出乘数则持续上升，这一变化特点又与中部对西部的需求侧产出溢出乘数相同。

当然，基于供给侧的发现与基于需求侧的发现也存在完全不同之处。例如，虽然东部的供给侧区域内产出和出口乘数明显高于中、西部，但东部的供给侧区域内消费及资本形成乘数则低于中、西部。又如，东部对中部的供给侧产出溢出乘数持续下降，但前者对后者的需求侧产出溢出乘数则持续上升，且后者对前者的需求侧产出溢出乘数是先升后降，而不是持续下降。

（二）各地区供给侧的各类最终需求乘数

在各地区中，初始投入对消费、资本形成及出口的影响存在明显差异。总体来看，各区域尤其是在东部地区，供给侧区域内出口乘数都最大，区域内资本形成乘数次之，区域内消费乘数最小。这与中国的投资和出口导向型经济增长模式也是一致的。而且，东部地区的区域内出口乘数明显高于中部地区，而后者的区域内出口乘数又高于西部地区。这与中国对外贸易的区域格局也是一致的：东部地区主导中国的出口贸易，其出口导向型经济增长模式更突出；而在其他两地区特别是西部地区，供给侧消费、资本形成及出口的区域内乘数已经比较接近。不过，东部的供给侧区域内资本形成和消费乘数却明显小于中、西部。

中、西部对东部的供给侧出口溢出乘数也明显高于相应的供给侧资本形成和消费溢出乘数。不过，东部对中、西部的供给侧资本形成溢出乘数却明显大于其出口溢出乘数，中、西部相互间的供给侧资本形成溢出乘数也大于相应的出口溢出乘数。而各地区的供给侧经济溢出乘数中，供给侧消费溢出乘数则总是最小。此外，各地区的供给侧资本形成、出口及消费反馈乘数也依次递减。

总体来看，东、中、西部初始投入的供给侧区域内最终需求乘数和最终需求反馈乘数依次递减。东部对中、西部的供给侧最终需求溢出乘数远远小于中、西部对东部的供给侧最终需求溢出乘数，也小于中、西部相互间的供给侧最终需求溢出乘数。东部对中部的供给侧最终需求溢出乘数大于东部对西部的供给侧最终需求溢出乘数。此外，中部对西部的供给侧最终需求溢出乘数小于西部对中部的供给侧最终需求溢出乘数。

（三）分部门的供给侧产出乘数

为便于分析，本章将部门供给侧的区域内乘数与反馈乘数也合并为本地影响乘数，将部门对不同区域的溢出乘数也予以合并，同时将部门供给侧的消费、资本形成及出口乘数合并为最终需求乘数。

各部门的供给侧产出乘数与其需求侧产出乘数存在较大差异。一方面，大多数部门供给侧的各类效应与需求侧的各类效应在大小上有较大差异。例如，东部地区几个采掘业部门（煤炭开采和洗选业、石油和天然气开采业、金属矿采选业和非金属矿及其他矿采选业），石油加工、炼焦及核燃料加工业以及农林牧渔业的供给侧本地产出影响乘数比各自的需求侧本地产出影响乘数要高出 40% ~ 120%。反过来，东部地区建筑业、纺织服装鞋帽皮革羽绒及其制品业的供给侧本地产出影响乘数分别仅相当于其需求侧本地产出影响乘数的 42%、69%。

另一方面，供给侧产出乘数较大（小）的部门也与需求侧产出乘数较大（小）的部门有较大差异。第一，三大地带供给侧本地产出影响乘数居前五位的部门都包括金属矿采选业，煤炭开采和洗选业，石油和天然气开采业和电力、热力的生产和供应业。而其中除电力、热力的生产和供应业外，其他几个部门的需求侧本地产出影响乘数排序并不靠前，石油和天然气开采业甚至属于需求侧本地产出影响乘数最小的部门之一。同时，三大地带供给侧本地产出影响乘数排后五位的部门都包括通信设备、计算机及其他电子设备制造业，建筑业，其他服务业。而其中，建筑业的需求侧本地产出影响乘数在三大地带中总是位居前五。当然，也有个别部门（其他服务业）同时属于供给侧和需求侧本地产出影响乘数最小的部门之一。第二，三大地带中供给侧产出溢出乘数较大的部门都以采掘业各部门为主，它们多数都不属于需求侧产出溢出乘数较大的部门，个别部门（石油和天然气开采业）甚至属于需求侧产出溢出乘数最小的部门之一。当然，其中也有个别部门同时属于特定地区供给侧与需求侧产出溢出乘数较大的部门之一，如东部地区的金属冶炼及压延加工业。三大地带供给侧产出溢出乘数最小的五个部门都包括建筑业、其他服务业、研究与试验发展业，具有较大的相似性。不过，这些部门与需求侧产出溢出乘数较小的部门也存在很大差异，其中建筑业甚至属于需求侧产出溢出乘数最大的部门之一。

（四） 分部门的供给侧最终需求乘数

三大地带供给侧本地最终需求影响乘数较大的部门相似度很高，都包括住宿餐饮业、其他服务业、食品制造及烟草加工业、农林牧渔业、纺织服装鞋帽皮革羽绒及其制品业、燃气及水的生产与供应业、研究与试验发展业。三大地带供给侧本地最终需求影响乘数较小的部门有差异，但也具有一定的相似性，它们都包括金属矿采选业、金属冶炼及压延加工业、非金属矿及其他矿采选业。

三大地带供给侧最终需求溢出乘数较大的部门有差异，但也具有一定的相似性，它们都包括石油和天然气开采业以及金属矿采选业，东部和西部还包括石油加工、炼焦及核燃料加工业，中部和西部还包括煤炭开采和洗选业。类似地，三大地带供给侧最终需求溢出乘数较小的部门有差异，但也具有一定的相似性，它们都包括建筑业、其他服务业、研究与试验发展业。

容易看出，三大地带供给侧本地最终需求影响乘数较大（小）的部门与供给侧本地产出影响乘数较大（小）的部门差异明显。一些供给侧本地最终需求影响乘数较大（小）的部门甚至是供给侧本地产出影响乘数较小（大）的部门，如其他服务业（金属矿采选业）。不过，三大地带供给侧最终需求溢出乘数较大（小）的部门与供给侧产出溢出乘数较大（小）的部门却有较大的相似性。这说明，部门的供给侧最终需求溢出乘数在很大程度上也由其供给侧产出溢出乘数决定。

进一步，三大地带供给侧本地最终需求影响乘数较大的部门与需求侧本地增加值影响乘数较大的部门具有一定的相似性，它们都包括其他服务业和农林牧渔业。不过，三大地带供给侧本地最终需求影响乘数较小的部门与需求侧本地增加值影响乘数较小的部门差异明显。三大地带供给侧最终需求溢出乘数较大（小）的部门与需求侧增加值溢出乘数较大（小）的部门也存在较大差异[①]。

（五） 分部门的供给侧消费、资本形成及出口乘数

表 3 - 9 及表 3 - 10 显示了三大地带分部门的供给侧消费、资本形成及出口乘数。三大地带供给侧本地消费影响乘数最大的部门都主要集中在住宿餐饮业、其他服务业、食品制造及烟草加工业、研究与试验发展业、农林牧

---

① 不过三大地区供给侧最终需求溢出乘数较小的部门也有个别（其他服务业）属于相应需求侧增加值溢出乘数较小的部门。

渔业以及燃气及水的生产与供应业。三大地带供给侧本地消费影响乘数最小的部门主要集中在建筑业，通用、专用设备制造业，金属冶炼及压延加工业，非金属矿物制品业等提供生产资料的部门。

表 3-9　2010 年各地区分部门的供给侧消费和资本形成乘数

部门代码	消费						资本形成					
	本地影响乘数			溢出乘数			本地影响乘数			溢出乘数		
	东部	中部	西部	东部	中部	西部	东部	中部	西部	东部	中部	西部
s1	0.54	0.49	0.43	0.04	0.09	0.10	0.18	0.24	0.33	0.02	0.05	0.05
s2	0.24	0.17	0.19	0.03	0.14	0.12	0.38	0.26	0.31	0.06	0.24	0.21
s3	0.23	0.19	0.15	0.05	0.15	0.18	0.34	0.24	0.24	0.08	0.23	0.26
s4	0.10	0.07	0.06	0.02	0.05	0.07	0.49	0.52	0.44	0.10	0.22	0.31
s5	0.10	0.11	0.10	0.02	0.06	0.05	0.58	0.51	0.60	0.08	0.24	0.19
s6	0.61	0.65	0.59	0.04	0.07	0.08	0.16	0.17	0.22	0.02	0.04	0.04
s7	0.16	0.24	0.16	0.02	0.10	0.09	0.15	0.16	0.12	0.03	0.09	0.09
s8	0.35	0.51	0.45	0.02	0.03	0.03	0.21	0.18	0.16	0.03	0.04	0.04
s9	0.13	0.16	0.18	0.02	0.04	0.04	0.42	0.60	0.51	0.04	0.08	0.09
s10	0.29	0.39	0.41	0.04	0.09	0.08	0.24	0.26	0.27	0.04	0.09	0.08
s11	0.23	0.26	0.18	0.04	0.08	0.12	0.37	0.34	0.36	0.07	0.15	0.19
s12	0.24	0.32	0.32	0.04	0.08	0.08	0.27	0.28	0.29	0.06	0.11	0.10
s13	0.08	0.10	0.07	0.01	0.03	0.02	0.64	0.59	0.81	0.08	0.21	0.07
s14	0.08	0.07	0.05	0.02	0.05	0.06	0.50	0.54	0.44	0.09	0.20	0.30
s15	0.14	0.12	0.15	0.02	0.04	0.04	0.41	0.50	0.51	0.08	0.11	0.09
s16	0.07	0.07	0.07	0.01	0.02	0.04	0.61	0.77	0.67	0.05	0.06	0.09
s17	0.12	0.09	0.13	0.01	0.04	0.05	0.61	0.67	0.56	0.03	0.09	0.14
s18	0.10	0.13	0.19	0.01	0.04	0.04	0.46	0.62	0.56	0.04	0.09	0.08
s19	0.10	0.20	0.20	0.01	0.02	0.03	0.20	0.40	0.40	0.02	0.04	0.05
s20	0.10	0.21	0.24	0.01	0.04	0.04	0.17	0.38	0.36	0.02	0.07	0.06
s21	0.14	0.13	0.18	0.03	0.04	0.04	0.35	0.45	0.39	0.07	0.10	0.11
s22	0.37	0.34	0.35	0.02	0.08	0.09	0.31	0.28	0.26	0.05	0.14	0.16
s23	0.52	0.55	0.56	0.02	0.04	0.05	0.25	0.23	0.22	0.03	0.08	0.09
s24	0.04	0.03	0.02	0.00	0.00	0.00	0.93	0.95	0.98	0.00	0.00	0.00
s25	0.29	0.32	0.27	0.02	0.05	0.07	0.36	0.38	0.38	0.04	0.10	0.13
s26	0.31	0.36	0.28	0.02	0.04	0.07	0.33	0.37	0.34	0.04	0.06	0.13
s27	0.64	0.67	0.67	0.02	0.03	0.06	0.15	0.16	0.14	0.02	0.04	0.06
s28	0.37	0.37	0.36	0.02	0.06	0.06	0.21	0.21	0.25	0.03	0.08	0.08
s29	0.60	0.55	0.57	0.01	0.03	0.03	0.29	0.31	0.27	0.03	0.05	0.06
s30	0.63	0.68	0.64	0.01	0.02	0.03	0.24	0.21	0.24	0.02	0.03	0.04
综合	0.31	0.36	0.34	0.02	0.05	0.06	0.34	0.38	0.38	0.04	0.09	0.10

表 3 – 10　2010 年各地区分部门的供给侧出口乘数

部门代码	本地影响乘数			溢出乘数		
	东部	中部	西部	东部	中部	西部
s1	0.71	0.53	0.46	0.04	0.13	0.13
s2	0.47	0.21	0.23	0.04	0.27	0.22
s3	0.48	0.24	0.19	0.06	0.28	0.32
s4	0.40	0.15	0.11	0.03	0.16	0.21
s5	0.31	0.17	0.15	0.02	0.13	0.10
s6	0.74	0.68	0.61	0.04	0.09	0.10
s7	0.82	0.53	0.58	0.03	0.26	0.24
s8	0.74	0.69	0.72	0.03	0.07	0.07
s9	0.52	0.22	0.31	0.02	0.07	0.08
s10	0.62	0.45	0.49	0.05	0.15	0.13
s11	0.47	0.32	0.22	0.05	0.16	0.21
s12	0.60	0.42	0.44	0.05	0.15	0.15
s13	0.26	0.15	0.12	0.02	0.08	0.04
s14	0.38	0.15	0.10	0.03	0.14	0.20
s15	0.49	0.30	0.32	0.03	0.10	0.09
s16	0.32	0.11	0.18	0.02	0.05	0.07
s17	0.33	0.15	0.20	0.02	0.07	0.11
s18	0.49	0.20	0.29	0.02	0.08	0.08
s19	0.78	0.46	0.47	0.01	0.09	0.08
s20	0.80	0.45	0.49	0.01	0.09	0.08
s21	0.55	0.37	0.43	0.04	0.09	0.09
s22	0.55	0.39	0.38	0.03	0.15	0.17
s23	0.64	0.58	0.58	0.02	0.08	0.09
s24	0.06	0.04	0.02	0.00	0.00	0.00
s25	0.54	0.42	0.37	0.03	0.10	0.13
s26	0.57	0.49	0.40	0.03	0.07	0.14
s27	0.74	0.73	0.71	0.02	0.05	0.09
s28	0.70	0.59	0.56	0.02	0.10	0.10
s29	0.50	0.59	0.61	0.01	0.04	0.05
s30	0.66	0.71	0.67	0.01	0.03	0.05
综合	0.57	0.42	0.40	0.02	0.10	0.12

三大地带供给侧本地资本形成影响乘数最大的部门主要集中在建筑业，通用、专用设备制造业，交通运输设备制造业，非金属矿物制品业等生产资料供应部门。三大地带供给侧本地资本形成影响乘数最小的部门主要集中在纺织业、纺织服装鞋帽皮革羽绒及其制品业、住宿餐饮业、食品制造及烟草加工业等生活资料供应部门或服务业部门。上述部门排序与供给侧本地消费影响乘数的部门排序形成鲜明对比。

三大地带供给侧本地出口影响乘数最大的部门也具有较高相似性，它们主要集中在食品制造及烟草加工业、住宿餐饮业、纺织服装鞋帽皮革羽绒及其制品业。不过上述部门的区域差异也很明显。例如，在东部地区位居前五的通信设备、计算机及其他电子设备制造业，在中、西部地区的排序不高。三大地带供给侧本地出口影响乘数最小的部门相似度更高，主要集中在建筑业，通用、专用设备制造业，金属冶炼及压延加工业，金属矿采选业，非金属矿物制品业等部门。

同时，三大地带供给侧各类最终需求溢出乘数的主导部门明显不同于供给侧本地各类需求影响乘数的主导部门。三大地带供给侧消费溢出乘数最大的部门主要集中在石油和天然气开采业，石油加工、炼焦及核燃料加工业，煤炭开采和洗选业，农林牧渔业。三大地带供给侧资本形成溢出乘数最大的部门都主要集中在金属矿采选业、金属冶炼及压延加工业、非金属矿及其他矿采选业、石油和天然气开采业等部门。三大地带供给侧出口溢出乘数最大的部门也有一定的相似性，主要集中在石油和天然气开采业，石油加工、炼焦及核燃料加工业。

第三节　三大地带间的碳排放溢出—反馈效应实证研究

一　需求侧碳排放溢出—反馈效应

（一）三大地带总的需求侧碳排放溢出—反馈效应

表 3 - 11 和表 3 - 12 分别显示了三大地带总的需求侧碳排放溢出—反馈乘数和实际效应。易知无论是乘数还是实际效应，各个区域中碳排放的区域内效应也远远超过溢出效应，而后者又远远大于反馈效应。这与前一节分析经济溢出—反馈效应时的发现是一致的。

表3-11　需求侧碳排放溢出—反馈效应——乘数

单位：吨/万元

年份	东部				中部				西部			
	区域内	溢出		反馈	区域内	溢出		反馈	区域内	溢出		反馈
		中部	西部			西部	东部			东部	中部	
2002	0.416	0.042	0.022	0.0051	0.594	0.031	0.091	0.008	0.661	0.055	0.057	0.0048
2007	0.348	0.064	0.048	0.011	0.517	0.046	0.083	0.014	0.537	0.085	0.051	0.015
2010	0.279	0.045	0.035	0.006	0.358	0.029	0.050	0.008	0.418	0.043	0.027	0.007

表3-12　需求侧碳排放溢出—反馈效应——实际效应

单位：吨

年份	东部				中部				西部			
	区域内	溢出		反馈	区域内	溢出		反馈	区域内	溢出		反馈
		中部	西部			西部	东部			东部	中部	
2002	44053	4424	2374	537	22682	1167	3479	313	18112	1509	1571	131
2007	77759	14258	10792	2361	33679	2993	5384	942	26283	4169	2516	722
2010	91155	14705	11523	1961	39838	3263	5544	843	33662	3453	2135	559

　　三大地带的碳排放区域内乘数在研究时期内都呈现持续下降的变化态势，且下降幅度都在33%左右。这意味着三大地带生产单位最终产品所引起的本地区碳排放发生了持续且显著的下降。值得注意的是，虽然东部和中部地区在整个研究时期内对本地产品的依赖程度有所上升，其经济区域内乘数也有所上升，但这两个地区的碳排放强度却显著下降，并最终使其碳排放区域内乘数明显下降。同时，西部地区对本地产品的依赖程度下降继而其经济区域内乘数在整个研究时期内有所下降，且其碳排放强度也下降，因而其碳排放区域内乘数也自然下降。不过，从实际效应来看，三大地带的碳排放区域内效应则持续上升，这是因为各地区的最终需求总量在研究时期内增长幅度大，其对碳排放产生的影响超过了区域内乘数。

　　东部地区对中部和西部地区的需求侧碳排放溢出乘数都呈现先上升后下降的变化特点。前一节发现东部地区对中部和西部地区的经济溢出乘数都逐年递增，而2002~2007年三大地带的直接碳排放强度下降幅度有限（如图3-1所示），特别是中部地区的碳排放强度甚至略有上升，因此这一阶段东部地区对中部和西部地区的需求侧碳排放溢出乘数有所上升。不过，2007~2010年三大地带的直接碳排放强度下降幅度较大，其影响超过了经济溢出乘数，故这一阶段东部地区对中部和西部地区的需求侧碳排放溢出乘数有所下降。进一步，由于整个时期内东部地区的最终需求总量增长迅速，因而东部地区对中部和西部地区的实际需求侧碳排放溢出效应仍呈持续上升态势。类似地，中部对西部地区的需求侧碳排放溢出乘数也先上升后下降，而相应的实际效应则持续上升。

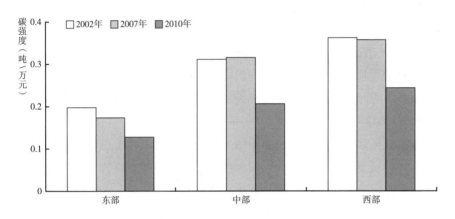

图3－1　2002～2010年三大地带的直接碳排放强度

西部对东部地区的碳排放溢出乘数也呈现先上升后下降的变化特点，但中部对东部地区的碳排放溢出乘数持续下降。其中，2002～2007年中、西部对东部地区的经济溢出乘数也是上升态势，即中、西部地区对东部地区的产品依赖程度在此阶段有所上升。不过前者上升幅度很小，而后者上升幅度较为明显。与此同时，东部地区的碳排放强度有所下降。这些因素导致中、西部对东部地区的碳排放溢出乘数在这一时期的变化方向相反。2007～2010年中、西部对东部地区的经济溢出乘数下降，与此同时三大地带的碳排放强度降幅也较大。这两个因素叠加使得中、西部对东部地区的碳排放溢出乘数在后一子阶段显著下降。同样，由于中、西部地区最终需求总量在整个研究时期内增长幅度较大，因而这两个地区对东部地区的实际碳排放溢出效应总体上也显著上升。不过，西部对东部地区的实际碳排放溢出效应在后一子阶段有所下降。中部对西部地区的碳排放溢出乘数也类似地先上升后下降，而西部对中部地区的碳排放溢出乘数在整个研究时期内则持续下降。其中，2002～2007年中、西部地区相互的经济溢出乘数都略有上升，而此阶段中部地区的碳强度则略有上升，西部地区的碳强度则略有下降。因此，中部对西部的碳排放溢出乘数可能由相应的经济溢出乘数主导而有所上升。西部对中部的碳排放溢出乘数的下降显然不能归因于相应的经济溢出乘数和中部地区总的碳排放强度变化。其原因很可能是西部从中部调入的商品结构发生了变化，即西部从中部调入的碳密集型产品份额下降，从而导致西部对中部的碳排放溢出乘数下降。2007～2010 年中、西部之间碳排放溢出乘数的明显下降则可主要归因于两地区碳强度也显著下降。进一步，在最终需求总量的主导下，中、西部之间的实际碳排放溢出效应在整个研究时期内显著上升，但在后一子阶段西部对中部地区实际的碳排放溢出效应也显著下降。三大地带的碳排放反馈乘数也表现为先升后降。其原因类似：一者三大地带的经济反馈乘数在整个研究时期的变化都表现为先升后降，二者三大地带的碳强度在 2002～2007 年变化较小，在 2007～2010 年降幅较大。同时，三大地带的碳排放反馈实际效应也表现出同样的变化特点，这意味着主导各地区碳排放反馈实际效应变化的是碳排放反馈乘数，而不是不断增长的最终需求总量。

进一步，本章测算了区域间碳排放溢出效应对各地区碳排放的贡献，即其他地区对某地区的实际碳排放溢出效应与某地区碳排放总量的比值，如中、西部对东部地区的实际碳排放溢出效应与当年东部地区碳排放总量的比值。2002 年、2007 年和 2010 年，上述比值在东部地区分别为 10%、11% 和9%，在中部地区分别达到 19%、30% 和 27%；西部地区的上述比值分别达到 18%、37% 和 33%。其中，中、西部所受的碳排放溢出效应又主要来自东部地区。例如，2010 年东部对中、西部地区的实际碳排放溢出效应分别占两地区碳排放总量的 26% 和 24%。同时，研究时期内三大地带的碳排放反馈效应与各自碳排放总量的比值介于 0.7%～3%。

横向比较，东、中、西部地区的碳排放区域内乘数依次递增，这一排序恰好与三大地带的经济区域内乘数排序相反。就本地中间投入占本地总投入的比重这一指标来看，东、中、西部地区也是依次递减，这就是它们的经济区域内乘数依次递减的原因（如表 3-2 所示）。然而，各种碳排放乘数都是相应经济乘数与碳排放强度的叠加，东、中、西部地区的碳排放强度依次明显递增，这应该是导致它们的碳排放区域内乘数也依次递增的关键因素。同时，简单比较三大地带最终需求中各部门的份额易知，通信设备、计算机及其他电子设备制造业在东部地区的份额明显高于其在中、西部地区的份额，而建筑业在东、中、西部地区的份额都很高且明显递增。前面的分析已经表明，通信设备、计算机及其他电子设备制造业是区域内碳排放乘数最低的部门之一，而建筑业则是区域内碳排放乘数最高的部门之一。因此，东、中、西部地区的最终需求结构差异可能也对它们的碳排放区域内乘数差异产生了显著影响。

东部所使用的来自中、西部地区的中间使用占其总投入的份额，明显低于中、西部地区所使用的来自东部地区的中间使用占其总投入的份额，因而前者对后两者的经济溢出乘数明显小于后两者对前者的经济溢出乘数。同时，东部对中、西部地区的碳排放溢出乘数一直低于后者对前者的碳排放溢出乘数。这意味着，东部对中、西部的碳排放溢出乘数与后两者对东部的碳排放溢出乘数差异都由相应的经济溢出乘数差异主导。

由于东部对中部产品的依赖程度要大于其对西部地区产品的依赖程度，因而东部对中部的经济和碳排放溢出乘数都分别明显大于东部对西部的经济和碳排放溢出乘数效应。类似地，由于中部和西部对东部产品的依赖程度要大于两者之间的产品依赖程度，中部和西部对东部的经济和碳排放溢出乘数也基本上都大于前两者彼此之间的经济和碳排放溢出效应。不过，2002年西部对中部的碳排放溢出乘数大于西部对东部的碳排放溢出乘数，而与之相应的经济溢出乘数关系则是前者小于后者，其原因也很可能是2002年中部地区的碳排放强度远远高于东部地区。

东部地区的经济反馈乘数几乎一直高于中、西部地区，仅2002年东部地区的经济反馈乘数略低于中部地区，但东部地区的碳排放反馈乘数几乎一直低于后两地区，只不过2002年东部地区的碳排放反馈乘数略大于西部地区。导致上述现象发生的原因可能是东部地区的碳排放强度一直明显低于中部和西部地区，而它们的碳排放强度差异主导了它们的碳排放反馈乘数差异。中部地区的经济反馈乘数一直高于西部地区，同时，除2007年外，中部地区的碳排放反馈乘数也都高于西部地区。由此可见，2002年和2010年中、西部之间的碳排放反馈乘数差异主要由两者的经济反馈乘数差异主导，但2007年则由两地区的碳排放强度差异主导。此外，2010年三个地区的碳排放反馈乘数已经非常接近。

不过，就实际碳排放效应而言，由于东、中、西部地区的最终产品总量依次递减且差异巨大，因而东、中、西部地区的实际碳排放区域内和反馈效应都依次递减。类似地，东部对中、西部的实际碳排放溢出效应都分别明显大于后两者对东部的实际碳排放溢出效应。东部对中部的碳排放溢出效应显著大于西部对中部的碳排放溢出效应，且东部对西部的碳排放溢出效应显著大于中部对西部的碳排放溢出效应。中部对东部的碳排放溢出效应显著大于西部对东部的碳排放溢出效应。同时，除 2002 年外，中部地区对西部地区的实际碳排放溢出效应大于后者对前者的实际碳排放溢出效应。

（二）三大地带分部门的需求侧碳排放溢出—反馈效应

不同部门的碳排放强度不同，它们的产品在区域间贸易中的份额不同，由此对区域间经济及碳排放的关联性所产生的影响也显著不同。本部分主要以 2010 年为例来识别那些对区域间碳排放溢出—反馈效应有重要影响的关键部门。表 3 - 13 显示了 2010 年三大地带分部门需求侧碳排放溢出—反馈乘数（2002 年和 2007 年分部门的需求侧和供给侧碳排放溢出—反馈乘数见附录 E）。

表 3 - 13　2010 年三大地带分部门需求侧碳排放溢出—反馈效应乘数

部门代码	东部				中部				西部			
	区域内	溢出		反馈	区域内	溢出		反馈	区域内	溢出		反馈
		中部	西部			西部	东部			东部	中部	
s1	0.134	0.021	0.016	0.003	0.149	0.013	0.021	0.004	0.155	0.016	0.010	0.003
s2	0.408	0.072	0.041	0.007	0.677	0.033	0.047	0.007	0.452	0.035	0.019	0.006
s3	0.314	0.033	0.026	0.004	0.182	0.015	0.015	0.002	0.403	0.029	0.022	0.005
s4	0.407	0.053	0.039	0.006	0.455	0.050	0.061	0.008	0.435	0.040	0.021	0.007
s5	0.348	0.054	0.038	0.006	0.549	0.043	0.061	0.009	0.457	0.044	0.022	0.008
s6	0.169	0.031	0.022	0.006	0.199	0.019	0.026	0.005	0.211	0.020	0.015	0.004
s7	0.240	0.040	0.026	0.006	0.245	0.023	0.037	0.006	0.265	0.032	0.017	0.005
s8	0.184	0.035	0.025	0.006	0.182	0.019	0.036	0.006	0.171	0.043	0.018	0.007
s9	0.229	0.049	0.034	0.006	0.251	0.027	0.037	0.006	0.284	0.040	0.019	0.007
s10	0.298	0.046	0.034	0.006	0.441	0.031	0.051	0.008	0.412	0.051	0.025	0.008
s11	0.329	0.045	0.047	0.007	0.361	0.032	0.025	0.005	0.506	0.020	0.014	0.004
s12	0.387	0.057	0.037	0.009	0.548	0.043	0.057	0.009	0.524	0.040	0.023	0.006
s13	1.226	0.100	0.055	0.010	1.626	0.044	0.071	0.009	2.379	0.049	0.036	0.008
s14	0.668	0.066	0.070	0.009	0.754	0.043	0.058	0.008	0.789	0.038	0.021	0.006
s15	0.423	0.076	0.079	0.010	0.509	0.044	0.074	0.010	0.518	0.066	0.035	0.011
s16	0.298	0.055	0.051	0.008	0.344	0.039	0.071	0.011	0.366	0.056	0.028	0.010
s17	0.226	0.051	0.046	0.010	0.291	0.042	0.081	0.013	0.260	0.058	0.026	0.011
s18	0.289	0.057	0.057	0.008	0.332	0.036	0.072	0.011	0.339	0.063	0.034	0.011
s19	0.120	0.026	0.021	0.003	0.177	0.019	0.031	0.005	0.174	0.028	0.016	0.005
s20	0.181	0.042	0.031	0.005	0.299	0.025	0.044	0.007	0.222	0.048	0.026	0.008
s21	0.258	0.054	0.054	0.008	0.389	0.029	0.054	0.009	0.297	0.039	0.019	0.007

续表

部门代码	东部				中部				西部			
	区域内	溢出		反馈	区域内	溢出		反馈	区域内	溢出		反馈
		中部	西部			西部	东部			东部	中部	
s22	2.306	0.125	0.093	0.011	2.769	0.081	0.078	0.009	2.877	0.033	0.025	0.006
s23	0.332	0.059	0.050	0.007	1.601	0.045	0.052	0.007	0.448	0.031	0.021	0.006
s24	0.472	0.087	0.057	0.009	0.536	0.039	0.085	0.011	0.640	0.081	0.054	0.012
s25	0.368	0.033	0.033	0.006	0.407	0.028	0.037	0.006	0.528	0.035	0.018	0.007
s26	0.108	0.014	0.012	0.002	0.194	0.017	0.019	0.003	0.212	0.016	0.008	0.003
s27	0.186	0.031	0.024	0.005	0.224	0.024	0.030	0.006	0.263	0.024	0.019	0.005
s28	0.172	0.031	0.027	0.005	0.229	0.034	0.037	0.006	0.220	0.033	0.016	0.006
s29	0.214	0.037	0.031	0.006	0.262	0.022	0.034	0.005	0.231	0.029	0.015	0.005
s30	0.131	0.022	0.017	0.003	0.192	0.020	0.028	0.005	0.193	0.022	0.012	0.004

三大地带碳排放区域内乘数较大的部门很相似，都是传统的能源密集型部门。电力、热力的生产和供应业，非金属矿物制品业以及金属冶炼及压延加工业的碳排放区域内乘数在三大地带中都居前五位。同时，碳排放区域内乘数在相应地区居前五位的部门还有东部地区的金属制品业和建筑业，中部地区的煤炭开采和洗选业、燃气及水的生产与供应业，西部地区的建筑业和交通运输及仓储业。比较各地区碳排放区域内乘数较大的部门与经济区域内乘数①较大的部门，可以发现：在东部地区两者差异较大，后者以轻工业为主，两者的交集只有非金属矿物制品业；在中部地区两者的交集有所扩大，包括非金属矿物制品业和建筑业；在西部地区两者的相似度进一步上升，两者都以重工业为主且都包括电力、热力的生产和供应业，非金属矿物制品业以及建筑业。

三大地带间碳排放溢出乘数较大的部门主要是建筑业和一些经济溢出乘数也比较大的重工业部门。其中，电力、热力的生产和供应业，金属制品业和建筑业同属于东部对中、西部地区碳排放溢出乘数最大的五个部门；金属制品业、电气机械及器材制造业、交通运输设备制造业以及建筑业都是中、西部对东部地区碳排放溢出乘数最大的五个部门；金属制品业和非金属矿物制品业则都属于中、西部之间碳排放溢出乘数最大的五个部门。此外，金属冶炼及压延加工业、煤炭开采和洗选业以及金属矿采选业等部门的碳排放溢

---

① 限于篇幅，本文未列出各部门的经济溢出—反馈乘数效应。

出乘数也比较突出。

三大地带碳排放反馈乘数最大的五个部门具有较大的相似性：它们都包括金属制品业、交通运输设备制造业和建筑业，东部还包括非金属矿物制品业和电力、热力的生产和供应业，而中部和西部还包括电气机械及器材制造业以及通用、专用设备制造业。比较可知，三大地带碳排放反馈乘数最大的五个部门都是各自对其他两地区碳排放溢出乘数最大的五个部门。三大地带中碳排放区域内、溢出及反馈乘数较小的部门相似度很高，它们都是直接碳排放强度较低且相应经济乘数较小的部门，包括农林牧渔业，食品制造及烟草加工业，纺织服装鞋帽皮革羽绒及其制品业，通信设备、计算机及其他电子设备制造业，租赁和商业服务业，批发零售业以及其他服务业等。

根据部门的各类碳排放乘数及其提供的最终需求，各地区碳排放实际效应较大的部门大致可以分为两类。一类是最终需求及碳排放乘数都较大的部门。其中，各地区建筑业提供的最终需求都排在第二位，同时建筑业的各类碳排放乘数都较大，因而在各地区各类碳排放实际效应的部门排序中建筑业都位居第一。各地区特别是东、中部地区的通用、专用设备制造业，交通运输设备制造业，电气机械及器材制造业也属于此类部门。另一类是最终需求较大但碳排放乘数较小的部门。例如，其他服务业在各地区都是最大的最终需求提供部门，因而尽管其各类碳排放乘数都较小，但其在各类碳排放实际效应的部门排序中都位居前三。在中、西部地区食品制造及烟草加工业以及西部地区的农林牧渔业也属于此类部门。此外，电力、热力的生产和供应业因其在各地区的区域内乘数都相对较大，因而其在各区域的区域内碳排放实际效应也始终位居前三。

各地区碳排放实际效应较小的部门几乎都是最终需求较小的部门，如煤炭开采和洗选业、非金属矿及其他矿采选业、石油和天然气开采业、金属矿采选业、仪器仪表及文化办公用机械制造业、燃气及水的生产与供应业、其他制造业、研究与试验发展业。尽管其中也不乏一些各类碳排放乘数都较大的部门，如煤炭开采和洗选业，但这些部门的碳排放实际效应最终由它们提供的最终需求主导。

一方面，同一部门在不同地区的各类碳排放乘数也存在显著差异，而这一差异由区域间碳排放强度差异主导。2010 年东部只有极个别部门的区域内经济乘数小于中、西部同一部门的区域内经济乘数，但由于东部的碳排放强度明显较低，因而东部只有极个别部门的区域内碳排放乘数大于中、西部同一部门的区域内碳排放乘数。类似地，尽管东部只有个别部门的经济反馈乘数小于中、西部同一部门的经济反馈乘数，但东部只有个别部门的碳排放反馈乘数大于中、西部同一部门的碳排放反馈乘数。

同样的原因，虽然东部只有个别部门对中、西部地区的经济溢出乘数小于中、西部同一部门对东部的经济溢出乘数，但东部所有部门对中部的碳排放溢出乘数都大于中部同一部门对东部的碳排放溢出乘数，同时，东部多数部门对西部的碳排放溢出乘数也都大于西部同一部门对东部的碳排放溢出乘数。同时，东部各部门对中部的碳排放溢出乘数都要大于西部同一部门对中部的碳排放溢出乘数；东部大多数部门对西部的碳排放溢出乘数都要大于中部同一部门对西部的碳排放溢出乘数。

另一方面，同一部门在不同地区的各类碳排放实际效应也存在显著差异，而这一差异则由区域间经济总量差异主导。除农林牧渔业外，东部各部门的最终需求都明显大于中、西部同一部门的最终需求，因此尽管东部绝大多数部门的区域内和反馈碳排放乘数都小于中、西部同一部门的区域内和反馈碳排放乘数，但东部绝大多数部门的区域内和反馈碳排放实际效应都大于中、西部同一部门的区域内和反馈碳排放实际效应。同时，东部各部门对中、西部的碳排放溢出实际效应几乎都分别大于中、西部同一部门对东部的碳排放溢出实际效应。仅西部地区农林牧渔业对东部的实际碳排放溢出效应大于东部地区农林牧渔业对西部的实际碳排放溢出效应。进一步，东部各部门对中、西部的碳排放溢出实际效应也都分别大于中、西部同一部门对这两个地区的碳排放溢出实际效应。

二　供给侧碳排放溢出—反馈效应

(一) 三大地带总的供给侧碳排放溢出—反馈效应

表 3 - 14 和表 3 - 15 分别显示了三大地带总的供给侧碳排放溢出—反馈乘数和实际效应。同样，无论是乘数还是实际效应，各个区域中碳排放的供给侧经济区域内效应也远远超过溢出效应，而后者又远远大于反馈效应。

分地区来看，东、中、西部地区的供给侧碳排放区域内乘数效应在研究时期内都呈现持续下降的变化态势。在整个研究时期内，三大地带的供给侧碳排放区域内乘数效应下降幅度都超过了 30%。这意味着三大地带单位初始投入所"激活"的本地区碳排放有显著的下降。其主要原因是各地区碳排放强度在整个研究时期内显著下降。不过，三大地带实际的供给侧碳排放区域内效应却呈现持续上升的态势，这是因为各地区的初始投入总量在研究时期内增长幅度大，其对碳排放产生的影响超过了碳排放区域内乘数效应。

表 3-14　供给侧碳排放溢出—反馈效应——乘数

单位：吨/万元

年份	东部				中部				西部			
	区域内	溢出		反馈	区域内	溢出		反馈	区域内	溢出		反馈
		中部	西部			西部	东部			东部	中部	
2002	0.425	0.031	0.017	0.004	0.630	0.024	0.088	0.006	0.704	0.034	0.027	0.003
2007	0.346	0.031	0.023	0.009	0.602	0.023	0.107	0.011	0.656	0.102	0.043	0.009
2010	0.269	0.019	0.013	0.006	0.408	0.013	0.079	0.006	0.475	0.082	0.030	0.005

表 3-15　供给侧碳排放溢出—反馈效应——实际效应

单位：吨

年份	东部				中部				西部			
	区域内	溢出		反馈	区域内	溢出		反馈	区域内	溢出		反馈
		中部	西部			西部	东部			东部	中部	
2002	44741	3291	1827	469	24735	934	3435	242	18943	924	739	72
2007	74855	6601	4950	1881	41965	1636	7456	746	33817	5252	2226	474
2010	83322	5769	4171	1760	48469	1533	9318	696	42948	7441	2720	492

除了东部对中部地区的供给侧碳排放溢出乘数持续下降外，三大地带之间的供给侧碳排放溢出乘数都呈现先上升后下降的变化特点。这与三大地带供给侧经济溢出乘数的变化轨迹是一致的，与三大地带需求侧的碳排放溢出乘数变化轨迹也基本相似。不过，由于 2007～2010 年三大地带的直接碳排放强度下降幅度较大，因此，东部对中部和西部以及中部对东部和西部的供给侧碳排放溢出乘数在整个研究时段内有所下降，但西部对东部和中部地区的供给侧碳排放溢出乘数在整个研究时段内却有显著上升。这与各地区的供给侧经济溢出乘数的总体变化以及需求侧碳排放溢出乘数的变化有显著差异。此外，由于整个时期内各大地区的增加值总量增幅巨大，因而三大地带实际的供给侧碳排放溢出效应也都有显著的上升，这一点与实际的需求侧碳排放溢出效应变化类似。

三大地带的供给侧碳排放反馈乘数在整个研究时期的变化都表现为先升后降，这与它们的供给侧经济反馈乘数和需求侧碳排放反馈乘数的变化轨迹是相同的。同样，由于三大地带的碳强度在 2002～2007 年变化较小，在 2007～2010 年降幅较大，因而三大地带的实际供给侧碳排放反馈效应也表现为先升后降，与其实际需求侧碳排放反馈效应也相同。

本章还测算了区域间供给侧碳排放溢出效应对各地区碳排放的影响，即其他地区对某地区的实际供给侧碳排放溢出效应与某地区碳排放总量的比值。2002 年、2007 年和 2010 年，上述比值在东部地区分别为 9%、14% 和 16%，在中部地区分别达到 13%、16% 和 14%，西部地区的上述比值分别达到 14%、18% 和 13%。同时，研究时期内三大地带的需求侧碳排放反馈效应与各自碳排放总量的比值介于 0.4%～2%。

横向比较，东部、中部和西部地区的供给侧碳排放区域内乘数效应依次递增。这主要是因为东部、中部和西部地区的碳排放强度依次递增。同时，中部地区的供给侧碳排放反馈乘数效应始终最高，东部地区的供给侧碳排放反馈乘数效应在 2002 年高于西部，但在其余两年低于西部。东部对中、西部的供给侧碳排放溢出乘数效应明显低于后两者对东部的碳排放溢出乘数效应。东部对中部的供给侧碳排放溢出乘数效应在 2002 年大于西部对中部的供给侧碳排放溢出乘数效应，但在后两年前者显著低于后者。东部对西部的供给侧碳排放溢出乘数效应在 2010 年大于中部对西部的供给侧碳排放溢出乘数效应，但在前两年前者显著低于后者。中部对东部的供给侧碳排放溢出乘数效应在 2002 年和 2007 年大于西部对东部的供给侧碳排放溢出乘数效应，但在 2010 年前者低于后者。

从实际效应来看，由于东、中、西部地区的初始投入总量依次递减且差异显著，东、中、西部地区的供给侧碳排放区域内和反馈效应也都依次递减。类似地，东部对中部的供给侧碳排放溢出效应显著大于西部对中部的供给侧碳排放溢出效应，且东部对西部的供给侧碳排放溢出效应显著大于中部对西部的供给侧碳排放溢出效应。中部对东部的供给侧碳排放溢出效应显著大于西部对东部的供给侧碳排放溢出效应。中部地区对西部地区的供给侧碳排放溢出乘数效应也始终低于后者对前者的供给侧碳排放溢出乘数效应，但在 2002 年，中部地区对西部地区实际的供给侧碳排放溢出效应却大于后者对前者的实际溢出效应。

无论是乘数还是实际效应，东部对中部的供给侧碳排放溢出效应都明显大于东部对西部的供给侧碳排放溢出效应。类似地，中、西部对东部的供给侧碳排放溢出效应也基本上都大于前两者彼此之间的溢出效应。这意味着东

区域协同低碳发展路径与政策

部与中部的供给侧关联程度也明显超过东、西部之间的供给侧经济关联程度，同时东部与中、西部之间的供给侧关联程度也明显高于后两者之间的供给侧关联程度。不过，东部对中、西部地区的实际供给侧碳排放效应总的来说仍低于后两者对前者的实际供给侧碳排放效应。

（二）三大地带分部门的供给侧碳排放溢出—反馈效应

表3-16显示了2010年三大地带分部门的供给侧碳排放溢出—反馈乘数。

表3-16　2010年三大地带分部门供给侧碳排放溢出—反馈效应乘数

部门代码	东部				中部				西部			
	区域内	溢出		反馈	区域内	溢出		反馈	区域内	溢出		反馈
		中部	西部			西部	东部			东部	中部	
s1	0.129	0.013	0.008	0.004	0.137	0.008	0.035	0.004	0.116	0.027	0.014	0.003
s2	1.395	0.066	0.020	0.013	1.327	0.024	0.584	0.024	1.574	0.397	0.110	0.012
s3	0.714	0.097	0.034	0.020	0.534	0.044	0.334	0.029	0.536	0.327	0.112	0.024
s4	0.609	0.042	0.027	0.014	0.594	0.024	0.142	0.012	0.551	0.166	0.044	0.014
s5	0.592	0.034	0.031	0.007	0.611	0.061	0.141	0.009	0.738	0.118	0.040	0.006
s6	0.112	0.013	0.008	0.004	0.125	0.007	0.025	0.003	0.110	0.022	0.014	0.002
s7	0.145	0.013	0.013	0.005	0.158	0.014	0.063	0.008	0.204	0.058	0.017	0.007
s8	0.091	0.013	0.014	0.005	0.100	0.006	0.027	0.003	0.177	0.033	0.012	0.002
s9	0.105	0.014	0.013	0.006	0.160	0.009	0.048	0.004	0.256	0.048	0.018	0.003
s10	0.242	0.022	0.021	0.007	0.360	0.017	0.065	0.006	0.400	0.053	0.023	0.005
s11	0.565	0.049	0.036	0.015	0.584	0.034	0.146	0.011	0.577	0.172	0.066	0.011
s12	0.316	0.032	0.021	0.009	0.468	0.016	0.078	0.008	0.492	0.068	0.029	0.006
s13	1.020	0.024	0.014	0.004	1.402	0.019	0.081	0.005	2.081	0.034	0.012	0.002
s14	0.585	0.029	0.020	0.010	0.618	0.018	0.111	0.010	0.551	0.145	0.029	0.012
s15	0.183	0.024	0.024	0.006	0.188	0.012	0.067	0.006	0.252	0.056	0.017	0.004
s16	0.156	0.022	0.016	0.008	0.170	0.011	0.039	0.003	0.230	0.056	0.023	0.004
s17	0.093	0.013	0.010	0.005	0.111	0.008	0.042	0.004	0.147	0.055	0.021	0.005
s18	0.162	0.021	0.025	0.006	0.229	0.021	0.067	0.005	0.339	0.064	0.024	0.004
s19	0.044	0.007	0.005	0.002	0.077	0.004	0.022	0.002	0.090	0.024	0.010	0.002
s20	0.118	0.013	0.007	0.003	0.367	0.011	0.065	0.003	0.192	0.049	0.020	0.003
s21	0.224	0.038	0.024	0.011	0.290	0.012	0.067	0.006	0.380	0.062	0.022	0.005
s22	2.404	0.050	0.017	0.009	2.862	0.026	0.212	0.012	3.005	0.197	0.113	0.009
s23	0.374	0.017	0.013	0.005	1.409	0.012	0.062	0.005	0.259	0.069	0.016	0.004
s24	0.032	0.001	0.001	0.000	0.034	0.001	0.005	0.000	0.026	0.002	0.001	0.000
s25	0.427	0.023	0.021	0.008	0.524	0.018	0.082	0.006	0.703	0.095	0.034	0.006

续表

部门代码	东部				中部				西部			
	区域内	溢出		反馈	区域内	溢出		反馈	区域内	溢出		反馈
		中部	西部			西部	东部			东部	中部	
s26	0.158	0.019	0.015	0.006	0.263	0.011	0.043	0.004	0.409	0.076	0.036	0.006
s27	0.143	0.010	0.011	0.004	0.234	0.009	0.039	0.003	0.227	0.041	0.015	0.003
s28	0.136	0.012	0.013	0.004	0.208	0.018	0.053	0.005	0.244	0.053	0.020	0.004
s29	0.085	0.008	0.006	0.003	0.172	0.006	0.035	0.002	0.158	0.029	0.013	0.002
s30	0.151	0.009	0.007	0.003	0.184	0.006	0.031	0.002	0.209	0.036	0.013	0.002

三大地带供给侧碳排放区域内乘数居前五位的部门都包括电力、热力的生产和供应业，煤炭开采和洗选业，非金属矿物制品业。同时东部地区还有石油和天然气开采业、非金属矿及其他矿采选业，中部地区还有金属冶炼及压延加工业和燃气及水的生产与供应业，西部地区还有非金属矿及其他矿采选业和交通运输及仓储业。由此可见，三大地带供给侧碳排放区域内乘数较大的部门也很相似，也主要是传统的能源密集型部门。其中，电力、热力的生产和供应业，非金属矿物制品业也是三大地带需求侧碳排放区域内乘数居前五位的部门。同时，中部地区的燃气及水的生产与供应业以及西部地区的交通运输及仓储业也分别是该地区需求侧碳排放区域内乘数居前五位的部门。

三大地带供给侧碳排放区域内乘数最小的五个部门也具有较高的相似度：它们都包括交通运输设备制造业，通信设备、计算机及其他电子设备制造业和建筑业；同时这些部门在东部和中部都包括纺织服装鞋帽皮革羽绒及其制品业，在中部和西部都包括食品制造及烟草加工业。比较可知，通信设备、计算机及其他电子设备制造业也是各地区有需求侧碳排放区域内乘数最小的几个部门，但建筑业却是各地区需求侧碳排放区域内乘数最大的几个部门。

东部地区对中部和西部地区供给侧碳排放溢出乘数最大的五个部门相似度较高，都包括石油和天然气开采业，金属矿采选业和石油加工、炼焦及核燃料加工业，只不过前者还包括煤炭开采和洗选业以及电力、热力的生产和供应业，后者还包括非金属矿及其他矿采选业和电气机械及器材制造业。上述部门多为采掘业部门，特别是能源类采掘业部门及相关产业，且与东部对中部和西部地区需求侧碳排放溢出乘数最大的五个部门具有较大差异。

　　东部地区对中部和西部地区供给侧碳排放溢出乘数最小的五个部门相似度更高，它们都包括通信设备、计算机及其他电子设备制造业，建筑业，研究与试验发展业以及其他服务业，只是前者还包括住宿餐饮业，后者还包括仪器仪表及文化办公用机械制造业。其中，农林牧渔业，通信设备、计算机及其他电子设备制造业，批发零售业和其他服务业，通信设备、计算机及其他电子设备制造业，住宿餐饮业以及其他服务业都属于东部对中部或西部地区需求侧碳排放溢出乘数最小的五个部门，但其余部门则不然。

　　中部和西部地区对东部地区供给侧碳排放溢出乘数最大的五个部门基本相同：它们都包括煤炭开采和洗选业，石油和天然气开采业，电力、热力的生产和供应业，石油加工、炼焦及核燃料加工业以及金属矿采选业。除电力、热力的生产和供应业外，上述部门都不属于中部和西部地区对东部地区需求侧碳排放溢出乘数最大的五个部门。中部和西部地区对东部地区供给侧碳排放溢出乘数最小的五个部门也基本相同：它们都包括食品制造及烟草加工业，通信设备、计算机及其他电子设备制造业以及建筑业，同时前者还包括纺织服装鞋帽皮革羽绒及其制品业和其他服务业，而后者还包括农林牧渔业及研究与试验发展业。其中，除农林牧渔业、食品制造及烟草加工业以及其他服务业外，其余部门都不属于中部和西部地区对东部地区需求侧经济碳排放乘数最小的五个部门。

　　中部和西部相互供给侧碳排放溢出乘数最大的五个部门基本相同，都包括煤炭开采和洗选业，石油和天然气开采业，石油加工、炼焦及核燃料加工业以及电力、热力的生产和供应业。前者还包括非金属矿及其他矿采选业，后者还包括金属矿采选业。而两者相互间需求侧碳排放溢出乘数最大的五个部门相似度却很低，而且两者相互间供给侧碳排放溢出乘数与需求侧碳排放溢出乘数最大的五个部门明显不同。中部和西部相互需求侧碳排放溢出乘数最小的五个部门相似度也较高：两者都包括纺织服装鞋帽皮革羽绒及其制品业，通信设备、计算机及其他电子设备制造业和建筑业。不过前者还包括研究与试验发展业和其他服务业，而后者还包括食品制造及烟草加工业及非金属矿物制品业。这些部门与中部和西部彼此需求侧碳排放溢出乘数最小的五个部门差异也很大。三大地带供给侧碳排放反馈乘数最大的五个部门具有很大的相似性：它们都包括石油和天然气开采业，煤炭开采和洗选业，金属矿采选业以及石油加工、炼焦及核燃料加工业，东部还包括其他制造业，中部还包括电力、热力的生产和供应业，西部还包括金属冶炼及压延加工业。可以看出，这些部门基本都不属于三大地带需求侧碳排放反馈乘数最大的五个部门，但大部分都是各自对其他两地区供给侧碳排放溢出乘数最大的五个部门。三大地带供给侧碳排放反馈乘数最小的五个部门也具有很大的相似性：它们都包括通信设备、计算机及其他电子设备制造业，建筑业，研究与试验发展业以及其他服务业，东部还包括仪器仪表及文化办公用机械制造业，中部还包括食品制造及烟草加工业，西部还包括非金属矿物制品业。同样，三大地带供给侧碳排放反馈乘数最小的五个部门也大多数都是各自对其他两地区供给侧碳排放溢出乘数最小的五个部门。同时，这些部门与三大地带需求侧碳排放反馈乘数最小的五个部门差异很大。

第四节　与以往研究的比较

以往关于中国区域间溢出—反馈效应的研究中（如表 3 - 17 所示），彭连清和吴超林（2009）以及吴福象和朱蕾（2010）与本章的研究范围一致，都是中国的东、中、西部三大地带。其他大部分研究（潘文卿，2006；潘文卿、李子奈，2007；胡霞、魏作磊，2009；潘文卿，2012）关注的主要是沿海与内地两大地区，其中沿海与东部地区可以等同，而内陆地区则可以视为中、西部地区的合并。也有研究关注局部地区之间的溢出反馈效应，如李惠娟（2014）关于长三角、珠三角和环渤海三大经济区的研究。

表 3 - 17　基于投入产出模型的中国区域间溢出反馈效应研究小结

研究	方法	范围	溢出—反馈效应	关联性	区域内乘数大于溢出—反馈效应	东、中、西部的区域内效应依次递减	东部对中、西部地区的溢出效应较小	东、中、西部的反馈效应依次递减
张亚雄和赵坤（2005）	2RIO	沿海与内陆	经济	需求侧	√	—	×	—
潘文卿（2006）	2RIO	沿海与内陆	经济	需求侧	√	—	√	—
潘文卿和李子奈（2007）	2RIO	沿海与内陆	经济	需求侧	√	—	√	—
彭连清和吴超林（2009）	2RIO	东、中、西部	经济	需求侧	√	√	√	√

续表

研究	方法	范围	溢出—反馈效应	关联性	区域内乘数大于溢出—反馈效应	东、中、西部的区域内效应依次递减	东部对中、西部地区的溢出效应较小	东、中、西部的反馈效应依次递减
胡霞和魏作磊(2009)	2RIO	沿海与内陆	经济(服务业)	需求侧	√	—	√	—
吴福象和朱蕾(2010)	3RIO	东、中、西部	经济	需求侧与供给侧*	√	√	√	√
潘文卿(2012)	2RIO	沿海与内陆	经济	需求侧	√	—	√	—
李惠娟(2014)	3RIO	东部三大经济区#	经济(服务业)	需求侧	√	—	—	—
本研究	3RIO	东、中、西部	经济与碳排放	需求侧与供给侧	√	√	√	√

注:"2RIO"和"3RIO"分别指两区域和三区域投入产出模型;*:吴福象和朱蕾(2010)研究需求侧和供给侧关联下的经济溢出反馈效应时,都采用 Leontief 模型,而本章则分别采用 Leontief 模型和 Ghosh 模型。#:东部三大经济区是指长三角、珠三角和环渤海三大经济区。√:是;—:未涉及;×:否。

从研究方法来看,吴福象和朱蕾(2010)和李惠娟(2014)与本章一样,都采用了三区域投入产出模型来分析区域间的溢出—反馈效应。而且吴福象和朱蕾(2010)也与本章一样都分析了供给侧关联下的区域间溢出—反馈效应。不过,他们的供给侧溢出—反馈效应分析也是基于 Leontief 模型展开的,而本章采用的是 Ghosh 模型即供给驱动型投入产出模型。彭连清和吴超林(2009)与其他研究则都采用两区域投入产出模型展开分析,而且他们仅关注需求侧关联下的区域间溢出—反馈效应。此外,本章划分了 30 个部门,而以往研究一般只有 17 个部门或更少。

本章不少有关经济溢出—反馈效应的发现都与以往研究类似①。例如,以往无论是关注三大地带或两大地区的研究都得到了一个与本章类似的发现,即各地区的区域内效应都远远超过各自的溢出效应,而后者又显著地高于各自的反馈效应。一些国际区域溢出—反馈效应的研究(吴添、潘文卿,

---

① 由于以往研究均未讨论区域间的环境溢出—反馈效应,所以这里仅能比较经济溢出—反馈效应。

2014）也有类似的发现。又如，与以往关注三大地带的研究（彭连清、吴超林，2009；吴福象、朱蕾，2010）一样，本章发现东、中、西部地区的区域内效应和反馈效应都依次递减；东部对中、西部地区的溢出效应明显小于后两者对前者的溢出效应，且中部对西部的溢出效应也明显小于后者对前者的溢出效应。

那些关注两大地区的研究中，多数（如潘文卿，2012）也发现沿海地区的区域内效应也明显大于内陆地区，实际上也说明东部地区的区域内效应明显大于中、西部地区。而且这些研究还发现沿海地区对内陆地区的溢出效应小于后者对前者的溢出效应，这一发现与本章的结果也是一致的。不过，张亚雄和赵坤（2005）的研究结果表明，沿海地区的溢出效应略大于内陆地区的溢出效应。

从产业层面来看，本章的许多发现与以往研究也类似，但也存在一些显著差异。例如，与本章类似，彭连清和吴超林（2009）发现东部地区中区域内乘数较大的主要是轻工业部门，而中、西部地区中区域内乘数较大的主要是重工业部门。不过，他们发现西部地区中区域内乘数较大的部门也包括轻工业部门，而本章发现西部地区中区域内乘数较大的部门全部是重工业部门。又如，吴福象和朱蕾（2010）发现三大地带中区域内乘数较大的都是重工业和建筑业，但本章发现只有西部地区中区域内乘数较大的是重工业部门，而东部产业内乘数最大的主要是轻工业部门。上述差异产生的原因可能是本章的部门分类（30 个）较细，而彭连清和吴超林（2009）以及吴福象和朱蕾（2010）的部门分类较粗（分别为 17 个和 8 个），同时本章报告的是 2010 年的情况，而他们报告的是 2005 年及以前的情况。

第五节　小结和政策启示

本章基于三区域投入产出模型测算了 2002～2010 年东、中、西部三大地带需求侧和供给侧双向的区域内经济效应及经济溢出、反馈效应。需求侧分别测算了消费、资本形成、出口、最终需求总体及分部门的各种产出、增加值及劳动报酬效应，供给侧测算了初始投入总体及分部门的各种产出、消费、资本形成、出口及最终需求总体效应。通过上述分析，主要得到了如下结论。

第一，在整个研究时期内，无论是基于需求侧还是供给侧的视角，三大区域间的经济溢出乘数总体上有所上升，且经济溢出效应对各区域经济有较大影响，但与区域内效应相比，经济溢出效应仍很小，反馈效应更是微乎其微。

第二，需求侧和供给侧不同类型的经济乘数所呈现的区域差异特征也有所不同，这在一定程度上体现了经济发展方式不同侧面的区域差异。东、中、西部的需求侧区域内产出乘数以及供给侧区域内产出、最终需求和出口乘数依次递减，但它们的需求侧区域内增加值和劳动报酬乘数以及供给侧区域内消费和资本形成乘数却依次递增。特别值得注意的是，东部对中、西部的需求侧和供给侧的各类经济溢出乘数都明显小于中、西部对东部相应的经济溢出乘数。

第三，除本地增加值影响乘数外，其余需求侧经济乘数的主导部门都存在明显的区域差异。以需求侧本地产出影响乘数较大的部门为例，东部主要是轻工业部门，中部既有轻工业部门也有资源和能源密集型制造业部门，而西部则主要是资源和能源密集型制造业部门。三大地带需求侧产出及增加值溢出乘数较大的部门也存在明显的地区差异。不过，三大地带需求侧本地增加值影响乘数较大的部门很相似，主要集中在批发零售业、其他服务业、农林牧渔业、石油和天然气开采业。

第四，三大地带供给侧经济乘数对应的主导部门具有较高的相似性。例如，三大地带供给侧本地产出影响乘数、产出溢出乘数以及最终需求溢出乘数较大的部门很相似，且主要集中在采掘业部门及相关下游重工业部门。三大地带供给侧本地最终需求影响乘数较大的部门也非常相似，主要集中于各类服务业和轻工业部门。此外，三大地带供给侧最终需求溢出乘数较大的部门虽有差异，但也具有一定的相似性，它们主要集中于采掘业及相关下游部门。

第五，不同类型的经济乘数往往对应不同的主导部门。其一，对本地产出影响大的部门通常不是对本地增加值或最终需求影响大的部门。其二，对本地经济影响大的部门通常不是经济溢出效应大的部门，仅供给侧本地产出影响乘数与产出溢出乘数较大的部门相似度很高。其三，各地区供给侧产出乘数较大的部门与需求侧产出乘数较大的部门差异较大。不过，需求侧产出与增加值溢出乘数较大的部门相似度很高，供给侧产出与最终需求溢出乘数较大的部门相似度也很高。此外，三大地带供给侧本地最终需求影响乘数较大的部门与需求侧本地增加值影响乘数较大的部门也具有一定的相似性。

根据本章的分析结果，可以得到如下三点政策启示。

第一，加快全国一体化市场体系建设进程。中国区域间的溢出—反馈效应虽然呈现不断改善的趋势，但改善程度并不十分明显。这意味着虽然三大地带之间的贸易总体上有所加强，即区域间贸易在整个国民经济活动中的份额有所上升，但区域间的贸易相对于各个区域的总产出而言还很小，各个地区的最终需求或增加值（初始投入）主要影响本地的生产活动，对其他地区的影响相对还比较小。如前所述，区域间溢出和反馈效应赖以存在的基础是区域间密切的贸易活动，而区域间贸易的活跃程度则取决于区域间的市场一体化程度。不过，由于存在地方利益，区域间的市场一体化通常需要经过复杂的谈判、协商，乃至中央政府的大力介入，才能有所进展。当前，中国社会主义市场经济体制中就有"地方保护主义大量存在""市场竞争不充分，阻碍优胜劣汰和结构调整"等一系列妨碍推进区域间市场一体化的问题，本章的上述分析结果也在很大程度上反映了这一事实。为了提升区域间经济溢出—反馈效应，更多释放区域经济融合的经济增长潜力，中国应通过深化改革，进一步消除地方保护主义，化解区域贸易壁垒，加速推进全国市场一体化进程。从而使各区域发挥各自的比较优势，减少或避免不必要的重复建设，继而改善全国经济增长质量。正如中央所提出的，要"减少政府对资源的直接配置，减少政府对微观经济活动的直接干预，加快建设统一开放、竞争有序的市场体系"，使市场在资源配置中起决定性作用。

第二，结合供给侧结构性改革，采取区域差异化策略提升各区域的经济溢出效应，改变东部与中、西部之间经济溢出效应长期不对等的状况。当前中国正大力推进供给侧结构性改革，其中"去产能、去库存"主要针对的是一些能源及资源密集型产业。但当前中国区域间（特别是东部对中、西部）溢出—反馈效应较大的部门仍然集中于能源及资源密集型产业，因而供给侧结构性改革有可能削弱区域间的溢出—反馈效应。因此，对中、西部地区而言，应努力提升本地区劳动密集型和技术密集型产业的竞争力，更好地适应本地区及东部地区的需求结构升级。中央政府相关部门和东部地区也可适度加大对中、西部地区上述产业发展的扶持、援助，如人员教育培训、技术支持、资金支持。对东部而言，应着力培育战略性新兴产业，推进产业结构转型升级，同时推动产业链向中、西部地区延伸。可以预期，未来较长时期内，中、西部地区的经济增速将快于东部地区。上述差异化策略既有助于中、西部地区的经济发展拉动东部地区的经济发展，也有助于使东部经济发展更好地推动中、西部地区的产业结构升级和发展方式的转变。同时，上述策略也能提升轻工业及服务业的区域间溢出—反馈效应，使其尽可能多地吸纳从能源及资源密集型产业转移出来的资本和劳动，继而改善区域间的溢出—反馈效应。

第三，各地在确定本地主导产业时应注意区分总产出与国内生产总值（GDP）所对应主导部门的差异性。从经济发展的角度出发，本章建议各地应根据 GDP 而不是总产出来确定主导产业。GDP 实际上等同于需求侧不包括进口的最终需求（按支出法核算的 GDP），也等同于供给侧的增加值（按收入法核算的 GDP）。如前所述，三大地带中，各地的需求侧本地增加值影响乘数较大的部门与供给侧本地最终需求影响乘数较大的部门具有一定的相似性，而需求侧和供给侧本地产出影响乘数较大的部门却有明显差异。而且三大地带的需求侧本地增加值影响乘数较大的部门高度相似。因而以 GDP 为目标有利于各地区协调供给侧与需求侧主导产业的选择，从而有助于提高供给侧结构性改革与需求侧产业政策的协同性。

第四章
京津冀地区间的经济和碳排放
溢出—反馈效应

　　前一章分析了中国三大地带间的经济和碳排放溢出—反馈效应。为了进一步深入了解中国区域间的经济和碳排放交互影响，本章将以京（北京）、津（天津）、冀（河北）地区为例，分析中国局部地区的经济和碳排放溢出—反馈效应。京津冀地区是中国地缘相接、人口密集且极具经济发展潜力的一个重要区域，京津冀协同发展是中国的一个重大国家战略。该战略旨在从有序疏解北京非首都功能入手，优化首都核心功能，形成京津冀区域一体化格局，使该地区经济结构合理、生态环境良好、具有较强的国际竞争力和影响力，成为引领和支撑全国经济社会发展的重要区域。与此同时，中央政府支持京津冀、长三角、珠三角等优化开发区域率先实现碳排放峰值目标①。因而，研究京津冀的经济及碳排放溢出—反馈效应具有重要的理论意义和现实意义。

　　本章也分别从需求侧和供给侧的视角分析京津冀地区间的经济和碳排放溢出—反馈效应分析方法，所采用的方法即第二章建立的需求侧区域间溢出—反馈效应分析方法。本章的实证研究基于京津冀地区间经济—环境投入产出表展开，数据处理与前一章类似，主要包括两方面。一是在近年来相关机构和学者编制的中国省际多区域投入产出表的基础上，分离出京津冀三区

---

　　① 参见《京津冀协同发展规划纲要》及《中共中央关于制定国民经济和社会发展第十三个五年规划的建议》。

域投入产出表。其中，2002 年京津冀三区域投入产出表提取自李善同等
（2010）编制的地区扩展投入产出表，2007 年和 2010 年的表则根据刘卫东等
（2012，2014）编制的 30 省（区、市）区域间投入产出表整理得到。为了使
三个年份的区域间投入产出表具有可比性，本章采用双重平减法将 2002 年和
2010 年的区域间投入产出表调整到了 2007 年的价格水平，同时将部门统一划
分为 30 个部门。所用到的各区域分行业价格指数来自相应地区的统计年鉴
（北京、天津）或经济年鉴（河北）。二是估计京津冀地区分行业的碳排放数
据。这主要根据各区域分行业的化石能耗数据估计，而这些数据主要来自
《中国能源统计年鉴》、各地区的统计年鉴或经济年鉴。同时本章也估计了水
泥生产中的工艺性碳排放。此外，本章还用到京津冀地区 2015 年的统计年鉴
或经济年鉴刊载的数据，来分析三地区最近的产业结构和碳排放趋势。[①]

第一节　京津冀地区层面的需求侧经济和碳排放区域内效应

一　地区层面的需求侧经济和碳排放区域内效应

　　表 4-1 显示了 2002~2010 年京津冀地区间的需求侧经济和碳排放溢出
—反馈乘数，即单位最终产品的经济和碳排放溢出—反馈效应。表 4-2 显
示了三大地区的需求侧实际经济和碳排放溢出—反馈效应。表 4-3 显示了
各地区中间投入的地区来源构成及各地区的直接碳排放强度。如前所述，各
地的碳排放溢出—反馈乘数可视为各地碳排放强度与其经济溢出—反馈乘数
的叠加，而实际经济和碳排放溢出—反馈效应则是相应经济和碳排放乘数与
最终需求总量的叠加。

　　无论是乘数还是实际效应，各个地区的需求侧经济和碳排放区域内效应
都明显超过溢出效应，而溢出效应又远远高于反馈效应。上述结果的出现是
因为各个地区的中间投入主要还是依赖本地区的产品，来自其他地区的产品
只占很少的一部分。例如，2010 年北京的总投入中来自本地的中间投入占
45.6%，来自天津及河北的中间投入分别只占 0.7% 和 3.1%。因而三个地
区最终需求的变动对本地区总产出继而对本地区碳排放的影响较大，而对其
他地区经济活动及碳排放的影响相对而言要小很多，于是区域内效应远远大

---

　　① 本章所有图表数据均根据所列数据资料进行计算，不再单独注明资料来源。

于溢出效应。一个地区的反馈效应则相当于本地经济活动通过溢出效应影响其他地区的总产出之后，再通过其他地区的溢出效应影响本地区的总产出，继而影响本地区的碳排放，因而其影响力进一步衰减，比溢出效应更小。

（一）需求侧区域内乘数

在整个研究时期内，京津冀三地区（特别是天津及河北）的总投入对本地产品的依赖程度都先降后升。其中，北京和天津的总投入中来自本地区的中间投入总体上有所上升，而河北的总投入中来自本地区的中间投入总体上却有所下降。受此影响，三地区的需求侧经济区域内乘数也在整个研究时期内先降后升。不过，北京和天津的需求侧经济区域内乘数总体上有所上升，而河北的需求侧经济区域内乘数总体上却有所下降。

表 4 - 1 需求侧经济和碳排放乘数

指标	年份	北京				天津				河北			
		区域内	溢出		反馈	区域内	溢出		反馈	区域内	溢出		反馈
			天津	河北			河北	北京			北京	天津	
经济	2002	1.8289	0.0200	0.1024	0.0045	1.6701	0.1378	0.0897	0.0047	1.8788	0.0606	0.0418	0.0068
	2007	1.5593	0.0188	0.0951	0.0020	1.5867	0.1309	0.0356	0.0023	1.7694	0.0219	0.0181	0.0024
	2010	1.9095	0.0309	0.0966	0.0010	1.7865	0.0893	0.0204	0.0013	1.8039	0.0107	0.0169	0.0012
碳排放	2002	0.2974	0.0059	0.0850	0.0012	0.4344	0.0529	0.0139	0.0014	0.6804	0.0141	0.0103	0.0042
	2007	0.1421	0.0052	0.0634	0.0005	0.2554	0.0673	0.0090	0.0008	0.5738	0.0034	0.0063	0.0011
	2010	0.0844	0.0049	0.0493	0.0001	0.2131	0.0342	0.0019	0.0003	0.4985	0.0006	0.0041	0.0004

注：本表中碳排放乘数的单位是"吨/万元"，表示每万元最终需求引起的碳排放量吨数。

表 4 - 2 需求侧实际经济和碳排放效应

指标	年份	北京				天津				河北			
		区域内	溢出		反馈	区域内	溢出		反馈	区域内	溢出		反馈
			天津	河北			河北	北京			北京	天津	
经济	2002	1.1370	0.0124	0.0637	0.0028	0.6985	0.0576	0.0375	0.0019	1.9672	0.0634	0.0437	0.0071
	2007	2.5948	0.0312	0.1583	0.0033	1.5589	0.1286	0.0350	0.0023	3.7012	0.0459	0.0380	0.0050
	2010	4.4156	0.0714	0.2234	0.0023	2.7104	0.1354	0.0310	0.0020	5.2329	0.0311	0.0489	0.0036
碳排放	2002	1.8487	0.0369	0.5287	0.0077	1.8168	0.2212	0.0580	0.0058	7.1245	0.1477	0.1077	0.0436
	2007	2.3641	0.0863	1.0542	0.0078	2.5093	0.6616	0.0885	0.0076	12.0033	0.0716	0.1315	0.0237
	2010	1.9527	0.1132	1.1405	0.0022	3.2327	0.5186	0.0286	0.0043	14.4616	0.0168	0.1181	0.0123

注：本表中实际经济溢出—反馈效应的单位是"万亿元"，实际碳排放溢出—反馈效应的单位是"千万吨"。

表4-3　各地中间投入占本地总投入的比重及直接碳排放强度

地区	中间投入的来源及其占本地总投入的比重（%）									直接碳排放强度（吨/万元）		
	2002 年			2007 年			2010 年			2002	2007	2010
	北京	天津	河北	北京	天津	河北	北京	天津	河北			
北京	45.6359	0.6553	3.1361	35.9289	0.7205	3.3006	47.6338	0.8920	2.6940	0.1661	0.0945	0.0446
天津	2.2611	39.9700	4.1992	1.3144	37.0060	4.5948	0.5752	44.0339	2.7262	0.2599	0.1677	0.1224
河北	1.7055	1.3234	46.6656	0.7706	0.6300	43.5317	0.3059	0.5048	44.6191	0.3779	0.3442	0.2883

与此同时，三大地区的需求侧区域内碳排放乘数在整个研究时期内都呈现持续下降的变化态势。这意味着三大地区生产单位最终产品所引起的本地区碳排放发生了持续且显著的下降。其中，虽然北京和天津的需求侧经济区域内乘数在整个研究时期内上升，但由于这两个地区的碳排放强度显著下降，因而其需求侧碳排放区域内乘数明显下降，且降幅分别达到71.60%和50.95%。河北的碳排放强度也明显下降，加之其需求侧经济区域内乘数有所下降，因而其需求侧碳排放区域内乘数也下降了26.73%。不过，河北碳排放强度的相对下降幅度明显低于北京和天津，因而其需求侧碳排放区域内乘数的降幅也明显低于后两者。

将三地区的需求侧区域内经济乘数加以比较可见，尽管北京、天津的经济发展水平明显高于河北，但前两地区的需求侧区域内经济乘数在2002~2007年一直低于河北，到2010年时天津的需求侧区域内经济乘数仍低于河北。以往大多数研究（吴福象和朱蕾，2010）都发现，经济发达地区的区域内经济乘数要高于经济欠发达地区，这不同于本章的发现。

同时，北京、天津、河北的需求侧区域内碳排放乘数在整个研究时期内都依次递增。其原因主要包括如下两方面。一是北京、天津、河北的技术水平或碳排放效率依次递减，具体表现为三地区直接碳排放强度递增。二是三地区的产业构成中，低碳部门的份额也依次递减。例如，2010年北京、天津及河北的生产总值中，低碳型服务业部门[①]的份额分别为70.50%、39.67%和25.97%。2014年上述份额略有上升但变化不大，分别为73.50%、44.98%和29.11%。

----

① 除交通运输及仓储业之外的服务业部门。

（二）需求侧实际区域内效应

三大地区的需求侧实际经济和碳排放区域内效应都有所上升，这是因为各地区的最终需求总量在研究时期内增长幅度大，它们对各地区总产出和碳排放产生的影响超过了相应区域内乘数的影响。值得注意的是，北京的需求侧实际碳排放区域内效应先升后降，其直接碳排放总量也呈现类似变化过程。进一步的分析表明，2010 年以来，北京的需求侧碳排放水平虽有起伏，但一直低于 2010 年的水平；2014 年是近几年的最低水平。这可能意味着北京已经跨越其碳排放峰值，进入经济增长与碳排放的"脱钩"阶段。不过，天津及河北的需求侧碳排放区域内效应及其碳排放总量则持续上升，且2010 年以来仍有较大增幅。这表明天津及河北可能还未跨越其碳排放峰值，但可能已经处于碳排放缓慢增长时期，上述两个地区的经济增长对碳排放还有一定的依赖性。

二　地区层面的供给侧经济和碳排放区域内效应

表 4 - 4 显示了 2002 年、2007 年、2010 年京津冀地区间的供给侧经济和碳排放溢出—反馈乘数，即初始投入的经济和碳排放溢出—反馈效应。表4 - 5 显示了三大地区的供给侧实际经济和碳排放溢出—反馈效应。表 4 - 6显示了各地生产的中间产品的流向及其占各地总产出的比重。同样，各地供给侧的碳排放溢出—反馈乘数可视为各地碳排放强度与其经济溢出—反馈乘数的叠加，而实际经济和碳排放溢出—反馈效应则是相应经济和碳排放乘数与初始投入总量的叠加。

表 4 - 4　供给侧经济和碳排放溢出—反馈乘数

指标	年份	北京				天津				河北			
		区域内	溢出		反馈	区域内	溢出		反馈	区域内	溢出		反馈
			天津	河北			河北	北京			北京	天津	
经济	2002	1.8479	0.0409	0.0938	0.0040	1.6736	0.1223	0.0383	0.0046	1.8781	0.0600	0.0482	0.0068
	2007	1.5680	0.0201	0.0315	0.0016	1.5936	0.0462	0.0336	0.0021	1.7708	0.0558	0.0513	0.0026
	2010	1.9175	0.0125	0.0130	0.0009	1.7882	0.0335	0.0534	0.0013	1.8056	0.0680	0.0445	0.0013
碳排放	2002	0.2962	0.0111	0.0322	0.0010	0.4353	0.0406	0.0074	0.0011	0.7143	0.0158	0.0122	0.0021
	2007	0.1468	0.0033	0.0106	0.0002	0.2610	0.0195	0.0048	0.0004	0.6080	0.0056	0.0113	0.0011
	2010	0.0851	0.0016	0.0037	0	0.2164	0.0132	0.0033	0.0002	0.5188	0.0029	0.0066	0.0005

注：本表中碳排放乘数的单位"吨/万元"，表示每万元最终需求引起的碳排放量吨数。

表4-5 供给侧实际经济和碳排放溢出—反馈效应

指标	年份	北京				天津				河北			
		区域内	溢出		反馈	区域内	溢出		反馈	区域内	溢出		反馈
			天津	河北			河北	北京			北京	天津	
经济	2002	1.1596	0.0256	0.0588	0.0025	0.6782	0.0496	0.0155	0.0019	1.9801	0.0632	0.0509	0.0072
	2007	2.5221	0.0324	0.0507	0.0026	1.4830	0.0430	0.0312	0.0019	3.8943	0.1226	0.1129	0.0056
	2010	4.1903	0.0273	0.0283	0.0019	2.6678	0.0500	0.0797	0.0019	5.5133	0.2078	0.1358	0.0040
碳排放	2002	1.8585	0.0697	0.2021	0.0061	1.7639	0.1647	0.0299	0.0044	7.5308	0.1667	0.1287	0.0217
	2007	2.3607	0.0529	0.1702	0.0030	2.4293	0.1813	0.0445	0.0039	13.3701	0.1226	0.2477	0.0233
	2010	1.8590	0.0352	0.0810	0.0010	3.2291	0.1973	0.0499	0.0029	15.8408	0.0897	0.2009	0.0146

注：本表中实际经济溢出—反馈效应的单位是"万亿元"，实际碳排放溢出—反馈效应的单位是"千万吨"。

表4-6 各地中间产品占本地总产出的比重

单位：%

地区	2002年			2007年			2010年		
	北京	天津	河北	北京	天津	河北	北京	天津	河北
北京	45.6359	1.3784	2.8806	35.9289	0.7999	1.1488	47.6338	0.3637	0.3821
天津	1.0749	39.9700	3.6665	1.1839	37.0060	1.5433	1.4105	44.0339	0.9971
河北	1.8567	1.5156	46.6656	2.2139	1.8756	43.5317	2.1568	1.3801	44.6191

无论是乘数还是实际效应，各个地区的供给侧经济和碳排放区域内效应都明显超过溢出效应，而溢出效应又远远高于反馈效应。上述结果的出现是因为各个地区生产的中间产品主要还是提供给本地区使用，供应其他地区的中间产品只占很少的一部分①。因而三个地区初始投入的变动对本地区总产出继而对本地区碳排放的影响较大，而对其他地区经济活动及碳排放的影响相对而言要小很多，故区域内效应远远大于溢出效应。同样的，一个地区的供给侧反馈效应也相当于本地经济活动通过溢出效应影响其他地区的总产出之后，再通过其他地区的溢出效应影响本地区的总产出，继而影响本地区的碳排放，因而其影响力远远小于溢

① 表4-3表明，各个地区的中间投入主要还是依赖本地区的产品，来自其他地区的产品只占很少的一部分。这就意味着各地生产的中间产品主要供本地使用，只有少部分调往其他地区。

出效应。

（1）供给侧区域内乘数

如前所述，在整个研究时期内，京津冀三地区（特别是天津及河北）的总投入对本地产品的依赖程度都先降后升，且北京和天津的总投入中来自本地区的中间投入总体上有所上升，而河北的总投入中来自本地区的中间投入总体上却有所下降。这也意味着三地区的总产出中分配给本地使用的中间产品的份额也都先降后升。而且，供本地使用的中间产品占总产出的份额在北京和天津总体有所上升，在河北则有所下降。因此，三地区的供给侧经济区域内乘数也在整个研究时期内先降后升，且北京和天津的供给侧经济区域内乘数总体上有所上升，而河北的供给侧经济区域内乘数总体上却有所下降。

与此同时，三大地区的区域内供给侧碳排放乘数在整个研究时期内也都呈现持续下降的变化态势，也即三大地区单位初始投入所引起的本地区碳排放发生了持续且显著的下降。类似的，虽然北京和天津的供给侧经济区域内乘数在整个研究时期内上升，但由于这两个地区的碳排放强度显著下降，因而其供给侧碳排放区域内乘数明显下降，且降幅也分别超过70%和50%。河北的碳排放强度也明显下降，加之其供给侧经济区域内乘数也有所下降，因而其碳排放区域内乘数也下降了27%。不过，河北碳排放强度的相对下降幅度明显低于北京和天津，因而其供给侧碳排放区域内乘数的降幅也明显低于后两者。

将三地区的区域内经济乘数加以比较可见，北京和天津的供给侧区域内经济乘数在2002～2007年也一直低于河北，且到2010年时天津的供给侧区域内经济乘数也仍低于河北。同时，北京、天津、河北的供给侧区域内碳排放乘数在整个研究时期内也都依次递增。同样的，其中的原因一是北京、天津、河北的技术水平或碳排放效率依次递减；二是三地区的产业构成中，低碳部门的份额也依次递减。

（2）供给侧实际区域内效应

三大地区的供给侧实际经济和碳排放区域内效应都有所上升，这是因为各地区的初始投入总量在研究时期内增长幅度大，它们对各地区总产出和碳排放产生的影响超过了相应区域内乘数的影响。同样值得注意的是，北京的供给侧实际碳排放区域内效应也先升后降。

第二节　京津冀地区层面的需求侧经济和碳排放交互影响

一　地区层面的需求侧经济和碳排放交互影响

（一）北京的需求侧经济和碳排放溢出效应

北京对天津的需求侧经济溢出乘数在整个研究时期内总体上有所上升，而北京对河北的需求侧经济溢出乘数则有所下降。其原因可简单归结如下，即同一时期来自天津、河北的中间投入在北京总投入中的比重分别有所上升和有所下降。进一步，由于来自天津的中间投入在北京总投入中的比重，明显低于来自河北的中间投入在北京总投入中的比重，因而北京对天津的需求侧经济溢出乘数，明显低于北京对河北的需求侧经济溢出乘数。

尽管北京对天津的需求侧经济溢出乘数有所上升，但如前所述，天津的直接碳排放强度在整个研究时期内显著下降，因而北京对天津的需求侧碳排放溢出乘数有所下降。类似地，河北的直接碳排放强度也持续下降，加之北京对河北的需求侧经济溢出乘数也下降，因而同一时期北京对河北的需求侧碳排放溢出乘数也下降，而且其相对下降幅度更大。不过，由于北京的经济规模在整个研究时期内增长迅速，因而北京对天津及河北的需求侧实际碳排放溢出效应在此期间显著上升，分别增加了 2.07 倍和 1.16 倍。

（二）天津的需求侧经济和碳排放溢出效应

天津对其他两地区特别是北京的需求侧经济溢出乘数在整个研究时期内有所下降，因为在此期间来自北京及河北的中间投入在天津总投入中的比重也明显下降。而且，无论是绝对幅度还是相对幅度，来自北京的中间投入在天津总投入中的比重都下降得更多。同样，与来自河北的中间投入相比，由于来自北京的中间投入在天津总投入中的比重始终要小得多，因而天津对北京的需求侧经济溢出乘数也一直明显低于天津对河北的需求侧经济溢出乘数。

天津对北京及河北的需求侧碳排放溢出乘数在整个研究时期内也有所下降，这一方面是因为相应的需求侧经济溢出乘数下降，另一方面是因为北京及河北的碳排放强度也在持续下降。不过，天津对河北的需求侧碳排放溢出乘数在 2002～2007 年有所上升，其变化与相应的需求侧经济溢出乘数及河北的碳排放强度变化方向相反。其原因可能是天津从河北调入的中间投入中，碳排放强度较高的产品份额有所上升。

天津对北京的实际碳排放溢出效应在 2002～2007 年有所上升，这意味着天津经济规模的扩张对北京碳排放的影响，超过相应需求侧碳排放溢出乘数变化的影响。而这一时期天津对河北的需求侧碳排放溢出乘数也是上升的，因而天津对河北的实际碳排放溢出效应随着天津经济规模的扩张也必然上升。不过，2007～2010 年天津对北京及河北的实际碳排放溢出效应下降，这表明天津对后两地区需求侧碳排放溢出乘数的变化对上述实际效应的影响，超过了其经济规模扩张的影响。

（三）河北的需求侧经济和碳排放溢出效应

类似的，河北对北京及天津的需求侧经济溢出乘数在整个研究时期内持续下降，这可归因于来自北京及天津的中间投入在河北总投入中的比重持续下降。除 2010 年外，来自北京的中间投入在河北总投入中的比重，要略大于来自天津的中间投入在河北总投入中的比重，因而河北对北京的需求侧经济溢出乘数要略大于其对天津的需求侧经济溢出乘数；2010 年的情况则恰好相反。

与此同时，河北对北京及天津的需求侧碳排放溢出乘数也持续下降。其中，在 2007 年虽然河北对北京的需求侧经济溢出乘数大于其对天津的需求侧经济溢出乘数，但由于北京的碳排放强度显著低于天津的碳排放强度，因而河北对北京的需求侧碳排放溢出乘数效应低于其对天津的需求侧碳排放溢出乘数。此外，尽管河北的经济规模持续扩张，但河北对北京的实际碳排放溢出效应却持续下降，这意味着河北的需求侧碳排放溢出乘数变化对北京碳排放的影响，超过了河北经济规模扩张的影响。河北对天津的实际碳排放溢出效应在 2002～2007 年及整个研究时期内都表现为上升。这说明在此期间，河北经济规模的扩张对天津碳排放的实际影响，比其需求侧碳排放溢出乘数变化的影响更大。不过，在 2007～2010 年情况正好相反。

（四）需求侧溢出效应及其对京津冀总产出和碳排放贡献的地区差异

比较而言，北京和天津的经济发展水平要远远高于河北，而两者对河北的需求侧经济溢出乘数在整个研究时期内，都明显大于河北对两者的需求侧经济溢出乘数。其原因在于，北京和天津的中间投入中来自河北的产品所占的份额，远远超过河北的中间投入中来自北京和天津的产品所占的份额。结果，北京及天津对河北的实际经济溢出效应，也始终远远高于河北对北京及天津的实际经济溢出效应。本章的这一发现与姚愉芳等（2016）类似。不过，以往多数研究的结果不同于本章。例如，潘文卿（2012）发现经济发达（沿海）地区对经济欠发达（内陆）地区的需求侧经济溢出乘数，都明显小于后者对前者的需求侧经济溢出乘数。

与此同时，北京和天津对河北的需求侧碳排放溢出乘数始终明显高于河北对前两者的需求侧碳排放溢出乘数。这是因为北京和天津不仅碳排放强度明显低于河北（如前文所述），而且通过比较三地区部门的竞争力可知，北京和天津调出产品的低碳化程度也明显超过河北。根据 Balassa（1965）提出的显性比较优势（Revealed Comparative Advantage，RCA）指数计算原理，一个地区具有强竞争力或较强竞争力优势的部门，通常也是该地区输出产品份额较大的部门。图 4-1，在京津冀地区，北京具有强竞争力或较强竞争力优势的部门主要是一些服务业部门和技术密集型制造业部门，天津具有强竞争力或较强竞争力优势的部门覆盖面较广，其中包括一些碳密集型部门但并不多；河北虽然没有强竞争力优势的部门，但其具有较强竞争力优势的部门主要是碳密集型部门（如金属冶炼及延压加工业）。因此，虽然北京及天津的经济规模一直低于河北，但北京及天津对河北的实际碳排放溢出效应，始终分别远远高于河北对北京及天津的实际碳排放溢出效应①。

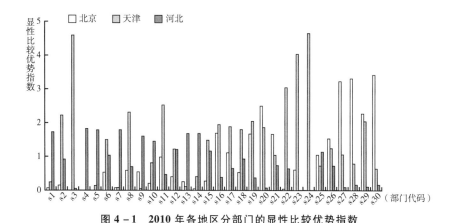

图 4-1　2010 年各地区分部门的显性比较优势指数

---

① 此外，北京对天津的经济和碳排放溢出乘数在 2002~2007 年分别小于天津对北京的经济和碳排放溢出乘数，但在 2010 年上述情形发生了逆转。北京对天津的实际碳排放溢出效应，曾一度低于天津对北京的实际碳排放溢出效应，但随着北京经济规模的迅速扩大及经济低碳化程度的提升，上述情形在 2010 年也发生逆转。

本章还进一步测算了区域间需求侧溢出效应对各地区总产出和碳排放的贡献，即其他地区对某地区的需求侧实际经济和碳排放溢出效应分别与某地区总产出和碳排放总量的比值，如天津、河北对北京的需求侧实际经济和碳排放溢出效应分别与当年北京总产出和碳排放总量的比值。2002 年、2007 年和 2010 年，溢出效应对总产出的贡献在北京分别为 8.13%、3.02% 和 1.38%，在天津分别达到 7.43%、4.24% 和 4.25%；在河北分别达到 5.79%、7.19% 和 6.41%。2002 年、2007 年和 2010 年，溢出效应对碳排放的贡献在北京分别为 9.98%、6.33% 和 2.27%，在天津分别达到 7.36%、7.97% 和 6.67%；在河北分别达到 9.47%、12.48% 和 10.28%。由此可见，在整个研究时期内，需求侧经济溢出效应对北京和天津总产出的贡献有所下降，对河北总产出的贡献则有所上升。需求侧碳排放溢出效应对河北碳排放总量的贡献份额相对较高且比较稳定；对天津碳排放总量的贡献份额在前一阶段显著下降，在后一阶段较稳定；对北京碳排放总量的贡献份额则持续而快速地下降。值得注意的是，碳排放溢出效应对三地区碳排放的贡献明显高于经济溢出效应对三地区总产出的贡献。

（五）需求侧反馈效应

如前所述，一个地区的需求侧反馈效应相当于在该地区通过溢出效应影响其他地区的基础上，其他地区通过溢出效应对该地区产生的间接影响，或者可以简单地认为反馈效应的大小在很大程度上取决于溢出效应的大小。在整个研究时期内，由于北京、天津及河北相互间的需求侧经济溢出乘数总体上下降，因而这三个地区的需求侧经济反馈乘数都呈现持续下降的变化特征。由于北京、天津及河北的碳排放强度也持续下降，因而这三个地区的需求侧碳排放反馈乘数也持续下降。进一步，尽管北京、天津及河北的经济规模在整个研究时期内有显著增长，但受需求侧碳排放反馈乘数变化的影响，其实际碳排放反馈效应都显著下降。

横向比较，北京、天津及河北的需求侧经济及碳排放反馈乘数都比较接近，且都比较小。只不过，三地区需求侧经济反馈乘数的相对差异要小于其需求侧碳排放反馈乘数的相对差异，因为三地区的碳排放强度差异比较显著。同时，由于北京、天津及河北的碳排放强度依次递增，因而三地区的需求侧碳排放反馈乘数也始终依次递增。进一步，由于整个研究时期内河北的经济规模超过北京及天津，因而其需求侧碳排放实际反馈效应也明显高于后两者。

二 地区层面的供给侧经济和碳排放交互影响①

(一) 北京的供给侧经济和碳排放溢出效应

北京对天津及河北的供给侧经济溢出乘数在整个研究时期内都表现为持续明显下降,不同于北京对天津及河北的需求侧经济溢出乘数变化。因为同一时期北京提供给天津、河北的中间产品在北京总产出中的比重都有明显下降。进一步,由于北京提供给天津的中间产品总是明显少于北京提供给河北的中间产品,因而北京对天津的供给侧经济溢出乘数,明显低于北京对河北的供给侧经济溢出乘数。

由于天津与河北的直接碳排放强度持续下降,加之北京对天津及河北的供给侧经济溢出乘数也下降,因而在整个研究时期内,北京对天津与河北的碳排放溢出乘数也持续下降,而且相对下降幅度很大。同时,主要由于天津的碳排放强度始终远低于河北的碳排放强度,加之北京对天津的供给侧经济溢出乘数明显低于其对河北的供给侧经济溢出乘数,因而北京对天津的供给侧碳排放溢出乘数也一直明显低于其对河北的供给侧碳排放溢出乘数。

而且,尽管北京的经济规模在整个研究时期内增长迅速,但北京对河北的供给侧实际经济溢出效应在此期间仍有所下降,而北京对天津及河北的供给侧实际碳排放溢出效应在此期间也显著地持续下降。总体而言,北京的供给侧经济和碳排放溢出乘数变化对天津及河北经济和碳排放的影响超过了其经济规模变化的影响。

(二) 天津的供给侧经济和碳排放溢出效应

天津对河北的供给侧经济溢出乘数在整个研究时期内有所下降,因为在此期间天津向河北提供的中间产品在其总产出中的比重明显下降。然而,天津对北京的供给侧经济溢出乘数在整个研究时期内有所上升,因为在此期间天津向北京提供的中间产品在其总产出中的比重明显上升。虽然 2002 ~ 2007 年天津对北京的供给侧经济溢出乘数小于天津对河北的供给侧经济溢出乘数,但随着天津向北京提供的中间产品总额逐渐超过其向河北提供的中间产品总额,天津对北京的供给侧经济溢出乘数也逐渐超过了天津对河北的供给侧经济溢出乘数。

天津对北京及河北的供给侧碳排放溢出乘数在整个研究时期内也有所下

---

① 由于京津冀区域间供给侧经济和碳排放反馈效应很小,本节暂不进行详细分析。

降，这一方面是因为相应的经济溢出乘数下降，另一方面是因为北京及河北的碳排放强度在持续下降。而且由于北京的碳排放强度一直远远低于河北，因而即使天津对北京的供给侧经济溢出乘数在 2010 年时已经超过了其对河北的供给侧经济溢出乘数，但天津对北京的供给侧碳排放溢出乘数始终明显低于其对河北的供给侧碳排放溢出乘数。

不过，由于天津的经济规模在整个研究时期内不断增大，因而天津对北京及河北的实际经济和碳排放溢出效应也持续上升。这意味着天津经济规模的扩张对北京和河北经济与碳排放的影响，超过相应经济和碳排放溢出乘数变化的影响。

（三）　河北的供给侧经济和碳排放溢出效应

河北对天津的经济溢出乘数在整个研究时期内先上升后下降，这可归因于河北向天津提供的中间产品在河北总产出中的比重先升后降。不过，河北对北京的经济溢出乘数在整个研究时期内先下降后上升，与河北向北京提供的中间产品在河北总产出中的比重恰好相反。其原因可能是河北向北京提供的中间产品结构所发生的变化引起的。而且，河北向北京提供的中间产品在河北总产出中的比重，始终要大于河北向天津提供的中间产品在河北总产出中的比重，因而河北对北京的供给侧经济溢出乘数一直大于其对天津的供给侧经济溢出乘数。

与此同时，河北对北京及天津的碳排放溢出乘数也持续下降。其中，2007～2010 年虽然河北对北京的供给侧经济溢出乘数大于其对天津的供给侧经济溢出乘数，但由于北京的碳排放强度显著低于天津的碳排放强度，因而河北对北京的供给侧碳排放溢出乘数效应低于其对天津的供给侧碳排放溢出乘数。

此外，主要由于河北的经济规模在研究时期内持续扩张，加之河北对其他两地区的供给侧经济溢出乘数变化不大，因而河北对北京及天津的供给侧实际经济溢出效应不断上升。不过，由于河北对北京的供给侧碳排放溢出乘数下降幅度较大，因而其对北京碳排放的影响超过了其经济规模变化的影响，并最终导致河北对北京的供给侧实际碳排放溢出效应持续下降。而河北对天津的供给侧实际碳排放溢出效应却先升后降。

（四）　供给侧溢出效应及其对京津冀总产出和碳排放贡献的地区差异

2002 年北京和天津对河北的供给侧经济溢出乘数明显大于河北对两者的供给侧经济溢出乘数，但 2007～2010 年情况却发生了逆转。其原因在于，

2002 年北京和天津向河北提供的中间产品占两地区总产出的份额,高于河北向北京和天津提供的中间产品占河北总产出的份额,而 2007～2010 年情况正好相反。这一发现不同于京津冀需求侧经济溢出乘数的结果。

京津冀区域间供给侧溢出效应对北京和天津总产出和碳排放的贡献较大,对河北的总产出和碳排放的贡献相对较小。2002 年、2007 年和 2010 年,供给侧溢出效应对总产出的贡献在北京分别为 6.34%、5.74% 和 6.42%,在天津分别达到 10.11%、8.91% 和 5.76%;在河北分别达到 5.17%、2.35% 和 1.40%。2002 年、2007 年和 2010 年,供给侧溢出效应对碳排放的贡献在北京分别为 9.54%、6.60% 和 6.98%,在天津分别达到 10.09%、11.00% 和 6.81%;在河北分别达到 4.63%、2.56% 和 1.72%。由此可见,在整个研究时期内,供给侧经济溢出效应对天津和河北总产出的贡献显著下降,但对北京总产出的贡献略有所上升。供给侧碳排放溢出效应对京津冀三地区碳排放总量的贡献份额则都显著下降。此外,供给侧碳排放溢出效应对三地区碳排放的贡献也明显高于供给侧经济溢出效应对三地区总产出的贡献。

第三节　京津冀地区部门层面的需求侧经济和碳排放影响

一　需求侧分部门的经济和碳排放区域内影响

为了更深入地揭示京津冀经济一体化及其碳排放影响,有必要从部门层面进一步考察京津冀地区间的经济和碳排放交互影响,继而识别相应的关键部门。表 4-7 和表 4-8 分别显示了 2010 年三大地区分部门的需求侧经济和碳排放溢出—反馈乘数,图 4-2 显示了各地区的最终需求部门结构。总体上,各地区内部各部门的各类经济和碳排放乘数差异显著,同一部门在不同地区的各类经济和碳排放乘数差异也很显著。本章将一个地区中需求侧经济及碳排放区域内乘数居前五位和居后五位的部门,分别视为该地区的需求侧经济及碳排放的主导部门和低影响力部门。

(一)需求侧区域内经济的主导部门和低影响力部门

北京、天津及河北的需求侧经济主导部门和低影响力部门都有比较显著的地区差异性,这在一定程度上体现了三地区经济发展水平及经济结构的差异。北京的主导部门中既有资源密集型的部门(如电力、热力的生产和供

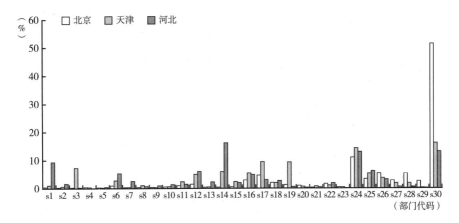

图 4 - 2　2010 年各地区生产总值中的部门份额

注：部门代码及其含义如下：s1：农林牧渔业；s2：煤炭开采和洗选业；s3：石油和天然气开采业；s4：金属矿采选业；s5：非金属矿及其他矿采选业；s6：食品制造及烟草加工业；s7：纺织业；s8：纺织服装鞋帽皮革羽绒及其制品业；s9：木材加工及家具制造业；s10：造纸印刷及文教体育用品制造业；s11：石油加工、炼焦及核燃料加工业；s12：化学工业；s13：非金属矿物制品业；s14：金属冶炼及压延加工业；s15：金属制品业；s16：通用、专用设备制造业；s17：交通运输设备制造业；s18：电气机械及器材制造业；s19：通信设备、计算机及其他电子设备制造业；s20：仪器仪表及文化办公用机械制造业；s21：其他制造业；s22：电力、热力的生产和供应业；s23：燃气及水的生产与供应业；s24：建筑业；s25：交通运输及仓储业；s26：批发零售业；s27：住宿餐饮业；s28：租赁和商业服务业；s29：研究与试验发展业；s30：其他服务业。

应业），又有劳动密集型的服务业部门（如租赁和商业服务业），但没有制造业部门。天津的需求侧主导部门则以工业部门特别是制造业部门为主，其中既有资源密集型制造业（金属制品业、金属冶炼及压延加工业），也有技术密集型制造业（通用、专用设备制造业）。同时，电力、热力的生产和供应业以及建筑业也是天津的主导部门。河北的需求侧主导部门除建筑业外都是制造业，其中既有资源密集型制造业（金属制品业），也有技术密集型制造业（交通运输设备制造业、电气机械及器材制造业），还有劳动密集型制造业（纺织服装鞋帽皮革羽绒及其制品业）。值得指出的是，这些主导部门中只有租赁和商业服务业、金属冶炼及压延加工业以及建筑业分别属于北京、天津及河北的支柱产业①。

———————

① 一个地区的支柱产业一般是指规模较大，且产业关联性较高的产业。换句话说，支柱产业就是规模较大的主导产业。本文将郑新立（1995）提出的支柱产业标准作了简化处理，将区域生产总值中份额超过 5% 的主导产业定位为支柱产业。

表 4-7　2010 年三大地区分部门需求侧经济乘数

部门代码	北京				天津				河北			
	区域内	溢出		反馈	区域内	溢出		反馈	区域内	溢出		反馈
		天津	河北			河北	北京			北京	天津	
s1	1.6977	0.0196	0.0724	0.0006	1.6094	0.0704	0.0140	0.0009	1.5567	0.0059	0.0102	0.0007
s2	2.0323	0.0368	0.0813	0.0010	1.8692	0.1099	0.0207	0.0019	1.6506	0.0108	0.0229	0.0016
s3	1.7648	0.0572	0.0731	0.0011	1.3204	0.0322	0.0070	0.0005	1.6050	0.0097	0.0132	0.0010
s4	2.5335	0.0467	0.0574	0.0008	1.7722	0.0333	0.0075	0.0005	1.7026	0.0073	0.0138	0.0009
s5	1.9050	0.0431	0.1258	0.0014	1.4966	0.0532	0.0143	0.0009	1.4644	0.0079	0.0115	0.0009
s6	1.8565	0.0195	0.0811	0.0006	1.7655	0.1102	0.0128	0.0011	1.9329	0.0082	0.0122	0.0009
s7	1.5655	0.0135	0.1377	0.0008	1.5629	0.1897	0.0167	0.0018	1.9716	0.0080	0.0129	0.0010
s8	1.5579	0.0121	0.1236	0.0007	1.4864	0.2033	0.0148	0.0018	2.0175	0.0089	0.0139	0.0014
s9	1.8108	0.0255	0.0954	0.0008	1.7321	0.1054	0.0177	0.0014	1.9462	0.0106	0.0188	0.0014
s10	1.7475	0.0261	0.0690	0.0007	1.9249	0.0936	0.0221	0.0014	1.9626	0.0090	0.0175	0.0013
s11	1.5587	0.1382	0.0342	0.0011	1.6740	0.0401	0.0123	0.0007	1.4616	0.0056	0.0246	0.0013
s12	1.8467	0.0389	0.0890	0.0010	1.8884	0.0921	0.0252	0.0016	1.8889	0.0107	0.0245	0.0016
s13	1.9992	0.0422	0.1889	0.0019	1.8388	0.1815	0.0377	0.0029	1.8837	0.0147	0.0245	0.0020
s14	1.9428	0.0255	0.0919	0.0007	2.0369	0.1199	0.0166	0.0015	1.9550	0.0067	0.0158	0.0010
s15	1.9486	0.0433	0.2514	0.0015	2.2250	0.1555	0.0193	0.0019	2.1003	0.0079	0.0215	0.0015
s16	1.8549	0.0373	0.1280	0.0010	1.9589	0.1110	0.0189	0.0015	1.9309	0.0100	0.0204	0.0015
s17	2.0097	0.0516	0.0950	0.0014	1.9425	0.0938	0.0247	0.0015	2.0004	0.0238	0.0225	0.0022
s18	1.8216	0.0510	0.1196	0.0011	1.9511	0.1070	0.0181	0.0014	1.9944	0.0105	0.0215	0.0015
s19	1.5935	0.0133	0.0340	0.0004	1.6709	0.0567	0.0182	0.0010	1.6191	0.0097	0.0147	0.0010
s20	1.7706	0.0230	0.0547	0.0006	1.8040	0.0762	0.0216	0.0012	1.6805	0.0162	0.0217	0.0015
s21	1.6526	0.0325	0.2108	0.0013	1.4865	0.0592	0.0150	0.0009	1.9187	0.0090	0.0185	0.0016
s22	2.6133	0.0405	0.0481	0.0007	1.9737	0.0991	0.0204	0.0017	1.9234	0.0116	0.0355	0.0023
s23	2.2034	0.0375	0.0843	0.0010	1.8211	0.0466	0.0235	0.0009	1.5868	0.0096	0.0251	0.0014
s24	1.8034	0.0456	0.3501	0.0030	2.0658	0.1812	0.0330	0.0027	1.9935	0.0150	0.0204	0.0016
s25	1.9526	0.0539	0.0841	0.0013	1.9115	0.0781	0.0311	0.0015	1.6606	0.0150	0.0156	0.0011
s26	1.8634	0.0190	0.0395	0.0005	1.2963	0.0210	0.0099	0.0004	1.2500	0.0088	0.0062	0.0005
s27	2.0516	0.0207	0.0614	0.0005	1.9218	0.0746	0.0168	0.0009	1.8165	0.0100	0.0131	0.0010
s28	2.1720	0.0315	0.0590	0.0007	1.8183	0.0508	0.0240	0.0009	1.7804	0.0207	0.0151	0.0013
s29	1.9531	0.0317	0.0914	0.0010	1.7700	0.0538	0.0192	0.0009	1.5981	0.0109	0.0157	0.0013
s30	1.8917	0.0235	0.0563	0.0006	1.5544	0.0385	0.0164	0.0007	1.5250	0.0123	0.0123	0.0010
平均	1.9095	0.0309	0.0966	0.0010	1.7865	0.0893	0.0204	0.0013	1.8039	0.0107	0.0169	0.0012

表4-8 2010年三大地区分部门需求侧碳排放溢出—反馈乘数

单位：吨/万元

部门代码	北京				天津				河北			
	区域内	溢出		反馈	区域内	溢出		反馈	区域内	溢出		反馈
		天津	河北			河北	北京			北京	天津	
s1	0.1437	0.0033	0.0142	0.0001	0.1942	0.0158	0.0011	0.0002	0.1361	0.0004	0.0027	0.0002
s2	0.0793	0.0051	0.0258	0.0001	0.1963	0.0309	0.0016	0.0004	0.4531	0.0005	0.0047	0.0005
s3	0.0977	0.0070	0.0451	0.0001	0.1222	0.0136	0.0006	0.0001	0.4069	0.0005	0.0042	0.0003
s4	1.4133	0.0093	0.0228	0.0001	0.2333	0.0122	0.0006	0.0001	0.3260	0.0004	0.0039	0.0003
s5	0.4020	0.0072	0.0608	0.0001	0.2506	0.0172	0.0011	0.0002	0.3695	0.0008	0.0031	0.0003
s6	0.0949	0.0028	0.0183	0.0001	0.1164	0.0163	0.0009	0.0003	0.2412	0.0005	0.0027	0.0003
s7	0.0768	0.0022	0.0231	0.0001	0.2239	0.0337	0.0012	0.0004	0.2785	0.0005	0.0033	0.0003
s8	0.0589	0.0017	0.0206	0.0001	0.0998	0.0340	0.0009	0.0003	0.2756	0.0006	0.0026	0.0003
s9	0.0773	0.0046	0.0316	0.0001	0.1828	0.0295	0.0014	0.0003	0.3185	0.0007	0.0045	0.0005
s10	0.0940	0.0046	0.0205	0.0001	0.2771	0.0256	0.0015	0.0003	0.4241	0.0005	0.0052	0.0004
s11	0.0790	0.0136	0.0142	0.0001	0.1739	0.0133	0.0010	0.0001	0.3035	0.0003	0.0035	0.0004
s12	0.1568	0.0073	0.0289	0.0001	0.3313	0.0278	0.0020	0.0003	0.5146	0.0005	0.0058	0.0005
s13	0.7112	0.0083	0.1210	0.0002	0.8148	0.0983	0.0064	0.0006	1.7268	0.0012	0.0055	0.0007
s14	0.4101	0.0052	0.0408	0.0001	0.4477	0.0479	0.0013	0.0003	0.9315	0.0004	0.0042	0.0003
s15	0.2356	0.0092	0.1170	0.0001	0.3323	0.0634	0.0020	0.0003	0.5457	0.0006	0.0061	0.0006
s16	0.0607	0.0058	0.0535	0.0001	0.2901	0.0464	0.0018	0.0003	0.4212	0.0005	0.0048	0.0006
s17	0.0362	0.0048	0.0295	0.0001	0.1198	0.0289	0.0017	0.0003	0.3157	0.0007	0.0040	0.0008
s18	0.1189	0.0065	0.0477	0.0001	0.1671	0.0400	0.0014	0.0002	0.4048	0.0006	0.0045	0.0004
s19	0.0242	0.0018	0.0150	0.0000	0.0801	0.0175	0.0015	0.0002	0.2676	0.0004	0.0036	0.0004
s20	0.0366	0.0031	0.0224	0.0001	0.1094	0.0250	0.0018	0.0002	0.2401	0.0006	0.0035	0.0005
s21	0.0775	0.0062	0.0907	0.0001	0.2188	0.0164	0.0010	0.0002	0.2550	0.0005	0.0044	0.0006
s22	0.6536	0.0173	0.0259	0.0001	2.5735	0.0368	0.0012	0.0004	2.7444	0.0006	0.0151	0.0008
s23	0.1083	0.0080	0.0320	0.0001	0.2531	0.0166	0.0011	0.0002	0.2760	0.0006	0.0055	0.0005
s24	0.1099	0.0085	0.2468	0.0003	0.2817	0.0955	0.0051	0.0006	0.4718	0.0011	0.0043	0.0006
s25	0.2309	0.0063	0.0247	0.0001	0.2015	0.0224	0.0022	0.0003	0.3288	0.0006	0.0031	0.0004
s26	0.0505	0.0027	0.0142	0.0000	0.0660	0.0050	0.0006	0.0001	0.0956	0.0006	0.0011	0.0002
s27	0.0832	0.0034	0.0155	0.0000	0.1843	0.0147	0.0010	0.0002	0.2666	0.0005	0.0038	0.0003
s28	0.0594	0.0040	0.0190	0.0001	0.1165	0.0137	0.0013	0.0002	0.2477	0.0008	0.0037	0.0004
s29	0.0750	0.0057	0.0390	0.0001	0.1306	0.0173	0.0013	0.0002	0.2829	0.0005	0.0043	0.0005
s30	0.0556	0.0038	0.0227	0.0001	0.1221	0.0115	0.0010	0.0001	0.2256	0.0005	0.0033	0.0003
平均	0.0844	0.0049	0.0493	0.0001	0.2131	0.0342	0.0019	0.0003	0.4985	0.0006	0.0041	0.0004

北京的需求侧经济低影响力部门都属于制造业，且包括技术密集型（通信设备、计算机及其他电子设备制造业）、资源密集型（石油加工、炼焦及核燃料加工业）及劳动密集型（纺织服装鞋帽皮革羽绒及其制品业）多类制造业部门。天津的需求侧经济低影响力部门涉及采掘业（非金属矿及其他矿采选业）、制造业（纺织服装鞋帽皮革羽绒及其制品业）以及服务业（批发零售业）。河北的需求侧经济低影响力部门则覆盖了农林牧渔业、采掘业（非金属矿及其他矿采选业）和制造业（石油加工、炼焦及核燃料加工业）以及服务业（批发零售业）。

（二）需求侧区域内碳排放的主导部门和低影响力部门

北京、天津及河北碳排放的需求侧主导部门几乎都是碳密集型部门[1]，同时它们的需求侧区域内经济乘数也相对较高。三地区碳排放的主导部门都包括电力、热力的生产和供应业，非金属矿物制品业，金属冶炼及压延加工业。北京的金属矿采选业、非金属矿及其他矿采选业；天津及河北的金属制品业、化学工业也都属于相应地区需求侧碳排放的主导部门[2]。三地区需求侧碳排放的低影响力部门，主要是轻工业部门（如仪器仪表及文化办公用机械制造业）或服务业部门（如批发零售业），也包括农林牧渔业。这一方面是因为这些部门的需求侧经济区域内乘数偏小，另一方面是因为它们的碳排放强度较低。进一步，除个别部门外，北京、天津、河北相同部门的需求侧区域内碳排放乘数依次递增，如前所述，其原因在于三地区的技术水平依次递减。

二 京津冀地区间经济溢出效应的需求侧主导部门

分地区分部门的区域间经济溢出乘数反映了地区间产业结构和比较优势的差异性，并有助于揭示区域间经济溢出效应的主要传导渠道和传导方式。类似地，本章将区域间需求侧经济及碳排放溢出乘数排在前五位的部门称为区域间需求侧经济及碳排放溢出效应主导部门。

（一）北京与天津间的需求侧经济溢出主导部门

北京对天津的需求侧经济溢出效应主导部门主要是石油工业和技术密集程度较高的机械工业部门，包括石油和天然气开采业，石油加工、炼焦及核

---

[1] 这些部门的中间投入品中，直接碳排放强度较高的产品份额较高，或者说它们主要拉动直接碳排放强度较高的产品。

[2] 天津及河北区域内碳排放乘数最大的五部门及其排序都完全一致。

燃料加工业，交通运输设备制造业，电气机械及器材制造业和交通运输及仓储业。天津对北京的需求侧经济溢出效应主导部门中有两个部门，即交通运输及仓储业和交通运输设备制造业，也属于北京对天津的经济溢出效应主导部门，其余三部门是非金属矿物制品业、化学工业以及建筑业。

（二）北京与河北间的需求侧经济溢出效应主导部门

北京对河北的需求侧经济溢出效应主导部门具有劳动密集型和资源密集型的特点，它们与北京对天津的经济溢出效应主导部门完全不同。其中，建筑业和金属制品业主要满足最终需求中的固定资本形成，其他制造业、非金属矿物制品业及纺织业主要满足消费。河北对北京的需求侧经济溢出效应主导部门既包括技术密集程度较高的交通运输设备制造业、仪器仪表及文化办公用机械制造业，也包括劳动密集型程度较高的租赁和商业服务业，交通运输及仓储业以及建筑业。

（三）天津与河北间的需求侧经济溢出效应主导部门

天津对河北的需求侧经济溢出效应主导部门，与北京对河北的经济溢出效应主导部门非常相似，只不过前者不包括其他制造业，而包括纺织服装鞋帽皮革羽绒及其制品业。河北对天津的需求侧经济溢出效应主导部门主要是重化工业部门特别是能源部门，包括电力、热力的生产和供应业，燃气及水的生产与供应业，石油加工、炼焦及核燃料加工业，非金属矿物制品业以及化学工业，它们与河北对北京的经济溢出效应主导部门有较大差异。

（四）部门需求侧经济溢出乘数的地区差异

比较可知，北京、天津、河北三地区同一部门的经济溢出乘数总体上也依次递减，这与上述三地区总的经济溢出乘数依次递减的现象十分一致。北京和天津各部门对河北的需求侧经济溢出乘数，都分别远大于河北同一部门对北京和天津的需求侧经济溢出乘数。同时，除纺织业，纺织服装鞋帽皮革羽绒及其制品业，通信设备、计算机及其他电子设备制造业三部门外，北京其余各部门对天津的需求侧经济溢出乘数，都明显大于天津同一部门对河北的需求侧经济溢出乘数。除纺织服装鞋帽皮革羽绒及其制品业，通信设备、计算机及其他电子设备制造业两部门外，北京其余各部门对天津的需求侧经济溢出乘数，都明显大于河北同一部门对天津的需求侧经济溢出乘数。类似地，除石油和天然气开采业外，天津其余各部门对北京的需求侧经济溢出乘数，都明显大于河北同一部门对北京的需求侧经济溢出乘数。与此同时，除石油加工、炼焦及核燃料加工业外，北京各部门对河北的需求侧经济溢出乘数都显著地高于它们对天津的需求侧经济溢出乘数，天津各部门对河北的需求侧经济溢出乘数都远高于它们对北京的需求侧经济溢出乘数，河北绝大多数部门对天津的需求侧经济溢出乘数也都大于其对北京的经济溢出乘数。

（五）需求侧经济溢出效应视角下京津冀的产业结构特征

在北京的 30 个部门中，需求侧综合经济溢出乘数①超过平均水平的部门有 14 个，它们在北京生产总值中的份额却只有 20.39%。在天津的 30 个部门中，需求侧综合经济溢出乘数超过平均水平的部门有 15 个，它们在天津生产总值中的份额为 33.89%。在河北的 30 个部门中，需求侧综合经济溢出乘数超过平均水平的部门也有 15 个，它们在河北生产总值中的份额为 36.30%。进一步，三地区中需求侧综合经济溢出效应主导部门在当地生产总值中的份额分别只有 6.67%、7.04% 和 6.87%，需求侧综合经济溢出效应低影响力部门在三地区生产总值中的份额却分别高达 64.13%、49.00% 和 26.65%。

三 区域间碳排放溢出效应的需求侧主导部门

为了更深入地揭示京津冀的市场一体化及其碳排放影响，本章从部门层面进一步考察京津冀地区间的需求侧经济和碳排放交互影响，继而识别相应的关键部门。总的来看，部门的碳排放溢出乘数取决于其经济溢出乘数及其碳密集程度②。以 2010 年为例，京津冀地区间需求侧碳排放溢出效应的主导部门，通常也是需求侧经济溢出效应的主导部门；只有个别部门的经济溢出乘数较小，但其碳密集程度相对较高。同时，京津冀地区间需求侧经济溢出效应的低影响力部门基本上也都是需求侧碳排放溢出效应的低影响力部门。

（一）北京的需求侧区域间碳排放溢出效应主导部门

北京对天津的区域间需求侧碳排放溢出效应主导部门中，只有石油加工、炼焦及核燃料加工业属于北京对天津的经济溢出效应主导部门。不过，余下四个部门，包括电力、热力的生产和供应业，金属矿采选业，金属制品业以及建筑业，也属于北京对天津需求侧经济溢出乘数比较大的部门，而且这些部门都是碳密集型部门。北京对河北需求侧经济溢出效应的主导部门，

① 北京某部门的综合经济溢出乘数指该部门对天津及河北经济溢出乘数之和，天津及河北的部门综合经济溢出乘数含义以此类推。
② 限于篇幅，本文未列出三大地区分部门的经济和碳排放溢出—反馈乘数。感兴趣的读者可向作者索取。

除纺织业外，都是相应碳排放溢出效应的主导部门，且其中多为碳密集型部门。此外，非金属矿及其他矿采选业也属于北京对河北的碳排放溢出效应主导部门，因为其相应的经济溢出乘数较大（居第七位），同时碳密集度也较高。

（二）天津的需求侧区域间碳排放溢出效应主导部门

天津对北京的需求侧经济溢出效应主导部门也以碳密集型部门为主，因而除交通运输设备制造业外，其余四个部门也都属于相应碳排放溢出效应的主导部门。同时，通用、专用设备制造业的需求侧经济溢出乘数虽然不大，但其碳密集程度相对较高，因而也跻身天津对北京的需求侧碳排放溢出效应主导部门。天津对河北的需求侧经济溢出效应主导部门中，非金属矿物制品业、金属制品业、建筑业属于碳密集型部门，因而它们也是天津对河北的碳排放溢出效应主导部门。同时，天津的金属冶炼及压延加工业和通用、专用设备制造业因对河北需求侧经济溢出乘数较大（分列第六位、第七位），且碳密集度较高，因而也是相应的碳排放溢出效应主导。

（三）河北的需求侧区域间碳排放溢出效应主导部门

河北对北京的需求侧碳排放溢出效应主导部门中，建筑业及租赁和商业服务业属于河北对北京的需求侧经济溢出效应主导部门。非金属矿物制品业的需求侧经济溢出乘数也较大（居第六位），且该部门属于碳密集型部门。木材加工及家具制造业和非金属矿及其他矿采选业，特别是后一部门的需求侧经济溢出乘数偏低。这两个部门需求侧碳排放溢出乘数相对较大的原因，可能是它们从北京调入的中间投入品中，碳密集型产品的份额较高。河北对天津经济溢出效应的主导部门则几乎都是碳密集型部门，因而它们也属于河北对天津需求侧碳排放溢出效应主导部门。

（四）部门需求侧区域间碳排放溢出乘数的地区差异

比较可知，北京各部门对天津及河北的需求侧碳排放溢出乘数，都显著地高于后两地区同一部门对北京的需求侧碳排放溢出乘数。天津各部门对河北的需求侧碳排放溢出乘数，又都远高于河北同一部门对天津的需求侧碳排放溢出乘数。同时，北京各部门对河北的需求侧碳排放溢出乘数，都显著地高于北京同一部门对天津的需求侧碳排放溢出乘数。天津各部门对河北的需求侧碳排放溢出乘数，都显著地高于其同一部门对北京的需求侧碳排放溢出乘数。河北各部门对天津的需求侧碳排放溢出乘数，都显著地高于其同一部门对北京的需求侧碳排放溢出乘数。进一步，北京绝大多数部门对天津的需求侧碳排放溢出乘数，都显著地高于河北同一部门对天津的需求侧碳排放溢出乘数。北京绝大多数部门对河北的需求侧碳排放溢出乘数，也都显著地高于天津同一部门对河北的需求侧碳排放溢出乘数。天津各部门对北京的需求侧碳排放溢出乘数，都显著地高于河北同一部门对北京的需求侧碳排放溢出乘数。

由此可见，北京、天津、河北相同部门的区域间需求侧碳排放溢出乘数，总体上也依次显著递减。一个地区某一部门对另一地区的需求侧碳排放溢出乘数，取决于其区域间需求侧经济溢出乘数，以及另一地区相关部门的碳排放强度。而北京、天津、河北三地区同一部门的区域间碳排放溢出乘数几乎都依次递减，同时它们同一部门的碳排放强度总体上依次递增，这就使得三地区同一部门的区域间需求侧碳排放溢出乘数依次递减。

第四节　京津冀部门层面的供给侧经济和碳排放影响

一　供给侧分部门的经济和碳排放区域内影响

本节从部门层面进一步考察京津冀地区间的供给侧经济和碳排放交互影响。表4-9和表4-10分别显示了2010年三大地区分部门的经济和碳排放乘数。类似的，各地区内部各部门的各类供给侧经济和碳排放乘数总体上差异显著，同一部门在不同地区的各类供给侧经济和碳排放乘数差异也很显著。

（一）供给侧区域内经济主导部门和低影响力部门[1]

北京、天津及河北的供给侧经济主导部门和低影响力部门都具有一定的相似性。三地区的供给侧经济主导部门都包括金属矿采选业、煤炭开采和洗选业，电力、热力的生产和供应业。同时，石油和天然气开采业、燃气及水的生产与供应业还是北京和河北共同的供给侧经济主导部门，而天津的非金属冶炼及压延加工业、金属矿采选业也是当地的供给侧经济主导部门。三地区的供给侧低影响力部门都包括建筑业，北京及天津的供给侧低影响力部门都包括通用、专用设备制造业，北京及河北的供给侧低影响力部门都包括电气机械及器材制造业，天津及河北的供给侧低影响力部门都包括交通运输设备制造业。不过，三地区供给侧经济主导部门及低影响力部门的差异也很明

---

[1]　与需求侧分析一样，本节将各类区域间供给侧经济及碳排放乘数排在前五位的部门称为相应的主导部门，排在后五位的称为低影响力部门。

显。例如，石油和天然气开采业在天津地区属于供给侧经济低影响力部门，完全不同于其在北京及河北地区的影响力。

表 4 - 9　2010 年三大地区分部门经济乘数

部门代码	北京				天津				河北			
	区域内	溢出		反馈	区域内	溢出		反馈	区域内	溢出		反馈
		天津	河北			河北	北京			北京	天津	
s1	2.7685	0.0123	0.0173	0.0009	1.9904	0.0236	0.0410	0.0008	1.5875	0.0401	0.0318	0.0008
s2	3.2906	0.0291	0.0260	0.0020	2.4205	0.4041	0.0809	0.0119	2.4186	0.0784	0.1165	0.0063
s3	3.3718	0.0224	0.0278	0.0018	1.3825	0.0368	0.1478	0.0023	2.8632	0.0856	0.0434	0.0014
s4	3.4211	0.0130	0.0158	0.0011	2.9916	0.0229	0.0397	0.0008	2.8256	0.0791	0.0587	0.0014
s5	2.5093	0.0235	0.0108	0.0012	2.2301	0.0162	0.0753	0.0014	2.0722	0.1383	0.0751	0.0017
s6	2.4478	0.0126	0.0201	0.0009	1.9793	0.0205	0.0300	0.0006	1.6227	0.0179	0.0187	0.0004
s7	2.3009	0.0186	0.0110	0.0009	2.0611	0.0231	0.0309	0.0009	1.5769	0.0579	0.0695	0.0016
s8	2.3964	0.0150	0.0138	0.0009	1.5942	0.0229	0.0288	0.0008	2.0346	0.0405	0.0356	0.0009
s9	1.9578	0.0102	0.0077	0.0005	1.9459	0.0179	0.0190	0.0006	1.7023	0.0318	0.0246	0.0007
s10	2.2959	0.0104	0.0107	0.0007	2.1430	0.0301	0.0586	0.0011	1.8999	0.0686	0.0335	0.0010
s11	2.6447	0.0269	0.0355	0.0023	2.1887	0.0779	0.0760	0.0033	2.2610	0.0729	0.0491	0.0016
s12	2.2485	0.0222	0.0350	0.0023	1.9139	0.0595	0.0881	0.0020	1.9637	0.1034	0.0408	0.0016
s13	2.1607	0.0574	0.0207	0.0027	1.9432	0.0114	0.0698	0.0007	1.5533	0.3419	0.0790	0.0018
s14	2.4263	0.0069	0.0084	0.0006	2.3402	0.0271	0.0465	0.0009	1.7077	0.0794	0.0575	0.0014
s15	2.2998	0.0080	0.0183	0.0010	1.8654	0.0492	0.0351	0.0014	2.0216	0.0528	0.0451	0.0011
s16	1.7262	0.0087	0.0187	0.0010	1.5299	0.0275	0.0214	0.0008	1.6109	0.0315	0.0195	0.0005
s17	2.0526	0.0131	0.0214	0.0017	1.4147	0.0110	0.0515	0.0008	1.5813	0.0935	0.0260	0.0012
s18	1.8030	0.0061	0.0075	0.0005	1.8280	0.0425	0.1820	0.0018	1.5921	0.0876	0.0296	0.0010
s19	2.4928	0.0077	0.0136	0.0007	1.3207	0.0063	0.0061	0.0002	1.8833	0.0430	0.0279	0.0007
s20	1.4256	0.0035	0.0098	0.0004	1.9048	0.0424	0.0316	0.0011	1.7087	0.0207	0.0166	0.0005
s21	2.4494	0.0675	0.0354	0.0031	2.1136	0.0305	0.0333	0.0010	1.7987	0.0442	0.0586	0.0011
s22	3.0198	0.0091	0.0094	0.0006	2.6023	0.1107	0.0817	0.0031	2.4845	0.0666	0.0465	0.0014
s23	2.8437	0.0111	0.0103	0.0007	1.7793	0.0207	0.0275	0.0007	2.4118	0.0592	0.0355	0.0010
s24	1.2929	0.0015	0.0016	0.0001	1.0537	0.0014	0.0027	0.0001	1.0669	0.0016	0.0013	0.0000
s25	2.4050	0.0519	0.0227	0.0024	2.0929	0.0401	0.0743	0.0019	1.8067	0.0966	0.1032	0.0029
s26	2.2463	0.0161	0.0150	0.0011	2.0895	0.0329	0.0681	0.0013	1.8587	0.0757	0.0323	0.0011
s27	1.9231	0.0098	0.0215	0.0010	1.9377	0.0292	0.0269	0.0010	2.3062	0.0420	0.0347	0.0010
s28	2.2656	0.0142	0.0153	0.0009	1.8932	0.0280	0.0235	0.0008	1.8541	0.0254	0.0256	0.0007
s29	1.5900	0.0044	0.0068	0.0003	1.8285	0.0115	0.1246	0.0010	1.7145	0.0299	0.0146	0.0005
s30	1.4571	0.0065	0.0073	0.0004	1.6410	0.0201	0.0202	0.0007	1.5933	0.0249	0.0239	0.0007
平均	1.9175	0.0125	0.0130	0.0009	1.7882	0.0335	0.0534	0.0013	1.8056	0.0680	0.0445	0.0013

表 4 - 10   2010 年三大地区分部门碳排放乘数

单位：吨/万元

部门代码	北京				天津				河北			
	区域内	溢出		反馈	区域内	溢出		反馈	区域内	溢出		反馈
		天津	河北			河北	北京			北京	天津	
s1	0.1409	0.0012	0.0034	0.0000	0.1369	0.0042	0.0014	0.0001	0.0827	0.0014	0.0023	0.0002
s2	0.4175	0.0100	0.0125	0.0001	0.9030	0.2468	0.0081	0.0027	1.4995	0.0057	0.0548	0.0033
s3	0.2519	0.0027	0.0084	0.0001	0.0649	0.0124	0.0152	0.0003	0.6439	0.0044	0.0053	0.0005
s4	1.3316	0.0015	0.0046	0.0001	0.3014	0.0077	0.0017	0.0001	0.8117	0.0028	0.0072	0.0005
s5	0.5479	0.0027	0.0039	0.0001	0.2616	0.0050	0.0092	0.0002	0.4881	0.0108	0.0120	0.0005
s6	0.0708	0.0012	0.0038	0.0000	0.0724	0.0042	0.0010	0.0001	0.1320	0.0006	0.0014	0.0001
s7	0.1005	0.0019	0.0026	0.0000	0.1476	0.0067	0.0015	0.0001	0.1424	0.0026	0.0056	0.0005
s8	0.0953	0.0018	0.0033	0.0001	0.0761	0.0060	0.0016	0.0001	0.2859	0.0020	0.0043	0.0003
s9	0.0472	0.0013	0.0019	0.0000	0.1124	0.0081	0.0011	0.0001	0.2018	0.0012	0.0037	0.0003
s10	0.0673	0.0013	0.0027	0.0000	0.1758	0.0081	0.0021	0.0002	0.2769	0.0022	0.0037	0.0003
s11	0.1975	0.0033	0.0108	0.0001	0.1690	0.0288	0.0055	0.0005	0.5688	0.0039	0.0062	0.0006
s12	0.0851	0.0023	0.0083	0.0001	0.1979	0.0149	0.0033	0.0003	0.3973	0.0037	0.0045	0.0005
s13	0.6250	0.0064	0.0083	0.0001	0.6722	0.0043	0.0040	0.0001	1.5241	0.0138	0.0090	0.0006
s14	0.0696	0.0009	0.0025	0.0000	0.3618	0.0092	0.0019	0.0001	0.7890	0.0026	0.0070	0.0005
s15	0.0617	0.0011	0.0049	0.0000	0.1169	0.0153	0.0015	0.0002	0.2718	0.0020	0.0056	0.0004
s16	0.0470	0.0014	0.0062	0.0001	0.1907	0.0098	0.0013	0.0002	0.2702	0.0014	0.0031	0.0002
s17	0.0513	0.0011	0.0053	0.0001	0.0216	0.0030	0.0024	0.0001	0.1725	0.0041	0.0025	0.0004
s18	0.0407	0.0007	0.0036	0.0000	0.2080	0.0254	0.0054	0.0003	0.3019	0.0026	0.0041	0.0004
s19	0.0280	0.0010	0.0035	0.0000	0.0139	0.0018	0.0002	0.0000	0.2181	0.0014	0.0032	0.0003
s20	0.0132	0.0005	0.0031	0.0000	0.0886	0.0142	0.0014	0.0002	0.2187	0.0009	0.0030	0.0002
s21	0.1075	0.0094	0.0103	0.0001	0.2867	0.0098	0.0015	0.0001	0.2482	0.0019	0.0081	0.0004
s22	0.7060	0.0012	0.0027	0.0000	2.6541	0.0640	0.0096	0.0005	2.9265	0.0043	0.0092	0.0005
s23	0.3267	0.0014	0.0030	0.0000	0.1394	0.0076	0.0019	0.0001	0.5687	0.0024	0.0047	0.0003
s24	0.0203	0.0002	0.0005	0.0000	0.0344	0.0004	0.0001	0.0000	0.0242	0.0001	0.0002	0.0000
s25	0.2469	0.0060	0.0074	0.0001	0.2082	0.0147	0.0046	0.0003	0.3771	0.0058	0.0125	0.0011
s26	0.0575	0.0021	0.0045	0.0001	0.1697	0.0130	0.0029	0.0002	0.3165	0.0028	0.0047	0.0004
s27	0.0343	0.0012	0.0048	0.0001	0.1140	0.0083	0.0013	0.0001	0.3029	0.0021	0.0051	0.0004
s28	0.0383	0.0019	0.0036	0.0000	0.1073	0.0078	0.0013	0.0001	0.2041	0.0011	0.0041	0.0003
s29	0.0225	0.0005	0.0017	0.0000	0.0762	0.0039	0.0035	0.0001	0.2009	0.0011	0.0026	0.0002
s30	0.0285	0.0010	0.0023	0.0000	0.1595	0.0080	0.0012	0.0001	0.2762	0.0012	0.0041	0.0003
平均	0.0851	0.0016	0.0037	0.0000	0.2164	0.0132	0.0033	0.0002	0.5188	0.0029	0.0066	0.0005

比较可知，京津冀地区的供给侧经济主导部门与需求侧经济主导部门有明显的差异。京津冀的供给侧经济主导部门主要是原材料（一些采掘业部门）及能源供应部门，而北京的需求侧经济主导部门以劳动密集型部门为主，天津及河北的主导部门以制造业部门为主。建筑业在三地区都属于需求侧经济主导部门，但该部门在三地区的供给侧经济影响力都是最小的。还有一些技术密集型制造业（如交通运输设备制造业）属于北京、天津、河北三地区中某一两个地区的需求侧经济主导部门，但却是当地的供给侧经济低影响力部门。当然，也有金属矿采选业，电力、热力的生产和供应业，燃气及水的生产与供应业，金属冶炼及压延加工业，通用、专用设备制造业等个别既是三地区中某一两个地区的供给侧经济主导部门，又是当地的需求侧经济主导部门。

（二）供给侧区域内碳排放主导部门和低影响力部门

北京、天津及河北的供给侧碳排放主导部门相似度较高，都包括电力、热力的生产和供应业，金属矿采选业，非金属矿物制品业，煤炭开采和洗选业。同时，非金属矿及其他矿采选业在北京及天津也具有较高的供给侧碳排放本地效应，金属冶炼及压延加工业在天津及河北具有较高的供给侧碳排放本地效应。值得注意的是，这些供给侧碳排放主导部门多数也是供给侧经济主导部门。非金属矿物制品业的供给侧经济本地效应比较低，但其供给侧碳排放本地效应位居前列，这可能是因为位于其供应链上的部门都具有较高的碳排放强度。三地区供给侧碳排放低影响力部门都包括建筑业。此外，北京及天津的供给侧碳排放低影响力部门都包括通信设备、计算机及其他电子设备制造业，北京及河北的供给侧碳排放低影响力部门都包括研究与试验发展业，天津及河北供给侧碳排放低影响力部门都包括交通运输设备制造业、食品制造及烟草加工业。类似地，这些部门也多数是供给侧区域内经济低影响力部门。

三地区各自的供给侧区域内碳排放主导部门与需求侧区域内碳排放主导部门具有较高的相似性。如北京的供、需双向碳排放区域内碳排放主导部门都包括金属矿采选业，电力、热力的生产和供应业，非金属矿物制品业，非金属矿及其他矿采选业等。这意味着这些部门所处的供应链或需求链都具有较高的碳排放强度。同样，三地区各自的供给侧区域内碳排放低影响力部门与需求侧区域内碳排放低影响力部门相似度也较高。如北京的供、需双向碳排放区域内碳排放低影响力部门都包括仪器仪表及文化办公用机械制造业，通信设备、计算机及其他电子设备制造业，其他服务业。

二　区域间经济溢出效应的供给侧主导部门

（一）　北京与天津间的供给侧经济溢出主导部门

北京对天津的供给侧经济溢出效应主导部门主要是其他制造业、非金属矿物制品业、交通运输及仓储业、煤炭开采和洗选业以及石油加工、炼焦及核燃料加工业。天津对北京的供给侧经济溢出效应主导部门是电气机械及器材制造业、石油和天然气开采业、研究与试验发展业、化学工业以及电力、热力的生产和供应业。可以看出，北京及天津相互间的供给侧经济溢出效应主导部门没有交集。这在一定程度上也体现了两地区产业的互补性。

北京对天津的供给侧经济溢出效应主导部门中，交通运输及仓储业和石油加工、炼焦及核燃料加工业也是北京对天津的需求侧经济溢出效应主导部门；同时，交通运输及仓储业、非金属矿物制品业还是天津对北京的需求侧经济溢出效应主导部门。天津对北京的供给侧经济溢出效应主导部门中，化学工业也是天津对北京的需求侧经济溢出效应主导部门；电气机械及器材制造业、石油和天然气开采业还是北京对天津的需求侧经济溢出效应主导部门。

（二）　北京与河北间的供给侧经济溢出效应主导部门

北京对河北的供给侧经济溢出效应主导部门以原材料供应部门为主，包括石油加工、炼焦及核燃料加工业，其他制造业，化学工业，石油和天然气开采业，煤炭开采和洗选业，它们与北京对天津的供给侧经济溢出效应主导部门有较高的相似性。河北对北京的供给侧经济溢出效应主导部门包括非金属矿物制品业、非金属矿及其他矿采选业、化学工业、交通运输及仓储业、交通运输设备制造业。

北京对河北的供给侧经济溢出效应主导部门中，除其他制造业外的其他部门都不属于北京对河北的供给侧经济溢出效应主导部门。河北对北京的供给侧经济溢出效应主导部门中，交通运输及仓储业、交通运输设备制造业属于河北对北京的需求侧经济溢出效应主导部门，其余部门则不然。

（三）　天津与河北间的供给侧经济溢出效应主导部门

天津对河北的供给侧经济溢出效应主导部门，与北京对河北的供给侧经济溢出效应主导部门具有一定的相似性，两者都包括煤炭开采和洗选业，石油加工、炼焦及核燃料加工业，化学工业。此外，前者还包括电力、热力的生产和供应业以及金属制品业。河北对天津的供给侧经济溢出效应主导部门主要是煤炭开采和洗选业、交通运输及仓储业、非金属矿物制品业、非金属矿及其他矿采选业、纺织业，其中只有煤炭开采和洗选业属于天津对河北的供给侧经济溢出效应主导部门。

天津对河北的供给侧经济溢出效应主导部门中，只有金属制品业也属于天津对河北的需求侧经济溢出效应主导部门。河北对天津的供给侧经济溢出效应主导部门中，只有非金属矿物制品业属于河北对天津的需求侧经济溢出效应主导部门。

（四）　部门供给侧经济溢出乘数的地区差异

比较可知，①除通信设备、计算机及其他电子设备制造业和其他制造业外，北京其余各部门对天津的供给侧经济溢出乘数都大于天津同一部门对北京的供给侧经济溢出乘数。除食品制造及烟草加工业外，北京其余各部门对河北的供给侧经济溢出乘数都大于河北同一部门对北京的供给侧经济溢出乘数。不过，天津有不少部门（12 个）对河北的供给侧经济溢出乘数都大于河北同一部门对天津的供给侧经济溢出乘数。②北京大多数部门对天津的供给侧经济溢出乘数小于它们对河北的供给侧经济溢出乘数。不过，天津大多数部门对北京的供给侧经济溢出乘数都远高于它们对河北的供给侧经济溢出乘数。同时，除非金属矿物制品业，交通运输设备制造业，通信设备、计算机及其他电子设备制造业，其他制造业，建筑业等少数部门外，北京各部门对河北的供给侧经济溢出乘数都显著地低于天津同一部门对河北的经济溢出乘数。③河北大多数部门对北京的供给侧经济溢出乘数都大于它们对天津的供给侧经济溢出乘数。同时，河北大多数部门对北京的供给侧经济溢出乘数，也都大于天津同一部门对北京的供给侧经济溢出乘数。类似地，河北绝大多数部门对天津的供给侧经济溢出乘数，也都大于北京同一部门对天津的供给侧经济溢出乘数。

三　区域间碳排放溢出效应的供给侧主导部门

部门的供给侧碳排放溢出乘数也取决于其经济溢出乘数及其碳密集程度①。总的来看，京津冀地区间供给侧碳排放溢出效应的主导部门，多数也是供给侧经济溢出效应的主导部门或供给侧经济溢出乘数较大的部门。

---

①　限于篇幅，本节未列出三大地区分部门的经济和碳排放溢出—反馈乘数。感兴趣的读者可向作者索取。

（一） 北京的供给侧碳排放溢出效应主导部门

北京对天津的供给侧碳排放溢出效应主导部门全部都是北京对天津的供给侧经济溢出效应主导部门。北京对河北的供给侧碳排放溢出效应主导部门也全都是北京对河北供给侧经济溢出效应的主导部门。

（二） 天津的供给侧碳排放溢出效应主导部门

天津对北京的碳排放溢出效应主导部门中，石油和天然气开采业以及电力、热力的生产和供应业属于相应的经济溢出效应主导部门。不过，非金属矿及其他矿采选业、煤炭开采和洗选业以及石油加工、炼焦及核燃料加工业也属于天津对北京供给侧经济溢出乘数较大的部门。天津对河北的供给侧经济溢出主导部门中，只有化学工业不属于天津对河北的供给侧碳排放溢出主导部门，但化学工业也属于天津对河北的第六大供给侧碳排放溢出乘数部门。

（三） 河北的供给侧碳排放溢出效应主导部门

河北对北京的供给侧碳排放溢出效应主导部门中，非金属矿物制品业、非金属矿及其他矿采选业、交通运输及仓储业也属于河北对北京的供给侧经济溢出效应主导部门，而煤炭开采和洗选业、石油和天然气开采业也属于河北对北京供给侧经济溢出乘数较大的部门。河北对天津的供给侧碳排放溢出效应主导部门中，煤炭开采和洗选业、交通运输及仓储业、非金属矿及其他矿采选业、非金属矿物制品业都属于河北对天津的供给侧经济溢出效应主导部门，电力、热力的生产和供应业也属于河北对天津供给侧经济溢出乘数较大的部门。

（四） 部门供给侧碳排放溢出乘数的地区差异

比较可知，北京大多数部门对天津的供给侧碳排放溢出乘数，都小于天津同一部门对北京的碳排放溢出乘数。北京绝大多数部门对河北的供给侧碳排放溢出乘数，都大于河北同一部门对北京的碳排放溢出乘数。天津绝大多数部门对河北的供给侧碳排放溢出乘数，也都大于河北同一部门对天津的碳排放溢出乘数。同时，北京各部门对河北的供给侧碳排放溢出乘数，都显著高于北京同一部门对天津的供给侧碳排放溢出乘数。天津绝大多数部门对河北的供给侧碳排放溢出乘数，也都显著高于其同一部门对北京的供给侧碳排放溢出乘数。河北绝大多数部门对天津的供给侧碳排放溢出乘数，都显著高于其同一部门对北京的供给侧碳排放溢出乘数。进一步，北京绝大多数部门对天津的供给侧碳排放溢出乘数，都显著小于河北同一部门对天津的供给侧碳排放溢出乘数。北京绝大多数部门对河北的供给侧碳排放溢出乘数，也都显著小于天津同一部门对河北的供给侧碳排放溢出乘数。天津绝大多数部门对北京的供给侧碳排放溢出乘数，也都显著小于河北同一部门对北京的供给侧碳排放溢出乘数。上述分析结果明显不同于部门需求侧碳排放溢出乘数的地区差异分析结果。

第五节　小结

本章采用投入产出模型建立了三区域经济和环境溢出—反馈效应分析框架，并以此为基础系统研究了 2002~2010 年北京、天津及河北地区层面及部门层面的经济与碳排放溢出—反馈效应，得到如下三点主要结论。

第一，在研究时期内，北京、天津及河北的经济发展水平具有比较明显的区域梯度。一方面，三地区产业结构的差异反映了三者经济发展方面明显的区域梯度。北京的支柱产业以清洁型的服务业为主，它们在北京增加值或最终需求中的份额超过 2/3；而天津及河北的支柱产业则以建筑业及一些重工业部门为主，服务业份额均不足四成。另一方面，北京、天津对河北的需求侧经济溢出乘数和实际效应，都分别明显大于河北对前两者的需求侧经济溢出乘数和实际效应。而在研究时期后一阶段，北京、天津对河北的供给侧经济溢出乘数和实际效应，都分别明显小于河北对前两者的供给侧经济溢出乘数和实际效应。三地区间经济溢出效应的主导部门及低影响力部门也存在显著差异。这些区域间经济溢出效应的特点，也在一定程度上反映了三地区经济发展的区域梯度。

第二，北京、天津及河北的经济低碳化进程也存在明显的区域梯度，并影响了三地区间的碳排放溢出效应差异。在研究时期内，就地区层面的经济低碳化水平而言，北京始终最高，而河北最低。部门层面的经济低碳化水平总体上也呈现这样的区域梯度。随着技术水平的提高和产业结构变化，北京、天津及河北以碳排放区域内乘数衡量的经济低碳化水平，在研究时期内都明显改善，但无论是绝对改善幅度还是相对改善幅度，北京都最明显，其次是天津，河北改善幅度最小。而且在研究时期内，北京的经济发展甚至呈现与碳排放"脱钩"的态势，但天津及河北的碳排放总量仍随着经济发展而增长，尚未出现明显的逆转迹象。进一步，由于存在上述经济低碳化进程的区域梯度，北京、天津对河北的碳排放溢出乘数和实际效应也都明显大于河北对前两者的碳排放溢出乘数和实际效应。

第三，尽管经济发展的区域梯度明显，但京津冀地区的市场一体化进展缓慢，仍停留在初级阶段，尚未形成有效的区域分工与合作体系。①北京、天津及河北三地区的最终需求及初始投入主要还是影响本地经济，地区间特别是前两个地区间以及河北对前两地区的经济溢出乘数，一直处于很低的水平，甚至有所下降。而且，三地区中经济溢出效应主导部门的份额偏低，低影响力部门的比重却偏高。②区域间实际经济溢出效应对三地区总产出的贡献一直未超过一成，特别是对需求侧经济溢出效应北京及天津总产出的贡献以及供给侧经济溢出效应对天津及河北总产出的贡献还出现大幅下降。上述现象意味着，目前还存在一些体制机制方面的因素，妨碍了京津冀各地区比较优势的发挥，使三地区的经济发展区域梯度不能有效促进三地区的深度经济合作，继而导致三地区市场一体化进展缓慢，甚至有所退化。③还值得注意的是，经济溢出效应对三地区经济的贡献，明显低于碳排放溢出效应对三地区碳排放的贡献。换句话说，三地区市场一体化的经济影响小于其碳排放影响，经济一体化的环境效率亟待提高。

因而，如何在增强市场一体化经济影响的同时，有效控制其碳排放影响，是当前京津冀进一步协同发展亟待解决的问题。为推进京津冀地区的绿色协同发展，本章特提出如下几点政策建议。

一是北京、天津及河北应进一步明确自身功能定位，并结合供给侧结构性改革，通过合理制定支柱产业发展规划来调整产业结构，实现本地区的功能定位。北京具有资金、科学技术、人才、信息、文化等方面的优势，但自然资源承载力十分有限，可考虑进一步巩固服务业，同时逐渐将一些资源密集型和劳动密集型产业转移出去。天津海运优势突出、工业基础雄厚，但自然资源禀赋也相对较弱，可巩固技术密集型部门，如交通运输设备制造业，同时限制资源密集型和劳动密集型产业发展。河北自然资源禀赋好、劳动人口丰富，且具有一定的工业基础，可将一些劳动密集型或技术密集型较高的制造业和服务业发展为支柱产业。

二是多管齐下，加快推进京津冀区域市场一体化进程。①应通过财税、金融、社会保障体制改革，协调各地区经济利益，努力消除因地方保护主义等行政因素形成的区域间贸易壁垒，同时进一步加强港口、铁路、公路、城市快轨、机场等交通网络体系及信息网络等其他基础设施建设，为北京、天津及河北三地区间的要素流动、贸易往来创造便利的政策环境和物质条件，从而使三地区能够充分发挥各自的区域比较优势。②三地区在制定本地区的发展规划时，应将促进区域经济一体化作为重要指导原则，相互协调。与此同时，应充分发挥市场在资源配置中的决定性作用，使同质企业在市场中充分竞争、优胜劣汰，从而最大限度地降低三地区的重复投资、重复建设和产业结构同化现象，优化资源配置。③考虑到北京和天津的经济发达程度、技术水平明显超过河北，且三地区产业结构的区域梯度明显，北京和天津应加强对河北技术、资金、人员培训等多方面的援助，使河北能够有效地承接从北京和天津转移出来的相关产业，促进三地区形成合理的产业分工、合作关系，从而加快形成三地区产业一体化格局。也可以鼓励天津及河北相关企业将研发部门设在北京，而将生产基地设在本地。

　　三是大力推进绿色低碳发展，加强区域碳减排合作，争取早日实现碳排放峰值，并以此为突破点，推进京津冀生态文明建设一体化。①各地区对本地区内经济和碳排放影响力（包括区域内和区域外影响）都较大，且具有一定规模的部门应当着力通过技术改造、设备更新、淘汰落后产能等方式，提高相关产业链上的碳排放效率。北京应重点改善电力、热力的生产和供应业，建筑业，交通运输及仓储业及相关产业链的碳排放效率。天津对金属冶炼及压延加工业，金属制品业，通用、专用设备制造业，化学工业，建筑业的碳排放效率应大力改善。河北则应重点改善金属冶炼及压延加工业，金属制品业，非金属矿物制品业，化学工业，电力、热力的生产和供应业的碳排放效率。②三地区间可以探索建立区域间供需链上各方的相互监督和对话机制，最大限度地降低整个供需链的碳排放强度。例如，要求供货方或客户提供可信的碳排放信息，并优先考虑与更清洁的供货方或客户展开合作。③考虑到北京和天津的碳减排能力明显超过河北，同时北京和天津对河北的碳排放溢出效应也相对较大，北京和天津应考虑采取有效的激励机制，帮助河北改善相关产业的碳排放效率，以知识和技术溢出效应抑制碳排放溢出效应。三地区在碳减排领域的合作模式与经验可逐渐推广至其他污染减排领域，进而促进三地区在生态文明建设领域的全面合作。

第五章
长江经济带区域间增加值
与碳排放溢出效应

    长江经济带是中国横跨东中西、连接南北方的经济轴带，覆盖上海、江苏、浙江、安徽、江西、湖北、湖南、重庆、四川、云南、贵州 11 省（市）。推动长江经济带发展是当前中国主动把握和引领经济新常态，实现"两个一百年"奋斗目标和中国梦的重大区域发展战略。中央对长江经济带发展的战略定位是生态优先、绿色发展，并要求以此战略定位为统领，推动形成长江经济带发展强大合力。为此，本章延续前面所采用的三区域溢出—反馈效应分析框架，研究了长江经济带上、中、下地区间的经济与碳排放溢出效应，试图为长江经济带的低碳协调发展提供一些有价值的参考。

    依据《长江经济带发展规划纲要》，本章将长江经济带划分为上中下游三大经济板块，其中上游地区包括云南、四川、重庆和贵州四省市，中游地区包括湖北、湖南以及江西三省，下游地区包括安徽、江苏、浙江和上海四省市，这与长江上中下游的地理划分标准也是一致的①。本章在前文所述中国 2002～2010 年省际多区域投入产出表的基础上编制了长江经济带上、中、下游三区域 30 部门的投入产出表。所用到的各区域分行业价格指数来自相应地区的统计年鉴（北京、天津）或经济年鉴（河北）。同时根据长江经济带各省（市）分行业的化石能耗估计了三地区分部门的能耗碳排放数据，

---

① 虽然，从经济发展水平来看，安徽与中游地区省份更接近，且它们同属中部地区省份，但安徽与江苏、浙江和上海的经济往来可能更密切，因而《长江经济带发展规划纲要》将安徽划为长江经济带下游地区。

并估计了各地区水泥生产中的工艺性碳排放。各区域分行业的化石能耗数据主要来自《中国能源统计年鉴》及各地区的统计年鉴或经济年鉴。

第一节　长江经济带的增加值和碳排放区域内效应

表 5-1 显示了 2002～2010 年长江经济带上、中、下游的产出增加值和碳排放乘数分解结果，即单位最终产品的经济和碳排放溢出—反馈效应。表 5-2 显示了三大地区的实际增加值和碳排放效应。很明显，各地区的最终需求主要影响的是本地的增加值和碳排放，对其他地区的溢出影响都相对很小。如表 5-3 所示，这主要是因为各个地区的中间投入主要还是依赖本地区的产品，来自其他地区的产品只占很少的一部分。例如，2010 年长江下游地区的中间投入中来自本地的中间投入超过 51%，来自上游及中游地区的中间投入分别只占 0.9% 和 0.6%。因而三个地区最终需求的影响主要在各自的区域内。

表 5-1　长江经济带上、中、下游产出、增加值和碳排放乘数分解

指标	年份	下游				中游				上游			
		区域内	溢出		反馈	区域内	溢出		反馈	区域内	溢出		反馈
			中游	下游			上游	下游			下游	中游	
产出	2002	2.1178	0.0291	0.0125	0.0014	2.0131	0.0193	0.0940	0.0015	2.0055	0.0609	0.0298	0.0006
	2007	1.9652	0.0258	0.0184	0.0017	1.8956	0.0222	0.0641	0.0011	1.8418	0.0760	0.0242	0.0012
	2010	2.0529	0.0416	0.0233	0.0015	2.0368	0.0205	0.0424	0.0011	1.9518	0.0475	0.0230	0.0009
增加值	2002	0.6915	0.0125	0.0057	0.0005	0.8106	0.0077	0.0333	0.0007	0.8351	0.0247	0.0125	0.0003
	2007	0.6037	0.0098	0.0070	0.0005	0.7872	0.0086	0.0185	0.0004	0.7402	0.0222	0.0099	0.0004
	2010	0.6336	0.0141	0.0089	0.0004	0.7889	0.0081	0.0120	0.0004	0.7808	0.0139	0.0087	0.0003
碳排放	2002	0.3737	0.0139	0.0069	0.0005	0.8392	0.0135	0.0396	0.0008	0.7281	0.0163	0.0169	0.0004
	2007	0.2510	0.0168	0.0069	0.0004	0.6760	0.0147	0.0149	0.0006	0.5494	0.0099	0.0111	0.0005
	2010	0.1738	0.0151	0.0053	0.0002	0.4663	0.0077	0.0066	0.0004	0.3933	0.0041	0.0063	0.0002

注：本表中碳排放乘数的单位是"吨/万元"，表示每万元最终需求引起的碳排放量吨数。

表 5-2　长江经济带上、中、下游实际增加值和碳排放效应

指标	年份	下游				中游				上游			
		区域内	溢出		反馈	区域内	溢出		反馈	区域内	溢出		反馈
			中游	下游			上游	下游			下游	中游	
增加值	2002	2.6626	0.0482	0.0218	0.0021	1.1169	0.0106	0.0459	0.0009	1.0043	0.0298	0.0151	0.0003
	2007	6.3262	0.1026	0.0729	0.0051	2.2665	0.0248	0.0534	0.0013	2.0729	0.0621	0.0278	0.0012
	2010	9.7391	0.2172	0.1366	0.0068	3.8872	0.0400	0.0591	0.0020	3.5157	0.0625	0.0392	0.0015

指标	年份	下游				中游				上游			
		区域内	溢出		反馈	区域内	溢出		反馈	区域内	溢出		反馈
			中游	下游			上游	下游			下游	中游	
碳排放	2002	1.4388	0.0537	0.0265	0.0017	1.1563	0.0186	0.0545	0.0012	0.8757	0.0196	0.0203	0.0005
	2007	2.6302	0.1764	0.0726	0.0038	1.9463	0.0424	0.0429	0.0018	1.5386	0.0278	0.0311	0.0014
	2010	2.6718	0.2328	0.0813	0.0036	2.2977	0.0380	0.0326	0.0019	1.7710	0.0182	0.0283	0.0010

注：本表中实际经济溢出—反馈效应的单位是"万亿元"，实际碳排放溢出—反馈效应的单位是"亿吨"。

表 5-3　长江经济带上、中、下游中间投入占本地总投入的比重、增加值率及直接碳排放强度

年份	地区	中间投入的来源及其占本地总投入的比重（%）				增加值率	直接碳排放强度（吨/万元）
		下游	中游	上游	合计		
2002	下游	52.71	0.71	0.31	53.73	32.77	0.18
	中游	2.23	50.19	0.46	52.88	40.40	0.42
	上游	1.58	0.75	50.08	52.41	41.69	0.37
2007	下游	49.14	0.68	0.48	50.30	30.69	0.13
	中游	1.65	47.26	0.59	49.50	41.35	0.37
	上游	2.03	0.68	45.81	48.52	40.08	0.31
2010	下游	51.30	0.94	0.57	52.81	30.84	0.09
	中游	0.98	51.04	0.49	52.51	38.44	0.24
	上游	1.16	0.56	48.78	50.50	39.93	0.20

在整个研究时期内，长江上、中、下游三地区的产出区域内乘数先降后升，且上游和下游地区的产出区域内乘数总体上略有下降，而中游地区的产出区域内乘数总体上略有上升。其主要原因可能是三地区的总投入中来自本地的中间投入所占份额在同一时期内先降后升，且上述指标在上游和下游地区总体上略有下降，而在中游地区却略有上升。

在产出区域内乘数的影响下，长江上、中、下游三地区的增加值区域内乘数先降后升，且三地区的增加值区域内乘数总体上都有所下降。这很可能是三地区的增加值率在整个研究时期内总体上也都有所下降，增加值率的变化与产出区域内乘数变化相叠加，从而导致三地区的增加值区域内乘数都有所下降。

长江上、中、下游三地区的碳排放区域内乘数在整个研究时期内持续下

降。其主要原因可能是三地区的直接碳排放强度在此期间持续下降，并主导了三地区碳排放区域内乘数的变化。因此，尽管在第二阶段（2007～2010年）三地区的产业区域内乘数都有所上升，但它们的碳排放区域内乘数仍然有所下降。

横向比较可见，长江上、中、下游三地区的产业区域内乘数依次递增，这很可能是因为上、中、下游三地区的总投入中来自本地的中间投入所占份额依次递增。不过，上、中、下游三地区的增加值区域内乘数在2002年和2010年却依次递减，其主要原因应该是它们的增加值率在相应年份依次递减。类似的原因，到2007年时中游地区的增加值率最高，因而其增加值区域内乘数也最高；同时，上游地区的增加值率又远远高于下游地区，因而上游地区的增加值区域内乘数居其次，而下游地区的增加值区域内乘数最低。同时，中游、上游及下游地区的碳排放强度始终依次递减，主要受此影响，中游、上游及下游地区的碳排放区域内乘数也始终依次递减。

尽管长江上、中、下游三地区的增加值和碳排放区域内乘数在整个研究时期内都表现为下降，但由于三地区的最终需求规模持续扩张，因而它们的实际增加值和碳排放区域内效应都不断增大。同时，尽管下游地区的增加值和碳排放区域内乘数一直明显低于其他两地区，但由于下游地区的最终需求规模远远超过其他两地区，因而其实际增加值和碳排放区域内效应都远远大于其他两地区。类似地，中游地区的实际增加值和碳排放区域内效应又明显大于上游地区。

第二节　长江经济带上、中、下游区域间
增加值和碳排放交互影响

（一）下游地区的增加值和碳排放溢出效应

下游地区对上游和中游地区的增加值溢出乘数在整个研究时期内总体上有所上升。其主要原因是同一时期来自中游、上游地区的中间投入在下游地区总投入中的比重都有所上升，使相应的产出溢出乘数总体上有所上升，继而导致增加值溢出乘数也上升。进一步，由于来自中游地区的中间投入在下游地区总投入中的比重，明显高于来自上游地区的中间投入在下游地区总投入中的比重，同时中游及上游地区的增加值率比较接近，因而下游地区对中

游地区的产出以及增加值溢出乘数，都明显高于下游地区对上游地区的产出及增加值溢出乘数。这在一定程度上反映了地理距离对区域间增加值溢出效应的影响。

同时，由于下游地区对中游地区的产出溢出乘数在整个研究时期内的相对上升幅度较大，因而尽管中游地区的碳排放强度持续下降，但下游地区对中游地区的碳排放溢出乘数仍然有所上升。不过，下游地区对上游地区的碳排放溢出乘数则略有下降。进一步，由于下游地区对中游地区的产出溢出乘数明显大于其对上游地区的产出溢出乘数，加之中游地区的碳排放强度明显高于上游地区，因而下游地区对中游地区的碳排放溢出乘数也明显大一些。

（二）中游地区的增加值和碳排放溢出效应

中游对上游地区的产出及增加值溢出乘数在整个研究时期内先降后升且总体上略有上升，这主要是因为在此期间来自上游地区的中间投入在中游地区总投入中的比重也呈现类似的变化。中游对下游地区的产出及增加值溢出乘数在整个研究时期内持续下降，这也主要是因为在此期间来自下游地区的中间投入在中游地区总投入中的比重持续下降。此外，由于中游地区的总投入中，来自上游地区的中间投入始终明显低于来自下游地区的中间投入，因而中游地区对下游地区的产出和增加值溢出乘数也一直分别明显高于中游地区对上游地区的产出和增加值溢出乘数，但它们的相对差异在不断缩小。

中游地区对上游及下游地区的碳排放溢出乘数在整个研究时期内也有所下降，这一方面是因为中游地区对上游地区的产出溢出乘数仅略有上升，而对下游地区的产出溢出乘数持续下降，另一方面是因为同一时期内整个长江经济带的碳排放强度持续而显著地下降。进一步，由于中游地区对下游地区的产出溢出乘数与其对上游地区的产出溢出乘数之间的相对差异在不断缩小，同时上游地区的碳排放强度一直明显高于下游地区，因而中游地区对下游地区的碳排放溢出乘数与其对上游地区的碳排放溢出乘数之间的相对差异也在不断缩小。而且到 2010 年时，中游地区对上游地区的碳排放溢出乘数已经反超其对下游地区的碳排放溢出乘数。

（三）上游地区的增加值和碳排放溢出效应

类似的，上游地区对中游地区的产出溢出乘数在整个研究时期内持续下降，因为来自中游地区的中间投入在上游地区总投入中的比重持续下降。上游地区对下游地区的产出溢出乘数在整个研究时期内先升后降且总体有所下降,这与上游地区总投入中来自下游地区的中间投入的比重的变化特征完全一致。主要受上述产出溢出乘数变化的影响,加之中游和下游地区的增加值率及碳排放强度不断下降,因而上游对中游和下游地区的增加值及碳排放溢出乘数也持续下降。

由于上游地区的总投入中,来自下游地区中间投入的比重一直明显高于来自中游地区的中间投入,因而上游地区对下游地区的产出溢出乘数一直大于其对中游地区的产出溢出乘数,不过两者的相对差距总体上也在不断缩小。与此同时,中游地区的增加值率以及碳排放强度也一直明显高于下游地区。因此,上游地区对下游及中游地区的增加值溢出乘数之间的相对差异总体上也明显缩小。而上游地区对下游地区的碳排放溢出乘数则反而一直低于上游地区对中游地区的碳排放溢出乘数。

(四)　长江经济带增加值和碳排放溢出效应的地区差异

比较而言,长江经济带下游地区的经济发展水平要明显高于上游和中游地区,但在整个研究时期内,下游地区对上游和中游地区的产出溢出乘数却一直分别低于上游和中游地区对下游地区的产出溢出乘数。因为下游地区的总投入中,来自上游和中游地区的中间投入的比重,都一直分别高于上游和中游地区的总投入中来自下游地区的中间投入的比重。

不过,下游地区对上游和中游地区的产出溢出乘数都持续上升,而上游和中游地区对下游地区的产出溢出乘数总体上却有所下降,因而它们之间的差异在不断减小。与此同时,下游地区的增加值率及碳排放强度明显低于上游和中游地区。在上述因素的综合影响下,2007年和2010年时,下游地区对中游地区的增加值和碳排放溢出乘数分别超过了中游地区对下游地区的增加值和碳排放溢出乘数;下游地区对上游地区的增加值溢出乘数虽然一直小于上游地区对下游地区的增加值溢出乘数,但下游地区对上游地区的碳排放溢出乘数却在2010年时超过了上游地区对下游地区的碳排放溢出乘数。

类似地,下游地区总的产出溢出乘数(其对上游和中游地区的产出溢出乘数之和)也呈现不断上升的变化趋势,而上游及中游地区总的产出溢出乘数则不断下降。不过,下游地区总的产出溢出乘数在2002～2007年一直低于上游和中游的总的产出溢出乘数,直到2010年下游地区总的产出溢出乘数才超过中游地区,但仍低于上游地区。相应地,下游地区总的增加值及碳排放溢出乘数与上游及中游地区也不断接近,并在2010年时都反超后两地区。此外，由于下游地区的最终需求规模始终明显高于上游及中游地区，因而下游地区总的实际增加值及碳排放效应一直明显高于上游及中游地区。

（五）溢出效应对长江经济带上中下游地区增加值和碳排放的贡献

本章还测算了长江经济带区域间碳排放溢出效应对各地区增加值和碳排放的贡献，即其他地区对某地区的实际增加值和碳排放溢出效应分别与某地区总增加值和碳排放总量的比值，如上游、中游地区对下游地区的实际增加值和碳排放溢出效应分别与当年下游地区总增加值和碳排放总量的比值。

2002年、2007年和2010年，溢出效应对总增加值的贡献在下游地区分别为2.70%、1.75%和1.19%，在中游地区分别为5.12%、5.27%和6.04%；在上游地区分别达到3.00%、4.32%和4.65%。2002年、2007年和2010年，溢出效应对碳排放的贡献在下游地区分别为4.65%、2.40%和1.67%，在中游地区分别为5.68%、9.27%和9.93%；在上游地区分别为4.69%、6.72%和6.16%。

由此可见，在整个研究时期内，增加值溢出效应对下游地区总增加值的贡献有所下降，对上游及中游地区总增加值的贡献则有所上升。碳排放溢出效应对下游地区碳排放总量的贡献显著下降；对其他两地区特别是中游地区碳排放总量的贡献份额则显著上升。进一步，碳排放溢出效应对三地区碳排放的贡献明显高于增加值溢出效应对三地区总增加值的贡献。

（六）与中国三大经济带之间经济溢出效应的比较

长江经济带上、中、下游基本上与中国西、中、东部三大经济带相对应，本章的结果表明，在长江经济带上、中、下游地区中，下游地区的产出溢出乘数明显低于上游和中游地区，这一结果倒是类似于前面关于中国三大经济带的研究发现，即东部地区的产出溢出乘数明显低于西部和中部地区。然而，长江经济带地区间的产出溢出乘数明显低于中国三大经济带之间的产出溢出乘数。相应地，长江经济带地区间的增加值溢出乘数也明显低于中国三大经济带之间的增加值溢出乘数。直观来看，长江经济带上、中、下游中任一地区的总投入中来自其他两地区中间投入的份额，都明显低于中国三大经济带中任一经济带的总投入中来自其他两经济带中间投入的份额。

不过，上述中间投入份额差异可能是计算方式带来的：三大经济带是更多地区的合并，自然会增加各自总投入中来自其他两地区中间投入的份额。

例如，假定将长江经济带上游地区扩充至整个西部地区，那么长江中游及下游地区的总投入中来自整个西部地区的中间投入肯定远远高于来自上游地区的中间投入，这样中游及下游地区每单位最终需求拉动的西部地区的产出及相应的增加值，肯定也远远高于其拉动的上游地区的产出及相应的增加值。因而，不同层面的溢出效应大小不具有可比性。

第三节　长江经济带各地区部门增加值和碳排放乘数分解

表 5 - 4 显示了 2010 年长江经济带上、中、下游地区分部门的增加值和碳排放乘数①。考虑到反馈乘数很小，本章将反馈乘数与区域内乘数合并为本地影响乘数。同时不再区分特定地区各部门对不同地区的溢出乘数。

表 5 - 4　2010 年长江经济带上、中、下游地区分部门的增加值和碳排放乘数

部门代码	增加值						碳排放					
	本地影响乘数			溢出乘数			本地影响乘数			溢出乘数		
	下游	中游	上游	下游	中游	上游	下游	中游	上游	下游	中游	上游
s1	0.8256	0.9058	0.8984	0.0174	0.0149	0.0171	0.1001	0.1712	0.1588	0.0085	0.0067	0.0052
s2	0.7980	0.8021	0.8195	0.0134	0.0243	0.0231	0.1862	0.9232	0.5481	0.0101	0.0240	0.0095
s3	0.8777	0.8224	0.7912	0.0081	0.0171	0.0225	0.1636	1.7978	0.5014	0.0087	0.0160	0.0101
s4	0.7308	0.7620	0.7819	0.0194	0.0297	0.0294	0.2598	0.6232	0.3413	0.0153	0.0333	0.0125
s5	0.6501	0.7453	0.7670	0.0272	0.0268	0.0285	0.3336	0.6258	0.5442	0.0238	0.0242	0.0141
s6	0.6992	0.7920	0.8259	0.0310	0.0286	0.0254	0.0876	0.2372	0.1793	0.0113	0.0106	0.0073
s7	0.6754	0.7594	0.7989	0.0300	0.0295	0.0280	0.1493	0.3056	0.3044	0.0166	0.0156	0.0090
s8	0.6960	0.7782	0.7614	0.0273	0.0269	0.0337	0.1101	0.2393	0.1758	0.0151	0.0129	0.0089
s9	0.6321	0.7697	0.7501	0.0361	0.0239	0.0276	0.1412	0.3290	0.2564	0.0227	0.0184	0.0098
s10	0.6345	0.7355	0.7240	0.0280	0.0247	0.0283	0.1781	0.4886	0.3876	0.0210	0.0199	0.0103
s11	0.2909	0.3550	0.5787	0.0071	0.0122	0.0136	0.1754	0.4115	1.1604	0.0052	0.0101	0.0059
s12	0.5602	0.6845	0.7110	0.0261	0.0261	0.0218	0.2399	0.6893	0.5004	0.0239	0.0213	0.0102
s13	0.6239	0.7450	0.7856	0.0296	0.0224	0.0247	0.9698	2.9128	2.3027	0.0358	0.0248	0.0152
s14	0.4306	0.6053	0.6397	0.0280	0.0217	0.0212	0.3329	0.7758	0.7267	0.0299	0.0239	0.0117
s15	0.5365	0.7188	0.6922	0.0314	0.0201	0.0241	0.2396	0.5770	0.4630	0.0345	0.0199	0.0143
s16	0.5630	0.6927	0.6731	0.0256	0.0285	0.0288	0.1521	0.3588	0.3034	0.0254	0.0185	0.0129

---

① 限于篇幅，本章未列出三大地区分部门的增加值和碳排放反馈乘数。感兴趣的读者可向作者索取。

部门代码	增加值						碳排放					
	本地影响乘数			溢出乘数			本地影响乘数			溢出乘数		
	下游	中游	上游	下游	中游	上游	下游	中游	上游	下游	中游	上游
s17	0.5678	0.7132	0.6539	0.0296	0.0257	0.0247	0.1208	0.4306	0.2246	0.0252	0.0177	0.0108
s18	0.5102	0.6704	0.6407	0.0269	0.0210	0.0240	0.1466	0.4541	0.3277	0.0268	0.0187	0.0127
s19	0.3684	0.5873	0.5421	0.0123	0.0098	0.0112	0.0777	0.1998	0.1470	0.0120	0.0083	0.0051
s20	0.5180	0.6340	0.6322	0.0179	0.0173	0.0173	0.1095	0.3435	0.2363	0.0176	0.0153	0.0086
s21	0.6133	0.7277	0.7831	0.0287	0.0252	0.0214	0.1739	0.5062	0.2679	0.0235	0.0186	0.0096
s22	0.6027	0.7728	0.8396	0.0188	0.0307	0.0173	1.9401	2.6378	2.0111	0.0274	0.0468	0.0084
s23	0.5774	0.7748	0.7713	0.0122	0.0188	0.0181	0.2130	2.2428	0.3808	0.0150	0.0218	0.0082
s24	0.6093	0.7498	0.7314	0.0304	0.0209	0.0287	0.2903	0.8118	0.6787	0.0400	0.0189	0.0194
s25	0.6489	0.7924	0.7817	0.0198	0.0173	0.0199	0.2594	0.5203	0.6608	0.0136	0.0120	0.0069
s26	0.8755	0.9194	0.9014	0.0104	0.0102	0.0128	0.0807	0.2205	0.1320	0.0075	0.0092	0.0040
s27	0.7265	0.8295	0.8251	0.0305	0.0280	0.0340	0.1010	0.3054	0.1816	0.0120	0.0137	0.0098
s28	0.7115	0.8506	0.7982	0.0230	0.0163	0.0273	0.1110	0.2743	0.1748	0.0158	0.0104	0.0081
s29	0.7195	0.8391	0.8410	0.0227	0.0145	0.0177	0.1260	0.2790	0.1488	0.0170	0.0100	0.0062
s30	0.8273	0.9002	0.8663	0.0146	0.0114	0.0166	0.0780	0.1741	0.1626	0.0102	0.0080	0.0058
综合	0.6341	0.7893	0.7812	0.0230	0.0201	0.0226	0.1741	0.4667	0.3936	0.0204	0.0143	0.0103

注：本表中碳排放乘数的单位是"吨/万元"，表示每万元最终需求引起的碳排放量吨数。本表中部门代码及其含义如下：s1：农林牧渔业；s2：煤炭开采和洗选业；s3：石油和天然气开采业；s4：金属矿采选业；s5：非金属矿及其他矿采选业；s6：食品制造及烟草加工业；s7：纺织业；s8：纺织服装鞋帽皮革羽绒及其制品业；s9：木材加工及家具制造业；s10：造纸印刷及文教体育用品制造业；s11：石油加工、炼焦及核燃料加工业；s12：化学工业；s13：非金属矿物制品业；s14：金属冶炼及压延加工业；s15：金属制品业；s16：通用、专用设备制造业；s17：交通运输设备制造业；s18：电气机械及器材制造业；s19：通信设备、计算机及其他电子设备制造业；s20：仪器仪表及文化办公用机械制造业；s21：其他制造业；s22：电力、热力的生产和供应业；s23：燃气及水的生产与供应业；s24：建筑业；s25：交通运输及仓储业；s26：批发零售业；s27：住宿餐饮业；s28：租赁和商业服务业；s29：研究与试验发展业；s30：其他服务业。

（一）部门增加值乘数

长江经济带上、中、下游地区增加值本地影响乘数较大的部门主要包括农林牧渔业，大部分服务业（如批发零售业、其他服务业、研究与试验发展业、住宿餐饮业、租赁和商业服务业）以及部分采掘业（如石油和天然气开采业、煤炭开采和洗选业）。三地区增加值区域内乘数最小的部门则都集中在石油加工、炼焦及核燃料加工业，通信设备、计算机及其他电子设备制造业，金属冶炼及压延加工业，电气机械及器材制造业以及仪器仪表及文化办公用机械制造业。

三地区增加值溢出乘数较大的部门主要是一些制造业部门以及个别其他产业部门，如建筑业、住宿餐饮业。具体地，增加值溢出乘数较大的部门在下游地区包括木材加工及家具制造业、金属制品业、食品制造及烟草加工业、住宿餐饮业、建筑业等；在中游地区包括电力、热力的生产和供应业，金属矿采选业，纺织业，食品制造及烟草加工业，通用、专用设备制造业等；在上游地区包括住宿餐饮业，纺织服装鞋帽皮革羽绒及其制品业，金属矿采选业，通用、专用设备制造业，建筑业等。三地区增加值溢出乘数较小的部门主要包括一些技术密集型轻工业部门（如通信设备、计算机及其他电子设备制造业和仪器仪表及文化办公用机械制造业），石油加工、炼焦及核燃料加工业，一些服务业部门（如批发零售业、其他服务业）以及农林牧渔业。

（二）部门碳排放乘数

三地区碳排放区域内乘数较大的部门都集中在传统能源密集型部门，包括电力、热力的生产和供应业，非金属矿物制品业，金属冶炼及压延加工业，建筑业，化学工业以及一些采掘业部门（如非金属矿及其他矿采选业）。此外，碳排放区域内乘数较大的部门还包括下游和中游地区的金属矿采选业、燃气及水的生产与供应业，下游地区和上游地区的交通运输及仓储业，上游地区和中游地区的石油和天然气开采业、煤炭开采和洗选业。三地区碳排放区域内乘数较小的部门则主要集中在一些轻工业部门（如通信设备、计算机及其他电子设备制造业，食品制造及烟草加工业，纺织服装鞋帽皮革羽绒及其制品业）、服务业部门（批发零售业、住宿餐饮业、其他服务业）以及农林牧渔业。

三地区碳排放溢出乘数较大的部门主要集中于非金属矿物制品业、金属制品业、金属冶炼及压延加工业、非金属矿及其他矿采选业等能源密集型部门，下游地区和中游地区还包括电力、热力的生产和供应业及化学工业，下游地区和上游地区还包括建筑业以及一些机械制造业部门（电气机械及器材制造业，通用、专用设备制造业，交通运输设备制造业），中游和上游地区还包括金属矿采选业、造纸印刷及文教体育用品制造业。三地区碳排放溢出乘数较小的部门主要集中于农林牧渔业、一些服务业部门（批发零售业、其他服务业、交通运输及仓储业、研究与试验发展业、租赁和商业服务业）以及一些制造业部门（食品制造及烟草加工业，石油加工、炼焦及核燃料加工业，通信设备、计算机及其他电子设备制造业）。

（三）部门增加值和碳排放乘数的区域差异

尽管下游地区的总投入对本地中间投入的依赖程度要高于上游地区和中

游地区的总投入对本地中间投入的依赖程度，但下游地区的增加值率及碳排放强度明显低于后两地区。结果，下游地区除石油和天然气开采业，所有部门的增加值区域内乘数都低于上游和中游地区同一部门的增加值区域内乘数。同时，下游地区所有部门的碳排放区域内乘数都低于上游和中游地区同一部门的碳排放区域内乘数。类似的原因，下游地区大多数部门的增加值和碳排放溢出乘数都大于上游和中游地区同一部门的增加值和碳排放溢出乘数。

第四节　长江经济带各地区不同类型需求的增加值和碳排放乘数分解

前文分析了长江经济带不同地区最终需求综合的区域内增加值和碳排放乘数，不过长江经济带的最终需求可进一步区分为不同的类型或用途，包括消费、资本形成、出口以及为国内其他地区提供的中间品（以下简称调出中间品）。不同类型的最终需求具有不同的部门结构，而各部门的增加值和碳排放乘数差异显著，因而不同最终需求的区域内增加值和碳排放乘数应当有所不同。为此，本节进一步以 2010 年为例研究了长江经济带不同类型最终需求的各类增加值和碳排放乘数，这有利于为长江经济带的需求管理和结构升级提供决策依据。表 5－5 显示了 2010 年长江经济带上、中、下游三地区的各类需求的增加值和碳排放乘数分解结果。

表 5－5　2010 年长江上、中、下游地区各类需求的增加值和碳排放乘数分解结果

需求类型	下游				中游				上游			
	区域内	溢出		反馈	区域内	溢出		反馈	区域内	溢出		反馈
		中游	上游			中游	下游			下游	中游	
增加值乘数												
消费	0.7589	0.0113	0.0078	0.0003	0.8399	0.0084	0.0103	0.0004	0.8406	0.0115	0.0087	0.0003
资本形成	0.6030	0.0162	0.0100	0.0005	0.7627	0.0079	0.0129	0.0004	0.7437	0.0161	0.0092	0.0004
出口	0.5563	0.0141	0.0085	0.0004	0.7450	0.0075	0.0134	0.0004	0.7326	0.0147	0.0072	0.0003
调出中间品 *	0.6180	0.0147	0.0090	0.0004	0.7503	0.0085	0.0131	0.0004	0.7450	0.0134	0.0082	0.0003
综合	0.6336	0.0141	0.0089	0.0004	0.7889	0.0081	0.0120	0.0004	0.7808	0.0139	0.0087	0.0003

需求类型	下游				中游				上游			
	区域内	溢出		反馈	区域内	溢出		反馈	区域内	溢出		反馈
		中游	上游			中游	下游			下游	中游	
	碳排放乘数											
消费	0.1580	0.0096	0.0031	0.0002	0.3304	0.0061	0.0051	0.0003	0.2593	0.0029	0.0038	0.0002
资本形成	0.1905	0.0208	0.0072	0.0003	0.5545	0.0087	0.0075	0.0004	0.4748	0.0051	0.0092	0.0003
出口	0.1468	0.0138	0.0051	0.0002	0.4657	0.0079	0.0073	0.0004	0.3793	0.0042	0.0048	0.0002
调出中间品*	0.2291	0.0143	0.0051	0.0002	0.5836	0.0092	0.0078	0.0004	0.5481	0.0039	0.0051	0.0002
综合	0.1738	0.0151	0.0053	0.0002	0.4663	0.0077	0.0066	0.0004	0.3933	0.0041	0.0063	0.0002

注：本表中碳排放乘数的单位是"吨/万元"，表示每万元最终需求引起的碳排放量吨数。*：调出中间品是指长江经济带上、中、下游地区向国内其他省份提供的中间使用产品，这部分产品对长江经济带地区来说也是该地区提供的最终产品。

（一） 不同类型需求的增加值和碳排放区域内乘数

易知三地区各种类型的最终需求中，消费的增加值区域内乘数总是最高，而出口的增加值区域内乘数最低，资本形成和调出中间品的增加值区域内乘数居中。消费之所以具有相对较大的区域内增加值乘数，是因为消费中服务业部门和农林牧渔业占据了主要份额，而这些部门都属于区域内增加值乘数最大的部门。出口的区域内增加值乘数之所以较低，是因为出口主要由制造业部门构成，而这些部门的区域内增加值乘数普遍较低，如通信设备、计算机及其他电子设备制造业。由此可见，长江经济带适当压缩出口而扩大内需特别是消费在最终需求中的比重，有利于提升整个经济带的增加值。

尽管长江经济带上、中、下游三地区消费的增加值区域内乘数总是高于其他类型的需求增加值区域内乘数，但在上游和下游地区消费的碳排放区域内乘数明显低于其他类型的最终需求，下游地区消费的碳排放区域内乘数也仅略高于出口而明显低于其他类型的最终需求。三地区碳排放区域内乘数最大的需求类型总是调出中间品，其次是资本形成。类似地，消费构成中主要是碳排放区域内乘数较低的服务业及农林牧渔业部门，因而消费的碳排放区域内乘数相对较低。调出中间品以及资本形成中，多为碳排放区域内乘数较大的生产资料供应部门（如化学工业），因而这两类需求的碳排放区域内乘数也较大。上述结果意味着，扩大消费不仅最有利于长江经济带提升增加值，也有利于该地区减缓碳排放。

横向比较，长江经济带消费增加值区域内乘数最大的地区是上游地区，资本形成、出口及调出中间品的增加值区域内乘数最大的地区是中游地区。不过，上游及中游地区各类最终需求的增加值区域内乘数相互比较接近。下游地区各类最终需求的增加值区域内乘数则明显低于上游及中游地区。同时，中游、上游及下游地区各类最终需求的碳排放区域内乘数都分别明显地依次递减。如前所述，这主要还是因为中游、上游及下游地区的碳排放强度明显地依次递减。

（二）不同类型需求的增加值和碳排放溢出乘数

从 2010 年的情形来看，无论是对上游还是中游地区而言，在下游地区的各类最终需求中，资本形成具有最大的增加值和碳排放溢出乘数，消费的增加值和碳排放溢出乘数最小，调出中间品和出口的增加值和碳排放溢出乘数居中且它们比较接近。由此可见，下游地区各类最终需求对上游地区和中游地区增加值以及碳排放影响力的相对重要性非常一致。

中游地区各类最终需求对上游地区和下游地区增加值影响力的相对重要性有所不同：2010 年中游地区对上游地区增加值溢出乘数最大的最终需求是调出中间品，依次往下是消费、资本形成和出口；中游地区对下游地区增加值溢出乘数最大的最终需求则是出口，依次往下是调出中间品、资本形成和消费。不过，中游地区各类最终需求对上游地区和下游地区碳排放影响力的相对重要性则完全一致：最大的都是调出中间品，依次往下是资本形成、出口和消费。总的来看，中游地区调出中间品具有最大的增加值和碳排放溢出乘数，出口和资本形成的增加值和碳排放溢出乘数比较接近调出中间品，消费的增加值和碳排放乘数则明显低于前三类最终需求。

上游地区各类最终需求对中游地区和下游地区增加值影响力的相对重要性也有所不同：2010 年上游地区对中游地区增加值溢出乘数最大的最终需求是资本形成，依次往下是消费、调出中间品和出口；上游地区对下游地区增加值溢出乘数最大的最终需求仍然是资本形成，但依次往下是出口、调出中间品和消费。上游地区各类最终需求对中游和下游地区碳排放影响力的相对重要性比较一致：最大的是资本形成，最小的是消费，调出中间品和出口居中。总的来看，上游地区资本形成的增加值和碳排放溢出乘数明显超过其他类型的最终需求，出口和调出中间品的增加值和碳排放溢出乘数相互比较接近，消费的增加值和碳排放乘数则明显低于前三类最终需求。

第五节　小结

本章采用投入产出模型测算了 2002～2010 年长江经济带上、中、下游之间的增加值与碳排放溢出乘数，得出如下主要结论。

长江经济带上、中、下游各地区的最终需求主要影响的还是本地增加值，对其他地区的影响很小，而且三地区之间的经济关联性有弱化的趋势。因此，长江经济带的市场一体化进程亟待加速推进，以提高整个经济带经济发展的协调性。随着《长江经济带发展规划纲要》的实施，可以预期长江经济带的市场统一性将得到有效改善，上、中、下游地区的比较优势将得到进一步发挥，区域间的增加值溢出效应和经济发展的协调性将逐步增强。

长江经济带上、中、下游各地区中对本地增加值影响较大的部门主要是服务业部门，而各地区对其他地区增加值影响较大的部门主要是一些制造业部门，两类部门明显不同。不过，上述各地区中对本地和其他地区碳排放影响较大的部门比较类似，都是传统能源密集型部门；而碳排放溢出乘数最小的部门则以服务业部门为主。由此可见，有效提升各地区之间的服务业贸易往来，不仅是改善长江经济带增加值溢出效应的关键，也是降低区域间碳排放溢出效应的有效途径。同时，通过技术水平的提升来改善这些能源密集型部门的能源效率，对长江经济带有效控制碳排放具有重要意义。

各地区的各类最终需求中，消费主要由服务业、农林牧渔业及轻工业部门构成，具有最大的增加值区域内乘数，且其碳排放区域内乘数最小。增加值区域内乘数最小的最终需求是出口。由此可见，扩大内需特别是消费在最终需求中的比重有利于长江经济带提高增加值。同时，大力发展服务业以调整出口结构，有助于改善出口的增加值乘数，使其更有助于提高长江经济带的增加值。

长江经济带下游地区的经济发展水平高于上游地区和中游地区，但下游地区对上游地区和中游地区的产出溢出乘数明显低于上游地区和中游地区对下游地区的产出溢出乘数。不过，由于下游地区的增加值率及碳排放强度都低于上游地区和中游地区，因而下游地区对上游地区和中游地区的增加值和碳排放溢出乘数相对较大。上游地区和中游地区在承接下游地区的转移出来的产业时，应尽量选择有利于提升本地产业结构、改善本地技术水平和增加值率价高的产业，同时严格控制碳排放密集型产业的转入。这有利于进一步增强下游地区对上游和中游地区增加值的溢出效应，并控制其碳排放溢出效应。

第六章
中国省级需求侧经济
和碳排放溢出效应研究

改革开放以来，中国经济持续高速增长，与此同时中国的碳排放也不断攀升。一些学者认为，区域间的经济溢出效应是促进中国经济高速增长的一个重要原因（Bai 等，2012）。以此类推，区域间的碳排放溢出效应也应该对中国的碳排放产生了重要影响。因而，近年来不少研究测算了中国区域间的经济或碳排放溢出效应，试图为区域经济协调发展或区域协同碳减排提供有价值的参考。

有关中国区域间经济溢出—反馈效应测算的研究涉及多个层面，中国沿海与内陆（如潘文卿和李子奈，2007）、三大地域（如吴福象和朱蕾，2010；张友国，2017）、八大经济区（潘文卿，2015）、产业层面（如胡霞和魏作磊，2009）。还有些学者研究了国际的经济溢出—反馈效应（如吴添和潘文卿，2014；Dietzenbacher，2002）。

随着世人对气候变化问题关注度的不断上升，有关中国区域间碳排放溢出—反馈效应的研究也逐渐兴起。Meng 等（2012），唐志鹏等（2014）考察了中国各省出口的碳排放溢出—反馈效应。张友国（2016）从供给侧的视角分析了中国三大经济地带之间的碳排放溢出—反馈效应。值得指出的是，还有少数研究对区域间的经济和碳排放溢出—反馈效应进行了综合分析。例如，Zhang（2017）测算了中国三大经济地带间的经济和碳排放溢出—反馈效应的动态变化，并对经济和碳排放的溢出效应变化趋势进行了比较，继而提出了相关政策建议。

不过，综合分析区域间经济和碳排放溢出效应的研究还很少，亟待进一步深化。本章的贡献主要有两方面：一是测算了中国省级层面的经济和碳排放溢出效应；二是区分了消费、资本形成以及出口等不同类型最终需求的经济和碳排放溢出效应。本章的不少发现都对以往的研究结果有所突破。例如，本章测算的省级层面经济和碳排放溢出乘数都显著高于以往研究估算的大区域（如东、中、西部）的经济和碳排放溢出乘数。又如，本章发现不少东部地区省份的产出（碳排放）溢出乘数远远高（低）于中、西部地区省份，而以往研究表明东部地区的产出（碳排放）溢出乘数远远低（高）于中、西部地区。

第一节　省级溢出—反馈效应分析方法

以往有关区域间经济或碳排放溢出—反馈效应的研究主要基于投入产出模型展开。这一研究方法由 Miller（1963，1966）奠基，并经由 Pyatt 和 Round（1979）、Round（1985，2001）以及 Dietzenbacher（2002）逐步发展完善，可测算区域间溢出—反馈效应的具体大小[①]。为了研究中国省级溢出—反馈效应，本章采取的策略是：在研究每个省份时，将该省作为一个区域，将其余省份作为另一个区域，也就是将全国划分为两个区域。因而，传统基于投入产出模型的两区域溢出—反馈效应方法适合本章的研究。

假定一个封闭的经济体系可划分为两个区域 a 和 b，每个区域的经济系统都由 n 个行业构成。借鉴 Dietzenbacher（2002）的方法，两区域的需求侧关联可表示为：

$$\begin{pmatrix} X^a \\ X^b \end{pmatrix} = \begin{bmatrix} A^{aa} & A^{ab} \\ A^{ba} & A^{bb} \end{bmatrix} \begin{pmatrix} X^a \\ X^b \end{pmatrix} + \begin{pmatrix} Y^a \\ Y^b \end{pmatrix} \tag{6-1}$$

其中，X^r 是区域 r（r = a、b、c）的产出向量，其元素 x_j^r 是区域 r 中部门 j 的总产出；Y^r 为最终使用向量，其元素 y_i^r 表示区域 r 生产的最终需求中第 i 类产品或服务的价值；A^{rs} 为区域 s（s = a、b）中间使用的来自区域 r 的产品系数矩阵，其元素 a_{ij}^{rs} 表示区域 r 部门 i 向区域 s 部门 j 提供的中间投入品价值量与区域 s 部门 j 总投入的比值。将式（6-1）进行变换，易得：

$$\begin{pmatrix} X^a \\ X^b \end{pmatrix} = \begin{bmatrix} F^{aa} & \\ & F^{bb} \end{bmatrix} \begin{bmatrix} I & S^{ab} \\ S^{ba} & I \end{bmatrix} \begin{bmatrix} M^{aa} & \\ & M^{bb} \end{bmatrix} \begin{pmatrix} Y^a \\ Y^b \end{pmatrix}$$

$$\underset{\text{反馈效应}}{} \qquad \underset{\text{溢出效应}}{} \qquad \underset{\text{区域内效应}}{} \tag{6-2}$$

---

① 此外，还有一些研究采用计量经济学方法研究区域间溢出—反馈效应，但计量经济学方法则主要检验溢出效应是否显著存在，而难以测算效应的具体大小。

其中：

$$M^{aa} = (I - A^{aa})^{-1}, M^{bb} = (I - A^{bb})^{-1}$$

$$S^{ab} = (I - A^{aa})^{-1} A^{ab}, S^{ba} = (I - A^{bb})^{-1} A^{ba}$$

$$F^{aa} = [I - (I - A^{aa})^{-1} A^{ab} (I - A^{bb})^{-1} A^{ba}]^{-1} = [I - S^{ab} S^{ba}]^{-1},$$

$$F^{bb} = [I - (I - A^{bb})^{-1} A^{ba} (I - A^{aa})^{-1} A^{ab}]^{-1} = [I - S^{ba} S^{ab}]^{-1}$$

由（6-2）式可知，区域间 Leontief 逆矩阵可表示为：

$$L = \begin{bmatrix} L^{aa} & L^{ab} \\ L^{ba} & L^{bb} \end{bmatrix} = \begin{bmatrix} F^{aa} & \\ & F^{bb} \end{bmatrix} \begin{bmatrix} I & S^{ab} \\ S^{ba} & I \end{bmatrix} \begin{bmatrix} M^{aa} & \\ & M^{bb} \end{bmatrix}$$

$$= \begin{bmatrix} F^{aa} M^{aa} & F^{aa} S^{ab} M^{bb} \\ F^{bb} S^{ba} M^{aa} & F^{bb} M^{bb} \end{bmatrix}$$

令 $\eta^a = \eta^b = (1, \cdots, 1)^T$。以区域 a 为例，其最终需求产生的总产出效应为：

$$[(\eta^a)^T, (\eta^b)^T][(L^{aa})^T, (L^{ba})^T] = (\eta^a)^T F^{aa} M^{aa} + (\eta^b)^T F^{bb} S^{ba} M^{aa}$$

$$= (\eta^a)^T M^{aa} + (\eta^b)^T S^{ba} M^{aa} + [(\eta^a)^T (F^{aa} - I) M^{aa} + (\eta^b)^T (F^{bb} - I) S^{ba} M^{aa}]$$

其中，$(\eta^a)^T M^{aa}$ 表示需求侧区域内产出乘数，$(\eta^b)^T S^{ba} M^{aa}$ 表示区域 a 对区域 b 的需求侧产出溢出效应，而 $(\eta^a)^T (F^{aa} - I) M^{aa} + (\eta^b)^T (F^{bb} - I) S^{ba} M^{aa}$ 就是区域 a 通过影响区域 b 对自身产生的需求侧产出反馈效应。类似地，可以得到区域 b 的各项效应。进一步，如果将 η 定义为增加值率或碳排放强度（部门增加值或碳排放与总产出的比值）向量，则可得到相应的增加值或碳排放的各类乘数。

基于经典的供给侧投入产出模型（Ghosh，1958），两区域的供给侧关联可表示为：

$$\binom{X^a}{X^b}^T = \binom{X^a}{X^b}^T \begin{pmatrix} A'^{aa} & A'^{ab} \\ A'^{ba} & A'^{bb} \end{pmatrix} + \binom{V^a}{V^b}^T \qquad (6-3)$$

其中，V^r 是区域 r 的初始投入向量[①]，其元素 v_j^r 是区域 r 中部门 j 的初始投入；A'^{rs} 是区域 r 向区域 s（s = a、b）提供的中间使用产品系数矩阵，其元素 a'^{rs}_{ij} 表示区域 r 部门 i 向区域 s 部门 j 提供的中间投入品价值量占区域 r 部门 i 总产出的份额。类似需求侧溢出—反馈效应，仍然沿用 Dietzenbacher（2002）的分析框架，可以将供给侧溢出—反馈效应表达如下：

---

① 本章采用进口非竞争型投入产出模型，一个地区的进口与增加值一样，也被视为初始投入。

$$\begin{pmatrix} X^a \\ X^b \end{pmatrix}^T = \begin{pmatrix} V^a \\ V^b \end{pmatrix}^T \begin{bmatrix} M'^{aa} & \\ & M'^{bb} \end{bmatrix} \begin{bmatrix} I & S'^{ab} \\ S'^{ba} & I \end{bmatrix} \begin{bmatrix} F'^{aa} & \\ & F'^{bb} \end{bmatrix}$$

区域内效应　　溢出效应　反馈效应

(6-4)

其中：

$$M'^{aa} = (I - A'^{aa})^{-1}, M'^{bb} = (I - A'^{bb})^{-1}$$

$$S'^{ab} = A'^{ab}(I - A'^{bb})^{-1}, S'^{ba} = A'^{ba}(I - A'^{aa})^{-1}$$

$$F'^{aa} = [I - A'^{ab}(I - A'^{bb})^{-1}A'^{ba}(I - A'^{aa})^{-1}]^{-1} = [I - S'^{ab}S'^{ba}]^{-1}$$

$$F'^{bb} = [I - A'^{ba}(I - A'^{aa})^{-1}A'^{ab}(I - A'^{bb})^{-1}]^{-1} = [I - S'^{ba}S'^{ab}]^{-1}$$

由 (6-4) 式可知，区域间 Ghosh 逆矩阵可表示为：

$$G = \begin{bmatrix} G^{aa} & G^{ab} \\ G^{ba} & G^{bb} \end{bmatrix} = \begin{bmatrix} M'^{aa} & \\ & M'^{bb} \end{bmatrix} \begin{bmatrix} I & S'^{ab} \\ S'^{ba} & I \end{bmatrix} \begin{bmatrix} F'^{aa} & \\ & F'^{bb} \end{bmatrix}$$

$$= \begin{bmatrix} M'^{aa}F'^{aa} & M'^{aa}S'^{ab}F'^{bb} \\ M'^{bb}S'^{ba}F'^{aa} & M'^{bb}F'^{bb} \end{bmatrix}$$

以区域 a 为例，当 $\eta^a = \eta^b = (1, \cdots, 1)^T$ 时，其初始投入产生的供给侧总产出效应为：

$$[(G^{aa})^T, (G^{ab})^T][(\eta^a)^T, (\eta^b)^T]^T = M'^{aa}F'^{aa}\eta^a + M'^{aa}S'^{ab}F'^{bb}\eta^b$$

$$= M'^{aa}\eta^a + M'^{aa}S'^{ab}\eta^b + [M'^{aa}(F'^{aa} - I)\eta^a + M'^{aa}S'^{ab}(F'^{bb} - I)\eta^b]$$

其中，$M'^{aa}\eta^a$ 表示供给侧区域内产出乘数，$M'^{aa}S'^{ab}\eta^b$ 表示区域 a 对区域 b 的供给侧产出溢出效应，而 $M'^{aa}(F'^{aa} - I)\eta^a + M'^{aa}S'^{ab}(F'^{bb} - I)\eta^b$ 表示区域 a 通过影响区域 b 而产生的供给侧产出反馈效应。类似地，可以得到区域 b 的各项效应。进一步，如果分别将 η 定义为消费率或资本形成率或出口率或碳排放强度（消费或资本形成或出口或碳排放与总产出的比值）向量，则可得到相应的供给侧消费、资本形成、出口和碳排放乘数。

第二节　省级经济和碳排放乘数分解

本章基于 2007 年和 2010 年中国的省际多区域投入产出表（刘卫东等，2012，2014），编制了各省（市、自治区）与全国其余地区的两地区[①]投入产出表，并采用双重平减法（United Nations，1999）将它们调整为 2007 年的价格水平，同时将部门统一划分为 30 个部门（参见表 6-5）。

---

① 西藏由于数据缺失，暂未考虑。

一　省级需求侧经济和碳排放乘数分解

表 6 - 1 显示了 2010 年各省的需求侧产出、增加值、进口及碳排放区域内、溢出—反馈乘数（单位最终产品的产出溢出—反馈效应）。表 6 - 2 显示了 2010 年各省及其对应的其他地区的投入结构与碳排放强度。

表 6 - 1　2010 年省级最终需求的经济与碳排放乘数分解

地区	产出			增加值			进口			碳排放（吨/万元）		
	区域内	溢出	反馈	区域内	溢出	反馈	区域内	溢出	反馈	区域内	溢出	反馈
北　京	1.9108	0.7458	0.0040	0.6030	0.2469	0.0013	0.0949	0.0537	0.0003	0.0845	0.1744	0.0004
天　津	1.8101	0.7111	0.0075	0.5702	0.2419	0.0027	0.1393	0.0453	0.0006	0.2084	0.1593	0.0012
河　北	1.7784	0.5773	0.0142	0.6798	0.1915	0.0048	0.0842	0.0386	0.0011	0.4180	0.1408	0.0045
山　西	1.8442	0.3980	0.0032	0.7783	0.1325	0.0012	0.0617	0.0261	0.0002	0.6332	0.0612	0.0016
内蒙古	1.8360	0.4070	0.0047	0.7736	0.1313	0.0018	0.0627	0.0304	0.0002	0.5580	0.0781	0.0023
辽　宁	2.0230	0.4956	0.0049	0.6915	0.1550	0.0016	0.1135	0.0379	0.0005	0.3703	0.0987	0.0014
吉　林	1.7138	0.7738	0.0056	0.6237	0.2384	0.0021	0.0768	0.0587	0.0003	0.3281	0.2512	0.0016
黑龙江	1.7280	0.5183	0.0030	0.7131	0.1607	0.0015	0.0840	0.0404	0.0003	0.3167	0.1055	0.0009
上　海	1.8610	0.7502	0.0075	0.5360	0.2500	0.0022	0.1616	0.0496	0.0005	0.1465	0.1943	0.0010
江　苏	1.9668	0.4785	0.0109	0.6323	0.1576	0.0031	0.1703	0.0357	0.0009	0.1917	0.1225	0.0022
浙　江	1.9856	0.6546	0.0108	0.6149	0.2088	0.0031	0.1202	0.0522	0.0008	0.1592	0.1787	0.0017
安　徽	1.7411	0.7581	0.0060	0.6026	0.2551	0.0021	0.0824	0.0575	0.0004	0.2610	0.1551	0.0016
福　建	1.9470	0.4004	0.0023	0.7344	0.1317	0.0008	0.1052	0.0278	0.0002	0.2327	0.0771	0.0003
江　西	2.2528	0.2864	0.0020	0.7404	0.0996	0.0006	0.1426	0.0166	0.0002	0.2724	0.1059	0.0003
山　东	2.5338	0.2876	0.0052	0.6993	0.0997	0.0014	0.1817	0.0176	0.0004	0.3186	0.0920	0.0011
河　南	2.0885	0.3791	0.0056	0.7533	0.1243	0.0019	0.0918	0.0284	0.0003	0.3194	0.0870	0.0011
湖　北	1.9849	0.2262	0.0010	0.8174	0.0795	0.0004	0.0872	0.0154	0.0000	0.4036	0.0529	0.0003
湖　南	1.8677	0.3469	0.0021	0.7861	0.1128	0.0008	0.0767	0.0235	0.0001	0.3051	0.0947	0.0005
广　东	1.8702	0.5386	0.0130	0.6153	0.1696	0.0038	0.1647	0.0454	0.0011	0.2037	0.1154	0.0026
广　西	1.7960	0.4286	0.0025	0.7514	0.1442	0.0009	0.0735	0.0298	0.0002	0.3244	0.0771	0.0006
海　南	2.0043	0.2941	0.0002	0.7703	0.1147	0.0001	0.0991	0.0158	0.0000	0.2632	0.0425	0.0000
重　庆	1.9140	0.4525	0.0024	0.7407	0.1450	0.0009	0.0825	0.0308	0.0001	0.3225	0.1269	0.0004
四　川	2.0521	0.2507	0.0016	0.8005	0.0809	0.0006	0.0995	0.0183	0.0001	0.2998	0.0495	0.0004
贵　州	1.6231	0.5071	0.0018	0.7538	0.1665	0.0006	0.0420	0.0369	0.0001	0.5081	0.0994	0.0007
云　南	1.6437	0.5602	0.0024	0.7257	0.1786	0.0009	0.0519	0.0428	0.0002	0.3720	0.1066	0.0009
陕　西	1.7063	1.2749	0.0156	0.6527	0.3721	0.0061	0.0846	0.1114	0.0011	0.2863	0.2271	0.0030
甘　肃	1.7364	0.5403	0.0017	0.7069	0.1845	0.0006	0.0749	0.0330	0.0002	0.5079	0.1257	0.0007
青　海	1.8097	0.4325	0.0007	0.7799	0.1374	0.0003	0.0483	0.0341	0.0002	0.5049	0.1225	0.0002
宁　夏	1.7559	0.6288	0.0007	0.6777	0.2044	0.0003	0.0734	0.0443	0.0000	0.7210	0.1480	0.0004
新　疆	1.6135	0.6284	0.0021	0.6857	0.1978	0.0010	0.0706	0.0447	0.0002	0.4609	0.1321	0.0004
平　均	1.9610	0.5123	0.0070	0.6742	0.1666	0.0022	0.1226	0.0379	0.0005	0.2758	0.1218	0.0015
变异系数	0.0960	0.4081	0.0793	0.1064	0.3734	0.0572	0.2982	0.4826	0.2477	0.5175	0.4056	0.3480

表6-2　2010年各省及其对应的其他地区的投入结构与碳排放强度

地区	不同来源中间投入份额（%）		增加值率（%）		进口率（%）		碳排放强度（吨/万元）	
	本地	其他地区	本地	其他地区	本地	其他地区	本地	其他地区
北　京	47.63	15.78	31.51	34.24	5.08	6.49	0.0446	0.1675
天　津	44.03	15.41	32.56	34.18	8.00	6.41	0.1224	0.1641
河　北	44.62	12.97	36.45	34.04	5.97	6.47	0.2883	0.1575
山　西	46.48	8.36	41.31	34.02	3.85	6.49	0.4223	0.1586
内蒙古	46.25	8.54	41.23	33.99	3.98	6.50	0.4008	0.1578
辽　宁	50.09	9.95	33.70	34.17	6.26	6.45	0.2044	0.1614
吉　林	41.52	17.16	36.45	34.10	4.87	6.47	0.2035	0.1624
黑龙江	40.27	10.76	43.97	33.96	5.00	6.47	0.2102	0.1623
上　海	46.62	16.19	28.75	34.41	8.44	6.35	0.0799	0.1673
江　苏	49.70	10.26	31.28	34.48	8.76	6.18	0.1103	0.1693
浙　江	50.01	13.57	30.14	34.46	6.28	6.46	0.0858	0.1692
安　徽	42.42	18.26	34.45	34.14	4.87	6.49	0.1807	0.1627
福　建	48.86	8.30	37.17	34.05	5.67	6.47	0.1233	0.1645
江　西	56.51	5.39	31.30	34.21	6.80	6.43	0.1292	0.1640
山　东	60.77	4.72	27.27	35.02	7.24	6.34	0.1336	0.1670
河　南	52.57	7.43	35.26	34.09	4.73	6.54	0.1952	0.1615
湖　北	49.66	4.91	41.06	33.93	4.37	6.51	0.2222	0.1614
湖　南	46.53	7.56	41.36	33.92	4.55	6.50	0.1697	0.1630
广　东	46.74	12.24	32.23	34.39	8.79	6.15	0.1202	0.1686
广　西	45.06	9.63	40.36	34.03	4.95	6.47	0.1998	0.1625
海　南	49.49	6.96	37.53	34.13	6.02	6.45	0.1284	0.1634
重　庆	47.56	9.23	38.62	34.07	4.59	6.47	0.1634	0.1632
四　川	51.55	4.87	38.55	33.99	5.02	6.49	0.1593	0.1634
贵　州	40.37	12.06	44.25	34.06	3.31	6.47	0.3671	0.1615
云　南	40.06	13.34	42.46	34.03	4.13	6.47	0.2727	0.1617
陕　西	27.58	26.44	40.32	34.02	5.65	6.46	0.1760	0.1630
甘　肃	40.91	13.80	39.11	34.10	6.17	6.45	0.3361	0.1618
青　海	45.46	9.25	41.68	34.13	3.62	6.45	0.2721	0.1629
宁　夏	43.28	13.33	38.89	34.13	4.51	6.45	0.4581	0.1622
新　疆	36.97	13.27	44.34	34.05	5.42	6.45	0.2646	0.1622

　　对于各省需求侧的产出和增加值效应而言，区域内效应都明显大于溢出效应，但产出和增加值溢出效应与相应区域内效应的比值平均也能达到26%和25%，陕西省的上述比值甚至达到75%和57%。这主要是因为各省

的中间投入主要由本地提供，远远超过由外地提供的中间投入，只有陕西的中间投入中由本地和外地提供的份额非常接近。同时，除了陕西省之外，其余各省的需求侧进口区域内效应也都明显大于相应的进口溢出效应。这一方面是因为陕西由本地和外地提供的中间投入非常接近，另一方面是因为陕西的进口率略低于其对应的全国其他地区的进口率。需求侧碳排放溢出效应超过区域内效应的省市达到 3 个，即北京、上海和浙江。这主要是因为这三个地区的碳排放强度明显低于它们对应的其他地区的碳排放强度。

由此可见，各省的需求侧经济和碳排放效应都相当可观，但各省的需求侧经济和碳排放反馈效应则非常微小，仅相当于相应溢出效应的 1% ~ 3%。鉴于反馈效应几乎可以忽略，本章在以下分析中将反馈效应并入区域内效应，并将两者合成为本地效应。

（一）各省需求侧产出效应

需求侧产出本地效应较大的省份包括山东、江西、河南、四川、辽宁、海南、浙江、湖北以及江苏九省，这些省份的需求侧产出本地效应超过了全国平均水平，介于 1.96 ~ 2.54。如表 6 - 2 所示，这主要是因为上述省份的总投入中来自本地的中间投入份额位居前列。余下 21 个省份的需求侧产出本地效应则低于平均水平。这些产出本地效应较大的省份中，只有四川属于西部地区省份，其余则都是东部或中部省份①。需求侧产出本地效应较小的省份包括新疆、贵州、云南、陕西、吉林、黑龙江、甘肃、安徽；它们的本地效应介于 1.61 ~ 1.75。这些产出本地效应较小的省份主要是西部和中部省份，而它们的总投入中来自本地的中间投入份额也低于其他省份。

需求侧产出溢出效应最大的省份是陕西，其需求侧产出溢出效应接近 1.3，远远超过其他省份，因为其总投入中来自其他地区的中间投入份额也远远大于其他省份。其他需求侧产出溢出效应较大（0.6 ~ 0.8）的省市包括吉林、安徽、上海、北京、天津、浙江、宁夏、新疆，因为它们的总投入中来自其他地区的中间投入份额也较大。类似地，需求侧产出溢出效应较小（0.2 ~ 0.3）的省份包括湖北、四川、江西、山东、海南，因为它们的总投

---

① 本章的地区划分中，东部地区包括北京、天津、河北、辽宁、上海、江苏、浙江、福建、山东、广东、海南等省（直辖市）；中部地区包括黑龙江、吉林、山西、安徽、江西、河南、湖北、湖南等省；西部地区包括内蒙古、广西、重庆、四川、贵州、云南、陕西、甘肃、青海、宁夏、新疆等省（自治区、直辖市）。

入中来自其他地区的中间投入份额也较小。比较变异系数易见，省际需求侧产出溢出效应的差异性要明显大于省际需求侧产出本地效应的差异性。

需求侧产出总效应（本地效应及溢出效应合计）较大的省份是陕西、山东、北京、浙江、上海、江西、天津、辽宁、安徽、吉林，它们的需求侧产出总效应超过了平均水平。其中，陕西是本地效应最小的省份之一，但由于溢出效应远远领先其他省份，因而总效应位居第一。属于这种类型的省份还有北京、上海、天津、安徽和吉林。山东、江西和辽宁则主要是因为它们的本地效应比较大，因而总效应也比较大。此外，浙江的本地效应及溢出效应都比较大，因而其总效应也位居前列。

（二）各省需求侧增加值效应

大部分（21 个）省份的需求侧增加值本地效应都超过了平均水平，这一分布特点不同于需求侧产出效应。需求侧增加值本地效应较大的（0.75 ~ 0.82）省份主要分布在中、西部地区，包括湖北、四川、湖南、青海、山西、内蒙古、海南、河南、贵州以及广西。这些省份中有些省份的需求侧产出本地效应并不突出甚至相对很小（如贵州），但其增加值率较高，因而其需求侧增加值本地效应也位居前列。需求侧增加值本地效应低于平均水平的省份以东部地区省份为主，也有个别中、西部省份，它们是上海、天津、北京、安徽、浙江、广东、吉林、江苏以及陕西。同样，上述省份中一些省份的需求侧产出本地效应并不低甚至位居前列（如浙江、江苏），但其增加值率较低，因而其需求侧增加值本地效应也较小。

接近一半数量省份的需求侧增加值溢出效应超过了平均水平，其中居前列的（0.2 ~ 0.38）省份一半来自东部地区，另一半来自中、西部地区，它们是陕西、安徽、上海、北京、天津、吉林、浙江以及宁夏。需求侧增加值溢出效应较小的（小于 0.13）省份包括湖北、四川、江西、山东、湖南、海南以及河南。容易发现，需求侧增加值溢出效应较大（小）的省份与需求侧产出溢出效应较大（小）的省份高度相似，因为与各省对应的全国其他地区的增加值率比较接近，因而省际需求侧增加值溢出效应差异主要取决于需求侧产出溢出效应差异。类似地，省际需求侧增加值溢出效应的差异性也要明显大于省际需求侧增加值本地效应的差异性。

绝大多数省份的需求侧增加值总效应也超过了平均水平，其中居前列的（0.89 ~ 1.04）省份都属于中、西部地区。陕西的需求侧增加值总效应位居第一，主要是因为其增加值溢出效应较大。大多数需求侧增加值总效应居前列的省份则主要是因为它们的需求侧增加值本地效应较大,这些省份包括贵州、青海、山西、内蒙古、湖南、湖北以及广西。云南和甘肃的需求增加值本地效应及溢出效应都比较大,因而它们的总效应也较大。需求侧增加值总效应低于平均水平的省份主要分布在东部地区,包括上海、广东、江苏、山东、天津、浙江以及江西。

(三) 各省需求侧进口效应

需求侧进口本地效应超过平均水平的省份只有6个,它们主要是东部地区省份,包括山东、江苏、广东、上海、江西以及天津。需求侧进口本地效应较小的(小于0.08)省份都来自中、西部地区,包括贵州、青海、云南、山西、内蒙古、新疆、宁夏、广西、甘肃、湖南、吉林等。

需求侧进口溢出效应较大的(0.045~0.12)省份包括陕西、吉林、安徽、北京、浙江、上海、广东以及天津,其中多数为东部地区省份。需求侧进口溢出效应较小的(0.015~0.03)省份以中、西部地区省份为主,包括湖北、江西、四川、湖南、山西、河南以及广西,但也包括海南、山东、福建等东部地区省份。同样,省际需求侧进口溢出效应的差异性也要明显大于省际需求侧进口本地效应的差异性。

需求侧进口总效应超过平均水平的省份包括上海、广东、江苏、山东、陕西、天津以及浙江。上述省份的需求侧进口总效应较大的直接原因如下:上海、广东、天津的需求侧进口本地效应、溢出效应都位居前列;江苏和山东主要是需求侧进口本地效应较大,但它们的溢出效应不突出;陕西和浙江主要是需求侧进口溢出效应较大。

(四) 各省需求侧碳排放效应

大多数省份的需求侧碳排放本地效应也都超过了平均水平,其中位居前列的省份(0.40吨/万元~0.73吨/万元)都是中部地区省份,包括宁夏、山西、内蒙古、贵州、甘肃、青海、新疆、河北以及湖北。需求侧碳排放本地效应低于平均水平的省份主要来自东部地区,包括北京、上海、浙江、江苏、广东、天津、福建、安徽、海南以及江西。值得指出的是,省际需求侧碳排放本地效应的变异系数超过了0.50,远远超过了省际需求侧各类经济本地效应的变异系数。

需求侧碳排放溢出效应较大的(0.13吨/万元~0.26吨/万元)省份包括吉林、陕西、上海、浙江、北京、天津、安徽、宁夏、河北以及新疆。需求侧碳排放溢出效应较小的(0.04吨/万元~0.09吨/万元)省份包括海南、四川、湖北、山西、福建、广西、内蒙古、河南。不过，省际需求侧碳排放溢出效应的差异性要明显小于省际需求侧碳排放本地效应的差异性。

需求侧碳排放总效应较大的（0.50 吨/万元 ~ 0.87 吨/万元）省份包括宁夏、山西、内蒙古、甘肃、青海、贵州、新疆、吉林、河北以及陕西。这些省份中，宁夏、吉林及河北的需求侧碳排放本地效应及溢出效应都较大，陕西属于需求侧碳排放溢出效应较大的省份，其余大多数属于需求侧碳排放本地效应较大的省份。需求侧碳排放总效应低于平均水平的（0.25 吨/万元 ~ 0.40 吨/万元）省份包括北京、海南、福建、江苏、广东、浙江、上海、四川、天津以及江西。

二 省级供给侧经济和碳排放乘数分解

表 6 - 3 显示了 2010 年各省的供给侧产出、消费、资本形成、出口及碳排放区域内溢出—反馈乘数（单位初始投入的产出溢出—反馈效应）。表 6 - 4 显示了 2010 年各省及其对应的其他地区的投入结构与碳排放强度。

对于各省供给侧的产出和总需求区域内效应都明显大于溢出效应，但溢出效应与区域内效应的比值平均也都超过了 25%，天津、河北、山西、内蒙古、陕西以及青海等省份的上述比值甚至都超过了 50%。这主要是因为各省提供的中间产品主要供本地使用，远远超过供外地使用的中间产品。消费溢出效应与区域内效应的平均比值为 19%，低于产出和总需求溢出效应与本地效应的上述比值。资本形成溢出效应与区域内效应的平均比值为 30%，高于产出和总需求溢出效应与本地效应的上述比值。出口溢出效应与区域内效应的平均比值则与产出和总需求溢出效应与本地效应的上述比值基本相当。而且，河北、山西、内蒙古、吉林、广西、贵州、陕西、甘肃以及青海等内陆省份的供给侧出口溢出效应大于区域内效应。这可能是因为这些省份的出口率较低，而使用这些省份提供的中间产品的其他地区的出口率较高的缘故。同时，所有省份的供给侧碳排放溢出效应都低于区域内效应，两者的平均比值为 31%。此外，各省的供给侧经济和碳排放反馈效应都非常微小，平均仅相当于相应溢出效应的 1% 左右。故而，本章在以下分析中将反馈效应并入区域内效应，并将两者合成为本地效应。

表 6 - 3　2010 年省级初始投入的经济与碳排放乘数分解

地区	产出		消费		资本形成		出口		总需求		碳排放乘数	
	本地	溢出	本地	溢出	本地	溢出	本地	溢出	本地	溢出	本地	溢出
北　京	1.9136	0.2672	0.4520	0.0354	0.2653	0.0522	0.1547	0.0235	0.8720	0.1110	0.0815	0.0475
天　津	1.7911	0.9022	0.1957	0.0978	0.3108	0.1692	0.1588	0.0733	0.6653	0.3403	0.2059	0.2021
河　北	1.8210	0.9749	0.2589	0.0966	0.2570	0.2262	0.0780	0.0879	0.5939	0.4106	0.4824	0.1511
山　西	1.9016	1.0793	0.2927	0.0944	0.3065	0.1872	0.0481	0.0776	0.6473	0.3592	0.8152	0.3994
内蒙古	1.8712	1.0252	0.2605	0.0984	0.3128	0.2080	0.0444	0.0820	0.6177	0.3884	0.7508	0.2642
辽　宁	2.0122	0.4474	0.2770	0.0494	0.3886	0.1020	0.1303	0.0342	0.7959	0.1855	0.4024	0.0800
吉　林	1.7098	0.7370	0.2604	0.1048	0.3755	0.1268	0.0522	0.0575	0.6881	0.2890	0.3137	0.1164
黑龙江	1.6950	0.8317	0.3621	0.0991	0.2746	0.1255	0.0705	0.0589	0.7073	0.2835	0.3606	0.1875
上　海	1.8730	0.3358	0.2502	0.0436	0.2762	0.0661	0.3336	0.0285	0.8600	0.1382	0.1223	0.0558
江　苏	1.9676	0.3727	0.2455	0.0448	0.3154	0.0700	0.2823	0.0394	0.8431	0.1542	0.1941	0.0607
浙　江	1.9983	0.3817	0.2869	0.0474	0.2850	0.0712	0.2675	0.0389	0.8393	0.1575	0.1571	0.0597
安　徽	1.7562	0.5012	0.3675	0.0631	0.3382	0.0982	0.0701	0.0441	0.7759	0.2055	0.3165	0.0973
福　建	1.9603	0.3518	0.3044	0.0447	0.3209	0.0664	0.2251	0.0387	0.8504	0.1498	0.2400	0.0509
江　西	2.2834	0.6708	0.3072	0.0732	0.3381	0.1296	0.0793	0.0676	0.7246	0.2704	0.2754	0.1080
山　东	2.5467	0.2884	0.2902	0.0331	0.3907	0.0614	0.1736	0.0252	0.8546	0.1197	0.3357	0.0601
河　南	2.1244	0.5688	0.3345	0.0599	0.3756	0.1292	0.0567	0.0502	0.7668	0.2393	0.3962	0.1120
湖　北	1.9784	0.3385	0.3788	0.0440	0.3818	0.0595	0.0854	0.0328	0.8460	0.1363	0.4267	0.0598
湖　南	1.8532	0.3775	0.3705	0.0460	0.4060	0.0730	0.0606	0.0372	0.8371	0.1562	0.2972	0.0532
广　东	1.8546	0.3033	0.2945	0.0364	0.2175	0.0635	0.3620	0.0254	0.8740	0.1253	0.1965	0.0511
广　西	1.8189	0.5771	0.3238	0.0686	0.3992	0.1128	0.0505	0.0530	0.7735	0.2344	0.3545	0.0861
海　南	1.9862	0.4313	0.3811	0.0532	0.3646	0.0703	0.0749	0.0348	0.8207	0.1583	0.2469	0.0855
重　庆	1.9163	0.5755	0.2729	0.0790	0.4358	0.1146	0.0656	0.0488	0.7743	0.2424	0.3136	0.0880
四　川	2.0686	0.3611	0.4009	0.0465	0.3800	0.0692	0.0767	0.0320	0.8576	0.1476	0.3262	0.0632
贵　州	1.6886	0.7624	0.4208	0.0902	0.2618	0.1375	0.0363	0.0617	0.7189	0.2894	0.6391	0.1907
云　南	1.6679	0.5460	0.4062	0.0548	0.3319	0.1096	0.0551	0.0482	0.7933	0.2127	0.4440	0.1000
陕　西	1.7179	1.1264	0.2188	0.1290	0.3323	0.1874	0.0529	0.0879	0.6040	0.4043	0.3207	0.2446
甘　肃	1.7032	0.6740	0.3669	0.0598	0.3343	0.1457	0.0334	0.0579	0.7346	0.2634	0.5431	0.1310
青　海	1.8171	0.9868	0.2318	0.0712	0.3934	0.2012	0.0324	0.0834	0.6577	0.3558	0.4559	0.1856
宁　夏	1.8035	0.6381	0.3149	0.0770	0.3566	0.1127	0.0615	0.0560	0.7330	0.2457	0.8791	0.1533
新　疆	1.6182	0.8666	0.3145	0.1042	0.3025	0.1312	0.0735	0.0638	0.6904	0.2992	0.4303	0.1766
平　均	1.9680	0.5020	0.3038	0.0575	0.3233	0.0986	0.1680	0.0439	0.7951	0.2000	0.3118	0.0963
变异系数	0.0967	0.5178	0.2079	0.4413	0.1607	0.4972	0.5442	0.4402	0.1072	0.4501	0.6088	0.8216

注：碳排放乘数单位为"吨/万元"。

表 6 - 4　2010 年各省及其对应的其他地区的产出结构与碳排放强度

地区	中间产品份额（%）		消费率（%）		资本形成率（%）		出口率（%）		总需求率（%）		碳排放强度（吨/万元）	
	本地	其他地区	本地	其他地区	本地	其他地区	本地	其他地区	本地	其他地区	本地	其他地区
北　京	47.63	5.86	22.37	14.37	15.02	17.06	8.19	8.78	45.58	40.20	0.0446	0.1675
天　津	44.03	18.58	10.51	14.75	18.47	16.95	8.83	8.75	37.82	40.45	0.1224	0.1641
河　北	44.62	22.97	13.70	14.70	14.61	17.09	4.32	8.96	32.63	40.75	0.2883	0.1575
山　西	46.48	19.28	15.85	14.63	16.29	17.00	2.54	8.86	34.68	40.49	0.4223	0.1586
内蒙古	46.25	20.83	13.36	14.68	17.56	16.97	2.38	8.90	33.30	40.55	0.4008	0.1578
辽　宁	50.09	9.60	13.10	14.72	19.82	16.86	6.55	8.85	39.46	40.43	0.2044	0.1614
吉　林	41.52	16.82	13.88	14.67	23.77	16.86	2.87	8.87	40.51	40.39	0.2035	0.1624
黑龙江	40.27	16.02	20.46	14.54	18.52	16.96	4.36	8.84	43.34	40.34	0.2102	0.1623
上　海	46.62	7.61	12.59	14.75	15.83	17.04	17.33	8.33	45.75	40.13	0.0799	0.1673
江　苏	49.70	8.31	11.37	15.03	16.48	17.04	14.00	8.15	41.85	40.22	0.1103	0.1693
浙　江	50.01	8.46	12.70	14.80	15.16	17.13	13.60	8.38	41.46	40.31	0.0858	0.1692
安　徽	42.42	12.14	19.90	14.50	20.51	16.88	4.01	8.89	44.42	40.28	0.1807	0.1627
福　建	48.86	7.81	14.89	14.65	16.73	16.99	11.76	8.66	43.37	40.30	0.1233	0.1645
江　西	56.51	12.05	13.13	14.69	14.63	17.04	3.47	8.88	31.22	40.61	0.1292	0.1640
山　东	60.77	4.81	11.25	15.08	15.38	17.19	6.77	9.01	33.40	41.28	0.1336	0.1670
河　南	52.57	11.54	15.41	14.61	18.09	16.92	2.68	9.08	36.18	40.62	0.1952	0.1615
湖　北	49.66	7.00	18.74	14.52	19.43	16.91	4.31	8.89	42.47	40.33	0.2222	0.1614
湖　南	46.53	8.62	18.96	14.52	22.37	16.82	3.23	8.93	44.56	40.26	0.1697	0.1630
广　东	46.74	7.53	14.49	14.67	11.65	17.65	19.63	7.39	45.78	39.71	0.1202	0.1686
广　西	45.06	12.96	16.83	14.61	22.75	16.88	2.93	8.86	42.51	40.35	0.1998	0.1625
海　南	49.49	8.40	18.16	14.64	19.16	16.97	3.80	8.78	41.12	40.39	0.1284	0.1634
重　庆	47.56	12.80	13.53	14.67	23.66	16.88	3.41	8.84	40.60	40.39	0.1634	0.1632
四　川	51.55	7.23	18.97	14.50	18.79	16.92	3.72	8.94	41.47	40.35	0.1593	0.1634
贵　州	40.37	17.27	23.37	14.58	17.40	16.98	2.21	8.81	42.97	40.37	0.3671	0.1615
云　南	40.06	12.80	22.82	14.54	21.38	16.92	3.34	8.83	47.53	40.30	0.2727	0.1617
陕　西	40.40	23.04	12.35	14.70	21.83	16.89	3.08	8.87	37.26	40.45	0.1760	0.1630
甘　肃	40.91	16.45	19.97	14.61	20.62	16.95	1.86	8.81	42.45	40.37	0.3361	0.1618
青　海	45.46	19.29	12.27	14.66	21.89	16.97	1.76	8.77	35.92	40.40	0.2721	0.1629
宁　夏	43.28	13.18	16.48	14.65	22.71	16.96	3.30	8.77	42.50	40.38	0.4581	0.1622
新　疆	36.97	17.18	19.18	14.61	21.24	16.94	4.92	8.79	45.34	40.34	0.2646	0.1622

（一）各省供给侧产出效应

供给侧产出本地效应较大的省份包括山东、江西、河南、四川、辽宁、浙江、海南、湖北 8 个省份，这些省份的供给侧产出本地效应超过了全国平均水平，介于 1.96 ~ 2.54。如表 6 - 4 所示，这主要是因为上述省份的总产出中供应本地的中间产出份额位居前列。余下 22 个省份的需求供给侧产出本地效应则低于平均水平。这些产出本地效应较大的省份中，只有四川属于西部地区省份，其余则都是东部或中部省份①。供给侧产出本地效应较小的省份包括新疆、云南、贵州、黑龙江、甘肃、吉林、陕西、安徽；它们的本地效应介于 1.61 ~ 1.75。这些产出本地效应较小的省份主要是西部和中部省份，而它们的总产出中供应本地的中间产品份额也低于其他省份。

供给侧产出溢出效应最大的省份也是陕西，其供给侧产出溢出效应超过 1.1。山西和内蒙古的供给侧产出溢出效应则超过 1.0。其他需求侧产出溢出效应较大（0.70 ~ 0.98）的省份包括青海、河北、天津、新疆、黑龙江、贵州、吉林，因为它们的总产出中供应给其他地区的中间产品份额也较大。类似地，供给侧产出溢出效应较小（0.20 ~ 0.30）的省份包括北京、山东、广东、上海、湖北、福建、四川、江苏、湖南、浙江，因为它们的总产出中供应给其他地区的中间产品份额也较小。比较变异系数易见，省际供给侧产出溢出效应的差异性要明显大于省际供给侧产出本地效应的差异性。

供给侧产出总效应（本地效应及溢出效应合计）较大的省份是山西、江西、内蒙古、陕西、山东、青海、河北、河南、天津、黑龙江，它们的供给侧产出总效应超过了平均水平，介于 2.50 ~ 2.99。其中，陕西是本地效应最小的省份之一，但由于其溢出效应远远领先其他省份，因而总效应位居前列。属于这种类型的省份还有山西、内蒙古、青海、河北、天津、黑龙江。山东、江西和河南则主要是因为它们的本地效应比较大，因而总效应也比较大。

（二）各省供给侧总需求效应

供给侧总需求本地效应超过了平均水平的省份也属少数，这一分布特点类似于供给侧产出效应。供给侧总需求本地效应较大的（0.85 ~ 0.87）省

---

① 本文的地区划分中，东部地区包括北京、天津、河北、辽宁、上海、江苏、浙江、福建、山东、广东、海南等省（直辖市），中部地区包括黑龙江、吉林、山西、安徽、江西、河南、湖北、湖南等省，西部地区包括内蒙古、广西、重庆、四川、贵州、云南、陕西、甘肃、青海、宁夏、新疆等省（自治区、直辖市）。

份主要分布在中、西东部地区，包括广东、北京、上海、四川、山东以及福建。这些省份中有些省份的供给侧产出本地效应并不特别突出，如广东，但其总需求率较高，因而其供给侧总需求本地效应也位居前列。供给侧总需求本地效应较低的（0.59～0.70）省份以中、西部地区省份为主，它们是河北、陕西、内蒙古、山西、青海、天津、吉林以及新疆，而这些省份的供给侧产出本地效应一般也较小。

多数省份的供给侧总需求溢出效应超过了平均水平，其中居前列的（0.30～0.42）省份主要来自中、西部地区，它们是河北、陕西、内蒙古、山西、青海、天津。供给侧总需求溢出效应较小的（小于0.15）省份则主要来自东部地区，包括北京、山东、广东、湖北、上海、四川以及福建。容易发现，供给侧总需求溢出效应较大（小）的省份与供给侧产出溢出效应较大（小）的省份有较大的相似性，因为与各省对应的全国其他地区的总需求率比较接近，因而省际供给侧总需求溢出效应差异主要取决于供给侧产出溢出效应差异。同时，供给侧总需求溢出效应较大（小）的省份基本都是供给侧总需求溢出本地效应较小（大）的省份。这意味着对本地需求影响较大的省份，对其他地区需求的影响则较小。此外，省际需求侧增加值溢出效应的差异性也要明显大于省际需求侧增加值本地效应的差异性。

大多数省份的供给侧总需求总效应超过了平均水平，其中居前列的（0.89～1.04）省份都属于中、西部地区。重庆的供给侧总需求总效应位居第一，主要是因为其供给侧总需求本地效应和溢出效应都不小。类似的省份还有贵州、广西、河南以及云南。青海、陕西的供给侧总需求本地效应虽然较小，但它们的供给侧总需求溢出效应较大，因而它们的供给侧总需求总效应仅次于重庆。类似的省份还有山西、内蒙古、天津。

（三）各省供给侧消费效应

供给侧消费本地效应超过平均水平的省份有17个。虽然北京的供给侧消费本地效应位居第一，但供给侧本地效应较大的（0.36～0.43）省份主要来自中、西部地区，包括贵州、云南、四川、海南、湖北、湖南、安徽、甘肃、黑龙江。供给侧消费本地效应较小的（小于0.27）省份都包括天津、陕西、青海、江苏、上海、河北、吉林、内蒙古等。

供给侧消费溢出效应较大的（0.09～0.12）省份也主要分布在中、西部地区，包括陕西、吉林、新疆、黑龙江、内蒙古、天津、河北、山西和贵州。供给侧消费溢出效应较小的（0.03～0.045）省份以东部地区省份为主，包括山东、北京、广东、上海、湖北、福建、江苏。

供给侧消费总效应较大的（0.42～0.52）省份包括贵州、北京、黑龙江、云南、四川、海南、安徽、甘肃、湖北等。这些省份都属于供给侧消费本地效应较大的省份，其中一些省份的供给侧消费溢出效应也位居前列。供给侧消费总效应较小的（0.28～0.40）省份包括江苏、天津、上海、青海、山东、辽宁、广东和浙江，其中多为供给侧消费本地效应较小或溢出效应较小的省份。

（四）各省供给侧资本形成效应

供给侧资本形成本地效应超过平均水平的省份也有17个，其中供给侧本地效应较大的（0.37～0.43）省份也主要来自中、西部地区，包括重庆、湖南、广西、青海、山东、辽宁、湖北、四川、河南、吉林。供给侧资本形成本地效应较小的（小于0.29）省份都包括广东、河北、贵州、北京、黑龙江、上海、浙江等。

供给侧资本形成溢出效应较大的（0.16～0.23）省份也主要分布在中、西部地区，包括河北、内蒙古、青海、陕西、山西、天津。供给侧资本形成溢出效应较小的（0.05～0.07）省份以东部地区省份为主，包括北京、湖北、山东、广东、上海、福建、四川。

供给侧资本形成总效应较大的（0.50～0.60）省份包括青海、重庆、内蒙古、陕西、广西、河南、吉林等。这些省份多属于供给侧消费本地效应较大的省份，其中不少省份的供给侧资本形成溢出效应也位居前列。供给侧资本形成总效应较小的（0.28～0.40）省份包括广东、北京、上海、浙江、江苏、福建、贵州，其中多为供给侧资本形成本地效应及溢出效应都较小的省份。

（五）各省供给侧出口效应

供给侧出口本地效应超过平均水平的省份只有6个，这些省份全部来自东部沿海地区，包括广东、上海、江苏、浙江、福建和山东。供给侧资本形成本地效应较小的（0.03～0.06）省份则都是中、西部内陆省份，包括青海、甘肃、贵州、内蒙古、山西、广西、吉林、陕西、云南以及河南等。

供给侧出口溢出效应较大的（0.07～0.09）省份也主要分布在中、西部地区，包括陕西、河北、青海、内蒙古、山西、天津，这些省份也都是供给侧资本形成溢出效应较大的省份。供给侧出口溢出效应较小的（0.05～0.07）省份以东部地区省份为主，包括北京、山东、广东、上海、四川、湖北，而这些省份也都是供给侧资本形成溢出效应较小的省份。

供给侧出口总效应较大的（超过平均水平）省份也都是东部沿海省份，包括广东、上海、江苏、浙江、福建和天津等，它们与供给侧出口本地效应较大的省份几乎一致。供给侧出口总效应较小的（0.28~0.40）省份包括甘肃、湖南、贵州、云南、广西、河南、四川、吉林、海南等，其中多为供给侧出口本地效应较小的省份。

（六）各省供给侧碳排放效应

大多数省份的供给侧碳排放本地效应也都超过了平均水平，其中位居前列的省份（0.40吨/万元~0.88吨/万元）都是中部地区省份，包括宁夏、山西、内蒙古、贵州、甘肃、河北、青海、云南、湖北、新疆以及辽宁。供给侧碳排放本地效应低于平均水平的省份主要来自东部地区，包括北京、上海、浙江、江苏、广东、天津、福建、海南、江西以及湖南。值得指出的是，省际供给侧碳排放本地效应的变异系数超过了0.50，同样远远超过了省际供给侧各类经济本地效应的变异系数。

供给侧碳排放溢出效应较大的（0.18吨/万元~0.40吨/万元）省份包括山西、内蒙古、陕西、天津、贵州、黑龙江、青海、新疆、宁夏以及河北。供给侧碳排放溢出效应较小的（0.06吨/万元~0.09吨/万元）省份包括北京、福建、广东、湖南、上海、浙江、湖北。不过，省际供给侧碳排放溢出效应的差异性也要明显小于省际供给侧碳排放本地效应的差异性。

供给侧碳排放总效应较大的（0.60吨/万元~1.22吨/万元）省份包括山西、宁夏、内蒙古、贵州、甘肃、青海、河北、新疆。这些省份的供给侧碳排放本地效应及溢出效应一般都较大。供给侧碳排放总效应较低的（0.12吨/万元~0.35吨/万元）省份包括北京、上海、浙江、广东、江苏、福建、海南。

第三节　基于省级层面分析的部门经济和碳排放乘数

一　部门需求侧经济和碳排放乘数

表6-5显示了省际层面分析基础上各部门经济和碳排放乘数的加权平均值。具体而言，就是计算出各省分部门的经济和碳排放乘数后，以各省每

一部门提供的最终需求占全国同一部门最终需求总量的份额为权重，所计算出的加权平均值。易知，各部门的经济和碳排放本地效应都远远大于其相应的溢出效应，因而各部门的经济和碳排放总效应也主要由相应的本地效应决定。

表6－5　2010年部门最终需求的经济与碳排放乘数与碳排放效率

部门代码	产出乘数		增加值乘数		进口乘数		碳排放乘数（吨/万元）		碳排放效率（万元/吨）		
	本地	溢出	本地	溢出	本地	溢出	本地	溢出	本地	溢出	综合
s1	1.5998	0.3092	0.8537	0.1086	0.0331	0.0190	0.1379	0.0522	6.1907	2.0805	5.0621
s2	1.8986	0.4834	0.7616	0.1610	0.0569	0.0311	0.4716	0.1254	1.6149	1.2839	1.5454
s3	2.4248	0.3232	0.6883	0.1210	0.1609	0.0203	0.6395	0.1918	1.0763	0.6309	0.9735
s4	2.8375	0.5879	0.6235	0.1897	0.1464	0.0372	0.6922	0.2301	0.9008	0.8244	0.8817
s5	1.9328	0.5237	0.7486	0.1747	0.0754	0.0411	0.3391	0.1471	2.2076	1.1876	1.8990
s6	2.0714	0.4286	0.7217	0.1662	0.0955	0.0215	0.1772	0.0667	4.0728	2.4918	3.6404
s7	2.2956	0.6971	0.6246	0.2289	0.1088	0.0378	0.1973	0.1129	3.1657	2.0275	2.7515
s8	2.2546	0.6742	0.6537	0.2150	0.0947	0.0362	0.1352	0.0978	4.8351	2.1984	3.7283
s9	2.2768	0.5406	0.6641	0.1832	0.1204	0.0333	0.1991	0.1118	3.3355	1.6386	2.7253
s10	2.3378	0.5962	0.6241	0.1889	0.1495	0.0415	0.2751	0.1303	2.2686	1.4497	2.0054
s11	1.6628	0.4005	0.4834	0.1734	0.3238	0.0228	0.3407	0.0941	1.4188	1.8427	1.5106
s12	2.1306	0.5800	0.5854	0.1930	0.1842	0.0423	0.3964	0.1406	1.4768	1.3727	1.4495
s13	2.2948	0.6683	0.6442	0.2231	0.0913	0.0407	1.4457	0.2287	0.4456	0.9755	0.5180
s14	1.9590	0.7251	0.4741	0.2280	0.2397	0.0624	0.5874	0.2170	0.8071	1.0507	0.8728
s15	2.2666	0.6955	0.5857	0.2141	0.1436	0.0577	0.3958	0.2031	1.4798	1.0542	1.3354
s16	2.1830	0.6068	0.5842	0.1858	0.1793	0.0512	0.2647	0.1592	2.2070	1.1671	1.8165
s17	2.1782	0.7314	0.5571	0.2189	0.1635	0.0585	0.1883	0.1621	2.9586	1.3504	2.2146
s18	2.1904	0.6716	0.5232	0.2042	0.2125	0.0601	0.2240	0.1763	2.3357	1.1583	1.8171
s19	1.7637	0.3420	0.3883	0.1055	0.4673	0.0385	0.0930	0.0769	4.1753	1.3719	2.9064
s20	1.9221	0.5000	0.4976	0.1550	0.2999	0.0464	0.1345	0.1198	3.6996	1.2938	2.5663
s21	2.1935	0.6064	0.6408	0.1950	0.1233	0.0428	0.2482	0.1404	2.5818	1.3889	2.1508
s22	2.1173	0.6978	0.6665	0.2435	0.0669	0.0409	2.4087	0.2363	0.2767	1.0305	0.3440
s23	1.8647	0.5199	0.6864	0.2024	0.0891	0.0299	0.5846	0.1350	1.1741	1.4993	1.2351
s24	2.1967	0.7084	0.6469	0.2228	0.0873	0.0531	0.4640	0.2099	1.3942	1.0615	1.2905
s25	1.8556	0.5183	0.6935	0.1772	0.0880	0.0428	0.3863	0.1012	1.7952	1.7510	1.7861
s26	1.5218	0.2098	0.8759	0.0731	0.0375	0.0141	0.1198	0.0449	7.3114	1.6281	5.7620

部门代码	产出乘数		增加值乘数		进口乘数		碳排放乘数 （吨/万元）		碳排放效率 （万元/吨）		
	本地	溢出	本地	溢出	本地	溢出	本地	溢出	本地	溢出	综合
s27	2.0308	0.5230	0.7330	0.1942	0.0494	0.0269	0.1946	0.0785	3.7667	2.4739	3.3951
s28	2.0435	0.5192	0.7215	0.1723	0.0720	0.0385	0.1384	0.1019	5.2132	1.6909	3.7195
s29	1.9246	0.5825	0.6835	0.1913	0.0847	0.0412	0.1505	0.1256	4.5415	1.5231	3.1684
s30	1.6616	0.3178	0.8224	0.1048	0.0523	0.0230	0.1288	0.0653	6.3851	1.6049	4.7769
平均	1.9680	0.5123	0.6764	0.1666	0.1231	0.0379	0.2773	0.1218	2.4392	1.3678	2.1123

注：本表中部门代码及其含义如下：s1：农林牧渔业；s2：煤炭开采和洗选业；s3：石油和天然气开采业；s4：金属矿采选业；s5：非金属矿及其他矿采选业；s6：食品制造及烟草加工业；s7：纺织业；s8：纺织服装鞋帽皮革羽绒及其制品业；s9：木材加工及家具制造业；s10：造纸印刷及文教体育用品制造业；s11：石油加工、炼焦及核燃料加工业；s12：化学工业；s13：非金属矿物制品业；s14：金属冶炼及压延加工业；s15：金属制品业；s16：通用、专用设备制造业；s17：交通运输设备制造业；s18：电气机械及器材制造业；s19：通信设备、计算机及其他电子设备制造业；s20：仪器仪表及文化办公用机械制造业；s21：其他制造业；s22：电力、热力的生产和供应业；s23：燃气及水的生产与供应业；s24：建筑业；s25：交通运输及仓储业；s26：批发零售业；s27：住宿餐饮业；s28：租赁和商业服务业；s29：研究与试验发展业；s30：其他服务业。

（一）部门需求侧经济本地效应

需求侧产出本地效应居前列的（2.20～2.90）部门以采掘业、一些劳动密集型轻工业部门以及资源密集型重工业为主，包括金属矿采选业、石油和天然气开采业、造纸印刷及文教体育用品制造业、纺织业、非金属矿物制品业、木材加工及家具制造业、金属制品业以及纺织服装鞋帽皮革羽绒及其制品业。需求侧产出本地效应较小的（1.50～1.80）部门是批发零售业，农林牧渔业，其他服务业，石油加工、炼焦及核燃料加工业，通信设备、计算机及其他电子设备制造业。

需求侧增加值本地效应居前列的（0.70～0.90）部门是批发零售业、农林牧渔业、其他服务业、煤炭开采和洗选业、非金属矿及其他矿采选业、住宿餐饮业、食品制造及烟草加工业以及租赁和商业服务业。值得注意的是，这些部门多为需求侧产出本地效应较小的部门。由此可见，这些部门的最终需求拉动的多为增加值率较高的部门。需求侧增加值本地效应较小的（0.38～0.58）部门中，通信设备、计算机及其他电子设备制造业，石油加工、炼焦及核燃料加工业也是需求侧产出本地效应较小的部门，余下的部门还包括金属冶炼及压延加工业、仪器仪表及文化办公用机械制造业、电气机械及器材制造业、交通运输设备制造业。

需求侧进口本地效应居前列的（0.70～0.90）部门是通信设备、计算机及其他电子设备制造业，石油加工、炼焦及核燃料加工业，仪器仪表及文化办公用机械制造业，金属冶炼及压延加工业，电气机械及器材制造业以及化学工业。换句话说，这些部门对进口的依赖性比较高。而且其中通信设备、计算机及其他电子设备制造业，电气机械及器材制造业以及化学工业在中国出口中的份额也很高，这反映了这些部门"大进大出"的贸易特征。需求侧进口本地效应较小的（0.03～0.06）部门以服务业部门为主，包括农林牧渔业、批发零售业、住宿餐饮业、其他服务业以及煤炭开采和洗选业。这也在一定程度反映了中国的禀赋特征，即中国具有劳动力、土地以及煤炭的禀赋优势，因而上述产业的发展能够较少地依赖进口。

（二）部门需求侧经济溢出效应

需求侧产出溢出效应较大的（0.65～0.70）部门集中在第二产业，且以重工业为主，它们是交通运输设备制造业，金属冶炼及压延加工业，建筑业，电力、热力的生产和供应业，纺织业，金属制品业，纺织服装鞋帽皮革羽绒及其制品业，电气机械及器材制造业以及非金属矿物制品业。需求侧产出溢出效应较小的（0.20～0.40）部门则主要是一些服务业、采掘业、轻工业及农业部门，包括批发零售业、农林牧渔业、其他服务业、石油和天然气开采业和通信设备、计算机及其他电子设备制造业，与需求侧产出本地效应较小的部门高度相似。

需求侧增加值溢出效应较大的（0.21～0.25）部门是电力、热力的生产和供应业，纺织业，金属冶炼及压延加工业，非金属矿物制品业，建筑业，交通运输设备制造业，纺织服装鞋帽皮革羽绒及其制品业以及金属制品业，几乎都是需求侧产出溢出效应较大的部门。需求侧增加值溢出效应较小的（0.07～0.13）部门是批发零售业，其他服务业，通信设备、计算机及其他电子设备制造业，农林牧渔业以及石油和天然气开采业，全部也都是需求侧产出溢出效应较小的部门。

需求侧进口溢出效应较大的（0.05～0.06）部门是金属冶炼及压延加工业、电气机械及器材制造业、交通运输设备制造业、金属制品业、建筑业以及通用、专用设备制造业，其中多数也是需求侧产出溢出效应较大的部门。需求侧进口溢出效应较小的（0.01～0.03）部门是批发零售业，农林牧渔业，石油和天然气开采业，食品制造及烟草加工业，石油加工、炼焦及核燃料加工业，其他服务业，住宿餐饮业以及燃气及水的生产与供应业，多数也都是需求侧产出溢出效应较小的部门。

（三） 部门需求侧碳排放效应

需求侧碳排放本地效应居前列的（0.58 吨/万元 ~ 2.41 吨/万元）部门是电力、热力的生产和供应业，非金属矿物制品业，金属矿采选业，石油和天然气开采业，金属冶炼及压延加工业，燃气及水的生产与供应业。这些部门基本都是需求侧产出本地效应较大且能源密集型部门。需求侧碳排放本地效应较小的（0.09 吨/万元 ~ 0.15 吨/万元）部门主要是服务业以及轻工业部门，包括通信设备、计算机及其他电子设备制造业，批发零售业，其他服务业，仪器仪表及文化办公用机械制造业，纺织服装鞋帽皮革羽绒及其制品业，农林牧渔业，租赁和商业服务业以及研究与试验发展业。其中，多数部门的需求侧产出本地效应也较小。

需求侧碳排放溢出效应居前列的（0.20 吨/万元 ~ 0.24 吨/万元）部门是电力、热力的生产和供应业，金属矿采选业，非金属矿物制品业，金属冶炼及压延加工业，建筑业以及金属品制造业。这些部门也基本都是需求侧碳排放本地效应较大的部门。需求侧碳排放溢出效应较小的（0.04 吨/万元 ~ 0.08 吨/万元）部门同样主要涉及服务业、轻工业部门及农业，包括住宿餐饮业，通信设备、计算机及其他电子设备制造业，食品制造及烟草加工业，其他服务业，农林牧渔业，批发零售业。

二 部门供给侧经济和碳排放乘数

表 6 – 6 显示了省际层面分析基础上各部门供给侧经济和碳排放乘数的加权平均值。类似地，这些加权平均值是在计算出各省分部门的经济和碳排放乘数后，以各省每一部门提供的最终需求占全国同一部门最终需求总量的份额为权重计算得到的。易知，绝大多数部门的供给侧经济和碳排放本地效应都远远大于其相应的溢出效应，因而各部门的经济和碳排放总效应也主要由相应的本地效应决定。

表 6 – 6　2010 年部门初始投入的经济与碳排放乘数

部门代码	产出		消费		资本形成		出口		总需求		碳排放乘数	
	本地	溢出	本地	溢出	本地	溢出	本地	溢出	本地	溢出	本地	溢出
s1	2.0930	0.5055	0.4585	0.1035	0.2280	0.0621	0.0803	0.0422	0.7668	0.2077	0.1175	0.0510
s2	2.6244	1.5055	0.1634	0.1419	0.2501	0.2565	0.0573	0.1058	0.4709	0.5042	1.3890	0.6213
s3	2.0879	2.1416	0.1118	0.2124	0.1615	0.3104	0.0640	0.1425	0.3374	0.6653	0.3898	0.5631
s4	2.9388	1.4592	0.0508	0.0748	0.3385	0.3677	0.0959	0.1303	0.4852	0.5728	0.5980	0.2379

部门代码	产出		消费		资本形成		出口		总需求		碳排放乘数	
	本地	溢出	本地	溢出	本地	溢出	本地	溢出	本地	溢出	本地	溢出
s5	2.5553	0.8380	0.0786	0.0594	0.4728	0.2548	0.1014	0.0584	0.6528	0.3725	0.5988	0.2034
s6	1.8533	0.3929	0.5863	0.0917	0.1613	0.0488	0.0738	0.0256	0.8213	0.1661	0.1034	0.0428
s7	2.3852	0.6712	0.1405	0.0799	0.1236	0.0794	0.5014	0.1077	0.7656	0.2670	0.1352	0.0693
s8	1.6498	0.3280	0.3541	0.0477	0.1787	0.0540	0.3259	0.0388	0.8587	0.1405	0.0733	0.0458
s9	1.9682	0.3800	0.1246	0.0398	0.4503	0.0950	0.2486	0.0339	0.8235	0.1687	0.1246	0.0583
s10	2.4354	0.6431	0.2736	0.1047	0.1977	0.1007	0.2364	0.0553	0.7078	0.2607	0.2440	0.0907
s11	2.3611	1.0448	0.1835	0.1091	0.2935	0.1884	0.1207	0.0821	0.5977	0.3795	0.4992	0.2318
s12	2.4826	0.7400	0.2320	0.0920	0.2273	0.1251	0.2384	0.0669	0.6977	0.2840	0.3395	0.1125
s13	2.2726	0.4861	0.0707	0.0321	0.5745	0.1987	0.1096	0.0338	0.7548	0.2646	1.2895	0.0978
s14	2.3304	0.9788	0.0482	0.0582	0.4122	0.2627	0.1436	0.0907	0.6040	0.4116	0.5655	0.1603
s15	2.1284	0.6822	0.1020	0.0596	0.3530	0.1663	0.2711	0.0683	0.7260	0.2942	0.1492	0.1079
s16	1.7761	0.3536	0.0595	0.0334	0.6228	0.0876	0.1754	0.0277	0.8577	0.1487	0.1430	0.0695
s17	1.7376	0.4222	0.0975	0.0410	0.5716	0.1051	0.1450	0.0345	0.8141	0.1806	0.0867	0.0600
s18	1.7605	0.3762	0.0945	0.0385	0.4385	0.0932	0.3119	0.0338	0.8449	0.1655	0.1587	0.0893
s19	1.6518	0.2091	0.0919	0.0241	0.1919	0.0380	0.6278	0.0369	0.9115	0.0990	0.0351	0.0241
s20	1.7479	0.2652	0.1078	0.0302	0.1894	0.0505	0.5970	0.0298	0.8942	0.1105	0.1306	0.0542
s21	2.3846	0.6059	0.1164	0.0522	0.3179	0.1320	0.3442	0.0542	0.7784	0.2384	0.1918	0.1043
s22	2.6113	0.8676	0.3311	0.0879	0.2345	0.1576	0.0965	0.0685	0.6622	0.3140	2.6222	0.2760
s23	2.0040	0.4370	0.5270	0.0515	0.1922	0.0928	0.0804	0.0351	0.7995	0.1794	0.5503	0.0851
s24	1.0842	0.0209	0.0299	0.0029	0.9482	0.0039	0.0145	0.0016	0.9926	0.0084	0.0288	0.0045
s25	2.3184	0.5896	0.2681	0.0623	0.3284	0.1211	0.1685	0.0508	0.7651	0.2342	0.4757	0.1185
s26	1.9445	0.4424	0.2960	0.0513	0.3079	0.0890	0.2010	0.0416	0.8049	0.1819	0.1890	0.0767
s27	1.8341	0.3007	0.6416	0.0471	0.1349	0.0553	0.0794	0.0242	0.8560	0.1265	0.1668	0.0529
s28	2.1517	0.3611	0.3532	0.0511	0.1829	0.0723	0.3070	0.0299	0.8430	0.1534	0.1228	0.0593
s29	1.8088	0.2023	0.5698	0.0221	0.2453	0.0522	0.0848	0.0165	0.8999	0.0907	0.0931	0.0353
s30	1.6699	0.1985	0.6297	0.0245	0.2227	0.0380	0.0606	0.0168	0.9131	0.0794	0.1553	0.0417
平均	1.9680	0.5020	0.3038	0.0575	0.3233	0.0986	0.1680	0.0439	0.7951	0.2000	0.3118	0.0963
变异系数	0.1956	0.8827	0.6254	0.7146	0.5506	0.8904	0.9233	0.7644	0.1799	0.7338	1.6879	1.4554

注：本表中部门代码及其含义如下：s1：农林牧渔业；s2：煤炭开采和洗选业；s3：石油和天然气开采业；s4：金属矿采选业；s5：非金属矿及其他矿采选业；s6：食品制造及烟草加工业；s7：纺织业；s8：纺织服装鞋帽皮革羽绒及其制品业；s9：木材加工及家具制造业；s10：造纸印刷及文教体育用品制造业；s11：石油加工、炼焦及核燃料加工业；s12：化学工业；s13：非金属矿物制品业；s14：金属冶炼及压延加工业；s15：金属制品业；s16：通用、专用设备制造业；s17：交通运输设备制造业；s18：电气机械及器材制造业；s19：通信设备、计算机及其他电子设备制造业；s20：仪器仪表及文化办公用机械制造业；s21：其他制造业；s22：电力、热力的生产和供应业；s23：燃气及水的生产与供应业；s24：建筑业；s25：交通运输及仓储业；s26：批发零售业；s27：住宿餐饮业；s28：租赁和商业服务业；s29：研究与试验发展业；s30：其他服务业。

（一）部门供给侧经济本地效应

供给侧产出本地效应居前列的（2.38~2.94）部门涉及采掘业、一些劳动密集型轻工业部门以及资源密集型重工业，包括金属矿采选业，煤炭开采和洗选业，电力、热力的生产和供应业，非金属矿及其他矿采选业，化学工业，造纸印刷及文教体育用品制造业，纺织业及其他制造业。供给侧产出本地效应较小的（1.08～1.80）部门是建筑业，纺织服装鞋帽皮革羽绒及其制品业，通信设备、计算机及其他电子设备制造业，仪器仪表及文化办公用机械制造业，电气机械及器材制造业以及通用、专用设备制造业。

供给侧消费本地效应超过平均水平的部门是住宿餐饮业、其他服务业、食品制造及烟草加工业、研究与发试验展业、燃气及水的生产及供应业、农林牧渔业、纺织服装鞋帽皮革羽绒及其制品业、租赁及商业服务业以及电力、热力的生产和供应业。这些部门都是与居民消费或政府消费息息相关的部门。供给侧消费本地效应较小的（0.02～0.50）部门包括建筑业，金属冶炼及加工压延业，金属矿采选业，通用、专用设备制造业，非金属矿物制品业，非金属矿及其他矿采选业，通信设备、计算机及其他电子设备制造业，电气机械及器材制造业，交通运输设备制造业。这些部门都是生产资料供应部门，其中既有供给侧产出本地效应较小的部门（如建筑业），也有供给侧产出本地效应大的部门（如非金属矿及其他矿采选业）。

供给侧资本形成本地效应居前列的（超过平均水平）部门基本都是生产资料生产部门，包括建筑业，通用、专用设备制造业，非金属矿物制品业，交通运输设备制造业，非金属矿及其他矿采选业，木材加工及家具制造业，电气机械及器材制造业，金属冶炼及压延加工业，金属制品业，金属矿采选业以及交通运输及仓储业。供给侧资本形成本地效应较小的（0.03～0.06）部门则主要是生活资料生产部门、一些服务业部门以及中间产品供应部门，包括纺织业、住宿餐饮业、食品制造及烟草加工业、石油和天然气开采业、纺织服装鞋帽皮革羽绒及其制品业、租赁和商业服务业。

供给侧出口本地效应居前列的（0.30～0.63）部门主要是轻工业部门，包括通信设备、计算机及其他电子设备制造业，仪器仪表及文化办公用机械制造业，纺织业，其他制造业，纺织服装鞋帽皮革羽绒及其制品业，电气机械及器材制造业以及租赁和商业服务业。供给侧出口本地效应较小的（0.01～0.08）部门则主要建筑业、煤炭开采和洗选业、其他服务业、石油和天然气开采业、住宿餐饮业等非制造业部门，以及个别与居民消费密切相关的制造业部门，如食品制造及烟草加工业。

供给侧总需求本地效应居前列的（0.85～1.00）部门是建筑业，其他服务业，通信设备、计算机及其他电子设备制造业，研究与试验发展业，仪器仪表及文化办公用机械制造业，纺织服装鞋帽皮革羽绒及其制品业，通用、专用设备制造业以及住宿餐饮业。其中有三个属于供给侧消费本地效应较大的部门，两个属于供给侧资本形成本地效应较大的部门，三个属于供给侧出口本地效应较大的部门。供给侧总需求本地效应较小的部门（0.33～0.70）主要是中间产品供应部门，包括石油和天然气开采业，煤炭开采和洗选业，金属矿采选业，石油加工、炼焦及核燃料加工业，金属冶炼及压延加工业，非金属矿及其他矿采选业，电力、热力的生产和供应业以及化学工业。这些部门多是供给侧产出本地效应较大的部门，但因它们的产品只有少部分是最终使用品，因而它们的供给侧总需求本地效应反而较小。

（二）部门供给侧经济溢出效应

供给侧产出溢出效应较大的（0.68～2.15）部门主要是中间产品供应部门，非金属矿及其他矿采选业，电力、热力的生产和供应业，金属冶炼及压延加工业，石油加工、炼焦及核燃料加工业，金属矿采选业，煤炭开采和洗选业，石油和天然气开采业，化学工业以及金属制品业。供给侧产出溢出效应较小的（0.20～0.40）部门包括建筑业，其他服务业，研究与试验发展业，通信设备、计算机及其他电子设备制造业，仪器仪表及文化办公用机械制造业，住宿餐饮业，纺织服装鞋帽皮革羽绒及其制品业，这些部门都是供给侧总需求本地效应较大的部门。

供给侧消费溢出效应较大的（0.09～0.22）部门也多是中间产品供应部门，如石油和天然气开采业，煤炭开采和洗选业，石油加工、炼焦及核燃料加工业，化学工业，同时也包括一些与居民生活密切相关的部门，如造纸印刷及文教体育用品制造业、农林牧渔业、食品制造及烟草加工业。供给侧消费溢出效应较小的（小于0.04）部门包括建筑业，研究与试验发展业，通信设备、计算机及其他电子设备制造业，其他服务业，仪器仪表及文化办公用机械制造业，非金属矿物制品业，通用、专用设备制造业以及电气机械及器材制造业，这些部门多是供给侧产出溢出效应较小的部门，也包括一些生产资料生产部门。

供给侧资本形成溢出效应较大的（0.15～0.37）部门包括金属矿采选业，石油和天然气开采业，金属冶炼及压延加工业，煤炭开采和洗选业，非金属矿及其他矿采选业，非金属矿物制品业，石油加工、炼焦及核燃料加工业，金属制品业，电力、热力的生产和供应业。这些部门也多是中间产品供应部门。供给侧资本形成溢出效应较小的（小于 0.07）部门包括建筑业，通信设备、计算机及其他电子设备制造业，其他服务业，食品制造及烟草加工业，仪器仪表及文化办公用机械制造业，研究与试验发展业，纺织服装鞋帽皮革羽绒及其制品业，住宿餐饮业，农林牧渔业。这些部门与供给侧产出及消费溢出效应较小的部门有较大的重合性。

供给侧出口溢出效应较大的（0.15～0.37）部门包括石油和天然气开采业，金属矿采选业，纺织业，煤炭开采和洗选业，金属冶炼及压延加工业，石油加工、炼焦及核燃料加工业，电力、热力的生产和供应业，金属制品业，化学工业。这些部门与供给侧产出、消费及资本形成溢出效应较大的部门也具有很高的相似性。供给侧出口溢出效应较小的（小于 0.03）部门包括建筑业，研究与试验发展业，其他服务业，住宿餐饮业，食品制造及烟草加工业，通用、专用设备制造业，仪器仪表及文化办公用机械制造业，租赁和商业服务业。

由于供给侧消费、资本形成及出口溢出效应较大的部门很相似，因而这些部门也多是供给侧总需求溢出效应较大的（0.31～0.67）部门，包括石油和天然气开采业，金属矿采选业，煤炭开采和洗选业，金属冶炼及压延加工业，石油加工、炼焦及核燃料加工业，非金属矿及其他矿采选业，电力、热力的生产和供应业，金属制品业。类似地，供给侧出口溢出效应较小的（小于 0.15）部门包括建筑业，其他服务业，研究与试验发展业，通信设备、计算机及其他电子设备制造业，仪器仪表及文化办公用机械制造业，住宿餐饮业，纺织服装鞋帽皮革羽绒及其制品业，通用、专用设备制造业。

（三）部门供给侧碳排放效应

供给侧碳排放本地效应超过平均水平的（0.31 吨/万元～2.62 吨/万元）部门是电力、热力的生产和供应业，煤炭开采和洗选业，非金属矿物制品业，非金属矿及其他矿采选业，金属矿采选业，金属冶炼及压延加工业，燃气及水的生产与供应业，石油加工、炼焦及核燃料加工业，交通运输及仓储业，石油和天然气开采业以及化学工业。这些部门主要是能源供应部门或能源密集型部门。供给侧碳排放本地效应最小的部门是建筑业，其他供给侧碳排放本地效应较小的（0.03 吨/万元～0.12 吨/万元）部门主要是服务业以及轻工业部门，包括通信设备、计算机及其他电子设备制造业，纺织服装鞋帽皮革羽绒及其制品业，交通运输设备制造业，研究与试验发展业，食品制造及烟草加工业以及农林牧渔业。其中，多数部门的需求侧碳排放本地效应也较小。

供给侧碳排放溢出效应居前列的（0.16 吨/万元～0.62 吨/万元）部门是煤炭开采和洗选业，石油和天然气开采业，电力、热力的生产和供应业，金属矿采选业，石油加工、炼焦及核燃料加工业，非金属矿及其他矿采选业以及金属冶炼及压延加工业。这些部门也都是需求供给侧碳排放本地效应较大的部门。供给侧碳排放溢出效应最小的部门也是建筑业。其他供给侧碳排放溢出效应较小的（0.03 吨/万元～0.05 吨/万元）部门同样主要是服务业、轻工业部门，包括通信设备、计算机及其他电子设备制造业，研究与试验发展业，其他服务业，食品制造及烟草加工业，纺织服装鞋帽皮革羽绒及其制品业等。

第四节　不同类型需求侧与供给侧经济和碳排放乘数

一　各类最终需求的增加值和碳排放乘数

表 6 - 7 显示了 2010 年各省消费、资本形成及出口的增加值与碳排放本地效应与溢出效应。如前所述，由于不同类型的最终需求在部门构成上有较大差异，因而它们的增加值和碳排放效应也会有所不同。

表 6 - 7　2010 年省级不同类型最终需求的增加值与碳排放乘数分解

地区	增加值乘数						碳排放乘数（吨/万元）					
	消费		资本形成		出口		消费		资本形成		出口	
	本地	溢出	本地	溢出	本地	溢出	本地	溢出	本地	溢出	本地	溢出
北　京	0.6524	0.2167	0.5552	0.2888	0.5620	0.2530	0.0865	0.1387	0.0807	0.2395	0.0879	0.1534
天　津	0.6812	0.2135	0.5452	0.2647	0.4954	0.2288	0.2351	0.1110	0.2133	0.1973	0.1691	0.1385
河　北	0.7415	0.1695	0.6428	0.2102	0.6344	0.2014	0.4291	0.1141	0.4140	0.1671	0.4305	0.1394
山　西	0.7954	0.1414	0.7637	0.1235	0.7763	0.1330	0.6686	0.0548	0.6154	0.0685	0.5233	0.0549
内蒙古	0.8381	0.0987	0.7254	0.1571	0.7776	0.1326	0.6439	0.0441	0.5147	0.1068	0.3744	0.0633
辽　宁	0.7691	0.1285	0.6589	0.1710	0.6419	0.1609	0.3197	0.0628	0.3952	0.1232	0.4063	0.0985
吉　林	0.7217	0.1875	0.5632	0.2726	0.6733	0.2041	0.3347	0.1819	0.3236	0.2978	0.3558	0.2049
黑龙江	0.7903	0.1119	0.6362	0.2134	0.6864	0.1697	0.3240	0.0576	0.2898	0.1593	0.4071	0.1059
上　海	0.6690	0.2226	0.5300	0.2912	0.4453	0.2318	0.1919	0.1448	0.1415	0.2671	0.1190	0.1630
江　苏	0.7863	0.1160	0.6044	0.1891	0.5439	0.1557	0.1694	0.0646	0.2278	0.1731	0.1747	0.1117
浙　江	0.7469	0.1483	0.5640	0.2462	0.5518	0.2262	0.1595	0.0997	0.1882	0.2475	0.1314	0.1788
安　徽	0.6615	0.2280	0.5555	0.2819	0.5730	0.2524	0.2514	0.1081	0.2837	0.2046	0.2093	0.1351
福　建	0.8090	0.1047	0.7199	0.1456	0.6598	0.1472	0.2139	0.0467	0.2292	0.0988	0.2636	0.0859
江　西	0.7932	0.0960	0.7052	0.1009	0.6867	0.1091	0.1837	0.0877	0.3405	0.1209	0.3338	0.1134

地区	增加值乘数						碳排放乘数(吨/万元)					
	消费		资本形成		出口		消费		资本形成		出口	
	本地	溢出	本地	溢出	本地	溢出	本地	溢出	本地	溢出	本地	溢出
山 东	0.7694	0.0965	0.6740	0.1024	0.6484	0.0989	0.2536	0.0667	0.3671	0.1090	0.3213	0.0952
河 南	0.7985	0.1114	0.7184	0.1354	0.7430	0.1254	0.2727	0.0661	0.3678	0.1057	0.2936	0.0859
湖 北	0.8555	0.0697	0.7911	0.0884	0.7729	0.0824	0.2964	0.0364	0.5107	0.0684	0.3963	0.0558
湖 南	0.8377	0.0868	0.7460	0.1360	0.7626	0.1079	0.2585	0.0574	0.3522	0.1285	0.2596	0.0827
广 东	0.7606	0.1379	0.6512	0.1855	0.4949	0.1839	0.1682	0.0782	0.2833	0.1481	0.1893	0.1240
广 西	0.8213	0.1089	0.7102	0.1673	0.6584	0.1789	0.2587	0.0467	0.3826	0.0989	0.2591	0.0889
海 南	0.8489	0.0768	0.7101	0.1486	0.7026	0.1246	0.1868	0.0257	0.3396	0.0579	0.2451	0.0446
重 庆	0.8086	0.1094	0.7071	0.1672	0.7081	0.1332	0.2347	0.0643	0.3863	0.1674	0.2305	0.0955
四 川	0.8465	0.0671	0.7680	0.0949	0.7327	0.0817	0.2079	0.0310	0.3977	0.0685	0.2808	0.0482
贵 州	0.8258	0.1203	0.6614	0.2283	0.7152	0.1806	0.4819	0.0515	0.5622	0.1670	0.3802	0.0857
云 南	0.7924	0.1397	0.6592	0.2210	0.6892	0.1829	0.2420	0.0644	0.4976	0.1542	0.5103	0.0993
陕 西	0.7506	0.3456	0.6072	0.4005	0.6532	0.2732	0.4305	0.2134	0.2156	0.2412	0.2372	0.1801
甘 肃	0.7648	0.1462	0.6486	0.2248	0.7324	0.1544	0.3438	0.0829	0.6833	0.1705	0.3725	0.0981
青 海	0.8155	0.1199	0.7607	0.1478	0.7659	0.1355	0.3808	0.1286	0.5916	0.1195	0.3301	0.1150
宁 夏	0.7719	0.1423	0.6031	0.2577	0.7029	0.1621	0.7970	0.0768	0.6548	0.2082	0.7851	0.1054
新 疆	0.7636	0.1528	0.6213	0.2358	0.6589	0.2151	0.5166	0.0705	0.3827	0.1954	0.5822	0.1063
平 均	0.7687	0.1368	0.6519	0.1875	0.5645	0.1771	0.2583	0.0806	0.3246	0.1569	0.2172	0.1243

（一）各类最终需求的增加值效应比较

各省的资本形成与出口的增加值本地效应都明显低于各自的消费增加值本地效应。其中，消费与资本形成增加值本地效应绝对差距最大的（大于0.15）几个省份是浙江、江苏、宁夏、贵州、吉林、黑龙江，绝对差距最小的（小于0.09）几个省份是山西、青海、湖北、四川、河南、江西和福建。消费与出口增加值本地效应绝对差距最大也即超过平均差距的（大于0.20）几个省份是广东、浙江以及江苏，绝对差距最小的（小于0.07）几个省份是山西、甘肃、吉林、青海、河南、内蒙古和宁夏。

省级出口和资本形成的增加值本地效应也有明显差异。有16个省份的出口增加值本地效应大于资本形成增加值本地效应；两者的绝对差异在吉林、宁夏及甘肃三省最为显著。值得指出的是，在上述16个省份中，只有北京属于东部地区，其余省份都属于中、西部地区。另外14个省份的出口增加值本地效应小于资本形成增加值本地效应；两者的绝对差异在广东最大，在上海、江苏、福建也很突出。就全国平均水平而言，出口增加值本地效应明显小于资本形成增加值本地效应。

几乎所有省份的资本形成增加值溢出效应都大于消费增加值溢出效应，只有山西例外。其中，宁夏、贵州、黑龙江以及浙江的资本形成与消费的增加值溢出效应绝对差距超过 0.09。除了山西和陕西外，其余所有省份的出口增加值溢出效应也都大于消费增加值溢出效应，两者的绝对差距在浙江、广西、新疆、贵州等四省超过 0.06。同时，除了广西、山西、江西以及福建之外，绝大多数省份的资本形成增加值溢出效应都大于出口增加值溢出效应，两者绝对差距以陕西、宁夏、甘肃、吉林为甚（超过 0.06）。

由于各类需求的增加值本地效应都远大于溢出效益，因而各省资本形成及出口的增加值总效应也都明显低于各自的消费增加值总效应。同时，大多数省份的资本形成增加值总效应也大于其出口增加值总效应，尤以广东和上海为甚，只有吉林、内蒙古、山西、新疆、河南、甘肃、黑龙江、贵州、宁夏 9 个省份例外。

（二）各类最终需求的碳排放效应比较

多数省份的资本形成碳排放本地效应都大于消费碳排放本地效应，因为资本形成的构成中多是碳密集型产品。其中，资本形成与消费碳排放本地效应绝对差距最大的（0.18 吨/万元 ~ 0.34 吨/万元）几个省份是甘肃、云南、湖北、青海以及四川。不过，也有 11 个省份的资本形成碳排放本地效应小于消费碳排放本地效应，这些省份包括陕西、宁夏、新疆、内蒙古、山西、上海、黑龙江、天津、河北、吉林、北京。其中，内蒙古、新疆、宁夏、陕西的资本形成碳排放本地效应比其消费碳排放本地效应低 0.12 吨/万元 ~ 0.21 吨/万元。与消费相比，资本形成碳排放本地效应的全国平均水平要高一些。

多数省份的出口碳排放本地效应都大于消费碳排放本地效应，这意味着这些省份出口的构成中碳密集型产品的份额更大一些。不过，出口碳排放本地效应与消费碳排放本地效应绝对差距超过 0.15 吨/万元的省份只有云南和江西，其余省份中两者的差距都小于 0.10 吨/万元。也有 11 个省份的出口碳排放本地效应小于消费碳排放本地效应，这些省份包括内蒙古、陕西、山西、贵州、上海、天津、青海、安徽、浙江、宁夏、重庆。而且，内蒙古、陕西、山西、贵州的消费碳排放本地效应与其出口碳排放本地效应的差距都超过 0.10 吨/万元。因而，出口碳排放本地效应的全国平均值低于消费碳排放本地效应。

大多数省份的资本形成碳排放本地效应又都大于出口碳排放本地效应，

两者的差距在甘肃、青海、贵州、重庆、内蒙古、广西、四川以及湖北超过 0.10 吨/万元。只有新疆、宁夏、黑龙江、福建、吉林、陕西、河北、云南、辽宁以及北京的资本形成碳排放本地效应小于出口碳排放本地效应。当然，资本形成碳排放本地效应的全国平均水平也明显超过出口碳排放本地效应。

除了青海外，所有省份的资本形成碳排放溢出效应都大于消费碳排放溢出效应。几乎所有省份的出口碳排放溢出效应也都大于消费的碳排放溢出效应，只有陕西和青海例外。同时，所有省份的资本形成碳排放溢出效应都大于出口碳排放溢出效应。资本形成碳排放溢出效应与消费碳排放溢出效应绝对差距较大的（0.11 吨/万元 ~ 0.15 吨/万元）省份有浙江、宁夏、新疆、上海、吉林和贵州；绝对差距较小的（小于 0.04 吨/万元）省份包括山西、陕西、湖北、海南、江西、四川以及河南。出口碳排放溢出效应与消费碳排放溢出效应绝对差距较大的（0.04 吨/万元 ~ 0.08 吨/万元）省份有浙江、黑龙江、江苏、广东和广西。资本形成碳排放溢出效应与消费碳排放溢出效应绝对差距较大的（0.09 吨/万元 ~ 0.10 吨/万元）省份包括上海、宁夏及吉林；两者的绝对差距在青海及江西小于 0.01 吨/万元。

综合来看，绝大多数省份的资本形成碳排放总效应都大于消费的碳排放总效应，只有陕西、内蒙古、山西、宁夏以及新疆例外。绝大多数省份的出口碳排放总效应都大于消费的碳排放总效应，只有内蒙古、陕西、山西、贵州、青海、上海、天津及安徽例外。同时，绝大多数省份的资本形成碳排放总效应都大于出口的碳排放总效应，只有新疆、黑龙江、宁夏及福建例外。

二 供给侧视角下增加值与进口的需求和碳排放乘数

表 6 - 8 显示了 2010 年各省增加值及进口的总需求与碳排放本地效应与溢出效应。如前所述，由于增加值及进口在部门构成上也有较大差异，因而它们的总需求和碳排放效应也会有所不同。

表 6 - 8　2010 年省级不同类型初始投入的经济与碳排放乘数分解

| 地区 | 总需求乘数 | | | | 碳排放乘数（吨/万元） | | | |
| | 增加值 | | 进口 | | 增加值 | | 进口 | |
	本地	溢出	本地	溢出	本地	溢出	本地	溢出
北　京	0.8731	0.1081	0.8655	0.1291	0.0817	0.0464	0.0806	0.0545
天　津	0.6641	0.3390	0.6701	0.3453	0.2108	0.2158	0.1858	0.1463
河　北	0.6124	0.3900	0.4812	0.5366	0.4647	0.1451	0.5902	0.1875
山　西	0.6544	0.3509	0.5718	0.4477	0.8160	0.3983	0.8060	0.4108

地区	总需求乘数				碳排放乘数（吨/万元）			
	增加值		进口		增加值		进口	
	本地	溢出	本地	溢出	本地	溢出	本地	溢出
内蒙古	0.6257	0.3795	0.5356	0.4800	0.7627	0.2663	0.6273	0.2424
辽 宁	0.8103	0.1708	0.7183	0.2651	0.3998	0.0714	0.4161	0.1261
吉 林	0.6950	0.2824	0.6364	0.3384	0.3066	0.1146	0.3669	0.1296
黑龙江	0.7059	0.2860	0.7195	0.2621	0.3526	0.1925	0.4316	0.1434
上 海	0.8483	0.1432	0.8996	0.1211	0.1243	0.0580	0.1155	0.0487
江 苏	0.8455	0.1473	0.8347	0.1788	0.2023	0.0595	0.1649	0.0651
浙 江	0.8469	0.1486	0.8033	0.2000	0.1666	0.0558	0.1115	0.0785
安 徽	0.7800	0.2022	0.7464	0.2283	0.3227	0.0971	0.2723	0.0992
福 建	0.8553	0.1429	0.8182	0.1955	0.2436	0.0493	0.2167	0.0611
江 西	0.7379	0.2553	0.6630	0.3400	0.2720	0.1031	0.2908	0.1308
山 东	0.8576	0.1158	0.8431	0.1342	0.3394	0.0593	0.3217	0.0631
河 南	0.7745	0.2310	0.7090	0.3010	0.3967	0.1104	0.3926	0.1237
湖 北	0.8457	0.1366	0.8486	0.1337	0.4187	0.0604	0.5021	0.0536
湖 南	0.8457	0.1467	0.7580	0.2430	0.2944	0.0498	0.3230	0.0840
广 东	0.8804	0.1220	0.8505	0.1374	0.1987	0.0509	0.1883	0.0521
广 西	0.7877	0.2170	0.6576	0.3762	0.3488	0.0798	0.4013	0.1374
海 南	0.8450	0.1348	0.6694	0.3049	0.2568	0.0688	0.1853	0.1900
重 庆	0.7791	0.2374	0.7340	0.2851	0.3196	0.0870	0.2628	0.0966
四 川	0.8624	0.1431	0.8207	0.1826	0.3204	0.0624	0.3707	0.0697
贵 州	0.7311	0.2764	0.5569	0.4626	0.6377	0.1881	0.6574	0.2253
云 南	0.8103	0.1936	0.6183	0.4086	0.4304	0.0927	0.5835	0.1751
陕 西	0.6106	0.3987	0.5572	0.4446	0.3204	0.2446	0.3228	0.2451
甘 肃	0.7703	0.2290	0.5087	0.4816	0.5550	0.1126	0.4671	0.2478
青 海	0.6728	0.3404	0.4837	0.5328	0.4574	0.1824	0.4392	0.2217
宁 夏	0.7371	0.2405	0.6972	0.2906	0.8903	0.1552	0.7827	0.1366
新 疆	0.7028	0.2870	0.5897	0.3991	0.4417	0.1680	0.3373	0.2474
平 均	0.7989	0.1954	0.7753	0.2243	0.3183	0.0965	0.2770	0.0950

地区	消费乘数				资本形成乘数				出口乘数			
	增加值		进口		增加值		进口		增加值		进口	
	本地	溢出	本地	溢出	本地	溢出	本地	溢出	本地	溢出	本地	溢出
北 京	0.4636	0.0349	0.3800	0.0385	0.2648	0.0508	0.2686	0.0609	0.1447	0.0225	0.2169	0.0297
天 津	0.2202	0.1018	0.0960	0.0818	0.3092	0.1659	0.3173	0.1829	0.1347	0.0714	0.2568	0.0807
河 北	0.2792	0.0961	0.1351	0.0991	0.2583	0.2107	0.2490	0.3212	0.0749	0.0832	0.0970	0.1163
山 西	0.3053	0.0929	0.1585	0.1097	0.3014	0.1822	0.3618	0.2412	0.0477	0.0758	0.0515	0.0968

续表

地区	消费乘数				资本形成乘数				出口乘数			
	增加值		进口		增加值		进口		增加值		进口	
	本地	溢出	本地	溢出	本地	溢出	本地	溢出	本地	溢出	本地	溢出
内蒙古	0.2721	0.0987	0.1406	0.0951	0.3093	0.2008	0.3500	0.2819	0.0443	0.0800	0.0450	0.1030
辽 宁	0.2989	0.0459	0.1589	0.0682	0.3866	0.0938	0.3989	0.1459	0.1247	0.0311	0.1605	0.0511
吉 林	0.2754	0.1051	0.1485	0.1022	0.3665	0.1213	0.4427	0.1683	0.0531	0.0561	0.0453	0.0678
黑龙江	0.3686	0.1007	0.3047	0.0852	0.2685	0.1258	0.3286	0.1224	0.0688	0.0594	0.0862	0.0545
上 海	0.2919	0.0465	0.1081	0.0339	0.2906	0.0681	0.2269	0.0592	0.2658	0.0286	0.5646	0.0280
江 苏	0.2864	0.0438	0.0991	0.0483	0.3173	0.0668	0.3086	0.0818	0.2418	0.0368	0.4271	0.0487
浙 江	0.3147	0.0455	0.1533	0.0566	0.2827	0.0669	0.2959	0.0918	0.2494	0.0362	0.3541	0.0516
安 徽	0.3822	0.0635	0.2632	0.0608	0.3306	0.0957	0.3921	0.1159	0.0672	0.0430	0.0911	0.0515
福 建	0.3242	0.0441	0.1750	0.0484	0.3236	0.0635	0.3033	0.0856	0.2076	0.0353	0.3399	0.0615
江 西	0.3334	0.0717	0.1864	0.0800	0.3300	0.1207	0.3755	0.1703	0.0745	0.0629	0.1011	0.0897
山 东	0.3174	0.0325	0.1876	0.0356	0.3799	0.0591	0.4316	0.0700	0.1603	0.0243	0.2239	0.0286
河 南	0.3495	0.0592	0.2227	0.0655	0.3688	0.1237	0.4267	0.1699	0.0563	0.0481	0.0596	0.0656
湖 北	0.3903	0.0447	0.2702	0.0377	0.3741	0.0593	0.4543	0.0614	0.0813	0.0326	0.1241	0.0346
湖 南	0.3844	0.0451	0.2434	0.0539	0.4027	0.0674	0.4363	0.1237	0.0586	0.0341	0.0782	0.0653
广 东	0.3423	0.0363	0.1194	0.0369	0.2356	0.0618	0.1511	0.0697	0.3025	0.0239	0.5800	0.0309
广 西	0.3431	0.0683	0.1668	0.0707	0.3978	0.1008	0.4103	0.2111	0.0468	0.0479	0.0805	0.0944
海 南	0.4109	0.0465	0.1958	0.0950	0.3629	0.0587	0.3758	0.1424	0.0713	0.0295	0.0978	0.0675
重 庆	0.2840	0.0792	0.1799	0.0777	0.4328	0.1105	0.4613	0.1493	0.0623	0.0477	0.0927	0.0582
四 川	0.4173	0.0466	0.2744	0.0452	0.3743	0.0661	0.4237	0.0928	0.0708	0.0303	0.1225	0.0446
贵 州	0.4361	0.0894	0.2168	0.1012	0.2593	0.1289	0.2950	0.2524	0.0356	0.0581	0.0452	0.1090
云 南	0.4257	0.0534	0.2058	0.0698	0.3314	0.0970	0.3375	0.2388	0.0532	0.0432	0.0749	0.1000
陕 西	0.2304	0.1293	0.1365	0.1266	0.3299	0.1830	0.3497	0.2189	0.0503	0.0864	0.0711	0.0991
甘 肃	0.3930	0.0523	0.2021	0.1073	0.3430	0.1265	0.2796	0.2678	0.0344	0.0502	0.0270	0.1065
青 海	0.2412	0.0700	0.1236	0.0850	0.3994	0.1910	0.3252	0.3186	0.0322	0.0794	0.0348	0.1293
宁 夏	0.3262	0.0767	0.2171	0.0794	0.3507	0.1087	0.4079	0.1472	0.0602	0.0551	0.0722	0.0640
新 疆	0.3303	0.1013	0.1854	0.1277	0.2992	0.1247	0.3294	0.1847	0.0733	0.0610	0.0749	0.0867
平 均	0.3302	0.0577	0.1641	0.0561	0.3241	0.0953	0.3192	0.1157	0.1446	0.0423	0.2920	0.0525

（一）增加值与进口的总需求效应比较

大多数省份增加值的总需求本地效应都高于进口的总需求本地效应。其中，青海、陕西、宁夏、重庆、云南、河北、广西、海南等省份增加值与进口的总需求本地效应绝对差距尤其明显（0.11 ~ 0.26）。增加值的总需求本地效应小于进口的总需求本地效应的省份相对较少，只有上海、黑龙江、天津和湖北等四个省份。就全国平均水平而言，增加值的总需求本地效应也要略大于进口的总需求本地效应。

反过来，绝大多数省份增加值的总需求溢出效应都小于进口的总需求溢出效应。其中，青海、陕西、宁夏、云南、重庆、广西、河北、海南等省份增加值与进口的总需求溢出效应绝对差距尤其明显（0.11～0.25），而这些省份也恰恰是增加值的总需求本地效应都明显低于进口的总需求本地效应的省份。不过，也有黑龙江、上海、湖北等三个省份增加值的总需求溢出效应略高于进口的总需求溢出效应，而这些省份增加值的总需求本地效应也恰好都低于进口的总需求溢出效应。此外，增加值的总需求溢出效应全国平均水平也略低于进口的总需求溢出效应全国平均水平。

将增加值与进口的总需求本地效应和溢出效应加以综合比较可知，绝大多数省份增加值的总需求总效应略低于进口的总需求总效应。只有广东、黑龙江、青海、安徽、甘肃、重庆、吉林、贵州、海南等九个省份增加值的总需求总效应略高于进口的总需求总效应。当然，增加值的总需求总效应全国平均水平也略低于进口的总需求总效应全国平均水平。

（二）增加值与进口的消费效应比较

所有省份增加值的消费本地效应都明显高于进口的消费本地效应。其中，广东、云南、贵州、海南、甘肃、江苏、上海、广西等省区增加值与进口的消费本地效应绝对差距尤其明显（大于平均差距）。而黑龙江、北京、陕西的增加值与进口的消费本地效应绝对差距较小，未超过0.10。当然，就全国平均水平而言，增加值的消费本地效应也要明显大于进口的消费本地效应。

不过，大多数省份增加值的消费溢出效应都略低于进口的消费溢出效应。然而，也有天津、黑龙江、上海、湖北、内蒙古、吉林、陕西、安徽等八个省份增加值的消费溢出效应略高于进口的消费溢出效应，而这些省份多分布在中西部地区。此外，增加值的总需求溢出效应全国平均水平也略高于进口的总需求溢出效应全国平均水平，但两者也非常接近。

将增加值与进口的消费本地效应和溢出效应加以综合比较可知，所有省份增加值的消费总效应也都明显高于进口的消费总效应。其中，广东、贵州、云南、上海、江苏、广西等六个省份增加值与进口的消费总效应绝对差距超过平均水平。当然，增加值的消费总效应全国平均水平也明显高于进口的消费总效应全国平均水平。

（三）增加值与进口的资本形成效应比较

大多数省份增加值的资本形成本地效应都明显低于进口的资本形成本地效应。其中，湖北、吉林、安徽、山西、黑龙江、河南、宁夏等省份的增加值与进口的资本形成本地效应绝对差距尤其明显（0.06~0.08）。而北京、云南、天津、辽宁、广西、海南、浙江等省份的增加值与进口的资本形成本地效应绝对差距较小，只有0.01左右。同时，广东、青海、上海、甘肃、福建、湖北、江苏等七个省份增加值的资本形成本地效应高于进口的资本形成本地效应。而且，就全国平均水平而言，增加值的资本形成本地效应也要略大于进口的资本形成本地效应。

除上海和黑龙江以外，其余省份增加值的资本形成溢出效应都低于进口的资本形成溢出效应。其中，云南、甘肃、青海、贵州、河北、广西等省区增加值与进口的资本形成溢出效应绝对差距较大（0.11~0.14），湖北、广东、北京、山东等省份增加值与进口的资本形成溢出效应绝对差距只有0.01左右。此外，增加值的总需求溢出效应全国平均水平也略低于进口的总需求溢出效应全国平均水平，但两者也比较接近。

将增加值与进口的资本形成本地效应和溢出效应加以综合比较可知，除广东和上海之外，所有省份增加值的资本形成总效应也都明显低于进口的资本形成总效应。其中，贵州、云南、吉林、广西、内蒙古、山西、河南、河北等八个省份增加值与进口的资本形成总效应绝对差距超过0.10。当然，增加值的资本形成总效应全国平均水平也略低于进口的资本形成总效应全国平均水平。

（四）增加值与进口的出口效应比较

除了吉林和甘肃外，其余所有省份增加值的出口本地效应都低于进口的出口本地效应。其中，上海、广东、江苏尤其明显（大于平均差距），福建、天津、浙江等省份增加值与进口的出口本地效应绝对差距也较大（超过0.10）。而内蒙古、新疆、青海、河南、山西、贵州的增加值与进口的出口本地效应绝对差距较小，未超过0.01。当然，就全国平均水平而言，增加值的出口本地效应也要明显小于进口的出口本地效应。

除了黑龙江和上海外，其余所有省份增加值的出口溢出效应也都低于进口的出口溢出效应。不过，大多数省份增加值与进口的出口溢出效应绝对差距较小，只有云南、甘肃、贵州、青海等省份增加值与进口的出口溢出效应绝对差距在0.05左右。增加值的总需求溢出效应全国平均水平也仅略高于进口的总需求溢出效应全国平均水平，两者非常接近。

将增加值与进口的出口本地效应和溢出效应加以综合比较可知，所有省份增加值的出口总效应也都小于进口的出口总效应。其中，也是上海、广东、江苏、福建、天津、浙江等六个省份增加值与进口的出口总效应绝对差距较大。当然，增加值的出口总效应全国平均水平也明显低于进口的出口总效应全国平均水平。

（五）增加值与进口的碳排放效应比较

大多数省份的增加值碳排放本地效应都大于进口碳排放本地效应，其中，内蒙古、新疆、海南、青海、重庆等五个省份的增加值碳排放本地效应与进口碳排放本地效应的绝对差距尤其明显（0.07 吨/万元 ~ 0.14 吨/万元）。不过，也有十二个省份的增加值碳排放本地效应小于进口碳排放本地效应，其中陕西、河北、湖北、黑龙江的增加值碳排放本地效应比进口碳排放本地效应低 0.08 吨/万元 ~ 0.15 吨/万元。由于后一类省份数量较多，且两类省份中增加值碳排放本地效应与进口碳排放本地效应的绝对差距比较接近，因而增加值碳排放本地效应的全国平均水平略大于进口碳排放本地效应的全国平均水平。

反过来，绝大多数省份增加值的碳排放溢出效应也都小于进口的碳排放溢出效应。其中，青海、重庆、陕西、海南等省份增加值与进口的碳排放溢出效应绝对差距尤其明显（0.08 吨/万元 ~ 0.14 吨/万元）。除陕西外，这些省份增加值的总需求溢出效应也恰恰都明显大于进口的总需求溢出效应。不过，也有天津、黑龙江、内蒙古、新疆、上海、湖北等六个省增加值的碳排放溢出效应略高于进口的碳排放溢出效应。此外，虽然增加值的碳排放溢出效应全国平均水平略高于进口的碳排放溢出效应全国平均水平，但两者非常接近。

进一步，将增加值与进口的碳排放本地效应和溢出效应加以综合比较可知，虽然增加值碳排放总效应高于进口碳排放总效应的省份数（11 个）要少于增加值碳排放总效应低于进口碳排放总效应的省份数（19 个），但增加值碳排放总效应全国平均水平略高于进口碳排放总效应全国平均水平，因为前一类省份的增加值和进口权重较高。

第五节　省级经济和碳排放乘数的动态变化

一　各省需求侧经济和碳排放乘数的动态变化

本章考察了 2007 ~ 2010 年各省需求侧产出、增加值、进口以及碳排放效应的动态变化。同样，这部分将上述一系列效应区分为本地效应、溢出效应及总效应。考虑到各省的各类效应差异显著，这部分主要基于各省各类效应的相对变化幅度展开分析，以使各省的结果具有可比性。表6-9列出了相关分析结果。

表6-9 2007~2010年各省需求侧经济和碳排放乘数的动态变化幅度

单位：%

地区	产出			增加值			进口			碳排放		
	本地	溢出	总的	本地	溢出	总的	本地	溢出	总的	本地	溢出	总的
北 京	22.87	39.09	27.02	6.80	37.09	14.12	-55.49	32.89	-41.43	-34.06	-17.60	-23.83
天 津	14.64	-15.61	4.14	20.11	-17.56	5.76	-18.81	-20.93	-19.34	-8.17	-47.08	-30.30
河 北	2.34	-17.41	-3.29	5.35	-18.37	-0.94	36.94	-27.56	7.20	-3.62	-42.40	-17.50
山 西	-6.34	5.88	-4.38	0.51	5.12	1.16	-10.04	-11.90	-10.60	-41.36	-36.76	-40.98
内蒙古	9.77	-14.70	4.35	2.47	-15.25	-0.54	26.75	-21.61	5.56	-22.31	-44.41	-25.91
辽 宁	7.12	-1.70	5.26	-1.18	-1.32	-1.20	13.53	-7.89	7.30	-15.74	-34.34	-20.47
吉 林	16.57	-10.91	6.39	2.91	-13.87	-2.34	65.13	-14.28	17.94	-19.61	-34.02	-26.55
黑龙江	-0.58	-14.98	-4.31	0.44	-15.20	-2.85	77.51	-21.49	25.98	-29.01	-45.00	-33.81
上 海	10.64	36.86	17.01	13.08	35.29	19.29	-45.96	26.54	-37.58	-23.24	-6.76	-14.66
江 苏	0.75	0.99	0.80	3.64	-0.60	2.77	-10.72	-2.21	-9.35	-25.91	-29.20	-27.22
浙 江	5.88	-10.16	1.41	6.00	-9.36	1.65	-8.20	-4.77	-7.19	-37.20	-40.69	-39.09
安 徽	7.13	12.16	8.60	-6.78	11.29	-2.06	23.38	4.40	14.82	-28.76	-22.67	-26.61
福 建	7.96	-14.36	3.37	5.50	-16.21	1.49	-2.58	-26.40	-8.75	-26.44	-41.18	-30.76
江 西	14.97	-38.99	4.55	1.21	-38.60	-6.01	94.36	-48.35	50.89	-38.69	-58.05	-45.70
山 东	6.90	-3.55	5.74	-7.78	-4.75	-7.41	57.08	-10.60	47.27	-34.58	-28.30	-33.28
河 南	0.91	-8.15	-0.60	-2.16	-9.73	-3.30	63.22	-16.59	33.19	-20.82	-36.60	-24.81
湖 北	3.21	-23.88	-0.42	0.26	-25.04	-2.65	53.28	-27.83	31.15	-20.32	-47.63	-24.83
湖 南	5.36	-8.87	2.85	0.16	-10.20	-1.27	28.20	-18.43	13.07	-34.26	-35.92	-34.66
广 东	15.34	16.52	15.60	19.73	14.69	18.61	-44.05	17.68	-36.94	29.04	-22.87	3.94
广 西	6.79	-14.49	1.91	2.27	-15.28	-1.03	33.77	-23.73	9.92	-8.67	-40.45	-17.15
海 南	11.61	11.86	11.64	7.74	8.79	7.87	-39.54	1.65	-35.98	-18.19	-24.29	-19.10
重 庆	11.57	-38.53	-3.46	16.99	-39.58	1.45	15.51	-43.62	-10.07	-21.84	-54.41	-34.95
四 川	6.31	-34.91	-0.54	1.68	-34.29	-3.18	70.97	-40.31	32.59	-19.08	-57.93	-28.43
贵 州	5.06	-19.20	-1.95	7.66	-20.92	1.06	6.74	-25.03	-10.88	-35.04	-43.73	-36.64
云 南	0.25	-6.12	-1.45	3.15	-7.65	0.82	-0.56	-14.22	-7.22	-20.26	-35.18	-24.14
陕 西	18.56	2.65	11.23	6.41	-1.87	3.27	73.96	-11.64	12.40	-13.46	-36.91	-25.62
甘 肃	13.42	-4.08	8.71	3.57	-5.64	1.52	-8.25	-16.70	-11.00	-8.25	-35.57	-15.36
青 海	15.15	-38.99	-1.68	16.72	-39.49	2.47	20.49	-47.04	-21.13	-22.82	-57.14	-33.25
宁 夏	9.92	-7.27	4.79	2.76	-10.65	-0.69	21.75	-13.63	5.49	-26.27	-31.22	-27.16
新 疆	2.64	-15.06	-3.02	2.40	-15.86	-2.34	83.49	-19.78	22.43	-26.66	-45.42	-31.87
平 均	8.08	-2.44	5.73	5.33	-3.56	3.44	-16.16	-7.48	-14.26	-19.67	-34.47	-24.85

绝大多数省份的需求侧产出本地效应都有所上升，只有山西和黑龙江两省例外。其中，相对上升幅度较大的（13%～23%）省份包括北京、陕西、吉林、广东、青海、江西、天津以及甘肃；云南、江苏、河南、河北、新疆以及湖北的升幅都未达到4%。反之，大多数省份的需求侧产出溢出效应则有所下降，其中青海、江西、重庆、四川的降幅在34%～40%，湖北、贵州、河北、天津、新疆的降幅则达到15%～23%。不过，也有9个省份的需求侧产出溢出效应有所上升。其中，北京及上海的增幅分别达到39%和37%，广东、安徽、海南的增幅则达到12%～17%。由于各省的需求侧产出本地效应都大于溢出效应，因而在本地效应变化的带动下，大多数省份的需求侧产出总效应都有所上升。其中，北京、上海、广东、海南以及陕西的升幅达到11%～27%。然而，也有山西、黑龙江、重庆等11个省份的需求侧产出总效应下降了0.42%～4.38%。

绝大多数省份的需求侧增加值本地效应都有所上升，只有山东、安徽、河南、辽宁四省例外。其中，相对上升幅度较大的（13%～20%）省份包括天津、广东、重庆、青海以及上海；而湖南、湖北、黑龙江、山西、江西、四川升幅只有0.16%～1.68%。反之，大多数省份的需求侧增加值溢出效应也有所下降，其中重庆、青海、江西、四川的降幅在34%～40%，湖北、贵州、河北、天津、福建、新疆、广西、内蒙古、黑龙江的降幅则达到15%～25%。不过，也有6个省份的需求侧增加值溢出效应有所上升。其中，北京及上海的增幅分别达到37%和35%，广东、安徽、海南、山西的增幅则达到5%～15%。虽然各省的需求侧增加值本地效应都大于溢出效应，但多数省份溢出效应的变化幅度明显大于本地效应，因而最终只有约一半省份的需求侧增加值总效应有所上升。其中，上海、北京、广东、海南以及天津的升幅超过平均水平，达到5%～20%。而山东、江西、河南、四川的需求侧增加值总效应下降了3%～8%。

大多数省份的需求侧进口本地效应也有所上升。其中，江西、新疆、黑龙江、陕西、四川、吉林、河南、山东以及湖北的升幅达到50%～94%。不过，也有11个省份的需求侧进口本地效应下降，其中天津、海南、广东、上海以及北京的降幅达到18%～56%。绝大多数省份的需求侧进口溢出效应都有所下降，其中江西、青海、重庆、四川、湖北以及河北的降幅在27%～49%。只有5个省份的需求侧进口溢出效应上升，其中北京、上海、广东的升幅为17%～33%，安徽及海南的升幅为1%～5%。需求侧进口总效应上升和下降的省份数据也差不多各占一半。其中，江西、山东、河南、四川以及湖北的升幅为 30% ~ 51%，北京、上海、广东、海南、青海以及天津的降幅超过平均水平，达到 19% ~ 22%。

除了广东的需求侧碳排放本地效应上升了约 29% 之外，其余所有省份的需求侧碳排放本地效应都有所下降。其中，山西、江西、浙江、贵州、山东、湖南以及北京的需求侧碳排放本地效应下降了 34% ~ 41%，而河北、天津、甘肃、广西的需求侧碳排放本地效应降幅不超过 10%。所有省份的需求侧碳排放溢出效应都有所下降，其中降幅达到 45% ~ 59% 的省份包括江西、四川、青海、重庆、湖北、天津、新疆、黑龙江，而上海及北京的降幅不超过 20%。相应地，除了广东的需求侧碳排放总效应上升约 4% 外，所有省份的需求侧碳排放总效应也都有所下降。其中，江西、山西、浙江、贵州、重庆、湖南的降幅达到 33% ~ 40%，上海、甘肃、广西、河北的降幅最小，只有 14% ~ 18%。

二　省际各类最终需求的碳排放效率

增加值是按收入法计算的生产总值，是衡量各地经济发展状况的常用指标。人们一般希望最终需求拉动的增加值越多越好，引致的碳排放越少越好。然而，本章前面的分析却表明，需求侧增加值本地效应较大（小）的省份中多数属于需求侧碳排放本地效应较大（小）的省份①。绝大多数需求侧增加值溢出效应较大（小）的省份也都属于需求侧碳排放溢出效应较大（小）的省份。进一步需求侧增加值总效应较大的省份多数也是需求侧碳排放总效应较大的省份。需求侧增加值总效应较小的省份几乎都是需求侧碳排放效应较小的省份，仅山东的需求侧碳排放效应超过平均水平。

由此可见，分别从增加值效应维度和碳排放效应维度对各省最终需求进行排序，两者的结果可能正好相反。因而，有必要将这两个维度加以综合，从而更全面地对各省的最终需求进行评价。为此，本章通过对比各地的需求侧增加值效应与碳排放效应对其最终需求做了进一步的评价。具体地，本章用一个地区相应的需求侧增加值效应与需求侧碳排放效应的比值，来衡量各省最终需求的碳排放效率（如表 6 - 10 所示）。同时，本章也测算了各部门的需求侧碳排放效率。这里主要以 2010 年为例报告相关结果。

---

① 不过，也有个别例外，如海南的需求侧增加值本地效应较大，但其碳排放本地效应较小。

表 6 - 10 2010 年省际各类最终需求的碳排放效率

单位：万元/吨

地区	消费			资本形成			出口			综合		
	本地	溢出	总的	本地	溢出	总的	本地	溢出	总的	本地	溢出	总的
北 京	7.5400	1.5623	3.8586	6.8808	1.2063	2.6365	6.3964	1.6491	3.3780	7.1214	1.4159	3.2836
天 津	2.8981	1.9237	2.5856	2.5560	1.3416	1.9725	2.9300	1.6517	2.3543	2.7342	1.5188	2.2093
河 北	1.7281	1.4853	1.6771	1.5527	1.2580	1.4680	1.4738	1.4448	1.4667	1.6204	1.3603	1.5554
山 西	1.1897	2.5791	1.2950	1.2410	1.8033	1.2973	1.4834	2.4230	1.5727	1.2279	2.1672	1.3104
内蒙古	1.3016	2.2394	1.3617	1.4092	1.4706	1.4197	2.0769	2.0944	2.0795	1.3840	1.6809	1.4203
辽 宁	2.4053	2.0469	2.3465	1.6674	1.3884	1.6011	1.5799	1.6337	1.5904	1.8645	1.5701	1.8027
吉 林	2.1558	1.0308	1.7597	1.7402	0.9155	1.3450	1.8922	0.9959	1.5647	1.8981	0.9490	1.4877
黑龙江	2.4394	1.9451	2.3648	2.1955	1.3393	1.8917	1.6862	1.6024	1.6689	2.2501	1.5228	2.0688
上 海	3.4870	1.5375	2.6487	3.7453	1.0905	2.0100	3.7427	1.4216	2.4009	3.6495	1.2865	2.3061
江 苏	4.6414	1.7956	3.8555	2.6536	1.0927	1.9796	3.1131	1.3934	2.4424	3.2766	1.2870	2.5065
浙 江	4.6830	1.4876	3.4539	2.9967	0.9950	1.8597	4.1981	1.2653	2.5079	3.8398	1.1686	2.4343
安 徽	2.6309	2.1099	2.4743	1.9583	1.3775	1.7149	2.7383	1.8679	2.3968	2.3030	1.6448	2.0586
福 建	3.7826	2.2416	3.5064	3.1403	1.4736	2.6383	2.5029	1.7137	2.3090	3.1556	1.7076	2.7955
江 西	4.3182	1.0955	3.2771	2.0713	0.8344	1.7472	2.0573	0.9621	1.7797	2.7168	0.9404	2.2199
山 东	3.0339	1.4464	2.7033	1.8359	0.9388	1.6305	2.0180	1.0381	1.7940	2.1917	1.0831	1.9439
河 南	2.9282	1.6857	2.6858	1.9532	1.2820	1.8034	2.5308	1.4600	2.2884	2.3509	1.4281	2.1542
湖 北	2.8858	1.9164	2.7799	1.5489	1.2926	1.5186	1.9503	1.4752	1.8916	2.0248	1.5028	1.9644
湖 南	3.2401	1.5109	2.9258	2.1183	1.0589	1.8351	2.9382	1.3038	2.5432	2.5753	1.1917	2.2480
广 东	4.5231	1.7631	3.6469	2.2991	1.2525	1.9398	2.6141	1.4835	2.1667	3.0021	1.4693	2.4520
广 西	3.1750	2.3319	3.0460	1.8562	1.6912	1.8223	2.5405	2.0133	2.4059	2.3155	1.8710	2.2302
海 南	4.5443	2.9906	4.3565	2.0910	2.5646	2.1600	2.8667	2.7956	2.8557	2.9265	2.7014	2.8953
重 庆	3.4458	1.7016	3.0708	1.8305	0.9986	1.5789	3.0718	1.3951	2.5808	2.2966	1.1422	1.9708
四 川	4.0717	2.1663	3.8246	1.9311	1.3846	1.8508	2.6089	1.6942	2.4749	2.6689	1.6362	2.5228
贵 州	1.7138	2.3357	1.7738	1.1765	1.3672	1.2202	1.8811	2.1064	1.9225	1.4827	1.6751	1.5142
云 南	3.2748	2.1685	3.0422	1.3247	1.4326	1.3502	1.3506	1.8412	1.4305	1.9480	1.6755	1.8874
陕 西	1.7437	1.6192	1.7024	2.8161	1.6607	2.2060	2.7533	1.5169	2.2197	2.2778	1.6387	1.9967
甘 肃	2.2249	1.7648	2.1355	0.9493	1.3187	1.0230	1.9662	1.5743	1.8845	1.3912	1.4672	1.4062
青 海	2.1416	0.9324	1.8362	1.2858	1.2368	1.2775	2.3202	1.1782	2.0251	1.5446	1.1216	1.4620
宁 夏	0.9686	1.8524	1.0463	0.9211	1.2378	0.9975	0.8953	1.5376	0.9713	0.9397	1.3812	1.0148
新 疆	1.4783	2.1671	1.5611	1.6235	1.2067	1.4826	1.1318	2.0232	1.2695	1.4884	1.4967	1.4903
平 均	2.9759	1.6971	2.6718	2.0081	1.1954	1.7433	2.5984	1.4252	2.1714	2.4388	1.3677	2.1119
变异系数	0.4561	0.2626	0.3229	0.5454	0.2683	0.2264	0.3988	0.2798	0.2321	0.4601	0.2543	0.2408

（一）各省需求侧综合碳排放效率

需求侧碳排放本地效率较高的（2.50万元/吨～7.20万元/吨）省份，也即超过平均水平的省份主要来自东部地区，包括北京、浙江、上海、江苏、福建、海南、广东、天津、江西、四川以及湖南。需求侧碳排放本地效率较低的（0.90万元/吨～1.80万元/吨）省份主要来自中西部地区，包括宁夏、山西、内蒙古、甘肃、贵州、青海、新疆以及河北。

需求侧碳排放溢出效率较高的（1.60万元/吨～2.70万元/吨）省份，也即超过平均水平的省份主要来自中、西部地区，包括海南、山西、广西、福建、内蒙古、云南、贵州、安徽以及四川。需求侧碳排放溢出效率较低的（0.94万元/吨～1.37万元/吨）省份多来自中西部地区，但也有部分来自东部地区，这些省份包括江西、吉林、山东、青海、重庆、浙江、湖南、江苏、上海以及河北。

由于各省的需求侧增加值及碳排放本地效应都远远大于相应的溢出效应，因而需求侧碳排放总效率排序与需求侧碳排放本地效率排序比较类似。表6-10的结果显示，需求侧碳排放总效率较高的（2.30万元/吨～3.30万元/吨）省份也主要分布在东部地区，包括北京、海南、福建、四川、江苏、广东、浙江以及上海。需求侧碳排放总效率较低的（1.00万元/吨～1.50万元/吨）省份则都属于中西部地区，包括宁夏、山西、甘肃、内蒙古、青海、吉林以及新疆。

（二）各省消费的碳排放效率

消费碳排放本地效率较高的（4.50万元/吨～7.60万元/吨）省份也主要来自东部地区，包括北京、浙江、江苏、海南、广东、江西、四川。消费碳排放本地效率较低的（0.90万元/吨～1.80万元/吨）省份主要来自中西部地区，包括宁夏、山西、内蒙古、新疆、贵州、河北以及陕西。

消费碳排放溢出效率较高的（2.10万元/吨～3.00万元/吨）省份，也主要来自中西部地区，包括海南、山西、贵州、广西、福建、内蒙古、云南、新疆、四川以及安徽。消费碳排放溢出效率较低的（0.93万元/吨～1.50万元/吨）省份多来自中西部地区，但也有部分来自东部地区，这些省份包括青海、吉林、江西、山东、河北、浙江。

类似地，由于各省的消费增加值及碳排放本地效应都远远大于相应的溢出效应，因而消费碳排放总效率排序与消费碳排放本地效率排序比较类似。其中，消费碳排放总效率较高的（3.20万元/吨～4.40万元/吨）省份也主要分布在东部地区，包括海南、北京、江苏、四川、广东、福建、浙江以及江西。消费碳排放总效率较低的（1.00 万元/吨～1.70 万元/吨）省份则都属于中西部地区，包括宁夏、山西、内蒙古、新疆以及河北。

（三）各省资本形成的碳排放效率

资本形成碳排放本地效率较高的（2.50 万元/吨～6.90 万元/吨）省份也主要来自东部地区，包括北京、上海、福建、浙江、陕西、江苏、天津。资本形成碳排放本地效率较低的（0.90 万元/吨～1.50 万元/吨）省份主要来自西部地区，包括宁夏、甘肃、贵州、山西、青海、云南、内蒙古。

资本形成碳排放溢出效率较高的（1.40 万元/吨～2.60 万元/吨）省份，也主要来自中西部地区，包括海南、山西、广西、陕西、福建、内蒙古、云南。资本形成碳排放溢出效率较低的（0.83 万元/吨～1.10 万元/吨）也即低于平均水平的省份有一半来自东部地区，这些省份包括江西、吉林、山东、浙江、重庆、湖南、上海、江苏。

同样，资本形成碳排放总效率排序与资本形成碳排放本地效率排序比较类似。其中，资本形成碳排放总效率较高的（1.90 万元/吨～2.70 万元/吨）省份也主要分布在东部地区，包括福建、北京、陕西、海南、上海、江苏、天津、广东。资本形成碳排放总效率较低的（0.99 万元/吨～1.36 万元/吨）省份则都属于中西部地区，包括宁夏、甘肃、贵州、青海、山西、吉林以及云南。

（四）各省资本形成的碳排放效率

出口碳排放本地效率较高的（2.90 万元/吨～6.40 万元/吨）省份也主要来自东部地区，包括北京、浙江、上海、江苏、重庆、湖南、天津。出口碳排放本地效率较低的（0.89 万元/吨～1.58 万元/吨）省份主要来自西部地区，包括宁夏、新疆、云南、河北、山西、辽宁。

出口碳排放溢出效率较高的（1.84 万元/吨～2.80 万元/吨）省份，也主要来自中西部地区，包括海南、山西、贵州、内蒙古、新疆、广西、安徽、云南。出口碳排放溢出效率较低的（0.96 万元/吨～1.42 万元/吨）也即低于平均水平的省份也有约一半来自东部地区，这些省份包括江西、吉林、山东、青海、浙江、湖南、江苏、重庆、上海。

出口碳排放总效率排序与出口碳排放本地效率排序也比较类似。其中，出口碳排放总效率较高的（2.40 万元/吨～3.40 万元/吨）省份也主要分布在东部地区，包括北京、海南、重庆、湖南、浙江、四川、江苏、广西、上海。出口碳排放总效率较低的（0.97 万元/吨 ~ 1.60 万元/吨）省份则都属于中西部地区，包括宁夏、新疆、云南、河北、吉林、山西、辽宁。

（五）部门需求侧碳排放效率

表 6 - 5 显示了部门的需求侧碳排放效率。其中，需求侧碳排放本地效率较大的（4.50 万元/吨 ~ 7.40 万元/吨）部门主要是一些服务业、农业及轻工业部门，包括批发零售业、其他服务业、农林牧渔业、租赁和商业服务业、纺织服装鞋帽皮革羽绒及其制品业、研究与试验发展业等。这些部门具有较大的需求侧增加值本地效应和较小的需求侧碳排放本地效应。需求侧碳排放本地效率较小的（0.20 万元/吨 ~ 1.40 万元/吨）部门主要是一些能源密集型部门和采掘业部门，包括电力、热力的生产和供应业、非金属矿物制品业、金属冶炼及压延加工业、金属矿采选业、石油和天然气开采业、燃气及水的生产与供应业以及建筑业。这些部门几乎都具有较大的需求侧碳排放本地效应，同时需求侧增加值本地效应也不大。

需求侧碳排放溢出效率较大的（2.00 万元/吨 ~ 2.50 万元/吨）部门中，纺织服装鞋帽皮革羽绒及其制品业、纺织业具有较大的需求侧增加值溢出效应，食品制造及烟草加工业、住宿餐饮业、农林牧渔业则属于需求侧碳排放溢出效应最小的几个部门。需求侧碳排放溢出效率较小的（0.60 万元/吨 ~ 1.07 万元/吨）部门与需求侧碳排放本地效率较小的部门高度相似，也包括石油和天然气开采业、金属矿采选业、非金属矿物制品业、电力、热力的生产和供应业、金属冶炼及压延加工业、金属制品业以及建筑业。同样，这些部门几乎都具有较大的需求侧碳排放溢出效应，同时需求侧增加值溢出效应较小。

需求侧碳排放总效率较大的（3.00 万元/吨 ~ 5.80 万元/吨）部门与需求侧碳排放本地效率较大的部门重合度很高，包括批发零售业、农林牧渔业、其他服务业、纺织服装鞋帽皮革羽绒及其制品业、租赁和商业服务业、食品制造及烟草加工业、住宿餐饮业、研究与试验发展业等。需求侧碳排放总效率较小的（0.20 万元/吨 ~ 1.40 万元/吨）部门与需求侧碳排放本地效率较小的部门也完全相同，包括电力、热力的生产和供应业、非金属矿物制品业、金属冶炼及压延加工业、金属矿采选业、石油和天然气开采业、燃气及水的生产与供应业以及建筑业。由此可见，部门的需求侧碳排放本地效率基本决定了其需求侧碳排放总效率。

三 各省供给侧经济和碳排放乘数的动态变化

本章考察了 2007～2010 年间各省供给侧产出、消费、资本形成、出口以及碳排放本地效应、溢出效应及总效应的动态变化。同样，考虑到结果的可比性，这部分主要基于各类效应的相对变化幅度展开分析。表 6-11 列出了相关分析结果。

表 6-11 2007～2010 年各省供给侧经济和碳排放乘数的动态变化幅度

单位：%

地区	产出			总需求			碳排放		
	本地	溢出	总效应	本地	溢出	总效应	本地	溢出	总效应
北　京	22.57	-31.99	11.60	2.22	-33.62	-3.66	-40.57	-52.04	-45.38
天　津	11.20	9.17	10.51	-2.28	3.59	-0.37	-18.77	-18.37	-18.57
河　北	1.83	6.34	3.36	5.28	0.18	3.13	-14.56	-30.04	-18.84
山　西	-3.41	8.15	0.48	1.10	5.40	2.59	-33.08	-15.23	-28.10
内蒙古	9.81	2.15	6.97	6.39	-2.46	2.79	-28.40	-19.12	-26.19
辽　宁	6.12	-28.78	-2.57	7.87	-27.22	-1.14	-26.71	-53.57	-33.13
吉　林	16.08	-2.58	9.75	0.38	-5.24	-1.35	-27.81	-33.84	-29.55
黑龙江	-2.25	-11.90	-5.65	11.91	-14.58	2.79	-32.02	-37.05	-33.83
上　海	10.64	-22.62	3.86	3.14	-26.40	-2.29	-26.45	-42.96	-32.57
江　苏	-0.17	-4.60	-0.90	1.58	-8.33	-0.09	-28.19	-36.95	-30.49
浙　江	5.44	3.76	5.17	-0.91	1.57	-0.52	-41.32	-28.36	-38.24
安　徽	6.74	-25.97	-2.80	11.60	-27.38	0.32	-28.87	-46.87	-34.12
福　建	7.91	19.35	9.50	-1.01	13.27	0.89	-28.74	-10.96	-26.16
江　西	18.38	61.15	25.98	-8.58	53.35	2.69	-33.85	26.73	-23.55
山　东	6.39	-17.48	3.35	1.52	-16.09	-1.04	-38.23	-45.61	-39.48
河　南	0.29	-13.03	-2.85	13.65	-15.30	5.11	-28.84	-38.97	-31.35
湖　北	3.83	16.09	5.46	1.80	9.51	2.80	-22.97	-14.14	-21.99
湖　南	5.13	-10.56	2.10	6.28	-14.68	2.33	-39.52	-35.48	-38.94
广　东	15.01	-1.31	12.40	0.53	-0.97	0.34	27.53	-33.34	7.30
广　西	7.04	-1.84	4.76	6.57	-6.22	3.29	-18.28	-30.25	-20.93
海　南	13.45	0.68	10.94	2.61	-2.52	1.75	-25.30	-30.89	-26.82
重　庆	11.42	37.34	16.50	-2.20	33.82	4.50	-21.66	-2.19	-18.09
四　川	6.24	18.68	7.92	2.33	15.19	4.04	-18.82	-14.23	-18.11
贵　州	3.57	0.21	2.50	8.86	-2.37	5.38	-42.68	-29.71	-40.14
云　南	-0.02	-22.85	-6.82	15.52	-24.39	3.92	-30.61	-46.92	-34.32
陕　西	14.93	4.01	10.34	5.26	1.55	3.74	-26.87	-27.04	-26.94

地区	产出			总需求			碳排放		
	本地	溢出	总效应	本地	溢出	总效应	本地	溢出	总效应
甘　肃	12.33	8.11	11.10	0.19	6.49	1.77	-13.19	-26.61	-16.17
青　海	16.46	50.51	26.53	-10.01	49.86	4.67	-19.03	5.38	-13.21
宁　夏	9.32	-11.02	3.16	6.48	-15.04	0.12	-33.63	-34.06	-33.70
新　疆	-0.87	-20.99	-8.96	16.08	-21.88	1.21	-34.39	-43.96	-37.49
平　均	7.47	-1.21	5.59	2.12	-4.20	0.78	-23.29	-29.84	-24.94

地区	消费			投资			出口		
	本地	溢出	总效应	本地	溢出	总效应	本地	溢出	总效应
北　京	15.76	-35.33	9.48	13.61	-23.52	5.22	-32.48	-47.04	-34.84
天　津	-5.45	-1.63	-4.21	71.41	27.07	52.63	-45.72	-23.60	-40.26
河　北	-20.76	-10.94	-18.31	53.19	19.59	35.38	12.06	-21.77	-8.82
山　西	3.59	4.33	3.77	10.73	25.08	15.76	-40.56	-22.91	-30.77
内蒙古	-24.73	-17.62	-22.91	53.99	24.69	40.78	41.54	-26.74	-11.81
辽　宁	-6.36	-35.42	-12.33	43.63	-10.07	27.77	-24.01	-47.46	-30.46
吉　林	-33.13	-6.73	-27.22	45.89	12.38	35.67	35.08	-28.05	-7.46
黑龙江	-2.27	-23.33	-7.72	37.96	13.55	29.25	13.06	-36.05	-16.21
上　海	25.20	-24.47	14.07	58.62	-13.24	36.74	-27.46	-47.09	-29.51
江　苏	20.87	-14.56	13.60	14.09	8.77	13.08	-19.46	-23.40	-19.96
浙　江	8.88	-6.82	6.34	3.93	26.81	7.82	-13.54	-19.04	-14.27
安　徽	-7.73	-35.59	-13.24	40.83	-7.03	26.20	23.54	-44.34	-16.00
福　建	-6.52	7.01	-4.98	35.17	42.19	36.32	-23.97	-11.59	-22.37
江　西	-16.27	21.30	-10.96	-9.17	106.43	7.51	48.20	27.11	37.68
山　东	-14.63	-17.69	-14.95	31.25	-2.86	25.28	-14.97	-35.78	-18.32
河　南	-2.69	-20.78	-5.95	30.18	0.17	20.91	33.63	-35.60	-11.19
湖　北	-10.62	-0.32	-9.64	8.95	36.24	11.98	50.29	-10.48	26.47
湖　南	-19.64	-27.99	-20.65	42.37	10.46	36.37	46.16	-29.95	3.41
广　东	14.11	-9.55	10.91	44.58	18.44	37.71	-21.45	-22.24	-21.50
广　西	-18.54	-21.74	-19.12	48.78	22.58	42.09	-15.82	-24.60	-20.55
海　南	-3.15	-7.32	-3.68	28.40	21.43	27.22	-38.73	-26.11	-35.22
重　庆	-26.85	22.85	-19.54	18.78	65.44	26.19	26.65	2.62	15.14
四　川	-15.08	-5.36	-14.16	19.75	57.21	24.31	57.67	-8.80	29.83
贵　州	-7.83	-6.55	-7.61	53.22	16.80	38.36	10.15	-24.92	-14.88
云　南	-0.64	-29.04	-5.16	48.56	-8.93	28.43	1.28	-42.34	-25.14

续表

地区	消费			投资			出口		
	本地	溢出	总效应	本地	溢出	总效应	本地	溢出	总效应
陕　西	-21.24	-1.95	-15.04	35.21	24.82	31.27	5.27	-24.51	-15.53
甘　肃	3.57	4.12	3.65	23.14	23.76	23.33	-68.95	-19.81	-49.20
青　海	-20.06	37.25	-11.36	-1.07	83.64	17.22	-24.82	9.76	-2.77
宁　夏	-15.15	-11.62	-14.48	36.38	-1.49	24.85	10.26	-36.12	-18.09
新　疆	-1.57	-25.99	-9.04	64.71	2.66	39.24	-19.82	-44.25	-33.39
平　均	-2.94	-11.84	-4.47	32.47	16.59	28.38	-24.17	-25.55	-24.46

　　绝大多数省份的供给侧产出本地效应都有所上升，只有山西、黑龙江、新疆、江苏以及云南等五省例外。其中，相对上升幅度较大的（13%～23%）省份包括北京、江西、青海、吉林、广东、陕西以及海南；湖北、河南、贵州以及河北的升幅都未达到4%。供给侧产出溢出效应上升的省份与下降的省份数量各占一半。其中青海、江西、重庆、福建、四川、湖北的升幅在16%～62%，而北京、辽宁、安徽、云南、上海、新疆、山东的降幅则达到17%～32%。由于各省的供给侧产出本地效应都大于溢出效应，因而在本地效应变化的带动下，大多数省份的供给侧产出总效应都有所上升。其中，青海、江西、重庆的升幅达到16%～27%。然而，也有新疆、云南、黑龙江、河南、安徽、辽宁、江苏等七个省份的供给侧产出总效应下降了0.9%～9%。

　　绝大多数省份的供给侧总需求本地效应也都有所上升，只有青海、江西、天津、重庆、福建、浙江等6个省份例外。其中，相对上升幅度较大的（11%～17%）省份包括新疆、云南、河南、黑龙江、安徽；而广东、山西、山东、江苏、湖北升幅只有0.19%～1.80%。反之，大多数省份的供给侧总需求溢出效应则有所下降，其中北京、安徽、辽宁、上海、云南、新疆、山东的降幅在20%～34%，河南、宁夏、湖南、黑龙江的降幅则达到14%～17%。不过，也有12个省份的供给侧总需求溢出效应有所上升。其中江西、青海、重庆的增幅达到33%～54%，福建、四川的增幅分别达到13%、15%。类似地，由于各省的供给侧总需求本地效应都大于溢出效应，因而大多数省份的供给侧总需求总效应有所上升，但增幅普遍较小。其中，只有贵州、河南、青海、重庆、四川的升幅达到4%～5%。北京、上海、吉林等八个省份的供给侧总需求总效应则略有下降。

大多数省份的供给侧消费本地效应都有所下降。其中，吉林、重庆、内蒙古、陕西、河北以及青海的降幅达到 20% ~34%；云南、新疆、黑龙江、河南、海南的降幅低于 5%。不过，也有七个省份的供给侧消费本地效应有所上升。其中上海、江苏、北京、广东的升幅达到 14% ~26%；浙江、山西、甘肃的升幅达到 3% ~9%。大多数省份的供给侧消费溢出效应也都有所下降，其中安徽、辽宁、北京、云南、湖南以及新疆的降幅达到 25% ~36%；湖北、天津、陕西的降幅未超过 5%。只有六个省份的供给侧消费溢出效应上升，其中青海、重庆、江西的升幅为 21% ~38%；福建、山西、甘肃的升幅为 4% ~8%。由于大多数省份的供给侧消费本地效应和溢出效应都有所下降，因而大多数省份的供给侧消费总效应也有所下降。其中，吉林、内蒙古、湖南、重庆、广西、河北的降幅为 18% ~28%，海南、天津、福建的降幅未超过 5%。不过，上海、江苏、广东、北京、浙江、山西、甘肃等七个省份的供给侧消费总效应上升了 3% ~15%。

除青海与江西外，绝大多数省份的供给侧资本形成本地效应都有所上升。其中，天津、新疆、上海、内蒙古、贵州以及河北的升幅达到 53% ~74%；另有 14 个省份的升幅达到 31% ~49%；只有湖北和浙江的升幅低于10%。大多数省份的供给侧资本形成溢出效应也都有所上升，其中江西、青海、重庆、四川、福建、湖北的升幅达到 36% ~107%；江苏、新疆、河南的升幅未超过 10%。只有 7 个省份的供给侧资本形成溢出效应下降，其中北京、上海、辽宁的降幅为 10% ~24%；云南、安徽、山东、宁夏的降幅为 1% ~9%。由于大多数省份的供给侧资本形成本地效应和溢出效应都有所上升，两种效应的叠加使得所有省份的供给侧资本形成总效应也有所上升。其中，天津、广西、内蒙古的升幅为 40% ~53%；新疆、贵州、广东、上海、湖南、福建、吉林、河北的升幅为 35% ~40%；北京、江西、浙江的升幅未超过 10%。

供给侧出口本地效应都有所上升的省份数目和有所下降的省份数目各占一半。其中，四川、湖北、江西、湖南、内蒙古的升幅达到 41% ~58%；而甘肃、天津、山西的降幅达到 40% ~69%。由于后一类省份的供给侧出口本地效应降幅普遍较大，因而供给侧出口本地效应的全国平均水平显著下降。除江西、青海、重庆的供给侧出口溢出效应上升 2% ~28% 外，其余省份的供给侧出口溢出效应也都有所下降，其中辽宁、上海、北京、安徽、新疆、云南的降幅为 42% ~48%；四川的降幅未超过 10%。供给侧出口本地效应和溢出效应的叠加，使绝大多数省份的供给侧出口总效应也有所下降。其中，甘肃、天津、海南、北京、新疆、山西、辽宁的降幅为 30% ~ 50%，青海、吉林、河北的降幅未超过 10%。不过，江西、四川、湖北、重庆、湖南等五个省份的供给侧出口总效应上升了 3% ~ 38%。

除了广东的供给侧碳排放本地效应上升了约 27% 之外，其余所有省份的供给侧碳排放本地效应都有明显下降。其中，贵州、浙江、北京、湖南、山东的供给侧碳排放本地效应下降了 38% ~ 43%，而降幅较低的甘肃、河北、广西、天津、四川的供给侧碳排放本地效应也下降了 13% ~ 19%。除了江西、青海之外，所有省份的供给侧碳排放溢出效应也都有所下降，其中降幅达到 42% ~ 53% 的省份包括辽宁、北京、云南、安徽、山东、新疆、上海，而重庆、福建、湖北、四川的降幅不超过 15%。相应地，除了广东的需求侧碳排放总效应上升约 7% 外，所有省份的需求侧供给碳排放总效应也都有所下降。其中，北京、贵州、山东、湖南、浙江、山东的降幅达到 37% ~ 46%，青海、甘肃的降幅最小，只有 13% ~ 17%。

第六节　结果的比较分析

一　与以往研究的比较

本章的许多结果明显不同于以往从更大区域尺度研究中国区域间溢出—反馈效应的文献。以往大多数分析（彭连清和吴超林，2009；吴福象和朱蕾，2010）中国东、中、西部三大地域或沿海与内地两大地区（潘文卿，2012）的研究都发现，东部的产出溢出效应远低于中西部地区。本章则发现产出溢出效应较大的省份中不少来自东部地区，如上海、北京、天津、浙江等，同时不少中、西部地区省份的产出溢出效应却较小。类似地，东部不少省份的增加值以及进口溢出效应也远大于中西部地区的一些省份。不过，张亚雄和赵坤（2006）的结果与本文类似，他们发现沿海地区的产出溢出效应略大于内陆地区的产出溢出效应。

以往多数研究结果都表明，东、中、西部地区的产出区域内效应依次递减，本章则发现不少中西部地区省份的产出区域内效应要明显高于一些东部地区省份。特别是在比较各省的增加值区域内效应时，本章发现增加值区域内效应较大的省份几乎都是中西部地区省份，而东部地区只有个别省份

（如海南）位列其中。同时，以往研究发现东部的碳排放溢出效应远大于中、西部地区，但本章却发现一些中西部地区省份的碳排放溢出效应位居前列（如吉林、陕西、安徽、宁夏等）。

造成上述结果差异的主要原因在于以往大区域尺度的研究抹杀了区域内各省的经济和碳排放乘数特征，只能反映大区域的总体特征。不过，本章发现碳排放区域内效应较大的省份都分布在中、西部地区，而绝大多数东部地区省份的碳排放区域内效应都很低，这一发现与以往研究非常类似。

二 供给侧结果与需求侧结果的比较

各省供给侧与需求侧产出本地效应的大小非常接近，供给侧产出本地效应较大（小）的省份与需求侧产出本地效应较大（小）的省份几乎完全一致。有些供给侧产出溢出效应较大的省份（如天津、新疆、吉林）或较小的省份（如山东、湖北、四川），也是相应的需求侧产出溢出效应较大或较小的省份，但还有些供给侧产出溢出效应较小的省份（如北京、上海、浙江）却是需求侧产出溢出效应较大的省份。类似地，有些供给侧产出总效应较大的省份（如江西、陕西、山东、天津），也是相应的需求侧产出溢出效应较大的省份。由此可见，省级供给侧产出效应的分析结果与需求侧产出效应的分析结果有相似之处，但也有显著的不同之处。

各省供给侧与需求侧碳排放本地效应的大小也非常接近，而且供给侧碳排放本地效应较大（小）的省份与需求侧碳排放本地效应较大（小）的省份也非常相似。有些供给侧碳排放溢出效应较大的省份（如陕西、天津、新疆、宁夏、河北）或较小的省份（如福建、湖北），也是相应的需求侧碳排放溢出效应较大或较小的省份，但也有些供给侧碳排放溢出效应较大的省份（山西、内蒙古）或较小的省份（如北京、上海、浙江）却是相应需求侧碳排放溢出效应较小或较大的省份。同时，所有供给侧碳排放总效应较大（小）的省份都是需求侧碳排放总效应较大（小）的省份。因此，省级供给侧碳排放效应的分析结果与需求侧碳排放效应的分析结果也有相似之处，但也有显著的不同。

各部门供给侧与需求侧产出本地效应的大小总体上有较大的差异性。只有少数供给侧产出本地效应较大的部门（如金属矿采选业、造纸印刷及文教体育用品制造业、纺织业）或较小的部门（如通信设备、计算机及其他电子设备制造业）也是相应的需求侧产出本地效应较大或较小的部门。还有个别供给侧产出本地效应较小的部门（如纺织服装鞋帽皮革羽绒及其制品业）却是需求侧产出本地效应较大的部门。

各部门供给侧与需求侧产出溢出效应的大小总体上有较大的差异性。有些供给侧产出溢出效应较大的部门（如电力、热力的生产和供应业，金属冶炼及压延加工业，金属制品业）或较小的部门（如其他服务业，通信设备、计算机及其他电子设备制造业），也是相应的需求侧产出溢出效应较大或较小的部门，但还有些供给侧产出溢出效应较小的部门（如建筑业、纺织服装鞋帽皮革羽绒及其制品业）却是需求侧产出溢出效应较大的部门。

各部门供给侧与需求侧碳排放本地效应的大小总体上有较大的差异性。不过，有不少供给侧碳排放本地效应较大的部门（如电力、热力的生产和供应业，非金属矿物制品业，金属矿采选业，石油和天然气开采业，金属冶炼及压延加工业，燃气及水的生产与供应业）或较小的部门（如通信设备、计算机及其他电子设备制造业，纺织服装鞋帽皮革羽绒及其制品业，研究与试验发展业，农林牧渔业）也是相应的需求侧碳排放本地效应较大或较小的部门。还有个别供给侧产出本地效应较小的部门（如纺织服装鞋帽皮革羽绒及其制品业）却是需求侧产出本地效应较大的部门。

类似地，各部门供给侧与需求侧碳排放溢出效应的大小总体上也有较大的差异性。同时，有些供给侧碳排放溢出效应较大的部门（如电力、热力的生产和供应业，金属矿采选业，金属冶炼及压延加工业）或较小的部门（如通信设备、计算机及其他电子设备制造业，食品制造及烟草加工业），也是相应的需求侧碳排放溢出效应较大或较小的部门。

由此可见，部门的供给侧产出和碳排放效应不仅在绝对大小上有比较显著的差异，在相对大小上（部门排序）也有较显著的差异。

第七节　小结

本章基于投入产出模型研究了中国省级层面需求侧与供给侧双向的各类经济和碳排放溢出效应。一方面，从需求侧出发主要研究了省级各类最终需求及总需求的增加值和碳排放溢出效应，并在此基础上评估了各类需求的碳排放溢出效率，继而测算了各部门需求侧的增加值和碳排放溢出效应。另一方面，本章也从供给侧出发测算了各省增加值和进口以及总初始投入的需求和碳排放乘数，同时也分析了各部门供给侧的需求和碳排放乘数。通过上述分析，主要得到了如下结论。

第一，省际层面的经济和碳排放溢出乘数都相对较大，远远大于以往基于更大尺度区域的研究结果。其中，产出和增加值溢出乘数的平均值约相当于相应区域内乘数的 1/4，进口溢出乘数的平均值超过相应区域内乘数的 1/3，碳排放溢出乘数的平均值接近相应区域内乘数的 1/2。进一步，个别省份的进口和碳排放溢出乘数甚至超过了相应的区域内乘数。由此可见，各省的最终需求不仅对本省的经济和碳排放有决定性影响，也会对其他地区的经济和碳排放产生重要影响。

类似地，省际层面的供给侧经济和碳排放溢出乘数也都相对较大，远远大于以往基于更大尺度区域的研究结果（张友国，2016）。其中，消费溢出乘数的平均值约相当于相应区域内乘数的 1/5，产出和出口溢出乘数的平均值超过相应区域内乘数的 1/4，资本形成和碳排放溢出乘数的平均值接近相应区域内乘数的 1/3。进一步，个别省份的出口溢出乘数甚至超过了相应的区域内乘数。由此可见，各省的初始投入也同样不仅对本省的经济和碳排放有决定性影响，也会对其他地区的经济和碳排放产生重要影响。

第二，不同省份之间的经济和碳排放溢出乘数具有非常明显的差异性。一方面，虽然以往大多数研究表明东部地区的需求侧经济溢出乘数远远低于中西部地区，而需求侧碳排放溢出乘数则远远高于中西部地区，但本章则发现需求侧经济溢出乘数较大的省份约一半来自东部地区，而需求侧碳排放溢出乘数较大的省份约一半来自中西地区。各类供给侧经济溢出乘数和碳排放溢出乘数较大的省份主要是中西部地区，而大多数东部地区省份的各类供给侧经济和碳排放溢出乘数较小。同时，供给侧经济溢出乘数较小的省份也有一些来自中西部地区。因而，大区域内不同省份的经济和碳排放溢出乘数也存在很显著的差异，不能以大区域的经济和碳排放溢出效应评价代替区域内省份的经济和碳排放溢出效应评价。这意味着本章的研究确实是对以往研究的有益拓展。

第三，经济溢出效应较大的部门主要集中于第二产业，且以重工业为主。其中，需求侧经济溢出效应较大的部门多为资本品供应部门，而这些部门的需求侧碳排放溢出效应也较大。而供给侧经济溢出效应较大的部门多为中间产品供应部门，且这些部门的供给侧碳排放溢出乘数也较大。以批发零售业为代表的一些服务业部门，以通信设备、计算机及其他电子设备制造业为代表的一些技术密集型轻工业部门以及农林牧渔业的需求侧和供给侧经济溢出效应较小，这些部门的碳排放溢出效应也较小。由此可见，中国省际需求侧的主要经济关联路径仍以资本品供应部门为主，供给侧经济关联仍以中间产品供应部门为主，服务业及一些轻工业尚未成为省际经济的关键纽带。同时，各省也主要是通过以重工业为主导的产业链影响其他省份的碳排放。

第四，由于消费、资本形成及出口在部门构成上有较大差异，因而它们的增加值和碳排放效应也会有所不同。一方面，各省的资本形成与出口对本地增加值的影响力都明显低于各自的消费对本地增加值的影响力，但多数省份资本形成和出口对本地碳排放的影响力都大于消费的碳排放本地效应。另一方面，几乎所有省份资本形成和出口的增加值和碳排放溢出效应都大于消费增加值溢出效应。同时，有将近一半省份资本形成的增加值本地效应大于出口增加值本地效应，且大多数省份的资本形成碳排放本地效应又都大于出口碳排放本地效应。绝大多数省份资本形成的增加值和碳排放溢出效应都大于出口增加值溢出效应。进一步，各省消费的碳排放本地效率和溢出效率远高于资本形成与出口，而出口的碳排放本地效率和溢出效率又高于资本形成。

类似地，由于增加值及进口在部门构成上有较大差异，因而它们的需求和碳排放效应也会有所不同。大多数省份增加值的消费、资本形成以及出口溢出效应都略低于进口的消费溢出效应，因而绝大多数省份增加值的总需求溢出效应也都小于进口的总需求溢出效应。大多数省份增加值的资本形成及出口本地效应也都略低于进口的资本形成及出口本地效应，不过，所有省份增加值的消费本地效应都明显高于进口的消费本地效应，并最终使得大多数省份增加值的总需求本地效应都高于进口的总需求本地效应。同时，绝大多数省份增加值的碳排放溢出效应也都小于进口的碳排放溢出效应，但大多数省份的增加值碳排放本地效应都大于进口碳排放本地效应。

第五，大多数省份的需求侧和供给侧经济溢出效应在 2007～2010 年有所下降，而所有省份的需求侧碳排放溢出效应以及除江西、青海之外的所有省份的供给侧碳排放溢出效应都有所下降，且碳排放溢出效应的全国平均降幅明显大于相应的各类经济溢出效应的平均降幅。其中，需求侧和供给侧经济溢出效应下降幅度较大的省份主要集中在中西部地区，而东部地区一些省份（北京、上海、广东、海南）的需求侧经济溢出效应甚至大幅上升。由此可见，这一时期中国大多数省份与其他地区间的经济关联性都有所弱化。同时各地的碳排放效率都有显著改善，从而使各省碳排放溢出效应的降幅普遍大于经济溢出效应的降幅；即使一些省份的经济溢出效应有所上升，其碳排放溢出效应也有所下降。

第二篇
基于溢出—反馈效应的碳排放
转移与责任分配研究

第七章
区域间碳排放转移

第一节　引言

区域间碳排放转移是与碳排放权分配密切相关的一个问题。它是国际碳排放转移问题研究向国内的延伸。碳排放转移由国际或国内区域间贸易引起。由于当今世界各国、社会各界对气候变化问题的关注不断升温，而碳排放权不仅事关环境，也直接关系相关地区的发展空间，因而碳排放转移也成为学界和政策界的一个重要话题。

近年来，国际的碳排放转移问题已得到充分研究。一方面，很多研究测算了国际贸易中的隐含碳（Emissions Embodied in Trade）。其中既有对单个国家，如中国（Pan 等，2008；Lin & Sun，2010；Zhang，2012）、荷兰（Nijdam 等，2005）、美国（Weber & Matthews，2007）、英国（Lenzen 等，2010）、挪威（Peters & Hertwich，2006）的分析，又有对两国间碳排放转移的研究，如中美（Shui & Harriss，2006），还有很多对多个国家贸易含碳量的分析（Wyckoff & Roop，1994；Lenzen 等，2004；Peters & Hertwich，2008；Atkinson 等，2011 以及 Su & Ang，2011）。Wiedmann 等（2007）及Wiedmann（2009b）对这方面的研究做了很好的回顾。另一方面，不少学者就碳排放转移及相关的碳排放责任问题进行了有益探讨，如对生产责任原则（Eder & Narodoslawsky，1999）、消费责任原则（Munksgaard & Pedersen，2001）、收入责任原则（Marques 等，2013）、共担责任原则（Ferng，2003；Bastianoni 等，2004）的讨论。

也有一些关于一国内区域间碳排放转移的研究相继发表，但还比较少见。国外的研究仅见 McGregor 等（2008）对苏格兰和英国其他地区的碳贸易平衡问题的分析。国内研究中，姚亮和刘晶茹（2010）核算了中国八大区域间产品（服务）贸易隐含的碳排放在区域之间的流动和转移总量。在 2002 年中国 30 个地区扩展投入产出表（李善同等，2010）的基础上，李善同等（2010）和张增凯等（2011）分别测算了省际贸易中的隐含能和隐含碳，后者还比较了生产者责任和消费者责任原则下省际碳排放责任的差异①。

当前研究碳排放转移的主流方法是投入产出模型。这一方法又可进一步分为两类（Peters，2008）：一是双边贸易含污量（Emissions Embodied in Bilateral Trade，EEBT）方法，该方法基于每个区域的单区域投入产出模型（Single Regional Input-Output，SRIO）展开分析；二是基于多区域投入产出模型（Multiregional Input-Output，MRIO）②的方法（简称"MRIO 方法"）。与 EEBT 方法仅考虑双边贸易不同，MRIO 方法能够刻画国家和地区之间因贸易而产生的溢出—反馈效应（Spillover and Feedback Effects）（Peters，2007），并能涵盖所有上游生产活动所产生的间接影响（Wiedmann 等，2011），但 MRIO 方法需要更多的数据和信息支持③。

总的来看，关于区域间碳排放转移的研究还亟待进一步深化。本研究的贡献有如下两点：一是采用中国最新的区域间投入产出表测算了中国 30 个省份的碳排放转移；二是比较了基于 MRIO 模型方法和 EEBT 方法测算结果的差异。

第二节　碳排放转移测算方法

区域间的碳排放转移是指隐含在商品中的碳排放通过区域间的贸易在区

---

① 还有一些研究分析了区域间水足迹（Water Footprints）（Yu 等，2010）、虚拟水（Virtual Water）转移量（Guan & Hubacek，2007；Feng 等，2012）、生态足迹（土地使用）（Zhou & Imura，2011）等问题。

② MRIO 模型也被称为 Chenery-Mose 模型或列系数模型（张亚雄和赵坤，2006），是一种简化的区域间投入产出模型（Interregional Input-Output，IRIO）。如果应用 MRIO 方法时采用所谓单向贸易（Unidirectional Trade）假定（Lenzen 等，2004），则 MRIO 方法将退化为 EEBT 方法。

③ 许多研究者（Lenzen 等，2004；Nijdam 等，2005；Turner 等，2007；Peters，2007；Wiedmann，2009a；Miller & Blair，2009；Wiedmann 等，2011）从理论和技术层面对 MRIO 模型在这一研究领域的应用进行了讨论和拓展。

域间的流动。从供给的角度看，各地区提供的最终商品和服务包括三个部分，即向自身、向国内其他地区以及通过出口向国外提供的最终产品和服务。一个地区向外部提供产品和服务所引起碳排放可称为该地区的调出隐含碳。从消费的角度来看，一个地区不仅使用和消费自身提供的最终商品和服务，也会使用和消费国内其他地区提供的商品和服务①。类似地，一个地区使用和消费国内其他地区提供的商品和服务所引起碳排放称为该地区的调入隐含碳。如前所述，基于 Leontief 模型，可采用两种不同的方法——EEBT 方法和 MRIO 方法来计算区域间的碳排放转移。

一　EEBT 方法

如表 7-1 所示，EEBT 方法比较直观和透明。假定有 k 个区域，每个区域的经济系统都是由 n 个行业构成的。令 q_i^r 为区域 r 部门 i 的直接碳排放量，则区域 r 的直接碳排放总量为 $q^r = \sum_i q_i^r$。如表 7-1 所示，如果采用 EEBT 方法，区域 r 向区域 s 调出产品和服务所引起的碳排放 q'^{rs} 可表示为：

$$q'^{rs} = F^r L^r U^{rs} \tag{7-1}$$

其中，F^r 是区域 r 的部门能源强度系数（$f_i^r = q_i^r / x_i^r$）构成的向量；$L^r = (I - A^{rr})^{-1}$，其元素 l_{ij}^r 表示区域 r 生产单位第 i 类最终使用对本区域第 j 类产品或服务的完全消耗；A^{rr} 表示完全由区域 r 生产的产品构成的区域 r 的直接消耗系数矩阵。U^{rs} 为区域贸易向量，其元素 u_i^{rs} 表示区域 s（$s \neq r$）的中间使用和最终使用中来自区域 r 的第 i 类产品或服务的价值合计。

区域 r 向国内其他区域提供最终需求而引起的碳排放总量，即区域 r 的调出隐含碳可表示为 $\sum_{s \neq r} q^{rs}$。区域 r 因消费国内其他地区提供的最终产品和服务引起的碳排放总量，即区域 r 的调入隐含碳可表示为 $\sum_{s \neq r} q^{sr}$。类似贸易差额，可以引入贸易隐含碳差额概念，并将其定义为调出隐含碳与调入隐含碳的差值。一个地区调出的隐含碳高于其调入隐含碳的部分可称为隐含碳的出超，反之则可称为隐含碳的入超。比较可知，$\sum_r \sum_{s \neq r} q^{rs} = \sum_r \sum_{s \neq r} q'^{rs}$，即各地区调出隐含碳的合计值与调入隐含碳的合计值相等。

---

① 每个地区的最终需求和中间需求中还包括进口的产品和服务，这些进口产品和服务间接引起的碳排放发生在国外，本章仅关注国内的碳排放，故暂不考虑这部分碳排放问题。

表 7－1　与 EEBT 方法对应的能源投入产出表

类别		中间使用			最终使用、调出和出口				总产出
		区域 1	…	区域 k	区域 1	…	区域 k	出口	
中间投入	区域 1	$A^{11}X^1$	…	0	Y^{11}		U^{1k}	E^1	X^1
	⋮	⋮	⋱	⋮	⋮		⋮	⋮	⋮
	区域 k	0	…	$A^{k1}X^k$	U^{k1}		Y^{kk}	E^k	X^k
进口		$IM^{1'}$	…	$IM^{k'}$	im^1	…	im^k		im
增加值		$V^{1'}$	…	$V^{k'}$					
总投入		$X^{1'}$	…	$X^{k'}$					
碳排放		$Q^{1'}$	…	$Q^{k'}$					

表 7－2　与 MRIO 方法对应的能源投入产出表

类别		中间使用			最终使用、调出和出口				总产出
		区域 1	…	区域 k	区域 1	…	区域 k	出口	
中间投入	区域 1	$A^{11}X^1$	…	$A^{1k}X^1$	Y^{11}		Y^{k1}	E^1	X^1
	⋮	⋮	⋱	⋮	⋮		⋮	⋮	⋮
	区域 k	$A^{k1}X^k$	…	$A^{k1}X^k$	Y^{k1}		Y^{kk}	E^k	X^k
进口		$IM^{1'}$	…	$IM^{k'}$	im^1	…	im^k		im
增加值		$V^{1'}$	…	$V^{k'}$					
总投入		$X^{1'}$	…	$X^{k'}$					
碳排放		$Q^{1'}$	…	$Q^{k'}$					

二　基于 MRIO 模型的省际贸易隐含碳核算

如表 7－2 所示，令 x_{ij}^{rs} 是区域 r 向区域 s 的部门 j 提供的中间投入品 i 的价值量，x_j^s 是区域 s 中部门 j 的总产出，$a_{ij}^{rs}=x_{ij}^{rs}/x_j^s$，则区域间的投入产出系数矩阵可表示为：

$$A = \begin{bmatrix} A^{11} & \cdots & A^{1m} \\ \vdots & \vdots & \vdots \\ A^{m1} & \cdots & A^{mm} \end{bmatrix}$$

其中，A^{rs} 是区域 r 向区域 s 提供的中间投入品系数矩阵，其元素为 a_{ij}^{rs}。

区域 r 向区域 s 提供最终消费的产品和服务所引起的碳排放 q^{rs} 可表示为：

$$q^{rs} = FL(0,\cdots,Y^{rs},\cdots,0)^T \tag{7－2}$$

其中，符号 T 表示向量或矩阵的转置；$L = (I - A)^{-1}$ 是区域间的 Leontief 逆矩阵，其元素 l_{ij}^{rs} 表示区域 s 生产单位第 i 类最终使用对区域 r 的第 j 类产品或服务的完全消耗；$F = \left[(F^1)^T, \cdots (F^r)^T, \cdots, (F^m)^T \right]^T$；$Y^{rs}$ 为最终需求向量，其元素 y_i^{rs} 表示区域 s 的最终需求中来自区域 r 的第 i 类产品或服务的价值。当 $s \neq r$ 时，对区域 s 来说，q^{rs} 就是来自区域 r 的隐含碳调入量；对区域 r 来说，q^{rs} 就是它对区域 s 的隐含碳流出量。当 $s = r$ 时，$q^{rs} = q^{rr}$ 表示区域 r 的最终需求中来自本地区的商品和服务所引起的碳排放，不妨称之为自给碳排放。

类似地，区域 r 向国内其他区域提供最终需求而引起的碳排放总量，即区域 r 的调出隐含碳为 $\sum_{s \neq r} q^{rs}$。区域 r 因消费国内其他地区提供的最终产品和服务引起的碳排放总量，即区域 r 的调入隐含碳为 $\sum_{s \neq r} q^{sr}$。进一步，$\sum_r \sum_{s \neq r} q^{rs} = \sum_r \sum_{s \neq r} q^{rs}$，即按 MRIO 方法计算的各地区调出隐含碳的合计值与调入隐含碳的合计值相等。

三　EEBT 方法和 MRIO 方法的差异

EEBT 方法和 MRIO 方法的主要区别在于它们对调入的中间投入品采取了不同的处理方式，但它们没有对错之分。两种方法的区别具体表现在下面几个方面。

一个地区的调入品通常有三种用途：①中间投入；②本地区的最终消费；③作为中转贸易品调出到区域外。EEBT 方法将三种用途的调入品及相关的环境责任都分配给购买国（地区）。MRIO 方法将前两种用途的调入品及相关的环境责任分配给购买国（地区），而第三种用途的调入品及相关的环境责任则分配给最终消费国（地区）而不是作为中转地的购买国（地区）。通常第三种用途的调入品可能会经过好几次转口贸易才被最终消费。

虽然 EEBT 方法和 MRIO 方法都会将进口品与国产品进行分离，但只有 MRIO 方法会进一步区分用于中间投入的进口品和用于最终需求的进口品。MRIO 方法使用最终消费数据会考虑全球的环境压力，而 EEBT 方法计算所有的消费只考虑本地区的环境压力。

MRIO 方法更适合计算最终消费所引起的环境责任，但其要求的数据更为复杂，方法本身也更不透明。而 EEBT 方法只考虑双边贸易，因而更透明，更适用于双边贸易谈判。

一方面，采用 MRIO 方法考虑了各地区生产的最终需求对全国各地能源的完全消耗；采用 EEBT 方法则只考虑了各地区生产的最终需求对本地区能源的完全消耗。因而，与 MRIO 方法相比，EEBT 方法会改变地区最终需求的碳排放乘数。另一方面，采用 MRIO 方法计算区域间贸易隐含碳时，任一地区只承担调入该地区且被该地区用作最终需求的产品或服务的隐含碳；采用 EEBT 方法时，任一地区将承担调入该地的所有产品或服务的隐含碳，不管这些调入的产品或服务是被该地区用作最终需求还是中间需求。因而，与 MRIO 方法相比，EBBT 方法会高估产品或服务的数量。

第三节　基于 EEBT 方法的省际碳排放转移实证分析

一　省际贸易隐含碳的分布

表 7-3 显示了基于 EEBT 方法所测算的 2010 年省际贸易隐含碳（详细结果见附录 F，其他年份的省际贸易隐含碳结果见附录 G）及碳排放乘数。向国内其他地区调出隐含碳居前五位的省份依次是河北、河南、内蒙古、江苏和山东，这五个省份向国内其他地区调出的隐含碳约占全国省际贸易隐含碳的 40%；居后五位的依次是海南、青海、北京、宁夏和新疆，这五个省份向国内其他地区调出的隐含碳仅占全国省际贸易隐含碳的 3%。从国内其他地区调入隐含碳居前五位的地区是广东、江苏、浙江、河北和山东，这五个省份向国内其他地区调出的隐含碳约占全国省际贸易隐含碳的 41%；居后五位的地区是海南、青海、宁夏、贵州和甘肃，这五个省份向国内其他地区调出的隐含碳仅占全国省际贸易隐含碳的 3%。

各省（区、市）向国内其他地区调出的隐含碳与从国内其他地区调入的隐含碳有显著的差异。一方面，内蒙古、山西、河北、河南、辽宁、湖北、贵州、四川、云南、甘肃、安徽、广西、宁夏、黑龙江、湖南以及海南等 16 个省（区、市）的省际贸易隐含碳表现为出超状态。其中，内蒙古、山西、河北、河南等四省份的隐含碳净调出量高于 3000 万吨；辽宁、湖北、贵州、四川等四省份的隐含碳净调出量高于 1000 万吨；其他省份的隐含碳净调出量低于 1000 万吨。余下 14 个省（区、市）的省际贸易隐含碳表现为入超。其中，浙江、上海、北京和广东的隐含碳净调入量超过 3000 万吨，吉林、江苏和天津隐含碳净调入量超过 1500 万吨。不过，各省（区、市）的调出隐含碳合计值与调入隐含碳合计值相等，这符合本章方法部分得出的推论。

表7-3　基于EEBT方法估算的省际最终需求隐含碳和省际贸易碳排放乘数（2010）

地区	最终使用隐含碳（万吨）			碳排放乘数（吨/万元）	
	调出 $q^{r\sim}$	调入 $q^{\sim r}$	净调出 $q^{r\sim}-q^{\sim r}$	调出	调入
北　京	593	3892	-3300	0.08	0.48
天　津	1727	3573	-1846	0.23	0.46
河　北	9902	6037	3865	0.67	0.51
山　西	5029	1120	3909	1.14	0.25
内蒙古	6995	2076	4919	1.13	0.32
辽　宁	4250	2749	1500	0.56	0.40
吉　林	2351	4952	-2601	0.39	0.75
黑龙江	2234	2031	204	0.44	0.39
上　海	1608	5762	-4154	0.15	0.42
江　苏	5430	7724	-2294	0.32	0.47
浙　江	2449	7266	-4817	0.21	0.53
安　徽	3160	2620	540	0.39	0.35
福　建	1165	1525	-360	0.25	0.30
江　西	1500	1803	-303	0.34	0.71
山　东	5284	5865	-581	0.46	0.76
河　南	7138	3560	3578	0.68	0.34
湖　北	2452	1150	1302	0.67	0.42
湖　南	2252	2070	182	0.38	0.44
广　东	5109	8201	-3092	0.31	0.38
广　西	1799	1419	380	0.48	0.28
海　南	167	133	34	0.25	0.25
重　庆	1216	1398	-183	0.27	0.42
四　川	2342	1172	1170	0.46	0.33
贵　州	2004	828	1176	0.82	0.31
云　南	1875	1260	615	0.59	0.27
陕　西	2378	3007	-629	0.30	0.41
甘　肃	1457	853	604	0.72	0.44
青　海	364	393	-29	0.53	0.47
宁　夏	785	487	298	1.13	0.41
新　疆	874	962	-88	0.36	0.32
合　计	85889	85889	0	0.43	0.43

注：由于采用四舍五入法取整，表中一些合计值与其各分项值的和有微小差异。

二　省际贸易碳排放乘数

从调出方面来看，山西、内蒙古和宁夏的调出碳排放乘数最大，都超过了1.1吨/万元。贵州、甘肃、河南、河北和湖北的调出碳排放乘数也较大，超过了0.6吨/万元。调出碳排放乘数最小的5个省（区、市）为北京、上海、浙江、天津和福建，其调出碳排放乘数都未超过0.3吨/万元。可以看出，省际调出碳排放乘数最大的山西、内蒙古和宁夏都是中西部地区能源禀赋特别是煤炭储量较高的省份。除河北外，其他省际调出碳排放乘数较大的省份也基本都属于中西部地区。一方面，这是因为中西部地区多数省份的技术水平相对较低，单位产出的碳排放较大。另一方面，中西部地区调出的产品中，碳密集型产品的比重也相对较高。而省际调出碳排放乘数较小的省份则主要是东部沿海地区经济发达的省份，这主要是因为这些省份的技术水平相对较高，其调出的产品多为清洁型产品。

调入碳排放乘数排在前五位的是山东、吉林、江西、浙江和河北，这几个省份的调入碳排放乘数在 0.5 吨/万元~0.8 吨/万元。这意味着上述几个省份调入的产品中，碳密集型产品的比重相对较高。调入碳排放乘数排在后五位的是海南、山西、云南、广西和福建，这几个省份的调入碳排放乘数都未超过 0.3 吨/万元。其主要原因是这些地区调入的产品中清洁型产品的比重相对较高。比较而言，省际的调出碳排放乘数差异相对较大，而省际调入碳排放乘数的差异相对较小。

三　省际贸易隐含碳的区域流向特征

表 7 - 4 显示了东部、中部、西部和东北四大地区之间的贸易隐含碳。东部地区的省际贸易隐含碳主要（约 56%）在本地区内流动。例如，河北调出的省际贸易隐含碳中超过 1/2 流向了北京、天津、江苏、浙江和山东。东部地区向区域外调出的贸易隐含碳主要集中于中西部地区，且流向中部地区的贸易隐含碳略多于西部地区。中部、西部和东北三大地区调出的省际贸易隐含碳也主要调入东部地区。特别是中部和西部调出的省际贸易隐含碳中分别有 69% 和 57% 流入了东部地区。

表 7 - 4　EEBT 方法下四大地区间的贸易隐含碳（2010）

单位：万吨

调入＼调出	东部	中部	西部	东北	调出合计
东部	18681	6012	5920	2821	33434
中部	14959	2846	3029	697	21531
西部	12669	2753	4040	2627	22089
东北	3670	712	866	3587	8835
调入合计	49978	12323	13856	9732	85889

　　进一步，东部地区向其余三大地区调出的贸易隐含碳显著低于其从其余三大地区调入的贸易隐含碳，前者仅相当于后者的47%。其中，东部向中部和西部地区调出的隐含碳分别相当于东部从这两大地区调入隐含碳的40%和47%。中部向西部调出的隐含碳略大于中部向西部调入的隐含碳，中部向东北调出的隐含碳则略小于中部向东北调入的隐含碳。同时，西部向东北调出的隐含碳则明显大于西部向东北调入的隐含碳。由此来看，东部地区即经济发达地区向欠发达地区特别是中西部地区转移碳排放的现象似乎比较明显，而经济欠发达地区之间的碳排放转移不十分明显。

第四节　MRIO 方法和 EEBT 方法的结果比较

　　表7-5显示 EEBT 方法和 MRIO 方法下分部门调出的平均碳排放乘数与贸易额。表7-6显示了基于 MRIO 方法得到的2010年中国省际贸易隐含碳（附表A2显示了采用 MRIO 方法计算的详细的地区间隐含碳调入流出情况）。表7-7显示了 MRIO 方法下东部、中部、西部和东北四大地区之间的贸易隐含碳。

表7-5　EEBT 方法和 MRIO 方法下分部门调出的平均碳排放乘数与贸易额（2010）

部门	EEBT		MRIO	
	调出合计（万吨）	平均碳排放乘数（吨/万元）	调出合计（万吨）	平均碳排放乘数（吨/万元）
农林牧渔业	10120	0.18	4216	0.25
煤炭开采和洗选业	5382	0.53	200	0.67
石油和天然气开采业	4836	0.45	40	0.53
金属矿采选业	1247	0.48	101	0.63
非金属矿及其他矿采选业	1080	0.45	31	0.60
食品制造及烟草加工业	14458	0.20	8542	0.28
纺织业	4585	0.23	209	0.35
纺织服装鞋帽皮革羽绒及其制品业	5155	0.15	3016	0.27
木材加工及家具制造业	2326	0.22	897	0.35
造纸印刷及文教体育用品制造业	4330	0.34	1237	0.48
石油加工、炼焦及核燃料加工业	7944	0.57	1986	0.70
化学工业	16257	0.49	3506	0.63

部门	EEBT		MRIO	
	调出合计（万吨）	平均碳排放乘数（吨/万元）	调出合计（万吨）	平均碳排放乘数（吨/万元）
非金属矿物制品业	6013	2.37	400	2.61
金属冶炼及压延加工业	18926	0.80	614	0.98
金属制品业	5941	0.52	1321	0.75
通用、专用设备制造业	15108	0.32	10157	0.50
交通运输设备制造业	16313	0.25	10192	0.41
电气机械及器材制造业	8544	0.27	4008	0.45
通信设备、计算机及其他电子设备制造业	6410	0.16	2682	0.24
仪器仪表及文化办公用机械制造业	572	0.19	207	0.31
其他制造业	1413	0.27	333	0.40
电力、热力的生产和供应业	5386	2.89	902	3.16
燃气及水的生产与供应业	468	0.83	162	0.99
建筑业	4497	0.59	4322	0.85
交通运输及仓储业	6849	0.51	2025	0.62
批发零售业	7500	0.20	3302	0.25
住宿餐饮业	3373	0.25	2037	0.34
租赁和商业服务业	1827	0.24	520	0.35
研究与试验发展业	184	0.28	111	0.39
其他服务业	10850	0.20	7536	0.27
合计	197892	—	74812	—

注：表中平均碳排放乘数是各地区相同部门碳排放乘数的算术平均值。

表 7-6 基于 MRIO 模型估算的各类省际最终使用隐含碳和省际贸易碳排放乘数（2010）

地区	最终使用隐含碳（万吨）			碳排放乘数（吨/万元）	
	调出 $q^{r\sim}$	调入 $q^{\sim r}$	净调出 $q^{r\sim}-q^{\sim r}$	调出	调入
北　京	1127	572	555	0.22	0.37
天　津	911	2005	-1094	0.33	0.53
河　北	1961	2474	-514	0.55	0.48
山　西	500	1015	-515	0.88	0.36

续表

地区	最终使用隐含碳（万吨）			碳排放乘数（吨/万元）	
	调出 $q^{r\sim}$	调入 $q^{\sim r}$	净调出 $q^{r\sim}-q^{\sim r}$	调出	调入
内蒙古	944	1896	-952	0.91	0.44
辽　宁	1671	856	815	0.55	0.44
吉　林	1508	1506	2	0.69	0.52
黑龙江	782	1420	-638	0.43	0.51
上　海	1914	2030	-116	0.29	0.42
江　苏	2481	1487	994	0.38	0.35
浙　江	1559	892	667	0.35	0.38
安　徽	1589	579	1010	0.38	0.39
福　建	386	697	-310	0.26	0.34
江　西	267	861	-594	0.26	0.81
山　东	2522	697	1825	0.47	0.43
河　南	2307	2325	-19	0.59	0.39
湖　北	681	385	295	0.55	0.37
湖　南	1324	890	434	0.45	0.45
广　东	2007	1849	158	0.32	0.37
广　西	364	1086	-722	0.37	0.36
海　南	82	60	22	0.33	0.32
重　庆	721	544	177	0.42	0.35
四　川	876	625	251	0.41	0.39
贵　州	498	610	-111	0.64	0.39
云　南	286	793	-506	0.27	0.31
陕　西	1149	1737	-588	0.48	0.42
甘　肃	270	222	47	0.59	0.38
青　海	72	241	-169	0.87	0.42
宁　夏	182	320	-138	0.88	0.49
新　疆	268	534	-266	0.43	0.37
合　计	31208	31208	0	0.42	0.42

注：由于采用四舍五入法取整，表中一些合计值与其各分项值的和有微小差异。

表7-7　MRIO方法下四大地区间的贸易隐含碳

单位：万吨

调入＼调出	东部	中部	西部	东北	调出合计
东部	5839	3307	4436	1369	14950
中部	3191	1123	1933	420	6667
西部	2451	1051	1679	449	5630
东北	1283	574	560	1543	3960
调入合计	12764	6055	8607	3781	31208

一 调出和调入隐含碳乘数的比较

采用 MRIO 模型计算某一地区各类产品或服务的碳排放乘数时，跨区域的产业间贸易及其间接碳排放影响被考虑在内。而采用 EEBT 方法时，没有考虑跨区域产业间贸易的碳排放影响，只考虑区域内产业间贸易的碳排放影响。因此采用 MRIO 模型计算的各地区各种产品或服务的平均碳排放乘数都要明显高于采用 EEBT 方法时其对应的平均碳排放乘数。本研究计算的结果显示，前者的算术平均值比后者的算术平均值高出 10% ~75%。

不过，尽管各地区的各部门在 EEBT 方法下的调出碳排放乘数都显著低于其在 MRIO 方法下的调出碳排放乘数，但各地区在 EEBT 方法下的调出碳排放未必低于其在 MRIO 方法下的调出碳排放乘数。其主要原因在于各地区在 EEBT 方法下的调出产品结构不同于其在 MRIO 方法下的调出产品结构。如果各地区在 EEBT 方法下的调出以碳密集型为主，而其在 MRIO 方法下的调出以清洁产品为主，则该地区在前一方法下的调出碳排放乘数很有可能高于其在后一方法下的调出碳排放乘数。同时，从 EEBT 方法转变为 MRIO 方法时，各地区调入的产品结构及地区结构都有可能发生显著变化，因而各地区在 EBBT 方法下的调入碳排放乘数也完全有可能高于其在 MRIO 方法下的调入碳排放乘数。

二 调出和调入隐含碳的比较

采用 EEBT 方法时，某个地区调出（入）的产品或服务无论是作为其他（本）地区的中间使用还是最终使用，都将用于计算该地区的调出（入）隐含碳，而采用 MRIO 模型时，只有作为最终使用的产品或服务才会用于计算该地区的调出（入）隐含碳。因此，与 MRIO 方法相比，采用 EEBT 方法时用于计算省际贸易隐含碳的贸易额将增加。结果表明，按 MRIO 方法计算的各部门调出只相当于采用 EEBT 方法计算的各部门调出的 1% ~96%。

由 EEBT 方法转变为 MRIO 方法时，国内贸易额会显著增长，但各部门的碳排放乘数将明显下降，这两个因素的变化决定了两种方法下各地区国内贸易隐含碳的差异。比较可知，各地区在 EEBT 方法下的调出和调入隐含碳几乎都远远高于它们在 MRIO 方法下的调出和调入隐含碳。只有北京在 EEBT 方法下的调出隐含碳明显低于其在 MRIO 方法下的调出隐含碳。最终，在 EEBT 方法下区域间的碳排放转移总量（调出或调入隐含碳合计值）远远高于 MRIO 方法下区域间的碳排放转移总量，前者相当于后者的 2.75 倍。

　　各地区调出和调入隐含碳的相对大小也可能发生变化，从而使其贸易隐含碳差额的符号发生变化。例如，在 EEBT 方法下北京的调出隐含碳远远小于其调入隐含碳，其贸易隐含碳差额为负值，即北京是隐含碳的净流入地区。然而，在 MRIO 方法下北京的调出隐含碳却相当于其调入隐含碳的两倍，其贸易隐含碳差额为正值，即北京是隐含碳的净流出地区。类似地区还有吉林、江苏、浙江、山东、河南、广东和重庆等。反之，一些地区在 EBBT 方法下是隐含碳的净流出地区，但在 MRIO 方法下却是隐含碳的净流入地区，如河北、山西、内蒙古、黑龙江、广西、贵州、云南和宁夏。

三　隐含碳区域流向特征的比较

　　与基于 EEBT 方法得到的结果类似，采用 MRIO 方法时，东部地区的省际贸易隐含碳仍主要在本地区内流动；东部地区向西部调出的贸易隐含碳仍主要集中于中西部地区；中部、西部和东北三大地区调出的省际贸易隐含碳也主要调入东部地区；中部向西部调出的隐含碳仍大于中部向西部调入的隐含碳，中部向东北调出的隐含碳仍小于中部向东北调入的隐含碳。

　　不同的是，相较于 EEBT 方法，采用 MRIO 方法时东部地区的省际贸易隐含碳在本地区内流动的比例明显下降；中部和西部调出的省际贸易隐含碳中流入东部地区的比例也有明显下降；流向西部地区的贸易隐含碳略多于中部地区。东部地区向其余三大地区调出的贸易隐含碳高于其从其余三大地区调入的贸易隐含碳，前者相当于后者的 132%。其中，东部向中部和西部地区调出的隐含碳分别相当于东部从这两大地区调入隐含碳的 104% 和 181%。同时，西部向东北调出的隐含碳则明显小于西部向东北调入的隐含碳。由此来看，经济欠发达地区向东部地区即经济发达地区转移碳排放的现象似乎比较明显。

第五节　小结

　　本章分别采用双边贸易视角下的 EEBT 方法和多边贸易视角下的 MRIO 方法测算了中国省际的贸易隐含碳。EEBT 方法不区分贸易品的用途（中间使用还是最终使用），相对而言比较透明和易于操作。MRIO 方法区分了贸易品的用途，能够刻画区域间的溢出反馈效应，但比较复杂和不够透明。由于核算机制的不同，这两种方法得到的结果存在显著差异。与 MRIO 方法相比，采用 EEBT 方法时，各地区各部门的调出碳排放乘数显著下降，但相应的贸易量却显著上升，继而导致贸易隐含碳总量也显著上升。进一步，在两种方法下，许多省份的贸易隐含碳差额方向都有可能截然相反，即很有可能从隐含碳净流出（入）地区转变为隐含碳净流入（出）地区。这两种方法各有利弊，但无所谓对错。在分析省际贸易隐含碳时需要慎重考虑这两种方法的核算视角及其可能带来的结果差异。在后面的研究中，根据研究的目的，这两种方法也都得到了相应的应用。

第八章
碳排放视角下的区域间贸易模式：
污染避难所与要素禀赋

第一节　问题提出

中国地域辽阔，行政区域众多，区域之间经济发展水平参差不齐，同时又有着密切的贸易往来。区域间的贸易对各区域的经济发展和生态环境都有十分重要的影响。那么，中国区域间的贸易遵循什么样的模式，对中国经济的绿色化发展有怎样的影响？本章试图探讨碳排放视角下中国区域间的贸易模式，从而为中国的区域协调发展和经济绿色化发展提供一些有价值的结论和政策启示。

贸易的环境影响是近几十年来学界和政策制定者持续关注的问题，因为厘清这一问题有助于制定合适的政策来协调贸易发展与环境保护，或者说兼顾环境与发展。目前围绕该问题展开的激烈争论主要集中于论证两种相互争锋的理论，即污染避难所假说（Pollution Haven Hypothesis）和要素禀赋假说（Factor Endowment Hypothesis），因为它们阐释了两种截然不同的环境视角下的贸易模式（Antweiler 等，2001；Copeland & Taylor，2004）。

围绕上述理论争论，近年来出现了大量实证研究方面的文献。很多有关国际贸易的实证研究都倾向于支持要素禀赋理论而否定污染避难所假说（Tobey，1990；Jaffe 等，1995；Coleand Elliott，2003；Eskelandand Harrison，2003；Cole 等，2005；Mongelli 等，2006；陆旸，2009；傅京燕和李丽莎，2010；李小平和卢现祥，2010；李小平等，2012；曾贤刚，2010；Tan 等，

2013）。不过也有不少研究支持污染避难所假说（应瑞瑶和周力，2006；刘志忠和陈果，2009；傅京燕和张珊珊，2011；Lopez 等，2013）。特别是把环境政策处理为内生变量时，许多基于计量经济学方法的实证研究（Kellerand Levinson，2002；Xing & Kolstad，2002；林季红和刘莹，2013）都得到了支持污染避难所效应（假说）的结果[1]。还有些研究发现污染避难所假说在某些范围或时点成立（Dean 等，2004；Smarzynska & Wei，2004；王文治和陆建明，2012；Zhang 等，2014）。在有关中国区域间贸易的实证研究[2]中，同样出现了否定（庞瑞芝和李鹏，2011；谢申祥等，2012）、支持（彭可茂等，2012；何龙斌，2013；侯伟丽等，2013；林伯强和邹楚沅，2014）和部分支持（彭可茂等，2013）污染避难所假说的观点。

导致以往研究得出不同结论的一个重要原因可能是这些研究涉及的研究时段和样本不同。现实世界中上述两种机制应该同时发挥作用，只不过其中一方可能占主导地位，并使贸易模式最终呈现其揭示的特征（Antweileret 等，2001）。因此，以往多数研究可能只找到支持某一种理论的"显著"证据，但其他时段和样本中可能存在另一种理论成立的证据。而且，以往研究主要采用计量经济学方法并将多个区域作为一个整体（样本）加以研究，忽略了具体区域的特性，而不同的区域可能恰好具有不同的贸易模式[3]。

因此，同时分析多个区域中每个区域具体的贸易模式，可能会同时发现支持污染避难所假说和要素禀赋理论的证据，但这样的研究目前似乎还没有。中国有诸多处于不同发展阶段的省份及其形成的大区域，区域间贸易很有可能呈现多种模式，因而非常适合开展这样的研究。而且，目前中国正在努力减缓碳排放，因而研究中国区域间的贸易模式不仅有助于检验污染避难所假说和要素禀赋理论，还能为中国制定合适的跨区域碳减排政策提供有价值的参考。为此，本章将对中国省际和四大区域层面的贸易模式及其碳排放影响进行研究。

---

[1] 大量基于计量经济学方法的研究之所以发现污染避难所效应（假说）不显著，其中部分原因就在于没有考虑模型的内生性问题（Kellerand Levinson，2002；Copeland & Taylor，2004）。

[2] 国外也有类似的研究，如 Henderson（1996）、Becker 和 Henderson（2000）及 Greenstone（2002）发现环境规制对美国企业在其国内的选址有显著影响。

[3] 例如，Antweileret 等（2001）曾通过估计各国污染集中度对开放度的弹性与各国相对人均收入（世界平均水平为1）的相关性，来判断世界贸易中污染避难所效应和要素禀赋效应的大小，但他们关注的仍然是整个样本的贸易特征，且他们的方法也只适用于判断整个样本的贸易特征，而不适合判断具体研究对象（国家）的贸易模式。

第二节　环境视角下的贸易模式及其识别方法

一　贸易的环境影响及其模式——环境规制与要素禀赋的交互影响

贸易对环境的影响一般可区分为规模效应、技术效应和结构效应（Grossman & Krueger，1993）。在技术水平不变的情况下，结构效应就决定了贸易是否有利于一个地区（或国家）改善环境质量。而一个地区的结构效应取决于其比较优势：如果该地区在清洁型产业上拥有比较优势，那么，其清洁型产业将随着贸易而扩张，从而有利于其降低污染排放；反之，贸易将导致其污染型产业扩张，并带来更多的污染（Copeland & Taylor，2004）。一个地区的比较优势又由环境规制和要素禀赋共同决定。因此，环境视角下的贸易模式可以理解为贸易的环境影响及其内在决定因素共同形成的贸易特征。那么，环境视角下的贸易模式可以区分为哪几类呢？

一方面，根据污染避难所效应（Pollution Haven Effect）理论，环境规制会影响污染密集型产业的竞争力，加强环境规制会对工厂选址和贸易流向产生边际效应。在其他条件不变的情况下，一个地区加强环境规制会导致其污染密集型产品的竞争力下降，因为相关企业需要达到更严格的环境标准并付出更多成本①。污染避难所假说甚至认为降低贸易壁垒（如贸易自由化）会导致污染密集型产业从环境规制更严的国家转移至环境规制宽松的国家。同时，内生污染避难所（Endogenous Pollution Havens）理论（Copeland & Taylor，1994；Copeland & Taylor，2004）则进一步表明，环境政策不是外生的，收入差异会导致环境政策差异。这一假说意味着高收入地区对良好环境质量的偏好更强，从而会制定更严厉的环境政策，而低收入地区的环境政策则相对较松，于是高收入地区会具有清洁产品上的比较优势，并更多地出口

---

① 要指出的是，人们常常将污染避难所假说与污染避难所效应这两种理论相混淆，两者虽然字面意思接近但有重大区别（Copeland & Taylor，2004）。后者强调如果环境规制对污染密集型工厂选址的影响超过其他因素（如要素禀赋），那么，贸易自由化会导致污染避难所假说所预期的结果。反之，如果环境规制的影响不如其他因素，那么，贸易自由化不会导致污染避难所假说所预期的结果。因此，污染避难所效应是污染避难所假说的必要但非充分条件，且前者有很强的理论基础，而后者的理论基础则很弱（Antweiler 等，2001）。在实证研究中，大部分讨论的其实都是污染避难所效应，而不是污染避难所假说，但大部分研究都没有严格区分它们。

清洁产品，而低收入地区将更多地出口污染密集型产品。另一方面，根据要素禀赋理论，物质资本相对充裕①的地区在资本密集型产业（通常也是污染密集型产业）上拥有比较优势，贸易自由化将使该地区更多地出口污染密集型产品（Copeland & Taylor，2004）。通常收入更高的地区（或国家）被认为是环境规制更严格的地区，同时也是物质资本更充裕的地区（Walter & Ugelow，1979；Copeland & Taylor，1994；Copeland & Taylor，2004；Cole & Elliott，2003），因而高收入地区应更多地出口污染密集型产品。

受环境规制差异的影响，收入更高的地区会更多地生产和出口清洁型产品，而由于物质资本更充裕，收入更高的地区应该更多地生产和出口污染密集型产品。因而污染避难所假说和要素禀赋假说实际上揭示了两种方向相反的贸易机制或模式，地区之间的贸易会同时受这两种机制的影响，地区间贸易最终表现出来的模式将取决于它们的交互影响（Antweiler 等，2001；Copeland & Taylor，2004）。这样，本章可以从理论上归纳出两个地区间的五种模式，其中四种属于符合比较优势的模式，还有一种属于"反比较优势"模式。

（1）符合比较优势的贸易模式

①污染避难所模式：当收入决定的（内生的）环境规制在贸易中起主导作用时，高收入地区将更多地出口清洁产品，其调出污染强度将小于其调入污染强度，同时低收入地区的调出污染强度会大于其调入污染强度。②要素禀赋模式：如果要素禀赋差异在贸易中起主导作用，则物质资本相对充裕地区的调出污染强度会大于其调入污染强度，同时物质资本相对稀缺地区的调出污染强度将小于其调入污染强度。③污染避难所和要素禀赋并存模式：通常高收入地区也是物质资本相对充裕的地区，但现实情况也并非总是如此。一个地区相对于另一个地区可能收入略高，但物质资本充裕度略低。在此情形下，两地区之间的贸易就有可能既是污染避难所模式，又是要素禀赋

---

① 从贸易的环境影响视角出发，在解释要素禀赋假说时，一般都选取物质资本作为要素禀赋的衡量指标。虽然不少学者（如陆旸，2009）发现其他要素（人力资本、土地、矿产资源等）对污染密集型产业的竞争力也可能存在显著的影响，但这些要素似乎只对某些类型而不是所有的污染密集型产业有显著影响。其中，影响比较广泛的是 Cole and Elliott（2003）和 Cole 等（2005）的研究，他们发现污染密集型产品通常既是物质资本密集型产品也是人力资本密集型产品。不过，他们考察的产品都是工业产品，而未涉及服务业。很多清洁型服务业都是人力资本密集型产业，一些研究（陈和和隋广军，2010）也证明了这一论点。这意味着用人力资本禀赋来衡量环境视角下的要素禀赋假说也不具有一般性。因此，本章仅选用物质资本来衡量要素禀赋。

模式。④环境双赢模式：当收入与要素禀赋的作用大体相当时，它们会相互抵消，此时贸易双方都可能发挥各自的技术优势①，于是双方的环境都有可能从贸易中受益（Dietzenbacher & Mukhopadhyay，2007）。

（2）"反比较优势"模式

当某些因素（如地方保护）使得两个地区不能在贸易中发挥各自的比较优势时，它们之间的贸易就可能表现出违背比较优势理论的特点，从而形成与上述四种模式截然不同的贸易模式。类似现象在以往研究中并不鲜见。Leontief（1953）发现美国的对外贸易并不符合其比较优势，这一发现被学界称为"列昂惕夫之谜"（Leontief Paradox）。鞠建东等（2012）发现中美贸易也存在"反比较优势之谜"，并指出上述贸易现象可能是政治或政策上的因素造成的。类似研究中，Dietzenbacher and Mukhopadhyay（2007）发现印度的国际贸易特征与污染避难所假说所揭示的贸易特征正好相反，且随着时间推移，上述贸易所呈现的特征与污染避难所假说越来越不相符，因而他们把上述现象称为"绿色列昂惕夫之谜"（Green Leontief Paradox）。因此，不能排除"反比较优势"模式出现的可能性。即便在一国内部，一些地区存在的地方保护主义、信息不畅以及交通不便等因素也可能使得一些地区在贸易中不能发挥出比较优势。

二 基于投入产出模型的贸易模式识别方法

从研究方法来看，在有关贸易与环境关系的实证研究中，大部分研究都采用计量经济模型特别是面板数据分析方法（如 Tobey，1990；Jaffe 等，1995；Smarzynska & Wei，2004；陆旸，2009；傅京燕，李丽莎，2010；李小平和卢现祥，2010；曾贤刚，2010；彭可茂等，2013；林伯强和邹楚沅，2014），但也有不少文献采用投入产出分析方法（Walter，1973；Mongelli 等，2006；Dietzenbacher & Mukhopadhyay，2007；傅京燕和张珊珊，2011；Lopez 等，2013；Tan 等，2013；Zhang 等，2014）②。

---

① 如果环境规制力度足够大（边际损害的收入弹性足够大），对于在污染密集型产业上具有比较优势的地区而言，贸易整体上将有助于减缓其污染排放，因为技术效应带来的污染下降将抵消规模效应和结构效应带来的污染增加（Copeland & Taylor，2004）。进一步，在要素禀赋发挥主导作用的情况下，如果高收入地区的环境规制足够强，那么，贸易将同时减少高收入地区和低收入地区的污染排放（Antweiler 等，2001）。

② 此外，还有不少研究采用可计算一般均衡模型研究贸易自由化或环境规制的影响，但这类研究都不是对事实的检验，而是"反事实"的政策模拟或情景分析。

计量经济学方法通过对样本的整体分析来检验某种理论（或假说）是否在统计意义上成立（或显著）。该方法强调诸多数据（事实）整体上而不是单个地是否支持某种理论（或假说）成立。应用计量经济学方法需要大量的个体形成的样本作支撑，因而不适用于判断某一个体的贸易特征是否符合或支持某种理论。应用计量经济学方法能够检验环境规制、要素禀赋等因素对贸易的影响是否显著，但难以判断研究对象（无论是整体还是个体）的贸易具体表现为哪种模式，即哪种因素的影响更大并起主导作用。进一步，计量经济学方法需要处理好内生性问题（如环境政策是否内生以及不可观察的变量等），否则会产生误导性的估计结果（Kellerand Levinson, 2002；Copeland & Taylor, 2004）。

基于投入产出模型的方法则能具体验证特定地区在特定时点的贸易是否支持某种理论假说，且能分析和判断个体的贸易模式，但不适宜回答具体因素（特别是非主导因素）是否对贸易有显著影响。特别值得一提的是，投入产出模型能充分考虑产业间的相互影响①且没有内生性问题，这是计量经济模型难以实现的。综合来看，投入产出模型更适用于识别区域间的贸易模式。

（1）结构效应的量化——边际净贸易隐含碳

为了考察区域间贸易模式及其碳排放影响，本章参考并拓展了Dietzenbacher and Mukhopadhyay（2007）的分析框架。为了便于分析，暂且假定一个经济体可以划分为两个区域即区域 r 和区域 s，每个区域都会为了提供产品而消耗能源及其他资源并产生碳排放，且它们相互之间存在贸易往来。根据投入产出模型的基本原理，可以将上述两个区域的调出隐含碳分别表示如下（张友国，2010）：

$$C^{er} = F^{r\tau}(I - A^r)^{-1}E^r = F^{r\tau}L^rE^r \qquad (8-1)$$

$$C^{es} = F^{s\tau}(I - A^s)^{-1}E^s = F^{s\tau}L^sE^s \qquad (8-2)$$

其中，C^{er} 表示区域 r（对区域 s）的调出隐含碳；F^r 是区域 r 的部门直

---

① 正是由于投入产出模型能够刻画产业间的相互关联作用，因而被广泛应用于研究与贸易相关的环境问题，如贸易隐含碳、跨区域污染转移以及本研究讨论的贸易模式等。不过，能用于投入产出模型分析的数据也相对较少，因为许多国家和地区并不是每年都编制投入产出表，特别是多区域投入产出表。因此，两种方法各有优势和劣势，需要根据研究的目的来选择。

接碳排放强度向量，其元素 F_i^r 是区域 r 部门 i 基于产出的直接碳排放强度；I 是单位矩阵；A^r 是区域 r 的中间投入系数矩阵，其元素 A_{ij}^r 表示区域 r 中部门 j 的总投入中来自部门 i 的中间投入品所占的份额；E^r 是区域 r 对区域 s 的调出向量，其元素 E_i^r 表示区域 r 对区域 s 调出的第 i 种商品或服务的价值。类似地，C^{es}、F^s、A^s 以及 E^s 分别表示区域 s（对区域 r）的调出隐含碳、部门直接碳排放强度向量、中间投入系数矩阵以及调出向量。$L^r = (I - A^r)^{-1}$ 及 $L^s = (I - A^s)^{-1}$ 则分别表示区域 r 和区域 s 的列昂惕夫逆矩阵。上标"τ"表示向量的转置。

类似地，如果考虑一个地区调入对当地碳排放的影响，即调入节约的碳排放，则可根据本地生产技术将两个区域的调入节碳量分别表示为[1]：

$$C^{mr} = F^{r\tau} L^r M^r \tag{8-3}$$

$$C^{ms} = F^{s\tau} L^s M^s \tag{8-4}$$

其中，C^{mr} 是区域 r 的调入节碳量，M^r 是区域 r 的调入向量，其元素 m_j^r 是区域 r 从区域 s 调入的第 j 类产品或服务。类似地，C^{ms} 和 M^s 分别表示区域 s 的调入向量。易知，$M^r = E^s$ 且 $M^s = E^r$。

两个区域的单位调出隐含碳（不妨称之为边际调出隐含碳）可分别表示为：

$$c^{er} = F^{r\tau} L^r e^r \tag{8-5}$$

$$c^{es} = F^{s\tau} L^s e^s \tag{8-6}$$

其中，c^{er} 是区域 r 的单位调出隐含碳；e^r 是区域 r 的调出结构向量，其元素 e_i^r 表示区域 r 对区域 s 调出的第 i 种商品或服务的价值在其对区域 s 的总调出中所占的份额。类似地，c^{es} 和 e^s 分别表示区域 s 的单位调出隐含碳和调出结构向量。

同样，两个区域的单位调入节碳量（不妨称之为边际调入节碳量）可分别表示为：

$$c^{mr} = F^{r\tau} L^r m^r \tag{8-7}$$

$$c^{ms} = F^{s\tau} L^s m^s \tag{8-8}$$

---

[1]　如果要计算各个地区的调入隐含碳，则应当采用产品或服务输出地的技术。例如，区域 r 的调入隐含碳为 $F^{s\tau} L^s M^r$ 或 $F^{s\tau} L^s E^s$。

其中，c^{mr}和c^{ms}分别表示区域 r 和区域 s 的单位调入节碳量，m^r 和 m^s 分别表示区域 r 和区域 s 的调入结构向量。易知，$m^r = e^s$ 且 $m^s = e^r$。

当两个区域的调入和调出都增加一个单位时，两个区域的碳排放变化可分别表示为：

$$\Delta c^r = c^{er} - c^{mr} \qquad (8-9)$$

$$\Delta c^s = c^{es} - c^{ms} \qquad (8-10)$$

不妨将 Δc^r 和 Δc^s 分别命名为区域 r 和区域 s 的边际净贸易隐含碳。

进一步，可以根据 Antweiler（1996）提出的污染贸易条件，将区域 r 和区域 s 的碳排放贸易条件定义为：

$$ctt^r = c^{er}/c^{mr} \qquad (8-11)$$

$$ctt^s = c^{es}/c^{ms} \qquad (8-12)$$

其中，ctt^r 和 ctt^s 分别是区域 r 和区域 s 的碳排放贸易条件。

（2）贸易模式的定量识别方法

参考以往研究（Antweiler et al.，2001；Dietzenbacher and Mukhopadhyay，2007；陆旸，2009），本章用人均国内生产总值 g 衡量地区收入水平及其表征的环境规制力度[1]，用人均物质资本存量 k 衡量地区的要素禀赋。基于这些指标，可将区域 r 和区域 s 之间的贸易模式定义如下：①污染避难所模式，如果 $g^r > g^s$，同时 $\Delta c^r < 0$ 且 $\Delta c^s > 0$；②要素禀赋模式，如果 $k^r > k^s$，同时 $\Delta c^r > 0$ 且 $\Delta c^s < 0$；③污染避难所与要素禀赋并存模式，如果 $g^r > g^s$ 且 $k^r < k^s$，同时 $\Delta c^r < 0$ 且 $\Delta c^s > 0$；④环境双赢模式，如果 $\Delta c^r < 0$ 且 $\Delta c^s < 0$；⑤"反比较优势"模式，即不同于上述四种模式的情况。如果 $\Delta c^r + \Delta c^s < 0$，则区域 r 和区域 s 之间的贸易有利于全国的碳减排，否则不利于全国的碳减排。

以上给出了两个区域间的贸易模式及其碳排放影响的识别方法，那么，在 n（n>2）个区域的情形下，如何判断区域间的贸易模式及其碳排放影响呢？在此情形下，每个区域都有 n-1 个贸易伙伴，可以把这 n-1 个贸易伙伴当作一个整体，但其中每个伙伴与特定区域的贸易量并非均匀分布，而是存在差异甚至很大的差异，因而各贸易伙伴对特定省份的贸易和碳排放影响

---

[1] 也有研究采用环境治理投入占国民生产总值的比重或单位产出的污染排放量来衡量环境规制力度。

程度差异显著。如果不考虑各个伙伴与特定区域的贸易额差异，而将它们视为同质的贸易主体，就很有可能对贸易模式判断不准甚或错误。为此，本章以区域 r 为例，提出如下方法来处理一个区域存在多个贸易伙伴时的指标合并及贸易模式识别问题。

令 t^{rs} 表示区域 r 对区域 s 的调出总量；c^{r-es}、c^{r-ms}、g^{r-s} 和 k^{r-s} 分别为区域 r 的第 s 个贸易伙伴的边际调出隐含碳、边际调入节碳量、人均 GDP 和人均物质资本存量；c^{r-esa}、c^{r-msa}、Δc^{r-sa}、g^{r-sa} 和 k^{r-sa} 分别为区域 r 的 $n-1$ 个贸易伙伴的边际调出隐含碳、边际调入节碳量、边际净贸易隐含碳、人均 GDP 和人均物质资本存量的加权平均值。

①计算出区域 r 的边际调出隐含碳 c^{er}、边际调入节碳量 c^{mr} 和边际净贸易隐含碳 Δc^r。②以区域 r 与其各个贸易伙伴的贸易总量为权重，计算 c^{r-esa}、c^{r-msa}、g^{r-sa} 和 k^{r-sa}。③计算区域 r 各个贸易伙伴的边际净贸易隐含碳加权平均值，即 $\Delta c^{r-sa} = c^{r-esa} - c^{r-msa}$。④类似两区域情形，通过判断 Δc^r、Δc^{r-sa}、$\Delta c^r + \Delta c^{r-sa}$ 大于还是小于 0，比较 g^r 和 g^{r-sa} 以及 k^r 和 k^{r-sa} 的大小关系来识别区域 r 与其贸易伙伴之间的贸易模式及其碳排放影响。

进一步，在对每个区域贸易模式研究的基础上，还可以判断全国区域间贸易模式总体上是否有利于全国的碳排放。①分别以各个区域的调出和调入量为权重，计算出各区域边际调出隐含碳的加权平均值 c^e 和边际调入节碳量的加权平均值 c^m，即 $c^e = \sum_r \left[\sum_s (t^{rs} c^{er}) / \sum_r \sum_s t^{rs} \right]$ 而 $c^m = \sum_r \left[\sum_s (t^{sr} c^{mr}) / \sum_r \sum_s t^{sr} \right]$。②计算各区域边际净贸易隐含碳加权平均值 Δc，即 $\Delta c = c^e - c^m$。如果 $\Delta c < 0$ 则区域间的贸易模式总体上有利于全国的碳减排，反之则不利于全国的碳减排。

第三节　关键指标的选取及数据处理

本章拟从省际层面和四大区域层面对中国区域间贸易模式进行实证研究，需要直接用到如下四类数据：各省①投入产出表及省际贸易数据、各省分行业的碳排放和各省的人均物质资本存量。其中，2002～2010 年各省的投入产出表、省际贸易数据及分省分行业的碳排放数据与第三章相同。各省的人均物质资本存量估计如下。

---

① 本章所指的各省也包括各自治区和直辖市，但因数据缺失而未考虑西藏自治区。

　　有许多学者（如龚六堂和谢丹阳，2004；张军等，2004；徐现祥等，2007；黄宗远和宫汝凯，2008；叶宗裕，2010；谢群和潘玉君，2011；靖学青 2013；宗振利和廖直东，2014）采用永续盘存法估计了中国的省际物质资本存量。为了确定各省的要素禀赋特征，本书也采用这一方法来估计1952～2013 年中国的省际人均物质资本存量，具体如下：

$$K_{i,t} = K_{i,t-1}(1 - \delta_{i,t}) + I_{i,t}/P_{i,t} \qquad (8-13)$$

　　其中，K 表示资本存量、I 表示固定资本形成额、δ 表示重置率或折旧率、P 表示资本价格指数；下标 i 和 t 分别表示第 i 个地区和时点 t。

　　要说明的是，除了固定资本形成额外，以往还有研究采用全社会固定资产投资、新增固定资产投资、资本形成额等指标来估算资本存量。不过，张军等（2004）及黄宗远和宫汝凯（2008）指出，固定资本形成额具有理论上的合理性，且与国际研究规范一致。因而，采用这一指标估算资本存量的研究也越来越多（靖学青，2013）。同时，本书将 1952～1977 年各地区的折旧率统一定为 5%（黄宗远和宫汝凯，2008），而1978～1992 各地区的折旧率则采用宗振利和廖直东（2014）对各地区折旧率的估计结果。

　　资本价格指数可以采用固定资产投资价格指数来衡量。不过，目前全国及各省公开的固定资产投资价格指数只能追溯到 1991 年，一些省份的固定资产投资价格指数序列甚至更短。为了补齐缺失的固定资产投资价格指数序列，本书采用张军等（2004）的方法构造各地区的固定资本形成额平减指数，具体如下：

$$P_{i,t} = 100 \times I_{i,t}^{当年价格}/(I_{i,t-1}^{当年价格} \times \theta_t^{当年价格}) \qquad (8-14)$$

　　其中，$P_{i,t}$ 和 θ_t 分别表示第 i 个地区在时点 t 的固定资本形成额平减指数和固定资本形成总额指数。

　　初始资本存量的估计方法有多种，本书参考以往研究（张军等，2004；靖学青，2013）采用如下方法：

$$K_{i,1952} = I_{i,1952}/(g_{i,1952-1978} + \delta_{i,1952}) \qquad (8-15)$$

　　其中，$g_{i,1952-1978}$ 表示第 i 个地区 1952～1978 年资本形成额的平均增长率，$\delta_{i,1952}$ 表示第 i 个地区 1952 年的折旧率。

　　为了估计省际人均资本存量，还需要知道各省的人口数。然而，应当采用哪种人口指标来衡量各省人口数却没有统一标准。本书采用各省的 GDP 与人均 GDP 的比值作为各省人口数的衡量指标，继而估计出省际人均资本存量。这样处理能够保证省际人均资本存量与人均 GDP 具有一致的统计口径。

　　用于省际资本存量估计的基本数据来源如下（如表 8 – 1 所示）。1952 ～ 2008 年各省份的固定资本形成额、支出法 GDP 及其指数、人均 GDP 及其指数等数据主要来自《新中国 60 年统计资料汇编 1949 ～ 2008》，2008 年以后这些数据取自 2010 ～ 2014 年的《中国统计年鉴》。1991 ～ 2008 年各地固定资产投资价格指数取自《新中国 60 年统计资料汇编 1949 ～ 2008》，2008 年以后各地区的固定资产投资价格指数取自 2010 ～ 2014 年的《中国统计年鉴》。1952 ～ 1992 年各省份的固定资本形成总额指数取自《中国国内生产总值核算历史资料（1952 ～ 1995）》，1992 年以后这些数据取自《中国国内生产总值核算历史资料（1952 ～ 2004）》。

表 8 – 1　各省资本存量估计所用原始数据来源

各省份的固定资本形成额、支出法 GDP 及其指数等数据	1952 ～ 2008 年	《新中国 60 年统计资料汇编 1949 ～ 2008》
	2009 ～ 2013 年	2010 ～ 2014 年的《中国统计年鉴》
各地固定资产投资价格指数	1991 ～ 2008 年	《新中国 60 年统计资料汇编 1949 ～ 2008》
	2009 ～ 2013 年	2010 ～ 2014 年的《中国统计年鉴》
各省份的固定资本形成总额指数	1952 ～ 1992 年	《中国国内生产总值核算历史资料(1952 ～ 1995）》
	1993 ～ 2004 年	《中国国内生产总值核算历史资料(1952 ～ 2004）》
缺失数据的处理	河北、内蒙古、吉林、上海、浙江、广东、海南、重庆、贵州、陕西、甘肃、青海、新疆缺失 1991 年以来个别年份或时段的固定资产投资价格指数	通过构造相应的固定资本形成额平减指数补充
	天津、辽宁、江西、广东、海南、重庆缺失个别时段的固定资本形成总额指数	采用支出法 GDP、固定资本形成额以及支出法 GDP 指数来构造这些地区相应年份的固定资本形成额平减指数

缺失数据的处理	江西 1952～1977 年的固定资本形成额缺失	用《新中国 60 年统计资料汇编 1949～2008》刊载的江西全社会固定资产投资替代
	湖北 1952～1977 年的固定资本形成额及支出法 GDP 缺失	《新中国 55 年统计资料汇编 1949～2004》
	宁夏 1952～1977 年的固定资本形成额及支出法 GDP 缺失	《宁夏回族自治区统计年鉴 1990》刊载的宁夏国民收入使用额及固定资产积累额代替
	重庆 1952～1995 年的固定资本形成额缺失	假定重庆固定资本形成额在资本形成额中的比重与四川相同
	海南缺失 1952～1977 年的固定资本形成额及支出法 GDP 以及 1952～1978 年的支出法 GDP 指数	假定其 1952～1978 年的固定资本形成额平减指数与广东相同

对于缺失的基本数据，本书的处理办法如下。有些省份缺失 1991 年以来某一年份或时段的固定资产投资价格指数，我们也可通过构造相应的固定资本形成额平减指数补充。一些省份缺失固定资本形成总额指数。为了弥补上述缺失数据带来的困难，可采用支出法 GDP、固定资本形成额以及支出法 GDP 指数来构造相应地区相应年份的固定资本形成额平减指数。

江西 1952～1977 年的固定资本形成额缺失，本书用其全社会固定资产投资替代，这些数据取自《新中国 60 年统计资料汇编 1949～2008》；湖北 1952～1977 年的固定资本形成额及支出法 GDP 取自《新中国 55 年统计资料汇编 1949～2004》；宁夏 1952～1977 年的固定资本形成额及支出法 GDP 用相应年份的国民收入使用额及固定资产积累额代替，这些数据取自《宁夏回族自治区统计年鉴 1990》。

重庆 1952～1995 年的固定资本形成额缺失，本书采用以往研究（谢群和潘玉君，2011；靖学青（2013）的办法，假定重庆固定资本形成额在资本形成额中的比重与四川相同。海南缺失 1952～1977 年的固定资本形成额及支出法 GDP 以及 1952～1978 年的支出法 GDP 指数，本书假定其 1952～1978 年的固定资本形成额平减指数与广东相同。

第四节　实证分析

一　省际贸易模式

表 8-2 显示了 2002~2010 年特定省份与全国其他地区的边际净贸易隐含碳，特定省份与全国其他地区的人均 GDP 差异及人均物质资本存量差异（各省的边际贸易隐含碳、人均物质资本存量、人均 GDP 见附录 H）。如前所述，本章所计算的与某一特定省份相对应的全国其他地区的人均 GDP 及人均物质资本存量，分别是包含其中的各个省份的人均 GDP 及人均物质资本存量的加权平均值，权重为其中各个省份与特定省份的贸易额（调出和调入总额）。

表 8-2　省际层面国内贸易中的边际净贸易隐含碳及地区经济指标差异

单位：吨/万元

| 特定省份 | 边际净贸易隐含碳 | | | | | | 地区 a、b 的经济指标差异 | | | | | |
| | 特定省份 | | | 其他地区 | | | 2002 年 | | 2007 年 | | 2010 年 | |
	2002 年	2007 年	2010 年	2002 年	2007 年	2010 年	Δk	Δg	Δk	Δg	Δk	Δg
北　京	-0.3007	-0.1879	-0.1063	0.2789	0.2400	0.2521	+	+	+	+	+	+
天　津	-0.2271	-0.1201	-0.0797	0.1497	0.1948	0.1093	+	+	+	+	+	+
河　北	-0.0546	0.1029	0.1179	-0.0320	0.0728	0.0793	-	-	-	-	-	-
山　西	0.1444	0.5654	0.6321	-0.4331	-0.7000	-0.4589	-	-	-	-	-	-
内蒙古	0.8667	0.7052	0.5334	-0.5770	-0.6692	-0.4694	-	-	-	-	+	-
辽　宁	0.1319	0.2604	0.0398	-0.2763	-0.1522	-0.2149	-	+	+	+	+	+
吉　林	-0.4035	-0.6673	-0.5231	0.1661	0.4953	0.3496	-	-	-	-	-	-
黑龙江	-0.3812	0.0543	-0.0104	0.4244	-0.2347	-0.1925	-	-	-	-	-	-
上　海	0.0060	-0.0907	-0.0675	-0.0169	0.1862	0.1356	+	+	+	+	+	+
江　苏	0.2104	-0.0359	-0.0366	-0.1967	0.0756	0.0664	-	+	+	+	+	+
浙　江	0.0960	-0.0751	-0.0340	-0.0849	0.2796	0.2210	-	+	+	+	+	+
安　徽	0.0235	0.0555	0.0379	-0.1061	-0.0123	-0.0217	-	-	-	-	-	-
福　建	-0.0405	0.0057	-0.0090	0.0941	0.0468	0.0073	-	-	-	-	-	-
江　西	-0.1914	-0.5079	-0.2730	0.2004	0.4851	0.3813	-	-	-	-	-	-
山　东	0.1077	-0.3290	-0.2670	-0.1361	0.3161	0.3020	-	-	-	-	-	+
河　南	0.2009	0.1650	0.1518	-0.3194	-0.2760	-0.2414	-	-	-	-	-	-
湖　北	0.1083	0.2081	0.1237	0.0798	-0.2431	-0.1984	-	-	-	-	-	-

特定省份	边际净贸易隐含碳						地区 a、b 的经济指标差异					
	特定省份			其他地区			2002 年		2007 年		2010 年	
	2002 年	2007 年	2010 年	2002 年	2007 年	2010 年	Δk	Δg	Δk	Δg	Δk	Δg
湖 南	− 0.0854	− 0.1734	− 0.1271	0.0672	0.1475	0.0910	−	−	−	−	−	−
广 东	− 0.0928	0.0157	− 0.0446	0.0977	0.0254	0.0001	−	+	−	+	−	+
广 西	0.1707	0.1403	0.1299	− 0.2287	− 0.0840	− 0.1480						
海 南	− 1.0428	0.1874	− 0.0137	0.5013	− 0.1721	− 0.1460						
重 庆	− 0.3033	− 0.3407	− 0.1641	0.2278	0.1910	0.1257						
四 川	− 0.0086	0.0403	0.0371	− 0.1046	− 0.1323	− 0.1524						
贵 州	0.4624	0.6387	0.2509	− 0.3308	− 0.3122	− 0.2092						
云 南	0.1508	0.3921	0.2316	− 0.0406	− 0.1520	− 0.1825						
西 藏	− 0.0153	− 0.0755	− 0.0194	0.0492	0.1739	0.0587						
陕 西	− 0.6473	0.1470	− 0.0046	− 0.1223	− 0.1412	− 0.1289						
甘 肃	0.2381	− 0.0270	0.0640	− 0.2737	0.1685	− 0.1434	+					
青 海	0.3528	0.6401	0.1845	− 0.1837	− 0.1720	− 0.1340						
宁 夏	− 0.4706	− 0.2697	− 0.3630	0.2131	0.0708	− 0.0625	+					

注：全国其他地区的人均资本存量及人均 GDP 分别是包含其中的各个省份的人均资本存量及人均 GDP 的加权平均值，权重为其中各个省份与特定省份的贸易额（包括调出和调入）。"地区 a、b 的经济指标差异"是指地区 a 的经济指标取值减去地区 b 的经济指标取值；Δk 和 Δg 分别表示人均物质资本存量差异和人均 GDP 差异；"+"表示上述差异大于 0，"−"表示上述差异小于 0。本章其他表格中各符号的含义与此表相同。

根据表 8 - 2 中的这些指标，可以识别特定省份与全国其他地区间的贸易模式及其碳排放影响，具体结果如表 8 - 3 所示。

表 8 - 3 省际贸易模式及其对全国和当地碳排放的影响

碳排放影响	年份	污染避难所	要素禀赋	环境双赢	反比较优势
全国减且本地减	2002	北京、天津	吉林、湖南、海南、重庆	河北、四川、甘肃	新疆 *
	2007		吉林、江西、山东、新疆、湖南		
	2010	广东	福建、湖南、粤、重庆	黑龙江、海南、甘肃、新疆	吉林 *
全国减但本地增	2002	安徽、山东、山西、河南、广西、青海	上海、青海		辽宁 *
	2007	黑龙江、四川、山西、河南、湖北			
	2010	河南、湖北、广西、四川、青海	辽宁		

续表

碳排放影响	年份	污染避难所	要素禀赋	环境双赢	反比较优势
全国增但本地减	2002	广东	黑龙江、福建、江西、广东、陕西	—	—
	2007	北京、天津、上海、江苏、浙江	陕西、青海	—	—
	2010	北京、天津、上海、江苏、浙江、山东	江西、山东、陕西	—	—
全国增且本地增	2002	内蒙古、贵州、云南、宁夏	—	—	江苏*、浙江*、湖北#
	2007	内蒙古、安徽、广西、海南、甘肃、贵州、云南、宁夏	辽	—	河北#、福建#、粤#
	2010	山西、内蒙古、安徽、贵州、云南、宁夏	内蒙古	—	河北#

注："＊"表示贸易双方中一方环境受损，但另一方环境受益。"#"表示贸易双方的环境都受损。

在典型年份中，大多数省份的国内贸易都表现为污染避难所模式或要素禀赋模式。国内贸易没有表现为污染避难所模式或要素禀赋模式的省份只有少数几个，而且其中 2002 年河北、四川和甘肃以及 2010 年黑龙江、海南、甘肃和新疆的国内贸易表现为环境双赢模式。因此，在上述三年中绝大多数省份的国内贸易都符合比较优势理论。上述发现在一定程度上表明，中国国内的区域经济一体化取得了较大进展，统一的国内市场已基本形成，国内贸易比较顺畅，从而使绝大多数省份在国内贸易中都能够较好地发挥各自的比较优势。同时，环境规制和要素禀赋对省际比较优势的影响力也得以充分发挥，并对省际贸易模式产生了决定性影响。进一步，污染避难所模式出现的频率又明显高于要素禀赋模式，这意味着环境规制对多数省份的比较优势影响更大。而且 2007 年和 2010 年污染避难所模式出现的频率明显高于 2002 年，这可能是中央政府自"十一五"开始大力实施的节能减排政策强化了环境规制对比较优势的影响，从而使更多省份的国内贸易表现为这一贸易模式。

个别省份的国内贸易模式在特定年份同时表现为污染避难所模式和要素禀赋模式。一种情形是：在某一年份特定省份的人均物质资本存量小于全国其他地区人均物质资本存量的加权平均值，但其人均 GDP 却大于全国其他地区人均 GDP 的加权平均值；同时，特定省份的贸易边际隐含碳小于零即其国内贸易有利于本地的碳减排，而全国其他地区的贸易边际隐含碳大于零。因而该省的国内贸易既符合污染避难所模式又符合要素禀赋模式。广东 2002 年和 2010 年及山东 2010 年的国内贸易就属于上述情形。另一种相反的情形是：在某一年特定省份的人均物质资本存量大于全国其他地区人均物质资本存量的加权平均值，但其人均 GDP 却小于全国其他地区人均 GDP 的加权平均值；同时，该省的贸易边际隐含碳大于零，而全国其他地区的贸易边际隐含碳小于零。青海 2002 年及内蒙古 2010 年的国内贸易即是如此。

相对较高的人均 GDP 和较低的人均物质资本存量意味着较高的资本产出率，对于广东和山东这样的沿海经济发达省份而言，出现上述现象并不奇怪。反之，相对较低的人均 GDP 和较高的人均物质资本存量意味着较低的资本产出率，由于经济欠发达，青海和内蒙古的资本产出率很有可能低于其贸易伙伴的平均水平。因而这几个省份的国内贸易模式能同时具有污染避难所模式和要素禀赋模式的特点。

值得注意的是，本章还发现两种不符合比较优势原理的贸易模式。一是某些年份个别省份（2002 年辽宁、江苏、浙江和新疆以及 2010 年吉林）及其贸易伙伴中一方的环境因贸易受损而另一方收益，但其贸易模式既不符合污染避难所模式，又不属于要素禀赋模式。二是某些年份个别省份（湖北 2002 年、河北 2007 年和 2010 年以及福建和广东 2007 年）及其贸易伙伴的环境都因贸易而受损（贸易双方的贸易边际隐含碳都大于零），表现为"环境双输模式"。如前所述，这两种贸易模式之所以出现，可能是因为某些因素（如地方保护）导致上述年份中这些省份及其贸易伙伴总体上不能发挥各自的比较优势。

在不同年份一些省份的国内贸易模式可能发生变化，同时其国内贸易对碳排放的影响方向也会发生变化。这些省份包括河北、内蒙古、辽宁、黑龙江、吉林、上海、江苏、浙江、福建、山东、湖北、广东、海南、四川、甘肃、青海、新疆等。这是因为在研究期内中国正处于经济高速发展时期，不同地区的经济增速和资本积累速度存在较大差异，因而各地的比较优势可能会发生变化，继而导致其贸易模式及碳排放影响也发生变化。以上海为例，2002 年上海的资本禀赋对其比较优势的影响较大，并使上海更多地调出碳密集型产品，从而使当年上海的国内贸易表现为要素禀赋模式。同时，由于上海的技术水平在国内处于领先水平，因此上海的贸易模式有利于全国的碳减排而不利于减缓其自身的碳排放。而在 2007 年和 2010 年，由于节能减排已成为中国重要的发展约束指标，环境规制对上海的比较优势开始起主导作用，于是上海的国内贸易转变为污染避难所模式。同时，更多的碳密集型产品转由其他地区生产，因而上海的贸易模式不利于全国的碳减排而利于当地的碳减排。

不同省份的国内贸易对全国和当地碳排放的影响不同。根据 30 个省份的国内贸易对全国和当地碳排放影响的方向，可以将它们划分为四组。这四个组别的省份都具有多样性，即都同时包括分属四大地区的省份。其中，2002 年四大地区中多数省份的国内贸易都有利于全国的碳减排。2007 年和 2010 年多数省份，特别是东部和西部地区多数省份的国内贸易都不利于全国的碳减排。与此同时，在研究时期内东部地区多数省份的国内贸易都有利于自身的碳减排，而非东部地区多数省份的国内贸易则不利于自身的碳减排。导致上述现象出现的一个可能原因是，2007 年和 2010 年节能减排政策的实施加剧了污染避难所贸易模式，使更多的清洁型产品由经济和技术水平较高的东部地区省份生产，而更多碳密集型产品则在经济和技术欠发达的非东部地区省份生产，从而使多数东部地区省份的国内贸易有利于当地的碳减排，但国内贸易不利于全国碳减排的省份数目增多。进一步，即使每组内各省国内贸易对碳排放影响的方向相同，但大小不同，因为各省的国内贸易结构和技术水平存在差异。

那么，各省的区域间贸易模式总体上是增加还是减少了全国的碳排放呢？为此，本章分别以各地区的调出和调入规模为权重，计算出 2002 年、2007 年和 2010 年各地区的边际调出隐含碳和边际调入节碳量的加权平均值。在此基础上，本章计算出各地区的边际净贸易隐含碳加权平均值，它们在 2002 年、2007 年和 2010 年分别为 −0.0279 吨/万元、0.0303 吨/万元和 0.0082 吨/万元。上述结果表明，全国区域间贸易模式在 2002 年总的来说有利于全国的碳减排，但在 2007 年和 2010 年则不利于全国的碳减排。这吻合本章前面的发现，即 2002 年多数省份的国内贸易有利于全国碳减排而 2007 年和 2010 年情况正好相反。

二 四大地区的贸易模式

表 8 - 4 显示了 2002 ~ 2010 年东部、中部、西部和东北四大地区分别与其他地区及四大地区之间的边际净贸易隐含碳、人均资本存量差异及人均 GDP 差异。同样，各个地区的人均资本存量及人均 GDP 都是以贸易额为权重计算的。

表 8 - 4 四大地区国内贸易中的边际净贸易隐含碳及地区经济指标差异

单位：吨/万元

地区 a	地区 b	边际净贸易隐含碳						地区 a、b 的经济指标差异					
		地区 a			地区 b			2002 年		2007 年		2010 年	
		2002 年	2007 年	2010 年	2002 年	2007 年	2010 年	Δk	Δg	Δk	Δg	Δk	Δg
东部	非东部	- 0.0223	- 0.0184	- 0.0252	- 0.0048	0.1273	0.1052	+	+	+	+	+	+
中部	非中部	0.0746	0.0863	0.0912	- 0.1154	- 0.1312	- 0.1066	-	-	-	-	-	-
西部	非西部	- 0.0442	0.1609	0.0886	- 0.0802	- 0.1223	- 0.1338	-	-	-	-	-	-
东北	非东北	- 0.1842	- 0.1396	- 0.1670	0.1023	0.0511	- 0.0161	-	-	-	-	-	-
东部	中部	- 0.0664	- 0.1715	- 0.1376	0.0390	0.1529	0.1807	+	+	+	+	+	+
东部	西部	- 0.1759	- 0.0843	- 0.1100	0.0736	0.2138	0.1449	+	+	+	+	+	+
东部	东北	0.1259	- 0.0483	- 0.0630	- 0.0375	0.0942	- 0.0091	+	+	+	+	+	+
中部	西部	0.1336	- 0.0581	- 0.0671	- 0.3383	- 0.0560	- 0.0554	+	-	-	-	-	+
中部	东北	0.2032	0.0436	- 0.0644	0.2326	0.1748	0.1683	-	-	-	-	-	-
西部	东北	0.4533	1.0240	0.6069	0.0953	- 1.2452	- 0.7291						

注：表中"其他"是指地区 a 之外的全国所有其他地区。

东部地区的人均资本存量和人均 GDP 一直都明显高于中部、西部和东北三大地区，因而也明显高于后三大地区作为一个整体即非东部地区的这两个指标。2002 年、2007 年和 2010 年东部与中西部地区的贸易始终表现为污染避难所模式，这意味着环境规制在上述贸易中起主导作用，使中西部地区调出更多碳密集型产品，而东部地区则调出更多清洁型产品。不过，东部与东北地区之间在上述三年中的贸易却分别表现为要素禀赋、污染避难所和环境双赢模式。这意味着要素禀赋与环境规制在东部与东北地区的贸易中先交替起主导作用，然后达成平衡。

2002 年，东部与其余三大地区总体即非东部地区的贸易模式呈现为环境双赢模式，因为当年在东部与中西部的贸易中环境规制起主导作用，而在东部与东北地区的贸易中要素禀赋起主导作用，这两个因素的作用可能相互抵消，从而使东部与非东部地区的贸易总体上表现为环境双赢模式。不过，2007 年，东部与其余三大地区的贸易都是污染避难所模式即环境规制起主导作用，因而东部与非东部地区的贸易总体上也表现为污染避难所模式。2010 年，虽然东部与东北地区的贸易为环境双赢模式即环境规制与要素禀赋的作用大体相当，但东部与中西部的贸易中环境规制起主导作用，因而东部与非东部地区的贸易中环境规制总体上起主导作用，于是两者的贸易也表现为污染避难所模式。此外，近年来东部地区的国内贸易利于本地区的碳减排但不利于非东部地区特别是中西部地区的碳减排，这与本章在省际贸易中的发现也是一致的。

中部地区的人均 GDP 一直都略高于西部地区，但其 2007 年和 2010 年的人均资本存量却略低于西部地区。两个地区间的贸易在 2002 年呈现要素禀赋模式的特征，而在其余两年则表现为环境双赢模式。中部地区的人均资本存量和人均 GDP 加权平均值一直低于东北地区，两者之间的贸易在 2002 年和 2007 年表现为环境双输模式，而在 2010 年表现为要素禀赋模式。2002 年，由于中部与其他三大地区的贸易都不利于中部地区的碳减排，但有利于东部和西部地区的碳减排，因而当年中部与非中部地区的贸易总体上不利于中部而利于非中部地区的碳减排，从而使两者的贸易表现为污染避难所模式。2007 年，在中部与西部和东北地区的贸易中，环境规制和要素禀赋都没有起主导作用，而在中部与东部地区的贸易中环境规制起主导作用，因而当年中部与非中部地区的贸易总体上可能由环境规制主导，并表现为污染避难所模式。2010 年，在中西部之间的贸易中环境规制与要素禀赋都未起主导作用，而中部与东部和东北地区的贸易模式分别由环境规制和要素禀赋主导。由于中部与东部地区的贸易额远远超过中部与东北地区的贸易额，且在中部与东部地区的贸易中环境规制的影响力较大（边际净贸易隐含碳的绝对值较大），因而 2010 年中部与非中部地区的贸易总体上仍由环境规制主导且表现为污染避难所模式。

西部地区的人均资本存量和人均 GDP 加权平均值也一直低于东北地区，两者之间的贸易在 2002 年表现为环境双输模式，在 2007 年和 2010 年表现为污染避难所模式。由此可见，2002 年，在西部与东北地区的贸易中环境规制与要素禀赋的作用都不显著，西部与中部地区的贸易由要素禀赋主导，而西部与东部地区的贸易由环境规制主导。虽然西部与东部地区的贸易额远远大于西部与中部地区的贸易额，但要素禀赋在中西部贸易中的影响力却相对较大，因此环境规制与要素禀赋对西部与非西部地区间贸易的影响可能相互制衡，从而使二者的贸易表现为环境双赢模式。2007 年和 2010 年，在西部和中部地区的贸易中环境规制与要素禀赋的作用相当，但在西部与东部和东北地区的贸易中环境规制起主导作用，因而西部与非西部地区间的贸易表现为污染避难所模式。

2002 年东北与东部地区的贸易中要素禀赋发挥了主导作用，而在东北与中西部地区的贸易中环境规制与要素禀赋的作用都不显著，因而要素禀赋总体上主导了当年东北与非东北地区间的贸易模式，使其表现为要素禀赋模式。2007 年东北与中部地区的贸易中环境规制与要素禀赋的作用都不明显，而东北与东、西部地区的贸易都由环境规制主导，但两者的影响方向相反，这就有可能使要素禀赋的作用凸显出来，并成为东北与非东北地区贸易的主导因素，从而使其总体上表现为要素禀赋模式。2010 年东北与东部地区的贸易中环境规制与要素禀赋的作用大体相当，而东北与中、西部地区的贸易分别由要素禀赋和环境规制起主导作用。这就有可能使东北与非东北地区的贸易中环境规制与要素禀赋的作用也大体相当，从而使两者之间的贸易也表现为环境双赢模式。

此外，本章也计算了 2002、2007 和 2010 年四大区域层面边际净贸易隐含碳的加权平均值，其结果与省际层面边际净贸易隐含碳的加权平均值完全一致。也就是说，四大区域层面的贸易模式对全国碳排放的总体影响与省际层面贸易模式对全国碳排放的总体影响完全一致。

三　贸易模式稳定性的进一步检验

如前所述，2002～2010 年在省际和四大区域层面许多区域间贸易的模式都发生了变化，但也有一些区域间贸易始终表现为污染避难所模式或要素禀赋模式。其中，北京、天津、山西、内蒙古、安徽、河南、广西、贵州、云南以及宁夏 10 个省份的国内贸易以及中部与非中部地区、东部与中西部间的贸易始终为污染避难所模式，还有江西、湖南、重庆和陕西 4 个省份的国内贸易始终为要素禀赋模式。对这些没有发生模式变化的区域间贸易而言，其贸易模式是否稳定呢？或者说其贸易模式在这几年是进一步强化了还是有所弱化呢？可以通过分析这些地区的碳排放贸易条件变化（如表 8 - 5 所示）来回答这一问题。

表 8 – 5　地区净贸易隐含碳、调入隐含碳与节碳量差异及碳排放贸易条件

| 地区 a | 地区 b | 地区 a 对地区 b 的净贸易隐含碳（百万吨） | | | 碳排放贸易条件 | | | | | |
| | | | | | 地区 a | | | 地区 b | | |
		2002 年	2007 年	2010 年	2002 年	2007 年	2010 年	2002 年	2007 年	2010 年
北 京	其他	- 9.4	- 11.1	- 8.9	0.60	0.49	0.42	1.40	1.67	2.09
天 津	其他	- 5.8	- 8.5	- 6.6	0.67	0.71	0.74	1.30	1.45	1.31
河 北	其他	0.8	34.9	33.8	0.93	1.16	1.21	0.96	1.12	1.18
山 西	其他	6.1	19.7	27.3	1.08	1.61	2.25	0.62	0.32	0.35
内蒙古	其他	4.3	43.9	31.1	1.78	1.97	1.90	0.51	0.39	0.40
辽 宁	其他	10.6	24.0	6.4	1.26	1.51	1.08	0.65	0.78	0.65
吉 林	其他	- 0.5	- 37.2	- 36.9	0.65	0.50	0.43	1.29	2.10	1.87
黑龙江	其他	- 9.8	4.0	- 0.9	0.51	1.10	0.98	1.75	0.69	0.67
上 海	其他	- 6.3	- 13.7	- 13.4	1.02	0.69	0.69	0.97	1.56	1.48
江 苏	其他	11.6	- 0.4	- 5.3	1.92	0.92	0.90	0.65	1.14	1.17
浙 江	其他	3.7	- 18.0	- 8.6	1.30	0.81	0.86	0.82	1.66	1.72
安 徽	其他	- 4.3	3.0	5.6	1.03	1.12	1.11	0.80	0.97	0.94
福 建	其他	1.3	- 3.4	- 1.6	0.84	1.02	0.97	1.23	1.14	1.03
江 西	其他	- 4.9	- 12.9	- 0.5	0.69	0.51	0.55	1.39	2.31	2.17
山 东	其他	8.1	- 7.9	- 3.4	1.26	0.70	0.63	0.74	1.52	1.67
河 南	其他	6.6	24.3	16.7	1.44	1.24	1.29	0.64	0.68	0.59
湖 北	其他	7.0	5.0	9.7	1.20	1.30	1.23	1.14	0.68	0.68
湖 南	其他	- 1.7	- 1.3	- 1.1	0.83	0.79	0.75	1.14	1.41	1.26
广 东	其他	- 5.8	- 4.1	- 24.8	0.75	1.07	0.87	1.20	1.05	1.00
广 西	其他	1.6	4.4	0.1	1.33	1.36	1.37	0.65	0.80	0.65
海 南	其他	- 8.9	0.7	0.3	0.41	1.73	0.95	2.50	0.62	0.63
重 庆	其他	- 0.5	- 10.8	- 2.2	0.67	0.51	0.62	1.54	1.60	1.42
四 川	其他	3.4	0.8	8.3	0.98	1.08	1.09	0.84	0.77	0.68
贵 州	其他	- 4.3	7.2	4.5	1.34	1.78	1.44	0.62	0.52	0.59
云 南	其他	- 1.3	7.6	2.4	1.26	1.78	1.65	0.92	0.69	0.60
陕 西	其他	- 4.7	- 0.8	0.4	0.98	0.85	0.94	1.05	1.43	1.17
甘 肃	其他	- 9.3	1.2	0.8	0.49	1.24	0.99	0.87	0.81	0.78
青 海	其他	- 0.3	- 1.4	- 0.3	1.35	0.97	1.14	0.69	1.30	0.76
宁 夏	其他	- 4.1	1.0	- 3.3	1.09	1.67	1.20	0.79	0.74	0.75
新 疆	其他	0.0	- 8.0	- 13.0	0.52	0.71	0.50	1.47	1.20	0.84
东 部	其他	- 10.7	- 31.6	- 38.6	0.95	0.96	0.93	0.99	1.26	1.29
中 部	其他	8.9	37.8	57.6	1.11	1.12	1.19	0.83	0.79	0.78
西 部	其他	- 15.2	45.0	28.7	0.95	1.26	1.19	0.89	0.79	0.72
东 北	其他	0.3	- 9.2	- 31.4	0.77	0.83	0.74	1.15	1.08	0.97

地区 a	地区 b	地区 a 对地区 b 的净贸易隐含碳(百万吨)			碳排放贸易条件					
					地区 a			地区 b		
		2002 年	2007 年	2010 年	2002 年	2007 年	2010 年	2002 年	2007 年	2010 年
东 部	中 部	-4.2	-21.7	-26.5	0.87	0.69	0.69	1.06	1.22	1.40
东 部	西 部	-7.1	-12.6	-25.0	0.71	0.79	0.70	1.09	1.38	1.35
东 部	东 北	2.6	-2.9	-5.2	1.31	0.90	0.84	0.94	1.16	0.98
中 部	西 部	2.9	-2.3	-4.7	1.21	0.92	0.87	0.71	0.92	0.90
中 部	东 北	0.7	0.5	-1.2	1.39	1.08	0.85	1.41	1.27	1.36
西 部	东 北	1.8	13.3	12.6	1.48	2.26	1.92	1.14	0.36	0.42

Dietzenbacher 和 Mukhopadhyay (2007) 认为,如果一个地区的贸易模式符合污染避难所假说,则其碳排放贸易条件应该大于 1,且碳排放贸易条件越大越符合污染避难所假说,越小则越不符合污染避难所假说。国内贸易一直表现为污染避难所模式的省份中,有 8 个省份的模式在整个研究阶段总体上有所加强,只有 2 个省份的模式有所弱化。在这些省份中,只有北京和天津一直属于污染输出地区(边际净贸易隐含碳为负)。对这两个城市而言,碳排放贸易条件下降意味着污染避难所模式被强化,反之则意味着污染避难所模式被弱化。结果表明,北京的碳排放贸易条件逐年下降,而天津的碳排放贸易条件则逐年上升。这意味着北京的污染避难所贸易模式被不断强化,而天津的污染避难所贸易模式则稍微有所弱化。

对于几个属于污染输入地区(边际净贸易隐含碳为正)的省份而言,碳排放贸易条件上升意味着污染避难所模式被强化,反之则意味着污染避难所模式被弱化。在这些省份中,山西和广西的碳排放贸易条件都逐年上升,只不过前者的幅度显著而后者变化较小。这意味上述两省份特别是山西的污染避难所贸易模式有所强化。内蒙古、安徽、贵州、云南和宁夏的碳排放贸易条件先上升而后下降,且在整个研究阶段总体上有所上升。因此,上述五个省份的污染避难所贸易模式先得到强化而后弱化,但总体上仍呈现强化的趋势。河南的碳排放贸易条件则先下降后上升,且总体上有所下降,因而其污染避难所贸易模式有所弱化。

东部与中部、东部与西部以及中部与非中部地区间的污染避难所模式都有所强化。其中,在中部与非中部地区的贸易中,中部地区属于污染输入地区。在整个研究阶段,中部地区的碳排放贸易条件持续小幅上升,因而其贸易模式也呈现强化的趋势。东部和中部以及东部和西部的贸易中，东部地区是污染输出地区，其碳排放贸易条件总体上有所下降，因而它们的污染避难所贸易模式也有所强化。

也可以用碳排放贸易条件的变化来判断要素禀赋模式的稳定性。在要素禀赋模式中，对污染输出地区而言，其碳排放贸易条件的下降意味着则该模式被强化，反之则该模式被弱化；对污染输入地区而言，情况正好相反。江西、湖南、重庆和陕西四省市的国内贸易都属于要素禀赋模式，且它们都是污染输出地区。其中，湖南的碳排放贸易条件持续下降，其余三省市的碳排放贸易条件都是先下降后上升，且在整个研究阶段有所下降，因而它们的要素禀赋贸易模式总体上有所强化。

此外，还有一些省份及地区间贸易在2007年和2010年的模式没有发生变化。其中，上海、江苏、四川以及整个东部地区与非东部地区间的污染避难所贸易模式略有强化，浙江、湖北、西部与非西部地区以及西部与东北地区间的污染避难所贸易模式略有弱化。山东和辽宁与其他地区间的要素禀赋贸易模式分别呈现强化和弱化的趋势。河北与其他地区间的环境双输模式以及中部与西部地区间的环境双赢模式则都有所强化。

四　贸易模式与贸易规模的综合碳排放影响

要指出的是，前面所探讨的省际和四大区域层面贸易模式的碳排放影响综合考虑了技术效应（如 F^rL^r）和结构效应（如 e^r），但没有考虑规模效应。这一部分将把贸易模式与贸易规模结合起来讨论区域间贸易对中国碳排放的总体影响。由式（1）~（8）可知，边际调出隐含碳与调出总量相乘就是调出隐含碳，边际调入节碳量与调入总量相乘就是调入节碳量。类似边际净贸易隐含碳，可以定义各区域的净贸易隐含碳即各区域调出隐含碳与调入节碳量的差异。净贸易隐含碳就反映了贸易模式与贸易规模对一个区域碳排放的综合影响。一个区域的净贸易隐含碳大于0（小于0）表示贸易导致该区域碳排放增加（减少）。表8-5也显示了各区域净贸易隐含碳的具体结果。

从省际层面来看，2002~2010年碳排放一直因区域间贸易而减少的省份既包括东部地区的北京、天津、上海和广东，又包括中部地区的江西和湖南，西部地区的重庆和青海，还包括东北地区的吉林。碳排放因区域间贸易一直增加的省份包括东部地区的河北，中部地区的河南、湖北，西部地区的山西、内蒙古、四川和广西以及东北地区的辽宁。对余下的 13 个省份而言，区域间贸易在某些年份导致其碳排放增加，在另一些年份则有利于减少其碳排放。

从四大地区层面来看，东部地区与全国所有其他地区的贸易都有利于东部地区的碳减排，而中部与全国其他地区的贸易一直不利于中部地区的碳减排。西部地区与全国其他地区的贸易在 2002 年有利于西部地区的碳减排，但在 2007 年和 2010 年则不利于西部地区的碳减排。东北地区与全国其他地区的贸易在 2002 年不利于东北地区的碳减排，但在 2007 年和 2010 年情形正好相反。此外，东部地区与中部西部以及全国所有其他地区的贸易都有利于东部地区的碳减排；西部与东北地区的贸易则一直不利于西部地区的碳减排。

容易看出，在多数情况下一个地区的净贸易隐含碳与边际净贸易隐含碳的符号是一致的。这意味着在这些情况下，一个地区的贸易模式对其碳排放的影响与贸易对其碳排放的综合影响方向相同，或者说贸易模式主导着贸易对该地区碳排放的综合影响。不过，也有不少净贸易隐含碳与边际净贸易隐含碳的符号不一致的情况。在后一种情况下，一个地区的贸易规模（调出与调入的差额）主导着贸易对该地区碳排放的综合影响。

全国区域间贸易总体上是增加还是减少了全国的碳排放呢？为此，本书计算出 2002 年、2007 年和 2010 年各地区的净贸易隐含碳合计值分别为 −1670 万吨、4190 万吨和 1631 万吨。这意味着全国区域间贸易在 2002 年总的来说有利于减少全国的碳排放，但在 2007 年和 2010 年则不利于减少全国的碳排放。

第五节　结论和政策启示

本章从贸易的环境影响机制出发，区分了环境视角下的五种贸易模式，并采用投入产出分析方法实证研究了碳排放视角下中国区域间的贸易模式及其碳排放影响。本章的主要结论有如下四个方面。

第一，中国的区域间贸易模式具有多样性，支持污染避难所假说和要素禀赋假说的证据并存于中国的区域间贸易中。在省际层面出现频率最高的区域间贸易模式是污染避难所模式，其次是要素禀赋模式，甚至个别省份的国内贸易同时呈现这两种模式的特征。在典型年份中，只有少数几个省份的国内贸易不属于上述这两种模式。在四大地区层面污染避难所模式和要素禀赋模式也频繁出现。

第二，污染避难所假说和要素禀赋假说也不能完全解释中国的区域间贸易。有个别省份的国内贸易呈现符合比较优势的环境双赢模式。还有一些省份的国内贸易则完全不符合比较优势理论揭示的贸易规律，特别是其中个别省份的国内贸易甚至表现为环境双输模式。四大地区层面的国内贸易也存在类似现象。

第三，在整个研究时期内，大多数省份或区域的国内贸易都发生了模式上的变化。不过，也有部分省份或区域的国内贸易一直表现为污染避难所模式或要素禀赋模式，特别是东部地区与中西部地区之间的污染避难所贸易模式在研究时期内有所强化。

第四，在整个研究时期内，各地区的贸易模式对自身和全国碳排放的影响差异显著，且总体上不利于中国的碳减排。总的来看，东部地区的国内贸易模式有利于本地区的碳减排而不利于非东部地区及全国的碳减排，中部和西部地区的国内贸易模式不利于本地区的碳减排但利于其他地区的碳减排，东北地区的国内贸易模式有利于本地区和全国的碳减排。

本章的研究结论具有重要的政策含义。可以预期，未来较长时间内环境规制力度和要素禀赋对各地区比较优势的影响空间仍较大，因为经济欠发达省份的收入水平和物质资本丰裕度仍将长期低于高收入省份。为了兼顾区域发展和碳减排，最理想的状态是通过调整环境规制和要素禀赋的影响力度，使各地区或多数地区的贸易模式转变为环境双赢模式。最应避免的状态是，多数地区的贸易模式沦为反比较优势的环境双输模式。而最可能出现的状态是污染避难所和要素禀赋模式仍主导着中国的区域间贸易模式。因此，当前最佳的选择是力争区域间贸易模式总体上有利于全国的碳减排，并使其逐渐向最理想的状态转变。可以考虑从如下几个方面入手来实现这一目标。

第一，无论是经济欠发达省份还是高收入省份，都应加强环境规制来应对贸易的环境影响。中央政府应通过编制自然资源资产负债表、自然资源资产和环境责任离任审计制度、强化地方政府的生态文明建设绩效考核等途径弱化地方的经济增长主义倾向，抑制各地发展污染密集型产业的冲动。特别是对经济欠发达省份而言，由于其内生的环境规制力度较弱，因此这些省份特别是其中一些生态敏感地区一定要通过政府外在的干预来强化其环境规制，从而逐渐缩小环境规制差异对其比较优势的影响，从源头上控制污染避难所效应。同时，经济欠发达省份应努力发展有当地特色的绿色产业，走绿色工业化和城镇化道路。

第二，鉴于未来较长时期内中国的区域间贸易模式总体上仍很有可能有利于经济发达地区的碳减排，而不利于经济欠发达地区的碳减排，因此：①经济发达地区向经济欠发达地区提供节能技术、设备、资金以及人才培训等多方面的支持；②中央政府还可以通过完善环境责任核算机制，引入共担责任机制，促进地区间的环境治理合作；③还可以考虑完善地区间生态补偿制度和中央的生态转移支付制度，从而对经济欠发达地区的环境损失进行补偿，并助其恢复和改善生态环境。

第三，为了避免国内贸易呈现反比较优势的环境双输模式，中国需要加快推进区域经济一体化，建立一个统一开放、竞争有序的国内市场体系，充分发挥各地区的比较优势。建立国内统一市场的关键就是要破除地方保护主义，包括废除具有地方封锁性质的法规、制度和各种区域间贸易壁垒，同时大力发展现代物流业，建立便捷的区域间资源、要素流动体系。

第九章
区域间碳排放责任分配研究：
基于经济利益的视角

2014 年 9 月，中国发布了首个国家层面的应对气候变化规划——《国家应对气候变化规划（2014 ~ 2020 年）》（以下简称规划），该规划提出要完善区域应对气候变化的政策。由于中国各个区域间存在密切的经济关联，一个区域的政策不仅会对自身的碳排放产生影响，同时也会对其他区域的碳排放产生影响。因此，合理评价区域碳排放责任及其碳排放效率，是中国制定区域应对气候变化政策的重要基础。

第一节　环境责任分配的利益匹配原则

有不少文献讨论了环境责任的分配问题。根据 Zhang（2013）的总结，目前至少有七种碳排放责任分配原则，即生产原则、收入原则、消费原则、收入加权原则、消费加权原则、综合原则及加权综合原则。所谓生产原则又称领土原则（Eder & Narodoslawsky，1999），是指经济主体应根据其生产过程中直接排放的污染承担责任。这一原则恐怕是迄今为止最为流行的原则，现实世界中的环境统计体系就体现了该原则（Gallego & Lenzen，2005）。不过，生产原则没有考虑经济主体之间的经济关联及各类主体的间接环境影响。收入原则和消费原则弥补了生产原则的上述不足。收入原则由 Lenzen 和 Murray（2010）、Marques 等（2012）及 Marques 等（2013）提出，他们强调经济主体要根据其在生产活动中获得的收益及由此"激活"的下游环境影响承担责任。消费原则意味着经济主体应根据其消费（或提供的最终消费品）及由此产生的上游环境影响承担责任（Munksgaard & Pedersen，2001）。消费责任原则已被广泛应用于分析贸易引起的区域间隐含碳转移问题（Andrew & Forgie，2007）。

以上三种原则可视为环境责任分配的基本原则，而其余四种原则是它们的组合和拓展，可称为共担责任（shared responsibility）原则（Zhang，2013）。收入加权原则和消费加权责任原则由 Gallego 和 Lenzen（2005）提出并由 Lenzen 等（2007）和 Lenzen（2008）发展而来。前者要求经济主体（收入获得者）及其产品或服务的购买者共同承担其下游环境责任；后者主张经济主体（消费者或最终消费品提供者）及其上游供货方共同承担其上游环境责任。Rodrigues 等（2006）提出将经济主体收入责任和消费责任的平均值作为其环境责任，这就是综合利益原则。类似地，如果经济主体承担的环境责任是其收入加权责任和消费加权责任的平均值，则可称此分配原则为加权综合利益原则。在一些学者（Ferng，2003；Bastianoni 等，2004；Gallego & Lenzen，2005；Rodrigues 等，2006；Lenzen 等，2007）的努力下，共担责任原则也被成功地引入污染排放责任核算框架。

有一些研究从实证的角度比较了不同原则下国家层面的碳排放责任差异。例如，Andrew 和 Forgie（2007）分析了生产、消费和消费加权三种原则下新西兰的碳排放责任差异。又如，Peters（2008）分析了生产原则和消费原则下各国碳排放责任的差异。还有一些研究（Zhang，2013）比较了各种原则下产业层面的碳排放责任。他们的研究表明，分配原则对国际、国家和产业层面碳排放责任的分配结构产生显著影响。

特别值得一提的是，近年来有不少文献讨论了中国各区域的碳排放责任。其中大部分文献（姚亮和刘晶茹，2010；Meng 等，2011；张增凯等，2011；Guo 等，2012；石敏俊等，2012；赵慧卿，2013；闫云凤，2014；肖雁飞等，2014；路正南和李晓洁，2015）在测算中国区域间贸易隐含碳转移的基础上讨论了区域消费侧碳排放责任。也有研究基于共担责任原则讨论了中国各区域的碳排放责任，如徐盈之和张赟（2013）采用 Gallego 和 Lenzen（2005）及 Lenzen（2007）基于 Leontief 模型和共担责任原则提出的方法，讨论了 2002 年中国八大区域的碳减排责任分配方案。赵慧卿和郝枫

（2013）采用 Rhee 和 Chung（2006）提出的贸易隐含碳责任分配方法，讨论了共担责任原则下 2007 年中国八大区域的碳排放责任。张友国（2014）则分析了七种原则（如前文所述）下中国区域层面的能耗责任，但没有进一步分析不同原则下的区域碳排放责任。[①]

本章将参考张友国（2014）采用多区域投入产出模型建立各种共担责任原则下的区域碳排放责任指标，并将之用于分析中国的省际碳排放责任。进一步，本章还将比较不同时点上中国省际碳排放责任的差异。

第二节　区域碳排放责任核算框架

一　不同环境责任原则下的分配方法

区域碳排放责任核算框架的核心就是要准确刻画跨区域的碳排放影响，这可以通过两种方法来实现（Wiedmann 等，2007；Peters，2008）：一是基于单区域投入产出模型的双边贸易含污量（Emissions Embodied in Bilateral Trade，EEBT）方法，另一种是多区域投入产出模型。不过，只有多区域投入产出模型能够精确刻画区域间的贸易及由此产生的区域间资源和环境溢出反馈效应（Spillover and Feedback Effects）（Lenzen 等，2004；Peters，2007；Turner 等，2007；Wiedmann 等，2007），因此本书将基于这种模型来讨论跨区域的碳排放责任核算问题。

为了诉述的方便，仍然不妨假定一个封闭的经济体系可划分为 k 个区域，每个区域的经济系统都是由 n 个行业构成的。参考以往文献（Turner 等，2007；Miller & Blair，2009），可以建立一个示意性的多区域环境投入产出模型（如表 9 - 1 所示）。其中，X^r 是区域 r 的产出向量，其元素 x_j^r 是区域 r 中部门 j 的总产出；Y^{rs} 为最终需求向量，其元素 y_i^{rs} 表示区域 s 的最终需求中来自区域 r 的第 i 类产品或服务的价值；Z^{rs} 是区域 s 中间使用的来自区域 r 的产品流量矩阵，其元素 Z_{ij}^{rs} 表示区域 r 向区域 s 的部门 j 提供的中间投入品 i 的价值量；Q^r 是区域 r 的碳排放向量，其元素 q_i^r 为区域 r 部

[①] 此外，郑立群（2012）从改善效率的角度出发，基于零和收益数据包罗分析（DEA）提出了中国 30 个省份的碳减排责任分配方案。成艾华和魏后凯（2013）从各区域的产业转移特征及各区域碳排放的影响因素讨论了区域碳减排责任的分配。

门 i 的直接碳排放；V^r 是区域 r 的增加值向量，其元素 v_j^r 是区域 r 中部门 j 的增加值。

表 9 - 1　多区域环境投入产出表

类别		中间使用			最终使用			总产出
		区域 1	…	区域 k	区域 1	…	区域 k	
中间投入	区域 1	Z^{11}	…	Z^{1k}	Y^{11}	…	Y^{1k}	X^1
	⋮	⋮	⋱	⋮	⋮	⋮	⋮	⋮
	区域 k	Z^{k1}	…	Z^{kk}	Y^{k1}	…	Y^{kk}	X^k
增加值		$(V^1)^T$	…	$(V^k)^T$				
总投入		$(X^1)^T$	…	$(X^k)^T$				
碳排放		$(Q^1)^T$	…	$(Q^k)^T$				

从供给的角度即横向看，一个地区的总产出可分为中间使用和最终使用两大部分。其中，中间使用可分为本地区使用和国内其他地区使用两部分；最终使用可分为两大部分，即本地区使用和其他地区使用。从消费的角度即纵向来看，一个地区的总投入包括三个部分：来自本地区的中间投入、来自其他地区的中间投入以及增加值（初始投入）。同时可以把资源消费或污染排放作为一种外生的投入。各地区的最终消费则包括两部分：本地区和国内其他地区生产的产品。

1. 生产责任

在生产责任原则下，区域 r 的碳排放责任就是该区域内所有经济活动[①] 所直接引起的碳排放总量 Q^r，可以表示为：

$$Q^r = \sum_i q_i^r \tag{9-1}$$

与之相关的经济利益是区域 r 的总产出合计值 $X^r = \sum_i x_i^r$；区域 r 的直接碳排放强度可表示为 $F^r = Q^r/X^r$。

2. 收入责任

类似单区域投入产出模型，基于多区域 Ghosh 模型，可以建立收入与全国碳排放总量的关系：

$$Q_{tot} = (x_{tot})^T f_{tot} = (v_{tot})^T G_{tot} f_{tot} \tag{9-2}$$

---

① 包括生产和居民生活两方面，暂不考虑居民生活直接引起的资源消耗和污染排放。

其中，Q_{tot} 是全国碳排放总量；$x_{tot} = [(x^1)^{\mathrm{T}}, \cdots (x^k)^{\mathrm{T}}]^{\mathrm{T}}$；$f_{tot} = [(f^1)^{\mathrm{T}}, \cdots (f^k)^{\mathrm{T}}]^{\mathrm{T}}$；$v_{tot} = [(v^1)^{\mathrm{T}}, \cdots (v^k)^{\mathrm{T}}]^{\mathrm{T}}$；$G_{tot} = (1 - B_{tot})^{-1}$，其元素为 G_{ij}^{rs}。又其中，f^r 是区域 r 的部门直接碳排放强度 $(f_i^r = q_i^r / x_i^r)$ 构成的向量；B_{tot} 是区域间的中间产出分配系数矩阵，可表示为：

$$B_{tot} = \begin{bmatrix} B^{11} \cdots B^{1\kappa} \\ \vdots \ddots \vdots \\ B^{\kappa 1} \cdots B^{\kappa\kappa} \end{bmatrix},$$

而 B^{rs} 是区域 r 向区域 s 提供的中间产出分配系数矩阵，其元素为 $B_{ij}^{rs} = Z_{ij}^{rs} / x_i^r$。

区域 r 在收入责任原则下应承担的碳排放责任为：

$$Q^r = D^r V^r \tag{9-3}$$

其中，$V^r = \sum_i v_i^r$ 是其经济利益即其各部门增加值的合计，$D^r = \sum_i d_i^r \eta_i^r$ 是其下游碳排放乘数，而 $d_i^r = \sum_s \sum_j G_{ij}^{rs} f_j^s$ 是区域 r 中部门 i 的下游碳排放乘数，$\eta_i^r = v_i^r / (\sum_j v_j^r)$ 表示区域 r 中部门 i 的增加值在区域 r 总增加值中所占的份额。

3. 消费责任

同样，基于多区域 Leontief 投入产出模型，可以建立最终需求与碳排放总量的关系：

$$Q_{tot} = (f_{tot})^{\mathrm{T}} x_{tot} = (f_{tot})^{\mathrm{T}} L_{tot} y_{tot} \tag{9-4}$$

其中，$y_{tot} = [(y^1)^{\mathrm{T}}, \cdots (y^k)^{\mathrm{T}}]^{\mathrm{T}}$ 是跨区域的最终需求向量，又其中 $y^r = y^{r1} + \cdots + y^{rk}$，其元素为 $y_i^r = y_i^{r1} + \cdots + y_i^{rk}$。$L_{tot} = (1 - A_{tot})^{-1}$，其元素为 L_{ij}^{rs}。又其中，A_{tot} 是区域间的投入产出系数矩阵，可表示为：

$$A_{tot} = \begin{bmatrix} A^{11} \cdots A^{1k} \\ \vdots \ddots \vdots \\ A^{k1} \cdots A^{kk} \end{bmatrix},$$

而 A^{rs} 是区域 r 向区域 s 提供的中间投入系数矩阵，其元素为 $A_{ij}^{rs} = Z_{ij}^{rs} / x_j^s$。

消费责任原则下，区域 r 的消费责任为：

$$Q^{\vee r} = U^r Y^r \tag{9-5}$$

其中，$Y^r = \sum_s \sum_i y_i^{sr}$ 是其经济利益即其消费的来自各区域的各种最终产品的价值合计，$U^r = \sum_s \sum_i u_i^s \omega_i^{sr}$ 是其上游碳排放乘数，而 $u_i^r = \sum_s \sum_j f_j^s L_{ji}^{sr}$ 是区域 r 中部门 i 的上游碳排放乘数，$\omega_i^{sr} = y_i^{sr} / (\sum_m \sum_j y_j^{mr})$ 表示区域 r 的最终消费中来自区域 s 的部门 i 的产品在区域 r 最终消费值中所占的份额。

4. 收入加权责任

基于 Ghosh 模型，通过引入责任份额向量 β^r，其元素 $\beta_i^r = 1 - y_i^r / x_i^r$，可进一步将 Q_{tot} 表示为：

$$Q_{tot} = (v'_{tot})^T G'_{tot} f_{tot} \tag{9-6}$$

其中，$v'_{tot} = [(v'^1)^T, \cdots, (v'^k)^T]^T$，$v'^r$ 是区域 r 调整后的增加值向量，其元素 v'_i^r 表示区域 r 部门 i 调整后的增加值，可表示为 $v'_i^r = v_i^r + (1 - \beta_i^r)(x_i^r - v_i^r)$；$G'_{tot} = (I - B'_{tot})^{-1}$ 是调整后的 Ghosh 逆矩阵，其元素为 G'^{rs}_{ij}，而 $B'_{tot} = B_{tot} \text{diag}(\beta_{tot})$，又其中，$\beta_{tot} = [(\beta^1)^T, \cdots, (\beta^k)^T]^T$。

收入加权责任原则下，区域 r 的责任为：

$$Q^{\wedge r} = V^r D^r \tag{9-7}$$

其中，$V^r = \sum_i v'_i^r$ 是其经济利益即其各部门调整后的增加值合计，$D^r = \sum_i d'_i^r \eta'_i^r$ 是其收入加权碳排放乘数，又其中，d'_i^r 是区域 r 中部门 i 的收入加权碳排放乘数且 $d'_i^r = \sum_s \sum_j G'^{rs}_{ij} f_j^s$，$\eta'_i^r$ 是区域 r 调整后的增加值中部门 i 的份额且 $\eta'_i^r = v'_i^r / (\sum_j v'_j^r)$。

5. 消费加权责任

基于 Leontief 模型，通过引入责任份额向量 α^r，其元素为 $\alpha_i^r = 1 - v_i^r / (x_i^r - Z_{ii}^{rr})$，可进一步将 Q_{tot} 表示为：

$$Q_{tot} = (f_{tot})^T L'_{tot} y'_{tot} \tag{9-8}$$

其中，$y'_{tot} = [(y'^1)^T, \cdots, (y'^k)^T]^T$，$y'^r$ 是区域 r 提供的、调整后的最终产品向量，其元素 $y'_i^r = y_i^r + (1 - \alpha_i^r)(x_i^r - y_i^r)$ 表示区域 r 部门 i 调整后的最终需求；$L'_{tot} = (I - A'_{tot})^{-1}$ 是调整后的 Leontief 逆矩阵，其元素为 L'^{rs}_{ij}，而 $A'_{tot} = \text{diag}(\alpha_{tot}) A_{tot}$，又其中，$\alpha_{tot} = [(\alpha^1)^T, \cdots, (\alpha^k)^T]^T$。

消费加权责任原则下，区域 r 的责任为：

$$Q^{\vee r} = U^r Y^r \tag{9-9}$$

其中，$Y'' = \sum_s \sum_i y'_i{}^{sr}$ 是其经济利益即其消费的来自各区域的各种最终产品的调整价值合计，$y'_i{}^{sr} = \mu_i{}^{sr} y'_i{}^s$ 即区域 r 中来自区域 s 部门 i 的最终消费品的调整价值，而 $\mu_i{}^r = y_i{}^{sr}/y_i{}^s$ 表示区域 r 所消费的由区域 s 提供的最终产品 i 在所有由区域 s 提供的最终产品 i 中所占的份额；$U'' = \sum_s \sum_i u'_i{}^s \omega'_i{}^{sr}$ 是消费加权的碳排放乘数，又其中，$u'_i{}^s = \sum_m \sum_j f_j{}^m L'_{ji}{}^{ms}$ 是区域 r 中部门 i 的消费加权碳排放乘数，$\omega'_i{}^{sr} = y'_i{}^{sr}/(\sum_m \sum_j y'_j{}^{mr})$ 表示区域 r 的最终消费中来自区域 s 的部门 i 的产品在区域 r 最终消费值中所占的份额。

6. 综合责任

综合责任是收入责任和消费责任的平均值，因而区域 r 部门 i 的综合责任为：

$$q\tilde{}_i{}^r = (q\hat{}_i{}^r + q\check{}_i{}^r)/2,$$

类似地，其综合经济利益可定义为 $b_i{}^r = (v_i{}^r + y^r)/2$，于是，其综合碳排放乘数可表示为 $c_i{}^r = q\tilde{}_i{}^r/b_i{}^r$。

同样，区域 r 的综合责任可表示为：

$$Q\tilde{}^r = (Q\hat{}^r + Q\check{}^r)/2 \qquad (9-10)$$

经济利益可定义为 $\Phi^r = (V^r + Y^r)/2$，由此得到其碳排放乘数为 $C^r = Q\tilde{}^r/\Phi^r$。

7. 加权综合责任

加权综合责任是收入加权责任和消费加权责任的平均值，因而区域 r 部门 i 的加权综合责任为：

$$q\tilde{}'_i{}^r = (q\hat{}'_i{}^r + q\check{}'_i{}^r)/2,$$

其加权综合经济利益也可依此定义为 $b'_i{}^r = (v'' + y'')/2$，从而得到其加权综合碳排放乘数为 $c'_i{}^r = q\tilde{}'_i{}^r/b'_i{}^r$。

类似地区域 r 的加权综合责任为：

$$Q\tilde{}'^r = (Q\hat{}'^r + Q\check{}'^r)/2 \qquad (9-11)$$

加权经济利益可表示为 $\Phi'^r = (V'^r + Y'^r)/2$，而加权碳排放乘数为 $C'^r = Q\tilde{}'^r/\Phi'^r$。

二 不同环境责任原则之间的联系

表9－2归纳了各类分配原则下跨区域的产业碳排放责任和碳排放乘数指标，表9－3归纳了各类分配原则下区域的碳排放责任和碳排放乘数指标。一个地区的各种碳排放责任中，唯一不考虑跨区域间接碳排放影响的是其生产责任，即对其直接碳排放的核算。该地区的其他责任相当于是在对全国各地区的生产责任进行再分配的基础上形成的。收入责任和消费责任是没有考虑共担任原则的间接责任，不妨把这两者称为非共担间接责任。反之，收入加权责任、消费加权责任、综合责任与加权综合责任都考虑了共担责任原则，可将它们称为共担间接责任。

表9－2 各类分配原则下跨区域的产业碳排放责任和碳排放乘数

分配原则	经济利益	碳排放责任	碳排放乘数
生产责任	x_i^r	q_i^r	$f_i^r = q_i^r / x_i^r$
收入责任	v_i^r	$\hat{q}_i^r = d_i^r v_i^r$	$d_i^r = \sum_s \sum_j G_{ij}^{rs} f_j^s$
消费责任	y_i^r	$\check{q}_i^r = u_i^r y_i^r$	$u_i^r = \sum_s \sum_j f_j^s L_{ji}^{sr}$
收入加权责任	$v'_i^r = v_i^r + (1 - \beta_i^r)(x_i^r - v_i^r)$	$\hat{q}'_i^r = v'_i^r d'_i^r$	$d'_i^r = \sum_s \sum_j G'_{ij}^{rs} f_j^s$
消费加权责任	$y'_i^r = y_i^r + (1 - \alpha_i^r)(x_i^r - y_i^r)$	$\check{q}'_i^r = y'_i^r u'_i^s$	$u'_i^r = \sum_s \sum_j f_j^s L'_{ji}^{sr}$
综合责任	$b_i^r = (v_i^r + y^r)/2$	$\tilde{q}_i^r = (\hat{q}_i^r + \check{q}_i^r)/2$	$c_i^r = \tilde{q}_i^r / b_i^r$
加权综合责任	$b'_i^r = (v'^r + y'^r)/2$	$\tilde{q}'_i^r = (\hat{q}'_i^r + \check{q}'_i^r)/2$	$c'_i^r = \tilde{q}'_i^r / b'_i^r$

表9－3 各类分配原则下区域的碳排放责任和碳排放乘数

分配原则	经济利益	碳排放责任	碳排放乘数
生产责任	$X^r = \sum_i x_i^r$	$Q^r = \sum_i q_i^r$	$F^r = Q^r / X^r$
收入责任	$V^r = \sum_i v_i^r$	$\hat{Q}^r = D^r V^r$	$D^r = \sum_i (\sum_s \sum_j G_{ij}^{rs} f_j^s) \eta_i^r$
消费责任	$Y^r = \sum_s \sum_i y_i^{sr}$	$\check{Q}^r = U^r Y^r$	$U^r = \sum_s \sum_i (\sum_m \sum_j f_j^m L_{ji}^{ms}) \omega_i^{sr}$
收入加权责任	$V'^r = \sum_i [v_i^r + (1 - \beta_i^r)(x_i^r - v_i^r)]$	$\hat{Q}'^r = D'^r V'^r$	$D'^r = \sum_i (\sum_s \sum_j G'_{ij}^{rs} f_j^s) \eta'_i^r$
消费加权责任	$Y''^r = \sum_s \sum_i [y_i^s + (1 - \alpha_i^s)(x_i^s - y_i^s)] \mu_i^s$	$\check{Q}''^r = U''^r Y''^r$	$U''^r = \sum_s \sum_i (\sum_m \sum_j f_j^m L'_{ji}^{ms}) \omega'_i^{sr}$

续表

分配原则	经济利益	碳排放责任	碳排放乘数
综合责任	$\Phi' = (V' + Y')/2$	$Q^{\sim'} = (Q^{\wedge'} + Q^{\vee'})/2$	$C' = Q^{\sim'}/\Phi'$
加权综合责任	$\Phi'' = (V'' + Y'')/2$	$Q^{\sim''} = (Q^{\wedge''} + Q^{\vee''})/2$	$C'' = Q^{\sim''}/\Phi''$

　　七种环境责任指标所指向的经济利益也不同，这些利益包括总产出、收入（增加值）、最终消费以及与上述利益相关的其他因素。不过，无论采用哪种分配原则，总的碳排放责任总是等于全国的碳排放总量。因此，所有省际层面碳排放责任的分配原则都能避免碳排放责任的重复计算。

　　这些原则在产业层面有着密切的关联（Zhang，2013），在区域层面也同样如此。首先，对于任一区域的某个特定产业，其各类间接碳排放乘数都能用区域内和区域外各产业的直接碳排放强度来表示（如表 9 - 2 所示）。因此，该产业的间接碳排放责任可视为区域内和区域外各产业生产碳排放责任的函数。进一步，各区域的间接碳排放责任是区域内各产业间接碳排放责任的加总，因而各区域的间接碳排放责任也可视为所有区域生产碳排放责任的函数。其次，区域层面的收入加权和消费加权责任分别是在收入责任和消费责任的基础上，通过引入分配参数 βir 和 αir 派生出来的。当 $\beta ir = 1$ 以及 $\alpha ir = 1$ 时，收入加权责任和消费加权责任将分别退化为收入责任和消费责任。再次，区域（加权）综合责任是收入（加权）责任和消费（加权）责任的平均值。

　　各种区域碳排放责任分配原则之间的关联性是由区域之间密切的经济关联决定的。如果区域之间没有经济关联，那么各区域性的各类间接责任都将退化为各区域的生产责任，而人们也就只需要考虑生产原则而无须考虑其他责任分配原则了。

三　不同环境责任原则之间的差异

　　考虑到现实世界中区域间普遍存在的经济关联，人们就不得不考虑各种不同的环境责任分配原则。由于不同的责任分配原则考虑的经济关联性差异显著，因而它们会导致环境责任的区域分配结果大相径庭。

　　生产原则将区域环境责任与区域总产出挂钩，它适用于激励那些直接碳排放量巨大的省份采取各种措施来实现生产的绿色化转型，进而降低碳排放。生产原则是最容易实施的碳排放责任分配原则，但是它却不能为区域间的碳减排合作提供任何激励，因为它没有考虑区域间的经济关联性。

收入原则和消费原则分别测度了下游和上游的碳排放影响，它们分别有助于各省绿化其供给和绿色消费模式的形成。这两种原则也有利于各省与环境绩效良好的贸易伙伴更多地开展贸易活动。不过，它们各自仅考虑了一种经济关联，对区域间碳减排合作的激励作用不是很强，而且它们比生产原则要难实施得多。例如，中国当前主要通过国内生产总值（GDP）来考核各地区的经济表现，并采用基于GDP的能源强度及碳强度来评价各地区的节能减碳表现。这样看来，采用收入责任指标似乎与中国现有的政策体系最为一致，因为收入责任对应的增加值就是按收入法计算的GDP。但收入责任只考虑了各地区的下游或前向影响，而未考虑上游或后向影响。

收入加权原则和消费加权原则分别强调统一供应链上的各省之间分担整个供应链的下游和上游碳排放责任，也有助于促进各省绿化其生产模式和消费模式。这两种原则还有利于区域间在碳减排方面展开对话和互助。不过，这两种原则各自也只分别考虑了一种经济关联，且它们比收入原则和消费原则更难以实施。

综合原则和加权综合原则要求各省同时关注下游和上游碳排放责任，因而这两种原则能够激励各省同时优化其投入结构、产出的分配结构，并尽量选择更清洁的贸易伙伴来控制碳排放。加权综合原则还能激励各省之间进行谈判与合作以减少碳排放。不过，综合原则与收入原则和消费原则一样，也不能为区域间的合作提供强有力的激励，而加权综合原则可能是最难实施的环境责任分配原则。

总之，不同的环境责任原则对应着不同的经济利益。理论上来看加权综合责任指标考虑的因素最全面、最能调动各类经济主体的节能积极性，但在具体实施过程中也存在不易核算的困难。其他责任指标的核算相对容易且可操作性更强，但它们往往只针对经济主体的某一方面或部分的影响，因而难免有失偏颇。哪种责任原则最合适，这仍然是一个需要深入研究的问题。不过，这些核算原则实际上体现了不同的产业关联方式（上游关联或下游关联），有着不同的政策含义（Gallego & Lenzen，2005；Rodrigues 等，2006；Lenzen 等，2007；Andrew & Forgie，2007），这对现实世界的碳减排可能具有更重要的意义。因此，政府部门应慎重选取碳排放责任核算原则，并保证地区碳减排任务与其碳排放责任相匹配。

第三节 不同原则下的省际碳排放效率及其变化

本章在实证分析中所采用的 2007 年和 2010 年中国 30 省份 30 部门的多区域投入产出表以及各区域分行业的碳排放数据与第三章相同。表 9 - 4 和表 9 - 5 分别显示了 2007 年和 2010 年不同原则下各个部门以及各区域的碳排放乘数[①]。有 7 个部门的直接碳排放强度总是高于全国平均水平，它们为电力、热力的生产和供应业，非金属矿物制品业，金属冶炼及压延加工业，燃气及水的生产与供应业，石油加工、炼焦及核燃料加工业，交通运输及仓储业，煤炭开采和洗选业，不妨将这些部门称为碳密集型部门。容易看出，无论按哪种分配原则核算，碳排放密集型部门的各种碳排放乘数总是较大。与此同时，本书的计算结果还表明，一个部门的总产出越大，则该部门的其他各种经济利益通常也较大。这意味着，如果一个部门在总产出中的份额较大，那么它在其他经济利益中的份额也会较大。

表 9 - 4 不同原则下各部门的平均碳排放乘数

单位：吨/万元

部门代码	生产		收入		消费		收入加权		消费加权		综合		加权综合	
	2007	2010	2007	2010	2007	2010	2007	2010	2007	2010	2007	2010	2007	2010
s1	0.06	0.04	0.20	0.17	0.27	0.19	0.11	0.09	0.13	0.09	0.23	0.17	0.12	0.09
s2	0.30	0.21	2.57	1.96	0.87	0.60	2.11	1.55	0.53	0.40	2.41	1.82	1.31	0.96
s3	0.16	0.12	1.31	0.92	0.63	0.86	1.01	0.65	0.33	0.22	1.22	0.92	0.67	0.44
s4	0.05	0.06	0.88	0.81	0.69	0.98	0.64	0.67	0.30	0.26	0.81	0.82	0.47	0.46
s5	0.09	0.06	0.90	0.79	0.65	0.46	0.71	0.65	0.32	0.27	0.85	0.77	0.51	0.46
s6	0.06	0.04	0.17	0.14	0.37	0.24	0.11	0.08	0.15	0.10	0.30	0.20	0.13	0.09
s7	0.05	0.04	0.17	0.19	0.40	0.31	0.10	0.10	0.16	0.13	0.31	0.25	0.13	0.12

---

① 此处某一部门的碳排放乘数是各地区该部门碳排放乘数的加权平均值。

部门代码	生产		收入		消费		收入加权		消费加权		综合		加权综合	
	2007	2010	2007	2010	2007	2010	2007	2010	2007	2010	2007	2010	2007	2010
s8	0.02	0.01	0.12	0.12	0.29	0.23	0.07	0.07	0.10	0.08	0.23	0.19	0.08	0.07
s9	0.03	0.02	0.23	0.18	0.45	0.31	0.13	0.10	0.17	0.13	0.35	0.26	0.15	0.12
s10	0.09	0.08	0.39	0.33	0.47	0.40	0.23	0.21	0.24	0.20	0.42	0.36	0.23	0.21
s11	0.34	0.20	1.27	0.73	0.89	0.44	0.96	0.55	0.55	0.28	1.24	0.65	0.83	0.45
s12	0.12	0.14	0.49	0.45	0.59	0.54	0.33	0.32	0.31	0.31	0.52	0.48	0.32	0.32
s13	1.41	0.94	1.96	1.38	2.20	1.69	1.78	1.28	1.79	1.27	2.03	1.43	1.78	1.28
s14	0.52	0.35	1.04	0.71	1.33	0.82	0.85	0.58	0.90	0.58	1.11	0.72	0.88	0.58
s15	0.02	0.02	0.37	0.25	0.79	0.61	0.21	0.15	0.36	0.29	0.55	0.41	0.28	0.22
s16	0.04	0.02	0.29	0.21	0.62	0.43	0.19	0.14	0.27	0.20	0.49	0.35	0.23	0.17
s17	0.02	0.01	0.25	0.15	0.55	0.36	0.13	0.08	0.22	0.15	0.43	0.28	0.17	0.11
s18	0.01	0.01	0.43	0.25	0.51	0.41	0.29	0.16	0.24	0.18	0.48	0.35	0.26	0.17
s19	0.01	0.01	0.06	0.06	0.18	0.17	0.02	0.02	0.08	0.07	0.12	0.12	0.05	0.04
s20	0.01	0.00	0.25	0.18	0.21	0.25	0.17	0.11	0.09	0.11	0.23	0.22	0.13	0.11
s21	0.02	0.02	0.41	0.29	0.45	0.39	0.26	0.19	0.17	0.17	0.42	0.33	0.21	0.18
s22	2.35	1.80	4.05	2.88	3.73	2.66	3.67	2.56	2.96	2.22	3.98	2.80	3.28	2.38
s23	0.50	0.33	0.83	0.63	1.34	0.71	0.73	0.50	0.81	0.50	1.08	0.67	0.77	0.50
s24	0.02	0.02	0.04	0.03	0.96	0.68	0.03	0.03	0.44	0.33	0.75	0.54	0.24	0.18
s25	0.33	0.22	0.84	0.59	0.68	0.49	0.66	0.46	0.46	0.33	0.78	0.55	0.56	0.39
s26	0.05	0.04	0.36	0.26	0.27	0.17	0.25	0.17	0.12	0.09	0.33	0.22	0.19	0.13
s27	0.05	0.05	0.27	0.22	0.36	0.27	0.16	0.14	0.16	0.13	0.32	0.25	0.16	0.13
s28	0.01	0.01	0.24	0.18	0.30	0.24	0.12	0.09	0.11	0.09	0.27	0.21	0.12	0.09
s29	0.02	0.01	0.21	0.13	0.30	0.28	0.12	0.07	0.13	0.11	0.25	0.21	0.12	0.09
s30	0.02	0.01	0.22	0.19	0.30	0.19	0.15	0.10	0.13	0.08	0.26	0.19	0.13	0.10
平均	0.23	0.16	0.54	0.40	0.54	0.40	0.35	0.25	0.35	0.26	0.54	0.40	0.35	0.26

注：部门代码含义如下所列。s1：农林牧渔业；s2：煤炭开采和洗选业；s3：石油和天然气开采业；s4：金属矿采选业；s5：非金属矿及其他矿采选业；s6：食品制造及烟草加工业；s7：纺织业；s8：纺织服装鞋帽皮革羽绒及其制品业；s9：木材加工及家具制造业；s10：造纸印刷及文教体育用品制造业；s11：石油加工、炼焦及核燃料加工业；s12：化学工业；s13：非金属矿物制品业；s14：金属冶炼及压延加工业；s15：金属制品业；s16：通用、专用设备制造业；s17：交通运输设备制造业；s18：电气机械及器材制造业；s19：通信设备、计算机及其他电子设备制造业；s20：仪器仪表及文化办公用机械制造业；s21：其他制造业；s22：电力、热力的生产和供应业；s23：燃气及水的生产与供应业；s24：建筑业；s25：交通运输及仓储业；s26：批发零售业；s27：住宿餐饮业；s28：租赁和商业服务业；s29：研究与试验发展业；s30：其他服务业。

表9-5 不同原则下各地区碳排放乘数

单位：吨/万元

地区	生产 F^r		收入 D^r		消费 U^r		收入加权 D''		消费加权 U''		综合 C'		加权综合 C''	
	2007	2010	2007	2010	2007	2010	2007	2010	2007	2010	2007	2010	2007	2010
北 京	0.09	0.04	0.24	0.13	0.35	0.28	0.15	0.07	0.19	0.13	0.30	0.21	0.17	0.10
天 津	0.17	0.12	0.49	0.39	0.56	0.39	0.30	0.24	0.32	0.22	0.52	0.39	0.31	0.23
河 北	0.34	0.29	0.77	0.62	0.71	0.58	0.52	0.44	0.49	0.40	0.75	0.60	0.51	0.42
山 西	0.63	0.42	1.67	1.20	1.19	0.70	1.14	0.79	0.84	0.54	1.46	0.98	0.99	0.66
内蒙古	0.63	0.40	1.40	1.01	0.87	0.64	1.00	0.70	0.76	0.51	1.17	0.85	0.88	0.61
辽 宁	0.29	0.20	0.73	0.49	0.63	0.49	0.48	0.31	0.42	0.31	0.68	0.49	0.45	0.31
吉 林	0.34	0.20	0.63	0.44	0.89	0.65	0.41	0.28	0.57	0.37	0.77	0.55	0.49	0.32
黑龙江	0.30	0.21	0.87	0.56	0.69	0.45	0.56	0.35	0.42	0.28	0.79	0.51	0.49	0.32
上 海	0.12	0.08	0.27	0.18	0.40	0.33	0.17	0.11	0.22	0.17	0.33	0.26	0.20	0.14
江 苏	0.15	0.11	0.37	0.25	0.44	0.32	0.23	0.16	0.26	0.19	0.41	0.29	0.25	0.18
浙 江	0.15	0.09	0.34	0.21	0.55	0.34	0.20	0.13	0.30	0.18	0.46	0.28	0.25	0.16
安 徽	0.28	0.18	0.61	0.40	0.57	0.41	0.40	0.25	0.38	0.27	0.59	0.41	0.39	0.26
福 建	0.18	0.12	0.38	0.28	0.44	0.31	0.25	0.18	0.28	0.19	0.41	0.30	0.26	0.19
江 西	0.24	0.13	0.49	0.36	0.67	0.36	0.31	0.23	0.40	0.23	0.58	0.36	0.36	0.23
山 东	0.23	0.13	0.65	0.39	0.64	0.43	0.40	0.24	0.39	0.25	0.65	0.41	0.40	0.25
河 南	0.27	0.20	0.73	0.49	0.54	0.41	0.47	0.32	0.38	0.27	0.64	0.45	0.43	0.29
湖 北	0.30	0.22	0.62	0.48	0.61	0.46	0.41	0.32	0.40	0.30	0.61	0.47	0.41	0.31
湖 南	0.29	0.17	0.56	0.34	0.60	0.40	0.38	0.23	0.40	0.25	0.58	0.37	0.39	0.24
广 东	0.11	0.12	0.23	0.25	0.31	0.32	0.15	0.16	0.19	0.19	0.27	0.28	0.17	0.18
广 西	0.26	0.20	0.53	0.43	0.48	0.38	0.35	0.29	0.33	0.27	0.51	0.42	0.34	0.28
海 南	0.20	0.13	0.44	0.33	0.38	0.31	0.29	0.20	0.26	0.19	0.41	0.32	0.27	0.20
重 庆	0.24	0.16	0.49	0.40	0.67	0.42	0.30	0.25	0.42	0.26	0.59	0.42	0.35	0.25
四 川	0.21	0.16	0.47	0.38	0.49	0.35	0.30	0.25	0.30	0.23	0.48	0.37	0.30	0.24
贵 州	0.66	0.37	1.34	0.81	0.95	0.61	0.95	0.56	0.82	0.48	1.15	0.72	0.88	0.52
云 南	0.39	0.27	0.77	0.53	0.63	0.48	0.51	0.35	0.48	0.35	0.70	0.50	0.50	0.35
陕 西	0.27	0.18	0.74	0.55	0.68	0.47	0.47	0.34	0.41	0.28	0.71	0.51	0.44	0.31
甘 肃	0.41	0.34	0.79	0.66	0.76	0.64	0.54	0.44	0.55	0.45	0.78	0.65	0.54	0.44
青 海	0.43	0.27	0.71	0.64	0.96	0.64	0.50	0.43	0.63	0.41	0.84	0.64	0.56	0.42
宁 夏	0.74	0.46	1.58	1.06	1.21	0.88	1.07	0.68	0.98	0.63	1.40	0.97	1.02	0.65
新 疆	0.40	0.26	0.92	0.55	0.87	0.59	0.61	0.63	0.41	0.43	0.90	0.57	0.49	0.51
平 均	0.23	0.16	0.54	0.40	0.54	0.40	0.35	0.25	0.35	0.26	0.54	0.40	0.35	0.26

　　进一步的结果表明，不同区域的同一产业也具有显著不同的碳排放效率①。以电力、热力的生产和供应业的直接碳排放强度为例，其值在北京、四川、青海、广东、广西以及江西等省份均低于 1 吨/万元，在内蒙古、吉林、宁夏及新疆则超过了 3 吨/万元，在黑龙江和青海更是超过了 3 吨/万元。又如非金属矿物制品业的直接碳排放强度，其值在上海、陕西、河南、山东等地均超过 0.5 吨/万元，在贵州、云南、甘肃、青海等省份则达到 3 吨/万元 ~ 5 吨/万元。

　　一个区域的碳排放乘数是该区域内各部门碳排放乘数的加权平均值（如表 9 - 2 和表 9 - 3 所示），因此那些总产出中碳密集型部门比重较大的省份在任何分配原则下也都具有较大的碳排放乘数。如图 9 - 1 所示，一些经济、技术水平相对欠发达的中西部内陆省份，如宁夏、贵州、青海、山西和内蒙古就是碳密集型部门比重较大的省份。反过来，那些经济、技术水平较发达的沿海省份，如浙江、北京、广东、上海、江苏等，它们的总产出中碳密集型部门的比重较小，因而它们的各类碳排放乘数也较小。不过，也有个别沿海省份（如河北）的总产出中碳密集型部门的比重也较大，因而其各类碳排放乘数都明显大于相应的全国平均水平。

　　显然，各区域基于产业关联的各种碳排放乘数都大于各自的直接碳排放强度，各区域的收入加权、消费加权和加权综合碳排放乘数都分别小于各自的下游、上游和综合碳排放乘数。进一步，不少沿海经济发达省份（包括北京、上海、江苏、浙江、福建、广东）及个别非沿海省份（如湖南、重庆、青海）的各种碳排放乘数中，上游碳排放乘数明显大于其他碳排放乘数。

　　受技术进步的影响，2007 ~ 2010 年全国的各类碳排放乘数都明显下降。除金属矿采选业，化学工业，通信设备、计算机及其他电子设备制造业三部门外，其他绝大多数部门的直接碳排放强度都明显下降。类似的，绝大多数

---

① 需要指出的是，不同区域的同一产业的碳排放效率之所以会显著不同，这固然有地区生产技术的差异，但也可能是各地同一产业的产品不完全一致所造成的。这是因为本章使用的部门分类比较粗，如金属冶炼及压延加工业中的金属至少可分成黑色金属和有色金属两大类，这两大类金属还可进一步区分为不同的品种，如有色金属可分为铜、铝、锌、锡等。因此，不同地区的同一产业所指代的实际产品可能有很大的不同，从而表现明显不同的碳排放效率。这一问题还值得深入研究。

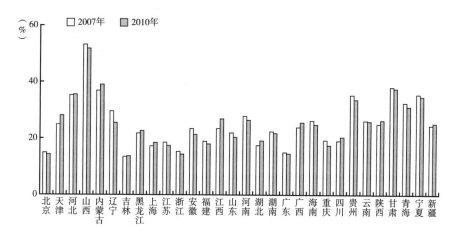

图 9 - 1　各省碳密集型部门在总产出中的份额

注：碳密集型部门包括电力、热力的生产和供应业，非金属矿物制品业，金属冶炼及压延加工业，燃气及水的生产与供应业，石油加工、炼焦及核燃料加工业，交通运输及仓储业，煤炭开采和洗选业七个部门，它们的直接碳排放强度高于全国平均水平。

部门 2010 年的其他碳排放乘数也都低于其 2007 年的水平。由于上述原因，绝大多数省份的各种碳排放乘数也都有所下降。

第四节　不同原则下的省际碳排放责任

一　省际碳排放责任

表 9 - 6 显示了各种分配原则下各区域 2007 年和 2010 年的碳排放责任。以 2010 年为例，生产责任即直接责任较大（超过 1 亿吨）的省份包括山东、广东、河北、江苏、河南、内蒙古及辽宁等。其中，山东、广东及江苏的直接碳排放责任排名靠前主要是因为其生产规模巨大。河北、河南、内蒙古及辽宁的生产规模的排名虽然并不十分靠前，但这些省份的碳排放强度较高，因而直接碳排放责任也较大。反过来，海南、青海、宁夏、北京、重庆、甘肃、天津、贵州及江西等省份主要由于生产规模较小，其直接碳排放责任也较小（小于 3000 万吨）。

表9-6 不同原则下的地区碳排放责任

单位：百万吨

地区	生产 Q_i^r		收入 $Q\hat{}_i^r$		消费 $Q\check{}_i^r$		收入加权 $Q\hat{}_i^r$		消费加权 $Q\check{}_i^r$		综合 $Q^-_i^r$		加权综合 $Q\hat{}_i^r$	
	2007	2010	2007	2010	2007	2010	2007	2010	2007	2010	2007	2010	2007	2010
北 京	25	20	32	21	50	58	31	22	36	37	41	40	34	29
天 津	27	35	33	45	38	41	32	43	33	38	36	43	32	40
河 北	137	161	119	147	90	106	119	149	113	130	105	127	116	140
山 西	92	94	105	120	58	53	105	115	80	79	82	87	92	97
内蒙古	89	113	94	129	43	60	93	125	72	92	68	94	82	109
辽 宁	94	112	98	107	77	108	97	109	83	110	88	107	90	109
吉 林	45	48	36	43	54	64	36	44	51	58	45	54	44	51
黑龙江	48	50	63	65	43	46	60	60	45	48	53	55	53	54
上 海	50	48	51	39	80	89	51	44	62	65	66	64	57	55
江 苏	130	146	127	133	158	176	127	135	139	160	142	155	133	147
浙 江	91	79	81	70	155	129	84	72	120	104	118	100	102	88
安 徽	52	65	50	57	46	67	50	59	48	64	48	62	49	62
福 建	45	49	41	48	51	53	43	49	48	51	46	50	45	50
江 西	36	39	30	42	41	35	30	40	39	37	36	38	35	39
山 东	184	192	191	193	186	211	192	194	186	199	188	202	189	197
河 南	115	128	118	129	76	96	117	128	99	111	97	113	108	120
湖 北	67	86	62	85	61	77	64	85	64	82	62	81	64	84
湖 南	61	66	55	61	57	69	56	61	60	68	56	65	58	65
广 东	107	172	111	144	161	206	111	154	128	183	136	175	119	168
广 西	35	47	34	46	29	40	33	46	32	43	31	43	33	45
海 南	6	7	7	8	6	7	7	8	6	7	6	7	6	7
重 庆	27	34	22	35	36	37	23	34	31	36	29	36	27	35
四 川	54	71	52	75	56	64	53	73	54	68	54	69	54	70
贵 州	43	38	39	40	26	27	41	40	36	35	33	33	39	37
云 南	42	46	38	42	29	39	39	43	36	41	34	40	37	42
陕 西	34	44	44	63	36	43	42	58	37	47	40	53	39	52
甘 肃	27	35	25	32	24	29	25	32	25	32	24	30	25	32
青 海	8	9	6	9	9	7	7	9	8	9	7	8	7	9
宁 夏	17	20	17	20	12	17	17	20	16	19	14	18	17	20
新 疆	33	32	35	36	29	33	35	36	32	34	32	35	34	35
合 计	1819	2086	1819	2086	1819	2086	1819	2086	1819	2086	1819	2086	1819	2086

收入责任和收入加权责任位居前列（超过 1 亿吨）的省份包括山东、河北、广东、江苏、河南、内蒙古、山西及辽宁。其中，山东、河北、辽宁、河南的增加值和调整后的增加值总量也较大，加之其下游和收入加权碳排放乘数也相对较高，故而这几个省份的收入责任和收入加权责任都较大。江苏和广东的下游和收入调整碳排放乘数都较小，但它们的增加值和调整后的增加值总量较大，因而其收入责任和收入加权责任也较大。山西和内蒙古的增加值和调整后的增加值总量不算大，但其下游和收入加权碳排放乘数较高，因而其收入责任和收入加权责任也较大。反之，青海、宁夏和甘肃等省（区）的下游和收入加权乘数虽然都较大，但它们的增加值和调整后的增加值总量都较小，因而收入责任和收入加权责任也较小。还有一些省份（如海南、江西和北京）的增加值和调整后的增加值总量及相应的下游和收入加权碳排放乘数都较低，因而其收入责任和收入加权责任也都较小。

消费责任和消费加权责任最大（超过或非常接近 1 亿吨）的几个省份包括山东、广东、江苏、浙江、辽宁、河北及河南。其中，广东、江苏、浙江等省（市）的上游和消费加权碳排放乘数都相对较低，但它们的消费和调整后的消费总量都位居全国前列，因而这些省（市）的消费责任和消费加权责任位居全国前列。山东、辽宁、河北和河南的消费和调整后的消费总量也较大，同时它们的上游和消费加权碳排放乘数都高于平均值，因而它们的消费责任和消费加权责任也较大。反之，尽管青海、宁夏、甘肃、贵州等省（区）的上游和消费加权乘数都较大，但它们的消费和调整后的消费总量都较小，因而它们的消费责任和消费加权责任也都较小。而海南的消费和调整后的消费总量以及相应的上游和消费加权碳排放乘数都较低，因而其消费责任和消费加权责任也都较小。

海南、青海、宁夏、甘肃、贵州、新疆、重庆以及江西的消费（加权）责任和收入（加权）责任都相对较小（小于 4000 万吨），因而它们的（加权）综合责任也较小。山东、广东、江苏、河北、河南和辽宁的消费责任和收入责任都较大，因而它们的（加权）综合责任也较大（超过 1 亿吨）。

进一步，大多数省的各类碳排放责任在 2007~2010 年均有所增加。不过，浙江的各类碳排放责任在此期间都有所下降，因为该省的各类碳排放乘数的相对下降幅度大于其各类经济利益的相对增长幅度。同时，北京、上海、贵州、青海以及新疆等省份至少有一种碳排放责任在此期间有所下降。还值得指出的是，虽然各省的碳排放责任在 2007~2010 年有所变化，但

2007 年碳排放责任的省际分布状况却与 2010 年类似。其主要原因是这一时期中国的区域经济格局没有发生大的变化。

二 各省（区、市）不同核算原则下的碳排放责任差异

不同核算原则下，各省份碳排放责任的合计值总是等于全国的生产碳排放。这意味着各种跨区域的环境责任分配方法同样能避免碳排放的重复计算。下面，仍以 2010 年为例来比较各省（区、市）在不同核算原则下的碳排放责任。

1. 非共担间接责任与直接责任的比较

对一个地区而言，虽然考虑了产业关联的碳排放乘数一般都要大于其直接碳排放强度，但考虑了产业关联的经济利益一般都会小于其总产出，因而一个地区的生产责任与该地区其他责任的大小关系具有一定的不确定性。

大部分省份的收入责任与生产责任差异较小：两者相对差距不超过 5% 的省份有 11 个；相对差距为 5%～10% 的省份有 8 个；相对差距为 10%～15% 的有 6 个；相对差距超过 15% 的省份只有 5 个。

大多数省份的消费责任与生产责任差异较大。例如，浙江、上海及北京等几个沿海经济发达省（市）的消费责任比各自的生产责任高 60%～190%；河北、山西和内蒙古等重化工业较发达省份的消费责任比各自的生产责任低 30%～50%。

2. 共担间接责任与直接责任的比较

收入加权责任与生产责任的差异更小：两者相对差距不超过 5% 的省份有 12 个；相对差距在 5%～10% 的省份有 11 个；相对差距在 10%～15% 的有 3 个；相对差距超过 15% 的省份只有 4 个。

多数省份的消费加权责任与生产责任差异较小：两者相对差距不超过 10% 的省份多达 21 个。不过，也有少数几个省份的消费加权责任与生产责任差异显著。例如，浙江、北京及上海等省（市）的消费加权责任比各自的生产责任高 30%～90%。

大部分省份的综合责任与生产责任的差异也较小：两者相对差距不超过 5% 的省份有 8 个；相对差距为 5%～10% 的省份有 7 个；相对差距为 10%～15% 的有 7 个。不过也有部分省份的综合责任与生产责任的差异较大。例如，河北、浙江、天津、上海及北京的综合责任与其生产责任的相对差距超过 20%，特别是北京的综合责任比其生产责任高出 97%。

大部分省份的加权综合责任与生产责任的差异也较小：两者相对差距不超过 5% 的省份有 17 个；相对差距为 5%～10% 的省份有 8 个；相对差距为 10%～20% 的有 4 个；相对差距超过 20% 的只有北京。

3. 非共担间接责任之间的比较

收入责任可视为上游责任，消费责任可视为下游责任。前者以增加值为基础，后者以最终需求为基础。大多数省份的收入责任与消费责任的相对差距十分明显：山西、内蒙古、贵州及陕西的消费责任比各自的收入责任低 20%～55%；黑龙江、河北、河南及青海的消费责任比各自的收入责任低 20%～30%；浙江、上海和北京的消费责任分别比各自的收入责任高 84% 和 176%；江苏、广东和吉林的消费责任比各自的收入责任高 32%～48%；两者相对差距小于 10% 的省份只有 10 个。

4. 共担间接责任与非共担间接责任的比较

大多数省份的收入加权责任与收入责任非常接近：两者相对差距不超过 5% 的省份多达 25 个，相对差距为 5%～10% 的省份有 4 个；相对差距为 10%～15% 之间的只有 1 个。大多数省份的消费加权责任与消费责任也比较接近：有 19 个省份两种责任的相对差异不超过 10%。但是，也有一些省份的消费加权责任与消费责任的相对差异较大。例如，北京和上海的消费加权责任分别只有其消费责任的 64% 和 73%，而青海、河北、贵州、山西和内蒙古的消费加权责任则比其消费责任高出 20%～60%。

综合责任是收入责任和消费责任的平均值，有 17 省份的综合责任与收入责任的相对差距较小（小于 10%），但两者相对差距较大（20%～90%）的省份也有 7 个，如浙江、上海及北京。类似的，有 15 个省份的综合责任与消费责任的相对差距较小（小于 10%），但两者相对差距较大（20%～65%）的省份也有 5 个，如北京、内蒙古及山西。

除少部分省份外，多数省份的加权综合责任与收入责任差距较大：两者相对差距小于 10% 的有 20 个省份；两者相对差距为 10%～20% 的省份有 7 个；两者相对差距为 24%～77% 的省份也有 3 个（浙江、上海和北京）。加权综合责任与消费责任的差异更明显：两者相对差距小于 10% 的也有 14 个省份；而两者相对差距超过 20% 的省份有 12 个，包括北京、上海、浙江、广东、吉林、宁夏、陕西、河南、河北、贵州、山西和内蒙古。

5. 共担间接责任之间的比较

大多数省份的收入加权责任与消费加权责任的相对差距不大：两者相对差距小于10%的省份有16个；相对差距为10%～15%的有4个。不过，也有部分省份的收入加权责任与消费加权责任的相对差距较大：黑龙江、内蒙古、山西的消费加权责任比各自的收入加权责任低20%～30%；江苏、广东、吉林、浙江、上海和北京的消费加权责任比各自的收入加权责任高18%～70%。

加权综合责任是收入加权责任和消费加权责任的平均值，大多数省份的加权综合责任与收入加权责任的相对差距较小（小于10%），但浙江、上海及北京的加权综合责任比各自的收入加权责任高出20%～35%。加权综合责任与消费加权责任的相对差距较小（小于10%）的省份有22个，两者相对差距较大的省份（10%～15%）只有3个：北京、内蒙古及山西。

综合责任与消费加权责任的相对差距为10%～15%的省份只有陕西、天津和黑龙江；而余下省份中两者相对差距都小于10%。除内蒙古、山西、贵州、河北、吉林、浙江、上海、北京外，其他省份综合责任和收入加权责任的相对差距都不大（小于15%）。

绝大多数省份的加权综合责任与综合责任的差距也很小：两者相对差距不超过5%的省份有17个；相对差距为5%～10%的省份有7个；相对差距为10%～15%的有4个；相对差距超过15%的只有内蒙古和北京。

三 2007年和2010年省际碳排放责任的变化

省际碳排放责任的变化取决于相应的经济利益和碳排放乘数。2007～2010年各省的各种经济利益大多增长了50%～100%。反过来，同一时期各省的各类碳排放乘数则下降了15%～46%。由于各种经济利益的相对变化一般要大于碳排放乘数的相对变化，因而对多数省份而言，其各类碳排放乘数变化对其碳排放责任的影响只能部分抵消其经济利益变化对其碳排放责任的影响。结果，全国总碳排放量在研究时期内增加了15%，而大多数省份的各类碳排放责任都明显增加。

不过，也有7个省份的一些碳排放责任有所下降，因为相应的碳排放乘数变化对碳排放责任的影响超过了经济利益变化对其的影响。其中，有四个省份属于东部沿海地区，它们是北京、上海、浙江和广东。浙江的各种经济利益在研究时期增长都较缓慢，而其相应的碳排放乘数则下降较快，因而其各类碳排放责任下降了11%～14%。除了消费责任和消费加权责任外，北京和上海的其他碳排放责任都下降了1%～34%。这两个城市的消费责任和消费加权责任之所以增加，是因为这两个城市消费了大量从其他地区调入的产品，从而产生了相对较大的上游碳排放责任。广东的收入责任下降了2%，因为其下游碳排放乘数的下降速度超过了其收入的增长速度。

山西、江西和青海三个中西部地区省份的某些碳排放责任也有所下降。在所有省份中，山西和江西的上游碳排放乘数相对下降幅度最大，而青海的消费相对增长幅度最小。这3个省份的消费责任下降了8%～15%。江西的消费加权碳排放乘数降幅较大，因而其消费加权责任也有所下降。

在"十一五"规划中，中央政府提出单位GDP能耗即能耗强度下降20%的约束性指标，并将这一指标分解到各省且要求各省予以完成。同时，为了降低能耗强度，政府部门制定了许多经济政策，如提高能源密集型产业的用电价格、对节能活动予以补贴、对节能产品予以税收减免，同时也制定了很多命令控制型政策，如关闭不能达标的能源密集型小企业。这些政策不仅有效降低了各省的能源强度，同时也促进了各省各类碳排放乘数的显著下降。

尽管2007～2010年省际碳排放责任变化显著，但碳排放责任的省际分布特征却变化不大，因为各省在国民经济中的份额变化不大。例如，山东、广东、江苏、浙江、上海、河南及河北的总产出总是位居前列，而青海、宁夏、海南、贵州、甘肃、新疆及云南等省份的总产出始终排在末尾。因此，各类省际碳排放责任的排序在研究期间变化很小。

四　与以往研究的比较

在以往有关中国区域碳排放责任的研究中，Liang等（2007）发现中国八大区域的消费责任与其他生产责任差异显著。Meng等（2011）指出，1997～2009年东部各省的消费责任合计值要显著大于它们的生产责任合计值，而其他省份的消费责任合计值则显著小于它们的生产责任合计值。Guo等（2012）的结果表明，2002年东部省份尤其是北京的消费责任明显大于其生产责任。这些发现与本书的研究结果类似。

Meng 等（2013）和 Xiao 等（2014）采用 8 区域 17 部门多区域投入产出表的分析表明，东部沿海地区（上海、江苏和浙江）是调入国内碳排放最多的地区。换句话说，东部沿海地区的碳排放消费责任显著大于其生产责任，这与本研究的发现也是一致的。不过，他们发现中部地区（山西、安徽、江西、河南、湖北和湖南）是国内碳排放的净调入地区，而本研究发现中部地区是国内碳排放的净调出地区，因为其消费责任明显小于其生产责任。上述差异产生的原因可能是 Meng 等（2013）和 Xiao 等（2014）的区域和产业划分程度没有本研究详细。

与本研究类似，Shi 等（2012）也发现经济规模较大的省份具有较大的碳排放责任。他们也发现能源储量丰富的省份，如山西、内蒙古和贵州是重要的国内碳排放调出地区。不过，他们的结果表明 2002 年经济规模较大的江苏和山东也是重要的国内碳排放调出地区，这与本研究分析 2007 年和2010 年省际碳排放责任所得到的结果不同。上述结果差异可能是由于随着时间的推移，江苏和山东的国内贸易发生了显著变化。

与本研究一样，Xu 和 Zhang（2013）以及 Zhao 和 Hao（2013）也估计了区域消费加权责任，并且得到了与本研究类似的结果。例如，他们都发现东部地区、京津地区以及南部沿海地区（福建、广东和海南）的消费加权责任明显大于其生产责任。不过，Zhao 和 Hao（2013）使用的估计方法与Xu 和 Zhang（2013）及本研究采用的方法不同。

总的来看，以往研究与本研究都表明区域层面的碳排放消费责任明显不同于其生产责任。不过，以往研究的一些具体结果与本研究有所不同，这主要是区域与产业划分程度、研究时期和方法的差异带来的。

第五节　碳排放责任与碳税对各区域竞争力的影响

低碳、绿色发展既是中国生态文明建设的必由之路，也是其客观要求。早在 2007 年，国务院发布的《节能减排综合性工作方案》就明确提出要"研究开征环境税"，而作为最具代表性的一种环境税，碳税对中国的低碳、绿色发展，以及推进生态文明建设及其与经济建设的融合具有十分重要的意义。特别是最近一二十年来，随着气候变化问题严峻性的凸显，碳税早已引起了国内外理论界和政策界的共同关注。国外甚至已经有了碳税的实践。例如，自 1990 年以来，芬兰、瑞典、挪威和丹麦等北欧国家开始征收碳税。

由于中国区域众多且区域发展极不平衡，碳税对各区域的不同影响是中国开征碳税必须考虑的一个问题。而碳税对各区域的影响主要取决于各区域应承担的碳排放责任和税率。从现有的文献来看，从环境责任的视角讨论碳税影响的研究还不多见。仅有潘文卿（2015）从生产者责任和消费者责任的角度分析了碳税对中国产业和地区竞争力的影响，但他没有考虑更多的环境责任分配原则，如本研究前面提到的共担责任原则。为此，本研究将分别从前面提出的七种环境责任原则出发，并基于 2007 年和 2010 年省际多区域投入产出表来分析碳税对各省份的影响。

以往研究（财政部财政科学研究所课题组，2009；Wang 等，2011；Li 等，2012；潘文卿，2015）设置的碳税税率为每吨 10～200 元，本研究采取折中方案，将碳税税率设定为每吨 100 元。参考以往研究（潘文卿，2015），本研究采用碳税税额与 GDP 的比值来衡量碳税对各地区竞争力的影响即各地区的碳税负担。表 9－7 显示了碳税税率为 100 元/吨时各地区 2007 年和 2010 年的碳税负担。本研究以 2010 年为例来分析碳税对各地区竞争力的影响。

表 9－7 不同原则下税率为 100 元/吨时各地区的碳税负担

单位：%

地区	生产		收入		消费		收入加权		消费加权		综合		加权综合	
	2007	2010	2007	2010	2007	2010	2007	2010	2007	2010	2007	2010	2007	2010
北 京	0.19	0.12	0.24	0.13	0.38	0.35	0.23	0.13	0.27	0.23	0.31	0.24	0.25	0.18
天 津	0.41	0.30	0.49	0.39	0.57	0.36	0.48	0.37	0.49	0.33	0.53	0.38	0.48	0.35
河 北	0.89	0.68	0.77	0.62	0.58	0.45	0.77	0.63	0.73	0.55	0.67	0.53	0.75	0.59
山 西	1.46	0.94	1.67	1.20	0.92	0.53	1.66	1.14	1.27	0.79	1.30	0.86	1.46	0.97
内蒙古	1.32	0.89	1.40	1.01	0.64	0.47	1.38	0.98	1.07	0.72	1.02	0.74	1.23	0.85
辽 宁	0.70	0.51	0.73	0.49	0.58	0.49	0.73	0.50	0.62	0.50	0.66	0.49	0.68	0.50
吉 林	0.79	0.49	0.63	0.44	0.95	0.66	0.64	0.44	0.90	0.59	0.79	0.55	0.77	0.52
黑龙江	0.67	0.43	0.87	0.56	0.60	0.40	0.84	0.52	0.62	0.41	0.74	0.48	0.73	0.47
上 海	0.26	0.21	0.27	0.18	0.41	0.40	0.27	0.20	0.32	0.29	0.34	0.29	0.29	0.25
江 苏	0.38	0.28	0.37	0.25	0.46	0.33	0.37	0.25	0.40	0.30	0.41	0.29	0.39	0.28

地区	生产		收入		消费		收入加权		消费加权		综合		加权综合	
	2007	2010	2007	2010	2007	2010	2007	2010	2007	2010	2007	2010	2007	2010
浙　江	0.38	0.24	0.34	0.21	0.65	0.39	0.35	0.22	0.51	0.31	0.50	0.30	0.43	0.26
安　徽	0.64	0.46	0.61	0.40	0.57	0.47	0.62	0.42	0.59	0.45	0.59	0.44	0.60	0.44
福　建	0.41	0.29	0.38	0.28	0.47	0.31	0.40	0.29	0.44	0.30	0.43	0.30	0.42	0.29
江　西	0.59	0.34	0.49	0.36	0.68	0.30	0.50	0.35	0.64	0.33	0.59	0.33	0.57	0.34
山　东	0.62	0.39	0.65	0.39	0.63	0.42	0.65	0.39	0.63	0.40	0.64	0.41	0.64	0.40
河　南	0.70	0.49	0.73	0.49	0.47	0.37	0.72	0.49	0.61	0.42	0.60	0.43	0.66	0.46
湖　北	0.67	0.49	0.62	0.48	0.61	0.44	0.63	0.48	0.64	0.47	0.62	0.46	0.64	0.47
湖　南	0.62	0.37	0.56	0.34	0.58	0.39	0.56	0.35	0.60	0.38	0.57	0.37	0.58	0.36
广　东	0.22	0.29	0.23	0.25	0.33	0.35	0.23	0.26	0.26	0.31	0.28	0.30	0.25	0.29
广　西	0.55	0.44	0.53	0.43	0.45	0.37	0.53	0.43	0.50	0.40	0.49	0.40	0.51	0.42
海　南	0.40	0.29	0.40	0.33	0.36	0.30	0.43	0.32	0.36	0.29	0.40	0.31	0.39	0.31
重　庆	0.59	0.38	0.49	0.40	0.78	0.41	0.50	0.38	0.68	0.41	0.63	0.40	0.59	0.39
四　川	0.48	0.37	0.47	0.38	0.50	0.33	0.47	0.37	0.49	0.35	0.49	0.36	0.48	0.36
贵　州	1.47	0.77	1.34	0.81	0.90	0.54	1.39	0.81	1.24	0.70	1.12	0.68	1.31	0.76
云　南	0.85	0.59	0.77	0.53	0.59	0.49	0.78	0.54	0.72	0.52	0.68	0.51	0.75	0.53
陕　西	0.56	0.38	0.74	0.55	0.61	0.37	0.70	0.50	0.61	0.40	0.67	0.46	0.66	0.45
甘　肃	0.85	0.74	0.79	0.66	0.75	0.60	0.80	0.67	0.79	0.66	0.77	0.63	0.80	0.67
青　海	0.95	0.60	0.71	0.64	1.04	0.50	0.78	0.61	1.01	0.60	0.87	0.57	0.90	0.61
宁　夏	1.66	1.06	1.58	1.06	1.19	0.88	1.64	1.07	1.53	1.00	1.38	0.97	1.59	1.04
新　疆	0.87	0.49	0.92	0.55	0.75	0.50	0.91	0.54	0.84	0.51	0.84	0.52	0.87	0.52
平　均	0.54	0.40	0.54	0.40	0.54	0.40	0.54	0.40	0.54	0.40	0.54	0.40	0.54	0.40

　　对于部分省份而言，在不同原则下碳税的经济影响显著不同，其原因在于不同原则下这些省份的碳排放责任存在显著差异。例如，2010年消费责任原则下北京的碳税税额相当于其生产责任原则和收入责任原则下碳税负担的3倍。又如，2010年山西和内蒙古在消费责任原则下的碳税税额不到其收入责任原则下碳税负担的一半。

　　不过，对于另一些省份而言，其不同原则下的碳排放责任相差不大，因而其不同原则下的碳税负担也比较接近。例如，2010 年辽宁在各种原则下的碳税负担都相当于其 GDP 的 0.5%。类似的，2010 年江苏、安徽、福建、江西、山东、湖北、湖南、广东、广西、海南、重庆、甘肃及新疆等省份各自在不同原则下的碳税负担也比较接近。

在生产原则下，碳税负担居前五位的省份依次为宁夏、山西、内蒙古、贵州和甘肃，碳税负担居后五位的省份依次为北京、上海、浙江、江苏和福建。在收入原则下，碳税负担居前五位的省份依次为山西、宁夏、内蒙古、贵州和甘肃，碳税负担居后五位的省份依次为北京、上海、浙江、广东和江苏。在消费原则下，碳税负担居前五位的省份依次为宁夏、吉林、贵州、甘肃和山西，碳税负担居后五位的省份依次为海南、江西、福建、四川和江苏。

在收入加权原则下，碳税负担居前五位的省份依次为山西、宁夏、内蒙古、贵州和甘肃，碳税负担居后五位的省份依次为北京、上海、浙江、江苏和广东。在消费加权原则下，碳税负担居前五位的省份依次为宁夏、山西、内蒙古、贵州和甘肃，碳税负担居后五位的省份依次为北京、海南、上海、福建和江苏。

在综合原则下，碳税负担居前五位的省份依次为宁夏、山西、内蒙古、贵州和甘肃，碳税负担居后五位的省份依次为北京、上海、江苏、福建和浙江。在加权综合原则下，碳税负担居前五位的省份依次为宁夏、山西、内蒙古、贵州和甘肃，碳税负担居后五位的省份依次为北京、上海、江苏、浙江和广东。

比较可知，在各种原则下碳税负担最重的省份总是中西部地区的省份，主要包括宁夏、山西、内蒙古、贵州和甘肃，只不过它们的碳税负担排序在不同原则下略有不同。反之，东部沿海地区省份的碳税负担则较轻，如北京、上海、江苏、浙江、福建、海南和广东。正如前面所分析的，在各种原则下东部沿海省份的碳排放效率总是较高，而中西部地区省份的碳排放效率总是较低，因而碳税对前者竞争力的影响较小，对后者的影响则较大。

进一步，比较 2007 年和 2010 年各省的碳税负担可知，随着时间的推移，同一税率对各省竞争力的影响都显著下降，这是因为随着时间推移各省的碳排放效率在不断上升。从平均碳税负担来看，2010 年的水平比 2007 年低 25%。

第六节　结论与政策启示

一　结论

本研究基于多区域投入产出模型和各种环境责任核算原则，建立了七种地区碳排放责任核算指标。采用中国 2007 年和 2010 年的多区域投入产出表，本研究应用上述指标对中国 30 个省份在不同核算原则下的碳排放乘数和碳排放责任进行了实证分析。

本研究结果表明，各地区在不同核算原则下的碳排放乘数存在显著差异，但无论在哪种核算原则下，一个地区碳排放乘数的相对大小在很大程度上取决于该地区的产业结构。不管采用哪种核算原则，那些碳密集型部门比重较大的中西部省份总是具有较高的碳排放乘数，而一些碳密集型部门比重较小的沿海省份总是具有较低的碳排放乘数。同时，同一产业在不同省份的碳排放效率具有较大的差异性。

总的来看，地区的碳排放责任主要决定于该地区的经济规模，例如无论按哪种原则进行核算，山东、江苏、广东等经济规模较大的省份都是碳排放责任较大的省份，而宁夏、青海、海南等经济规模较小的省份则总是碳排放责任较小的省份。当然，地区碳排放乘数也对地区碳排放责任产生了一定的影响。例如，在不少核算原则下，河北、河南的经济规模不如上海，但这两个省的碳排放乘数高于上海，因而它们的碳排放责任都大于上海。

还要提及的是本研究的计算结果存在不确定性。首先，本研究未考虑贸易对中国各地区碳排放责任的影响。中国各地区通过进口会对其他国家碳排放产生影响，而其他国家消费中国的出口产品也会对中国各地区的碳排放产生影响。其次，部门分类也可能带来估计结果的不确定性（Su & Ang，2010），本研究未考虑其他部门分类对结果的影响。再次，本研究未区分一般性出口和加工出口，这有可能高估各地出口的碳排放影响（Dietzenbacher 等，2012；Su 等，2013），从而可能高估某些地区的消费责任及与之相关的消费加权责任、综合责任和加权综合责任。

当改变核算原则时，总会有一些地区的碳排放责任发生较大变化，同时也会有一些地区的碳排放责任变化不大。总体来看，采用消费原则替代生产原则时，碳排放责任的地区分布会受到较大的影响，而用其他核算原则替代生产原则时，除了个别地区的碳排放责任变化较大外，全国碳排放责任的地区分布变化似乎不那么大。

二　政策启示

结合各种核算原则的政策含义和实证分析结果，可以引申出如下一些重要政策启示。

第一，对于一些碳排放效率较低的省份而言，其减缓碳排放的关键措施是提高生产技术水平。不管采用哪种核算原则，那些碳密集型部门比重较大的中西部省份（如宁夏、贵州、青海、山西、内蒙古、甘肃和新疆）总是具有较高的碳排放乘数。由于这些地区仍处于工业化快速发展阶段，仍需大规模的基础设施建设和投资，可以预见短期内这些地区碳密集型部门的比重不仅不会显著下降，甚至还会有所上升。这些地区应努力提升技术水平，特别是加快金属冶炼及压延加工业、非金属矿物制品业以及电力、热力的生产和供应业等重化工行业的技术进步、设备更新和对这些行业落后产能的淘汰工作，从而有效提高这些地区各部门及整个地区的碳排放效率，并降低生产环节的碳排放。由于这些地区多为中西部经济发展较为落后的地区，且为中国经济发展提供了大量必不可少的资源型产品，中央政府应适当对其节能技术改造予以补贴，对其产业结构调整予以扶持。

第二，上游影响较大的省份应主要通过优化需求模式降低其对全国碳排放的影响。一些沿海省份（如浙江、北京、广东、上海、江苏等）碳密集型部门比重较小并总是具有较低的碳排放乘数，但这些地区的需求侧经济影响较大，因而消费责任及消费加权责任相对较大。这些地区应通过税收、补贴及信贷等经济手段约束当地对碳密集型产品的需求并鼓励清洁型产品需求，从而优化其需求模式并避免浪费。与此同时，这些地区从其他地区调入产品时，应尽可能从碳排放效率更高的地区调入同类产品，从而激励产品调出地区的企业改善碳排放效率。同时，消费责任及消费加权责任较大的省份多为沿海发达地区，具有较好的经济和技术基础，这些地区应通过技术转移、资金补偿、人才培养等对口援助方式，帮助中西部地区加快技术进步，从而间接减小自身的消费碳排放责任。

第三，下游影响较大的省份应努力提高技术水平并优化其产品的分配结构。上游影响较大的省份（如黑龙江、山东、陕西、辽宁、河南等），其收入责任和收入加权责任相对较大。一方面，这些省份需要通过技术进步提高其生产环节的碳排放效率并减少相应的碳排放。另一方面，这些地区向其他地区调出产品时，应考虑采取价格优惠等政策以更多地向碳排放效率更高的地区调出产品，从而提高其下游碳排放效率，降低其收入责任和收入加权责任。这也有利于调动其产品调入地区改善碳排放效率的积极性。

第四，本书虽然针对不同地区提出了不同的碳减排重点政策，但这并不意味着各地区只采取那些对本地区来说相对重要的政策而不采取其他政策。换句话说，无论哪个地区都要重视从生产、流通、消费等多个途径实施碳减排战略，只不过侧重点不同而已。特别是山东、江苏、广东等几个省份更是要采取多管齐下的碳减排战略和政策，因为无论按哪种原则核算，这几个省份的碳排放责任都是最大的。

第五，考虑到同类产业的区域碳排放乘数差异，中国需要努力打破地方保护壁垒，形成公平竞争的国内统一市场，使各地区能充分发挥自己的比较优势，从而起到跨区域的产业优化作用。同时，也可采用信贷、投资、行政审批等手段，鼓励在某些产业上具有能效比较优势的地区进一步发挥其优势。

第三篇
基于溢出—反馈效应的碳排放
空间结构分解分析

第十章
中国省级出口隐含碳的影响因素：
结构分解分析

第一节　引言

在过去的几十年中，特别是加入世界贸易组织（WTO）以后，中国的贸易增长十分迅速。尽管肇始于 2008 年的全球金融危机对中国的贸易产生了一定影响，但中国的贸易只不过增速有所放缓。根据 WTO 的统计数据[①]，2013 年中国已经成为世界第一大货物贸易国。贸易的快速增长为中国的经济发展提供了强劲动力，但与此同时，贸易对中国的环境也产生了严重影响。本章旨在分析金融危机前后（2007~2010 年）中国省级出口隐含碳的变化及其影响因素。

近几年，贸易对中国污染排放特别是碳排放的影响引起了社会各界的广泛关注。已经有许多关于中国贸易隐含碳（Carbon Emissions Embodied in Trade）的研究成果相继发表。在以往的研究中，不少都希望为中国转变贸易模式进而缓解贸易的环境影响提供思路和建议。其中还有一些研究将中国的贸易隐含碳与碳泄露问题和消费者责任联系在一起，希望未来的国际碳排放权分配方案能够考虑贸易对碳排放的影响。大部分研究都发现近年来中国是隐含碳的净输出国。

从研究方法来看，以往关于中国贸易隐含碳的研究主要基于投入产出模

---

① International Trade and Market Access Data, http：//www.wto.org.

型展开分析。进一步，这些研究所用到的投入产出模型又可分为三类。一是单一的中国投入产出模型（Wang & Watson，2007；Pan 等，2008；Weber 等，2008；姚愉芳等，2008；齐晔等，2008；Lin & Sun，2010；Yan & Yang，2010；Zhang，2012）。采用单一的中国投入产出模型进行的优势在于相关数据的获取比较容易，这有利于对中国贸易隐含碳的历史变化进行分析。不过，这类研究难以准确估计中国通过贸易（进口）对其他国家碳排放产生的影响。

二是多国投入产出模型（Ahmed & Wyckoff，2003；Shui & Harriss，2006；Li & Hewitt，2008；Andrew 等，2009；Liu 等，2010；Atkinson 等，2010；Su & Ang，2011）。采用多国投入产出模型的主要优势在于能够比较准确地估计中国进口隐含碳，但相关数据的获取相对困难。不过，近年来随着一些大型数据库（如 GTAP 项目组收集整理的全球主要经济体的投入产出表以及 OECD 整理的其成员国和一些非成员国的投入产出表）的建立和充实，应用多国投入产出模型所面临的数据支持问题得到了很大程度的解决。应用 MRIO 模型分析国家间的资源和环境贸易平衡问题，特别是国家间贸易含碳量的研究，越来越多。

三是中国多区域投入产出模型。采用中国多区域投入产出模型的主要优势在于能够刻画不同地区的经济关联以及各地区的贸易和技术特点，从而能够更加准确和详细地估计中国的出口隐含碳，但相关数据也较难获取。由于多区域投入产出模型具有较高的应用价值，近年来中国的一些机构和学者（Ichimura & Wang，2003；国家信息中心，2005；李善同等，2010；刘卫东等，2012；张亚雄和齐舒畅，2012）在区域间投入产出表的编制上取得了较大进展。Guo 等（2012）及 Meng 等（2013）等对中国区域贸易隐含碳的研究就用到了上述区域间投入产出表。这些区域间投入产出表还被用于分析中国的其他生态问题，如生态足迹（Zhou & Imura，2011）、水（Feng 等，2012）和能源消费（Zhang & Lahr，2014）。不过，Guo 等（2012）测算中国省际贸易隐含碳时所用到的实际上是每个省单一的投入产出模型[①]，而 Meng 等（2013）所用到的是中国八大区域（每个区域包括几个省份）间投入产出表。因此，还没有研究采用省际投入产出模型测算中国的省际贸易隐

[①] Guo 等（2012）采用的是李善同等（2010）编制的 2002 年扩展的省际投入产出表，他们没有估计区域间的中间投入。

含碳。

　　为了研究某个变量的影响因素，通常可以对其历史变化进行分解。基于投入产出模型的结构分解方法（SDA）和基于年度产业数据的指数分解方法（IDA）是研究这一问题的两种主要方法。有许多研究采用上述方法研究了中国的环境问题，其中大部分都在国家层面展开分析，例如 Zhang（2012）采用 SDA 分析了中国贸易隐含碳的规模、结构和技术效应。近年来也有一些研究对中国区域层面的环境问题进行了分解。例如，Zhang 和 Lahr（2014）结合 SDA 和八区域投入产出模型对中国能源消费的因素进行了分解。又如，Zhang 等（2011）采用 IDA 中常用的 LMDI 方法对中国省际碳排放做了分析。此外，Meng 等（2011）还采用计量经济方法研究了中国区域碳排放的影响因素。不过，目前还没有文献从省级层面对中国的出口隐含碳进行因素分解。

　　本章的贡献包括如下两个方面。一是采用 30 个省份的区域间投入产出模型测算中国的省际出口隐含碳。二是从省级层面对中国的出口隐含碳的历史变化进行分解，以填补这一研究空白。本章采用的数据仍与第三章一致。

第二节　出口隐含碳的空间结构分解方法

　　基于 MRIO 模型，全国的出口隐含碳（energy embodied in exports）q 可表示为：

$$q_e = FL[(E^1)^T, \cdots, (E^r)^T, \cdots, (E^k)^T]^T \qquad (10-1)$$

　　其中，$F = [(F^1)^T, \cdots (F^r)^T, \cdots, (F^m)^T]^T$，$F^r$ 是区域 r 的部门能源强度系数（$f_i^r = q_i^r / x_i^r$）构成的向量；$L = (I - A)^{-1}$ 是区域间的 Leontief 逆矩阵，其元素 l_{ij}^{rs} 表示区域 s 生产单位第 i 类最终使用对区域 r 的第 j 类产品或服务的完全消耗；E^r 是区域 r 出口向量，其元素 e_i^r 表示区域 r 出口的第 i 种商品或服务。区域 r 的出口隐含碳可表示为 $q_e^r = FL(0, \cdots, E^r, \cdots, 0)^T$。[①]

---

① 由于各区域的出口只涉及本地区的产品和服务，因而其出口向量可表示为 $(0, \cdots, E^r, \cdots, 0)^T$。

将式（10-1）进行拓展，q_e可进一步表示为：

$$q_e = FLSUe \qquad (10-2)$$

其中，S为对角矩阵，其元素s_i^r表示区域r的出口中第i类产业所占比重；e为出口总量。$U = [(U^1)^T, \cdots (U^r)^T, \cdots (U^k)^T]^T$为出口区域结构向量。且其中：

$$(U^r)^T = (u^r, \cdots, u^r, \cdots, u^r)^T \qquad (10-3)$$

其中，元素u^r表示区域r的出口占出口总量的比重。

区域r部门j的出口隐含碳可表示为：

$$q_{ej}^r = h(f_i^s, l_{ij}^{rs}, s_j^r, u^r, e) = (\sum_i \sum_s f_i^s l_{ij}^{rs}) s_j^r u^r e \qquad (10-4)$$

式（10-4）可进一步表示为：

$$q_{ej}^r = h(g_j^r, s_j^r, u^r, e) = g_j^r s_j^r u^r e \qquad (10-5)$$

其中，$g_j^r = \sum_i \sum_s f_i^s l_{ij}^{rs} = \sum_i \sum_s g_{ij}^r$，表示区域$r$的出口隐含碳强度。

采用LMDI方法对式（10-5）进行分解，区域r部门j的出口隐含碳从时点0到时点t的变化可表示为：

$$\Delta q_{ej}^r = q_{ej}^{r,t} - q_{ej}^{r,0} = h(\Delta g_j^r) + h(\Delta s_j^r) + h(\Delta u^r) + h(\Delta e) \qquad (10-6)$$

其中

$$h(\Delta g_j^r) = w_j^r \ln(g_j^{r,t}/g_j^{r,0})$$
$$h(\Delta s_j^r) = w_j^r \ln(s_j^{r,t}/s_j^{r,0})$$
$$h(\Delta u^r) = w_j^r \ln(u^{r,t}/u^{r,0})$$
$$h(\Delta e) = w_j^r \ln(e^t/e^0)$$

又有：

$$w_j^r = [(q_{ej}^{r,t} - q_{ej}^{r,0})/(\ln q_{ej}^{r,t} - \ln q_{ej}^{r,0})]$$

进一步，省级出口隐含碳的因素分解可表示如下：

$$\Delta q^r = \sum_j [h(\Delta g_j^r) + h(\Delta s_j^r) + h(\Delta u^r) + h(\Delta e)] \qquad (10-7)$$

总出口隐含碳的因素分解可表示如下：

$$\Delta q = \sum_j \sum_r [h(\Delta g_j^r) + h(\Delta s_j^r) + h(\Delta u^r) + h(\Delta e)] \qquad (10-8)$$

不妨依次将 $h\,(\Delta g_j^{\,r})$、$h\,(\Delta s_j^{\,r})$、$h\,(\Delta u^r)$ 和 $h\,(\Delta e)$ 称为技术效应、产品结构效应、地区结构效应和规模效应。技术效应反映了区域出口隐含碳强度变化对出口隐含碳的影响，而出口隐含碳强度变化又是由生产技术变化（各地区的部门碳排放强度及区域间投入产出结构）引起的。产品结构效应主要反映了区域出口的产业结构变化所带来的影响。地区结构效应主要反映了各地区出口份额变化所产生的影响。规模效应则反映了全国出口规模变化的影响。

第三节　省级出口隐含碳及其影响因素

一　省级出口隐含碳

表 10 - 1 列出了 2007 年和 2010 年各省出口隐含碳及其在出口隐含碳总量中的份额。容易看出，中国的出口隐含碳主要分布在东部省份①。其中，广东、江苏、浙江、山东和上海的出口隐含碳一直位居全国前列。值得注意的是，广东一直是出口隐含碳最大的省份，其出口隐含碳份额一直保持在 20% 以上，远远超过其他地区的出口隐含碳。特别是在 2007 年，广东几乎贡献了全国出口隐含碳的 1/3。江苏、浙江、山东和上海出口隐含碳的份额一直维持在 10% 左右。辽宁、天津、福建、河北、北京也相对较大。2007 年和 2010 年上述 10 个省份合计的出口隐含碳份额分别达到 86% 和 82%。余下的 20 个省份主要分布在中国的中西部地区，它们合计的出口隐含碳份额不到 20%。

东部省份的出口隐含碳强度普遍低于其他地区的省份。2007 年，只有北京、上海、江苏、福建、浙江和甘肃的出口隐含碳强度低于平均水平，它们的出口份额合计为 47%。这 6 个省份中前 5 个省份都属于东部地区。在余下的 24 个省份中，除河北外，海南、天津、广东、山东等东部省份的出口隐含碳强度也相对较低。2010 年，有 11 个省份的出口隐含碳强度低于或等于平均水平，它们的出口份额合计达到 76%。这 11 个省份中只有重庆和四川不

---

① 根据国家统计局的标准（http：//www.stats.gov.cn/tjzs/cjwtjd/），中国东部 10 省（市）包括北京、天津、河北、上海、江苏、浙江、福建、山东、广东和海南；中部 6 省包括山西、安徽、江西、河南、湖北和湖南；西部 12 省（自治区、直辖市）包括内蒙古、广西、重庆、四川、贵州、云南、西藏、陕西、甘肃、青海、宁夏和新疆；东北 3 省包括辽宁、吉林和黑龙江。

表 10－1　省级出口隐含碳、出口隐含碳强度及出口份额

地区	出口隐含碳（百万吨）		出口隐含碳强度（吨/万元）		出口隐含碳份额（％）		出口份额（％）	
	2007 年	2010 年	2007 年	2010 年	2007 年	2010 年	2007 年	2010 年
北　京	11.87	10.81	0.31	0.30	2.06	2.45	3.95	3.27
天　津	20.05	9.90	0.67	0.35	3.48	2.25	3.14	2.54
河　北	18.89	17.72	1.19	0.82	3.28	4.02	1.67	1.96
山　西	9.46	4.06	1.57	0.79	1.64	0.92	0.63	0.47
内蒙古	3.20	4.07	1.22	0.74	0.56	0.92	0.27	0.50
辽　宁	22.73	21.82	0.78	0.70	3.95	4.95	3.07	2.83
吉　林	4.52	5.05	1.31	0.78	0.79	1.15	0.36	0.59
黑龙江	4.76	5.61	0.79	0.60	0.83	1.27	0.63	0.85
上　海	46.96	33.25	0.41	0.30	8.16	7.54	11.84	10.04
江　苏	60.49	59.95	0.41	0.33	10.51	13.60	15.50	16.55
浙　江	54.22	43.63	0.52	0.36	9.42	9.90	10.93	10.89
安　徽	4.38	5.90	0.63	0.43	0.76	1.34	0.73	1.24
福　建	19.93	16.09	0.49	0.33	3.46	3.65	4.29	4.43
江　西	3.18	4.29	0.76	0.40	0.55	0.97	0.44	0.96
山　东	51.67	47.83	0.75	0.53	8.98	10.85	7.26	8.14
河　南	6.81	8.11	0.80	0.51	1.18	1.84	0.90	1.44
湖　北	6.23	8.74	0.93	0.56	1.08	1.98	0.70	1.42
湖　南	5.22	5.46	0.99	0.48	0.91	1.24	0.55	1.04
广　东	190.77	99.87	0.68	0.35	33.16	22.65	29.27	25.66
广　西	3.92	3.15	0.79	0.51	0.68	0.71	0.52	0.56
海　南	1.44	0.69	0.65	0.36	0.25	0.16	0.23	0.17
重　庆	2.89	2.80	0.82	0.30	0.50	0.63	0.37	0.84
四　川	5.20	6.13	0.81	0.39	0.90	1.39	0.67	1.43
贵　州	1.15	1.25	0.80	0.58	0.20	0.28	0.15	0.19
云　南	2.91	3.48	0.82	0.63	0.51	0.79	0.37	0.50
陕　西	2.59	3.54	0.61	0.49	0.45	0.80	0.45	0.66
甘　肃	2.44	1.19	0.56	0.67	0.42	0.27	0.45	0.16
青　海	0.41	0.30	0.76	0.58	0.07	0.07	0.06	0.05
宁　夏	0.73	1.40	0.91	1.14	0.13	0.32	0.08	0.11
新　疆	6.35	4.81	1.27	0.91	1.10	1.09	0.52	0.48
合　计	575.37	440.89	0.60 *	0.40 *	100	100	100	100

　*30 个省份的平均出口隐含碳强度。

属于东部地区。换句话说，除山东和河北外，其他东部省份的出口隐含碳强度都低于平均水平，其中北京、上海、江苏、福建一直都是出口隐含碳强度最小的省份。同时，除重庆和四川外，其他地区的出口隐含碳强度都高于平均水平。进一步，2007 年和 2010 年东部省份的平均出口隐含碳强度分别相当于其他地区平均出口隐含碳强度的 65% 和 66%。

二　省级出口隐含碳的因素分解

2007～2010 年，中国的出口隐含碳总量下降了 1.3 亿吨左右。分地区来看，包括所有东部省份在内的 17 个省份的出口隐含碳都有所下降。其中，广东出口隐含碳的绝对下降幅度最大，超过 9000 万吨。上海、浙江、天津的出口隐含碳下降幅度超过 1000 万吨。山西、山东、福建、新疆、甘肃、河北、北京出口隐含碳的下降幅度介于 100 万吨至 600 万吨之间。在出口隐含碳有所上升的省份中，江西、河南、安徽、湖北 4 省份的出口隐含碳上升幅度超过 100 万吨，其余省份的出口隐含碳变化不大。

表 10-2 显示了 2007～2010 年 4 种因素对省级出口隐含碳的影响。技术效应对几乎所有省份的出口隐含碳都起到了缩减作用，因为 2007～2010 年几乎所有省份的出口隐含碳强度都有所下降（如表 10-1 所示）。出口隐含碳强度下降幅度超过 50% 的省份有重庆、四川和湖南；下降幅度较大且介于 40%～50% 的省份有山西、广东、天津、江西、海南和吉林；其他大多数省份的出口隐含碳强度下降幅度介于 10%～40%。出口隐含碳强度的显著下降使四川、重庆、江西、广东 4 个省份的出口隐含碳下降幅度超过 45%；湖南等 7 个省份的出口隐含碳下降幅度超过 30%；福建等 17 个省份的出口隐含碳下降幅度介于 2%～30%。

表 10-2　省级出口隐含碳的因素分解

单位：百万吨

地区	技术效应 $f(\Delta g_j^r)$	产品结构效应 $Vf(\Delta s_j^r)$	地区结构效应 $f(\Delta u^r)$	规模效应 (Δe)	合计 Δq^r
北　京	-2.81	2.21	-1.89	1.43	-1.06
天　津	-5.03	-4.10	-2.97	1.95	-10.15
河　北	-4.11	-2.43	2.87	2.49	-1.18
山　西	-3.20	-1.41	-1.51	0.72	-5.40
内蒙古	-0.86	-0.08	1.47	0.34	0.87

地区	技术效应 $f(\Delta g_j^r)$	产品结构效应 $Vf(\Delta s_j^r)$	地区结构效应 $f(\Delta u^r)$	规模效应 (Δe)	合计 Δq^r
辽　宁	− 0.60	− 1.58	− 1.78	3.05	− 0.91
吉　林	− 1.74	− 0.09	1.84	0.53	0.53
黑龙江	− 1.25	0.13	1.34	0.63	0.85
上　海	− 8.38	− 4.48	− 6.30	5.45	− 13.71
江　苏	− 13.17	0.53	3.85	8.25	− 0.54
浙　江	− 14.81	− 2.40	− 0.10	6.71	− 10.60
安　徽	− 1.33	− 0.33	2.51	0.67	1.52
福　建	− 5.68	− 1.15	0.54	2.45	− 3.84
江　西	− 1.76	− 0.34	2.71	0.48	1.10
山　东	− 14.07	− 1.51	5.25	6.49	− 3.84
河　南	− 1.65	− 1.08	3.10	0.92	1.29
湖　北	− 2.00	− 0.83	4.46	0.88	2.51
湖　南	− 2.03	− 1.15	2.81	0.62	0.24
广　东	− 89.08	− 2.96	− 17.73	18.87	− 90.90
广　西	− 1.33	− 0.16	0.25	0.47	− 0.77
海　南	− 0.54	− 0.08	− 0.27	0.13	− 0.75
重　庆	− 1.72	− 0.90	2.16	0.37	− 0.09
四　川	− 3.51	− 0.03	3.76	0.70	0.93
贵　州	− 0.10	− 0.07	0.18	0.10	0.10
云　南	− 0.48	− 0.15	0.83	0.38	0.57
陕　西	− 0.45	0.14	0.92	0.34	0.95
甘　肃	0.19	− 0.06	− 1.59	0.22	− 1.25
青　海	− 0.08	− 0.02	− 0.06	0.04	− 0.12
宁　夏	0.31	− 0.04	0.27	0.13	0.67
新　疆	− 0.86	− 0.99	− 0.41	0.72	− 1.54
合　计	− 182.12	− 25.41	6.50	66.55	− 134.49

广东的技术效应最大,远远超过其他省份的技术效应。浙江、山东和江苏的技术效应也比较显著,它们减少的出口隐含碳都超过了1000万吨。技术效应超过100万吨的省份有上海、福建、天津、河北、四川、山西、北京、湖南和湖北。总体上,东部省份的技术效应要大于其他地区。不过,由于甘肃和宁夏两省份的出口隐含碳强度有所上升,因而这两个省份的技术效

应导致它们的出口隐含碳有所增加。

产品结构效应主要来自各地区出口的产业结构变化。有 26 个省份的产品结构效应都有利于减少当地的出口隐含碳，其中属于东部省份的上海、天津、广东、河北和浙江的产品结构效应居前五位。东部省份中的山东和福建的产品结构效应也相对较大，只有海南的产品结构效应较小。贵州、甘肃、宁夏、四川和青海的产品结构效应最小，它们都是位于内陆地区的省份。不过，也有四个省份的产品结构效应使当地的出口隐含碳增加，它们既包括属于东部省份的北京和江苏，也包括其他地区的黑龙江和陕西。

地区结构效应是由出口的地区分布变化产生的。一方面，2007～2010 年有 11 个省份的出口份额有所下降，地区结构效应也导致这些地区的出口隐含碳下降。作为中国对外贸易最重要的地区，广东的出口份额下降幅度最大，这意味着全球金融危机对其冲击最严重。上海的出口份额降幅居其次。北京和天津的出口份额降幅也相对较大。属于东部省份的海南和浙江的出口份额也有所下降。不过，出口份额有所下降的省份并不都是东部省份。甘肃、辽宁、山西、新疆及青海 5 个非东部省份的出口份额也出现小幅下降。另一方面，有 19 个省份的出口份额有所上升，其中绝大多数都不属于东部省份。不过，江苏、山东、福建和河北 4 个东部省份的出口份额也有所上升，且江苏和山东的出口份额增幅最大。各省份的地区结构效应与其出口份额的变化方向完全一致，且出口份额变化越大，地区结构效应也越大。例如，广东的出口份额变化幅度最大，因而其地区结构效应也最突出。

2007～2010 年总出口规模约增加了 15%，年均增长 4.8%。这一变化产生的规模效应导致各省的出口隐含碳都有所增加。规模效应超过15% 的有宁夏、安徽和江西；规模效应为 10%～15% 的有 20 个省份（如湖北）；规模效应小于 10% 的有 7 个省份（如广东）。不过，中国出口规模在这一时期的增长速度要远远低于 2007 年的水平。据 Zhang（2012）的估计，1987～2007 年中国出口规模年均增速达到 16%；加入WTO 之后中国的出口年均增速更是接近 30%。中国出口规模在 2007～2010 年增速下降的直接原因就是全球金融危机，这大大抑制了国际市场对中国产品的需求。因此，这一时期规模效应对各省及全国的出口隐含碳的影响并不十分突出。

对于全部东部省份来说，技术效应对当地出口隐含碳变化的贡献最大。除东部省份之外，技术效应也是山西、广西、青海和宁夏4个省份出口隐含碳变化的最重要部分。对内蒙古、吉林、黑龙江、安徽、江西、河南、湖北、湖南、重庆、四川、贵州、云南、陕西和甘肃14个省份来说，地区结构效应对当地出口隐含碳变化的贡献最大。此外，规模效应和产品结构效应分别是辽宁和新疆出口隐含碳变化的最重要部分。

第四节　全国出口隐含碳的因素分解

表10-2最后一行显示了2007~2010年全国出口隐含碳变化的因素分解结果。由于这一时期除甘肃和宁夏外所有省份的出口隐含碳强度都明显下降，因而全国的出口隐含碳强度也下降了约三分之一（见表10-1最后一行）。出口隐含碳强度下降也成为全国出口隐含碳变化的最重要影响因素，其所带来的技术效应十分有效地减少了全国出口隐含碳，相当于使全国出口隐含碳在2007年的水平上下降了32%。

产品结构效应不仅减少了绝大多数省份的出口隐含碳，也有效地减少了全国出口隐含碳。表10-3显示了全国分部门的出口隐含碳、出口隐含碳强度及出口份额。在整个研究时期，通信设备、计算机及其他电子设备制造业，仪器仪表及文化办公用机械制造业，批发零售业，租赁和商业服务业，其他服务业等出口隐含碳强度较小的部门在出口中的份额有所上升，而大多数出口隐含碳强度较大的部门（如金属冶炼及压延加工业）在出口中的份额有所下降，因而产业结构变化总体上有利于减少出口隐含碳。

表10-3　部门出口隐含碳、出口隐含碳强度及出口份额

部门	出口隐含碳（百万吨）		出口隐含碳强度（吨/万元）		出口份额（%）	
	2007年	2010年	2007年	2010年	2007年	2010年
农林牧渔业	2.97	1.89	0.45	0.27	0.70	0.64
煤炭开采和洗选业	2.19	0.97	0.95	0.83	0.24	0.11
石油和天然气开采业	0.86	0.77	0.60	0.55	0.15	0.13
金属矿采选业	0.69	0.68	0.82	0.97	0.09	0.06

续表

部门	出口隐含碳（百万吨）		出口隐含碳强度（吨/万元）		出口份额（%）	
	2007 年	2010 年	2007 年	2010 年	2007 年	2010 年
非金属矿及其他矿采选业	1.23	0.91	0.67	0.63	0.19	0.13
食品制造及烟草加工业	9.52	6.24	0.50	0.31	2.01	1.82
纺织业	37.48	33.23	0.46	0.38	8.54	7.87
纺织服装鞋帽皮革羽绒及其制品业	28.88	16.19	0.51	0.29	5.90	5.16
木材加工及家具制造业	16.57	9.81	0.68	0.38	2.55	2.35
造纸印刷及文教体育用品制造业	16.56	10.06	0.72	0.46	2.39	1.98
石油加工、炼焦及核燃料加工业	6.76	5.13	0.85	0.79	0.83	0.59
化学工业	54.95	56.19	0.76	0.62	7.58	8.17
非金属矿物制品业	22.19	20.51	1.50	1.18	1.55	1.58
金属冶炼及压延加工业	71.68	36.96	1.39	1.09	5.40	3.08
金属制品业	28.94	24.16	0.82	0.75	3.71	2.94
通用、专用设备制造业	28.37	33.94	0.49	0.49	6.05	6.29
交通运输设备制造业	16.11	19.76	0.49	0.39	3.44	4.59
电气机械及器材制造业	43.40	40.82	0.64	0.44	7.14	8.39
通信设备、计算机及其他电子设备制造业	102.12	44.31	0.48	0.16	22.38	24.66
仪器仪表及文化办公用机械制造业	15.58	9.93	0.52	0.28	3.13	3.23
其他制造业	6.29	7.49	0.47	0.44	1.41	1.56
电力、热力的生产和供应业	1.08	1.85	1.67	2.47	0.07	0.07
燃气及水的生产与供应业	—	—	—	—	—	—
建筑业	2.91	5.78	0.71	0.67	0.43	0.79
交通运输及仓储业	27.43	21.58	0.69	0.65	4.18	3.01
批发零售业	12.77	13.35	0.31	0.22	4.30	5.43
住宿餐饮业	2.83	2.00	0.35	0.36	0.85	0.50
租赁和商业服务业	11.14	12.35	0.34	0.33	3.39	3.43
研究与试验发展业	0.08	0.18	0.31	0.36	0.03	0.05
其他服务业	3.78	3.87	0.29	0.25	1.37	1.40
合计	575.37	440.89	0.60*	0.40*	100	100

*30 个部门的平均出口隐含碳强度。

　　地区结构效应导致全国出口隐含碳小幅增加。如前所述，出口份额有所下降的省份有 11 个，但份额降幅较大的广东、上海、北京和天津都是出口隐含碳强度较低的东部省份。进一步的分析表明，出口份额下降的 11 个省份 2007 年和 2010 年的平均出口隐含碳强度分别为 0.60 吨/万元和 0.37 吨/

万元，而出口份额上升的 19 个省份 2007 年和 2010 年的平均出口隐含碳强度分别为 0.61 吨/万元和 0.44 吨/万元。这说明出口隐含碳强度较低的省份在出口中的份额有所下降。因此，地区结构效应不利于减少全国的出口隐含碳，但其影响不大。

以往的研究（Zhang，2012）表明，出口规模的增长一直是中国出口隐含碳的最重要影响因素。不过，受到全球金融危机的影响，2007~2010 年出口规模仅使中国的出口隐含碳在 2007 年的水平上增加了 12%，远低于历史平均水平。规模效应的相对重要性也有所下降：其影响仅相当于技术效应的 1/3。

第五节　结论

受全球金融危机的影响，2007~2010 年中国的出口增长放缓，其对中国出口隐含碳产生的规模效应也相对较小，远低于金融危机前的水平。不过，应当注意的是，即使在全球金融危机最严重的时期，中国的出口仍然在不断增长。现在，虽然全球经济仍未从金融危机中完全复苏，但已明显好转，中国的出口隐含碳将继续增长甚至会加速增长，因此要继续重视出口对中国碳排放的影响。

金融危机前后，中国各省及全国的出口隐含碳都有所下降，最主要的原因在于绝大多数省份的出口隐含碳强度都有所下降，由此带来的技术效应超过了规模效应。出口隐含碳强度的大幅度下降与"十一五"期间中国大力推行的节能政策密切相关。"十一五"期间，为了提高能源效率，国务院成立了专门的工作领导小组，要求各级地方政府主要领导及相关经济主体的法人直接对相关地区和企业的节能目标负责。同时，还采取了综合性节能政策措施，如控制高能耗行业的增长，加快淘汰高能耗产业的落后产能，积极推进能源结构调整，加强节能技术和设备更新，实施重点节能工程等。这些已经建立起来的节能体制、机制和政策措施应当坚持实施下去。

"十一五"期间，中国在贸易领域采取的节能措施主要就是限制能源密集型、污染密集型和资本密集型产品的出口。出口中碳密集型产品份额的下降在一定程度上说明上述贸易政策的效果显著。由此带来的产品结构效应则有利于降低中国的出口隐含碳。类似地，中国需要继续坚持实施上述贸易政策。同时，中国还需要进一步积极发展服务贸易。这有利于在扩大出口的同时进一步优化出口结构，并降低出口隐含碳。

中国80%以上的出口隐含碳仍集中在东部省份，不过其他地区的出口隐含碳份额呈现逐年上升的势头。进一步，由于中国地区间有着密切的关联，因而东部省份的出口隐含碳有相当部分是来自其他地区的碳排放。这意味着中国政府应对出口隐含碳问题时，不仅要关注东部省份，也要关注其他地区。为了促进非东部地区省份的节能工作，可适当对这些地区采取倾斜性政策，如加大对相关经济主体节能行为的补贴。

最后需要指出的是，本章的结果具有一定的不确定性。一方面，由于一些地区能源消费数据和价格指数缺失，本书只能近似估计各地区分部门的碳排放，这可能带来结果的不确定性。另一方面，部门划分的详细程度可能会影响出口隐含碳的估计结果。不过，本章将国民经济划分成30个部门，与Su 等（2010）建议的40个左右的部门比较接近，因而本章的研究结果还是具有较高的可靠性。

第十一章
区域经济格局变化对中国
碳排放的影响

第一节　引言

　　继 2009 年提出 2020 年碳排放强度减排目标后，2011 年中国开始组织开展省级应对气候变化专项规划编制工作，随后有 21 个省（自治区、直辖市）发布了省级应对气候变化规划。在此基础上，2014 年 9 月中国发布了首个国家层面的应对气候变化规划——《国家应对气候变化规划（2014~2020 年）》，提出要在不同地区建立分类指导的应对气候变化区域政策，并研究全国碳排放总量控制目标地区分解落实机制。由于中国各地区经济发展和生产技术水平差异较大，同时各地区之间又存在密切的经济关联性，区域性的政策不仅会对当地产生影响，也会影响到其他地区。研究清楚区域经济格局及其变化对中国及各地区碳排放的影响，有助于中国制定合理、有效的区域性气候变化政策，统筹兼顾全国及各地区的经济发展与温室气体减排。

　　最近几年，国内外已经有不少关于中国区域层面碳排放的研究成果相继发表，主要分析的问题包括区域间碳排放或碳排放效率差异及影响因素（曾贤刚、庞含霜，2009；岳超等，2010；陈诗一，2012；Meng 等，2011；Zhang 等，2011；Feng 等，2012）、区域间的碳排放转移（姚亮等，2010；张增凯等，2011；Guo 等，2012；Meng 等，2011；Feng 等，2013；Su &

Ang，2014）、区域贸易隐含碳问题（Su & Ang，2010，2014；Guo 等，2012；Feng 等，2013；Weitzela & Ma，2014）、区域间碳排放的溢出—反馈效应（Meng 等，2013）、碳强度下降的区域贡献（王锋等，2013）、区域碳排放需求预测（Liang 等，2007）以及区域碳减排政策模拟（刘红光等 2010；吴力波等，2014）等。

其中大部分文献都是从大区域（每个大区域包含多个省份）层面展开研究，从省际层面研究中国碳排放问题的研究相对较少。曾贤刚和庞含霜（2009）分析了各省碳排放的历史趋势。岳超等（2010）利用 Theil 系数对省际碳排放差异进行了分解，并采用回归模型讨论了省际碳排放强度的影响因素。陈诗一（2012）采用基于松弛向量可度量方向性距离函数行为分析模型，对各省的低碳化进程作了评价。王锋等（2013）采用对数均值迪氏指数（LMDI）分解方法分析了各省对全国碳强度下降的贡献，但没有分析各省对全国碳排放变化的影响。Zhang 等（2011）应用 LMDI 方法分析了各省碳排放的影响因素，但未考虑各省的相互影响及其对全国碳排放的影响。Feng 等（2012）采用 28 个省份的单区域投入产出模型对各省的碳排放进行了结构分解分析，但他们的研究方法只能刻画各省内部产业间的相互影响，而不能反映区域间的溢出—反馈效应，从而也不能分析各省对全国碳排放的影响。吴力波等（2014）基于可计算一般均衡模型讨论了碳排放交易和碳税对各省碳排放的影响。

就掌握的文献来看，还没有关于区域经济格局变动对中国碳排放影响的研究，特别是从省际层面分析这一问题的研究更为少见，而这正是本章试图解决的问题。本章首次将多区域投入产出模型（MRIO 模型）和结构分解方法相结合来研究上述问题，该方法能深入刻画区域间的经济关联及其带来的区域间环境溢出—反馈效应，而常用的单区域投入产出结构分解方法及指数分解方法（如 LMDI）则不具备这样的优势。同时，本章将采用中国最新的包含 30 个省份的多区域投入产出表序列展开实证研究。此外，本章还将结合相关研究对中国的多区域投入产出表进行延伸，并在此基础上对未来中国区域经济格局的演化及其碳排放影响进行情景分析。以上就是本章对现有研究的补充和主要贡献。此外，本章的实证分析同样采用与第三章相同的数据。

第二节　方法

一　区域经济格局与碳排放的关系——基于 MRIO 模型的碳排放核算

碳排放总量由两部分构成：一是生产部门碳排放，二是居民生活碳排放，即居民消费各种化石能源产品直接产生的碳排放。本章将采用第二章提及的环境 MRIO 模型展开分析（如表 7 – 2 所示）。仍然假定全国有 k 个区域和 n 个行业且每个行业提供一类产品，同时每个区域的经济系统都由这 n 个行业构成即每个区域都提供 n 类产品。令 x_{ij}^{rs} 为区域 r 向区域 s 的部门 j 提供的中间投入品 i 的价值量且 $i = 1，\cdots，n，j = 1，\cdots，n$；$x_j^s$ 是区域 s 中部门 j 的总产出，$a_{ij}^{rs} = x_{ij}^{rs}/x_j^s$，则 a_{ij}^{rs} 构成的矩阵 A^{rs}（如 A^{1k}）就是区域 r 向区域 s 提供的中间投入品系数矩阵。令 q_i^r 为区域 r 部门 i 的直接碳排放，则区域 r 部门 i 的直接碳排放系数为 $f_i^r = q_i^r/x_i^r$。则全国的碳排放 q 可表示为：

$$q = FLSUWyh \qquad (9 – 1)$$

其中，F 为 $1 \times kn$ 阶碳排放强度向量即第二章定义的 $F = [(F^1)^{\mathrm{T}}，\cdots，(F^r)^{\mathrm{T}}，\cdots，(F^m)^{\mathrm{T}}]^{\mathrm{T}}$，$F^r$ 是区域 r 的部门能源强度系数向量，其元素为 f_i^r。$L = (I - A)^{-1}$ 是区域间的 $Leontief$ 逆矩阵，其元素 l_{ij}^{rs} 表示区域 s 生产单位第 i 类最终使用对区域 r 的第 j 类产品或服务的完全消耗。S 为 3kn × kn 阶最终需求产品结构矩阵，其元素 $s_{i+(r-1)n, i+(r-1)n}$ 表示区域 r 提供的最终消费品中产品 i 的份额；元素 $s_{i+(r-1)n, i+(r-1)n+kn}$ 表示区域 r 提供的资本形成中产品 i 的份额；元素 $s_{i+(r-1)n, i+(r-1)n+2kn}$ 表示区域 r 提供的出口中产品 i 的份额。U 为区域 r 的 kn × 3kn 阶最终需求分配结构矩阵，其元素 $u_{i+(r-1)n, i+(r-1)n}$ 表示区域 r 提供的最终消费品在其提供的最终需求中的份额；元素 $u_{i+(r-1)n+kn, i+(r-1)n}$ 表示区域 r 提供的资本形成在其提供的最终需求中的份额；元素 $u_{i+(r-1)n+2kn, i+(r-1)n}$ 表示区域 r 提供的出口在其提供的最终需求中的份额。W 为 3kn × 1 阶最终需求区域结构向量，其元素 $w_{i+(r-1)n}$ 表示区域 r 提供的最终需求在全国最终需求总量中的份额。y 表示最终需求总量。h 是碳排放总量与生产部门碳排放的比值。

式（9 – 1）前六项 "FLSUWy" 表征的就是生产部门的碳排放，也即各地区最终需求的隐含碳合计值 $\sum q^r$。易知 h = 1 + v，其中 v 表示居民生活碳排放与生产部门碳排放的比值。进一步，可以把 v 理解成单位生产部门碳排放变化所引致的居民生活碳排放变化，而 h 可理解为单位生产部门碳排放变化所引致的碳排放总量变化。因而不妨将 h 称为引致因子。

区域 r 引起的碳排放，即其最终需求隐含碳和生活碳排放的合计值 q^r 可表示为：

$$q^r = FLS^rU^ry^rh^r \qquad (9-2)$$

其中，S^r 为区域 r 的 $kn \times 3$ 阶最终需求产品结构矩阵，其元素 $s^r_{i+(r-1)n,1}$ 表示区域 r 提供的最终消费品中产品 i 的份额；元素 $s^r_{i+(r-1)n,2}$ 表示区域 r 提供的资本形成中产品 i 的份额；元素 $s^r_{i+(r-1)n,3}$ 表示区域 r 提供的出口中产品 i 的份额；其余元素为 0。$U^r = (u^r_1, u^r_2, u^r_3)^T$ 为区域 r 的 3×1 阶最终需求分配向量，其元素 u^r_1、u^r_2 和 u^r_3 分别表示区域 r 提供的消费、资本形成和出口在其提供的最终需求中的份额。y^r 表示区域 r 提供的最终需求总量。h^r 表示区域 r 的引致因子。上标 T 表示矩阵或向量的转置。

二　碳排放的空间结构分解方法

根据式（9-1），可采用两极分解法[①]将全国碳排放在时点 0 和 t 之间的变化分解为：

$$\Delta q = g(\Delta F) + g(\Delta L) + g(\Delta S) + g(\Delta U) + g(\Delta W) + g(\Delta y) + g(\Delta h) \quad (9-3)$$

其中

$$g(\Delta F) = (\Delta FL^tS^tU^tW^ty^th^t + \Delta FL^0S^0U^0W^0y^0h^0)/2$$
$$g(\Delta L) = (F^0\Delta LS^tU^tW^ty^th^t + F^t\Delta LS^0U^0W^0y^0h^0)/2$$
$$g(\Delta S) = (F^0L^0\Delta SU^tW^ty^th^t + F^tL^t\Delta SU^0W^0y^0h^0)/2$$
$$g(\Delta U) = (F^0L^0S^0\Delta UW^ty^th^t + F^tL^tS^t\Delta UW^0y^0h^0)/2$$
$$g(\Delta W) = (F^0L^0S^0U^0\Delta Wy^th^t + F^tL^tS^tU^t\Delta Wy^0h^0)/2$$
$$g(\Delta y) = (F^0L^0S^0U^0W^0\Delta yh^t + F^tL^tS^tU^tW^t\Delta yh^0)/2$$
$$g(\Delta h) = (F^0L^0S^0U^0W^0y^0\Delta h + F^tL^tS^tU^tW^ty^t\Delta h)/2$$

不妨将 g（ΔF）、g（ΔL）、g（ΔS）、g（ΔU）、g（ΔW）、g（Δy）和 g（Δh）分别称为技术效应、中间投入结构效应、（最终需求）部门结构效应、（最终需求）分配结构效应、（最终需求）区域结构效应、（最终需求）

[①]　该方法能够解决结构分解中的"非唯一性问题"且具有简化运算的优势（张友国，2010）。

规模效应和引致效应。技术效应反映了各区域各部门直接碳强度变化对全国碳排放的影响;中间投入结构效应反映了区域间中间投入结构变化的影响;部门结构效应反映了各区域提供的最终需求中部门结构变化的影响;分配结构效应反映了各区域提供的最终需求中,消费、资本形成和出口份额变化的影响;区域结构效应反映了各区域提供的最终需求在全国最终需求中份额变化的影响;规模效应反映了全国最终需求规模即经济总量变化的影响;引致效应反映了引致因子变化的影响。类似地,也可以在式(9-2)的基础上将区域 r 引起的碳排放的变化分解如下:

$$\Delta q^r = g^r(\Delta F) + g^r(\Delta L) + g^r(\Delta S^r) + g^r(\Delta U^r) + g^r(\Delta y^r) + g^r(\Delta h^r) \quad (9-4)$$

第三节　最终需求隐含碳的构成及区域隐含碳强度差异

一　最终需求隐含碳的区域分布与分配结构

通过计算各地区的最终需求隐含碳,可以清楚地了解各地区的最终需求以及各地区不同类型的最终需求对中国碳排放的影响。同时,通过比较不同地区的最终需求隐含碳,能够发现影响中国碳排放的关键地区,也能辨识出影响中国碳排放的最终需求类型。

表 11-1　最终需求隐含碳的区域分布

单位:百万吨

地区	消费隐含碳			资本形成隐含碳			出口隐含碳			最终需求隐含碳		
	2002 年	2007 年	2010 年	2002 年	2007 年	2010 年	2002 年	2007 年	2010 年	2002 年	2007 年	2010 年
北　京	12.1	18.9	24.9	11.7	22.0	23.8	6.1	9.3	9.5	29.8	50.2	58.2
天　津	5.9	10.5	10.9	9.9	12.0	22.3	8.3	16.0	7.7	24.1	38.5	41.0
河　北	23.1	43.6	44.7	47.2	26.3	48.3	5.1	20.4	12.9	75.4	90.3	105.9
山　西	17.7	17.7	26.2	19.9	32.3	24.4	4.2	8.1	2.8	41.8	58.1	53.4
内蒙古	10.4	23.8	26.7	12.5	17.4	30.6	1.8	1.9	2.4	24.7	43.1	59.7
辽　宁	18.5	28.5	29.0	15.4	30.6	59.3	16.9	18.3	19.3	50.8	77.4	107.6
吉　林	12.0	27.4	20.0	6.2	22.4	40.2	1.3	4.0	4.2	19.5	53.8	64.5
黑龙江	16.6	21.8	19.4	30.4	17.8	21.3	2.0	3.7	5.4	49.0	43.2	46.1
上　海	10.0	16.1	25.3	20.4	22.2	36.9	17.4	41.6	27.2	47.9	80.0	89.3
江　苏	21.1	28.7	36.5	31.3	75.3	87.2	12.9	53.7	52.8	65.4	157.7	176.5
浙　江	15.7	30.1	31.1	17.7	73.0	60.6	16.2	51.7	37.6	49.7	154.8	129.2

续表

地区	消费隐含碳			资本形成隐含碳			出口隐含碳			最终需求隐含碳		
	2002年	2007年	2010年	2002年	2007年	2010年	2002年	2007年	2010年	2002年	2007年	2010年
安 徽	12.2	19.7	25.9	18.1	22.8	36.1	2.9	3.9	5.0	33.2	46.5	67.0
福 建	7.5	15.7	15.5	5.3	15.9	21.3	7.3	19.4	15.7	20.0	50.9	52.6
江 西	6.5	11.0	10.5	14.0	26.9	20.0	0.9	3.5	4.1	21.4	41.4	34.6
山 东	26.8	49.1	54.7	31.7	88.4	112.1	11.7	48.2	43.8	70.2	185.7	210.6
河 南	20.2	25.8	34.6	22.6	42.7	55.2	2.1	7.4	5.9	44.9	75.9	95.6
湖 北	16.7	19.5	25.0	21.9	36.1	44.6	1.9	5.9	7.8	40.5	61.5	77.4
湖 南	10.7	21.6	23.4	16.1	29.8	41.6	1.7	5.9	3.8	28.4	57.4	68.8
广 东	24.0	38.3	50.1	30.5	42.6	70.0	26.4	79.9	85.6	80.9	160.8	205.8
广 西	8.4	9.7	12.4	0.9	21.2	25.7	2.1	-2.2	2.0	11.4	28.7	40.1
海 南	1.9	1.7	2.2	2.3	2.9	4.3	0.5	0.9	0.7	4.8	5.5	7.1
重 庆	9.0	10.3	8.1	9.4	24.2	26.4	1.7	1.1	2.0	20.1	35.5	36.6
四 川	14.0	19.9	20.2	15.7	33.0	38.8	1.9	3.4	5.2	31.6	56.2	64.2
贵 州	8.7	15.5	12.9	7.9	8.6	12.9	1.3	2.2	1.0	17.9	26.3	26.9
云 南	8.6	11.7	12.0	11.5	13.5	23.5	1.9	4.2	3.2	22.0	29.5	38.8
陕 西	6.5	14.3	16.3	18.7	20.4	24.3	1.7	1.6	2.6	27.0	36.3	43.2
甘 肃	6.2	7.7	9.4	10.7	12.9	18.6	1.1	3.0	0.9	18.0	23.6	28.8
青 海	1.4	2.8	2.1	3.1	5.3	5.0	0.2	0.6	0.2	4.7	8.6	7.3
宁 夏	4.2	6.0	6.6	7.5	5.2	8.6	1.8	1.2	1.3	13.5	12.4	16.6
新 疆	8.4	12.9	14.3	5.2	9.4	15.0	1.5	6.5	4.1	15.0	28.8	33.3

表 11-1 列出了 2002 年、2007 年和 2010 年各省份的各类最终需求隐含碳。容易看出，中国的最终需求隐含碳主要分布在东部 10 省（市）[①]。从 2010 年的结果来看，在最终需求隐含碳总量中，东部地区（10 省、市）占 52%、中部地区（6 省）和西部地区（不含西藏的 11 省、自治区、直辖市）各占 19%、东北地区（3 省）占 10%。从最终需求隐含碳的省级平均水平来看，东部地区仍位居第一，其次是东北地区，中部地区排第三，最小的是西部地区。具体来看，最终需求隐含碳超过 1.5 亿吨的山东、广东和江

[①] 根据国家统计局的标准（http://www.stats.gov.cn/tjzs/cjwtjd/），中国东部 10 省（市）包括北京、天津、河北、上海、江苏、浙江、福建、山东、广东和海南；中部 6 省包括山西、安徽、江西、河南、湖北和湖南；西部 12 省（区、市）包括内蒙古、广西、重庆、四川、贵州、云南、西藏、陕西、甘肃、青海、宁夏和新疆；东北 3 省包括辽宁、吉林和黑龙江。

苏都是东部省份；这 3 个省份的最终需求隐含碳占全国碳排放的份额接近 30%。最终需求隐含碳介于 0.8 亿吨~1.5 亿吨的 5 个省份中浙江、河北和上海都是东部省份，辽宁和河南分别属于东北和中部省份。最终需求隐含碳较小的省份则主要分布在西部地区，如重庆、贵州、甘肃、宁夏、青海等。分类型来看，2010 年东部地区在消费隐含碳和固定资本形成隐含碳中的份额分别为 45% 和 46%，略低于非东部地区的份额。不过，东部地区在出口隐含碳中的份额接近 80%，远远超过非东部地区的份额。特别值得注意的是，东部地区的广东一直是出口隐含碳最大的省份，2010 年其出口隐含碳份额超过 20%。2002 年和 2007 年最终需求隐含碳的地区分布情况与 2010 年类似。

从全国最终需求隐含碳的分配结构来看，研究时期内固定资本形成隐含碳的份额始终最大，消费隐含碳的份额次之，出口隐含碳的份额最小。2002 年有 23 个省份的最终需求隐含碳中固定资本形成隐含碳的份额都是最大的，其中 13 个省份固定资本形成隐含碳的份额超过 50%。不过，广西、吉林、新疆、贵州、北京、福建和辽宁 7 个省（区）的最终需求隐含碳中，消费隐含碳的份额最大。2007 年最终需求隐含碳中固定资本形成隐含碳份额最大的省份减少至 19 个，其中 12 个省份固定资本形成隐含碳的份额超过 50%。最终需求隐含碳中消费隐含碳份额最大的省份仍有 7 个，它们是贵州、内蒙古、吉林、黑龙江、宁夏、河北及新疆。同时，最终需求隐含碳中出口隐含碳份额最大的省（市）则增加至 4 个，它们是东部地区的上海、广东、天津和福建。2010 年最终需求隐含碳中固定资本形成隐含碳份额最大的省份增加至 27 个，其中 19 个省份的固定资本形成隐含碳份额都超过了 50%。与此同时，最终需求隐含碳中消费隐含碳份额最大的省份进一步减少至两个，它们是山西和北京。而最终需求隐含碳中出口隐含碳份额最大的省份只剩下广东。

此外值得提及的是，东部地区的直接生产碳排放也远远超过其他地区。不过，东部地区的直接生产碳排放要明显低于其最终需求隐含碳。例如，2010 年东部地区除河北外其他省份的最终需求隐含碳都大于其直接生产碳排放。反之，其他地区只有吉林、重庆、湖南、安徽、新疆等少数省份的最终需求隐含碳大于其直接生产碳排放。这意味着东部地区对全国碳排放的间接影响要明显大于其直接影响，或者说东部地区通过区域间贸易将相当部分的碳排放转移到了其他地区。

二 区域经济格局与最终需求隐含碳构成

最终需求隐含碳的地区分布和分配结构充分体现了中国的区域经济特征。最终需求就是以支出法计算的国内生产总值加上进口。由于东部地区各省份的经济发达程度要明显高于其他地区，因此东部地区虽然只覆盖全国1/3 的省份，但 2002 ~ 2010 年其最终需求却占全国的 60% 左右（如表 11 - 2 所示），从而使其最终需求隐含碳也明显高于其他地区。反之，西部地区的省份数目虽然比东部地区还多，但西部地区各省份经济水平相对比较落后，其最终需求隐含碳份额也远低于东部地区，仅与中部地区相当。由于东北地区所包含的省份数目最少，因而其最终需求及最终需求隐含碳也最小。

表 11 - 2 各类最终需求在四大地区的分布

单位：%

地区	消费			资本形成			出口			最终需求		
	2002 年	2007 年	2010 年	2002 年	2007 年	2010 年	2002 年	2007 年	2010 年	2002 年	2007 年	2010 年
东部	48.1	51.8	53.5	53.8	53.5	52.8	78.4	88.1	84.2	55.8	62.5	60.2
中部	21.8	20.4	21.1	18.5	19.8	19.6	5.7	4.2	6.3	17.6	15.7	17.1
西部	18.9	19.1	17.9	17.8	18.1	18.2	5.4	3.8	5.1	16.0	14.5	15.1
东北	11.3	8.6	7.5	9.9	8.6	9.4	10.5	3.9	4.4	10.6	7.3	7.6
合计	100	100	100	100	100	100	100	100	100	100	100	100

由于东部地区分布在中国沿海地区，对外贸易的区位优势明显，因而东部地区在中国出口总量中占据 80% 左右的份额，其在全国出口隐含碳总量中的份额也自然远远超过其他地区。东部地区的消费和固定资本形成占全国的份额也都超过了 50%，但明显没有其出口份额那么突出，因而东部地区在全国消费隐含碳和固定资本形成隐含碳中的份额也明显低于其在出口隐含碳中的份额。同样的原因，东部地区的出口在其最终需求中的比重也相对较高，因而在相同年份中东部地区各省份（特别是上海和广东）最终需求隐含碳中出口隐含碳的份额也明显高于其他地区的省份。

进一步，国内外经济形势和相关政策的变化也对中国最终需求隐含碳结构产生了明显影响。中国于 2001 年底加入世界贸易组织（WTO）后，对外贸易发展潜力得到充分释放。2002 ~ 2007 年大多数省份最终需求隐含碳中出口隐含碳的份额都有所上升（如图 11 - 1 所示），而最终需求隐含碳中出口隐含碳份额最大的省也从两个增加至四个。不过,近年来中国强调扩大内需来带动经济增长,因此 2007 年以来全国和大多数省份的最终需求中出口的份额就已经低于消费特别是固定资本形成的份额。也正是由于这个原因,大部分省份的最终需求隐含碳中固定资本形成隐含碳的份额都位居第一。特别是 2008 年全球金融危机爆发后,中国的出口受危机的负面影响,同时中国为了应对危机而启动的四万亿投资计划,这使全国和大多数省份的最终需求中固定资本形成的份额进一步上升,而消费和出口的份额则明显下降。因而,最终需求隐含碳中固定资本形成隐含碳份额最大的省份数目进一步增加,而消费隐含碳份额最大的省份数目和出口隐含碳份额最大的省份数目则有所下降。

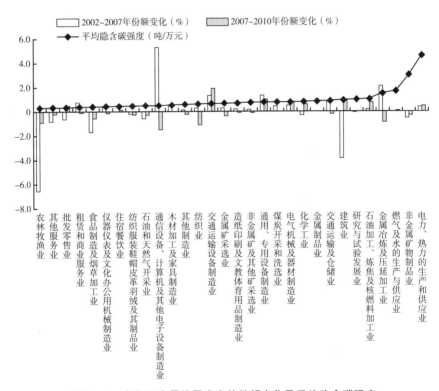

图 11 - 1　各部门在最终需求中的份额变化及平均隐含碳强度

注:图中部门平均隐含碳强度从左至右按升序排列。农林牧渔业至仪器仪表及文化办公用机械制造业 6 个部门属于低碳部门(隐含碳强度低于 0.45 吨/万元);住宿餐饮业至纺织业 7 个部门属于中低碳部门(隐含碳强度介于 0.45 吨/万元至 0.65 吨/万元);交通运输设备制造业至化学工业 8 个部门属于中碳部门(隐含碳强度介于 0.65 吨/万元至 0.85 吨/万元);金属制品业至研究与试验发展业 4 个部门属于次高碳部门(隐含碳强度介于 0.85 吨/万元至 1.05 吨/万元);石油加工、炼焦及核燃料加工业至电力、热力的生产和供应业 5 个部门属于高碳部门(隐含碳强度高于 1.05 吨/万元)。

三 最终需求隐含碳强度的区域差异

表 11-3 和表 11-4 分别显示了中国四大地区和各省份的各类最终需求隐含碳强度。虽然中国的最终隐含碳主要集中在东部地区，但东部地区各类最终需求的平均隐含碳强度却明显低于其他地区。在研究时期内，东部地区各类最终需求的平均隐含碳强度都低于全国平均水平；而其他地区各类最终需求的平均隐含碳强度几乎都高于全国平均水平，只有中部地区 2007 年的消费隐含碳强度低于全国平均水平。

表 11-3 四大地区最终需求的隐含碳强度

单位：吨/万元

地区	消费隐含碳强度			资本形成隐含碳强度			出口隐含碳强度			最终需求隐含碳强度		
	2002 年	2007 年	2010 年	2002 年	2007 年	2010 年	2002 年	2007 年	2010 年	2002 年	2007 年	2010 年
东部	0.42	0.37	0.33	0.58	0.64	0.47	0.46	0.41	0.32	0.49	0.46	0.38
中部	0.52	0.43	0.41	0.91	0.86	0.58	0.77	0.87	0.43	0.70	0.64	0.49
西部	0.62	0.53	0.46	0.87	0.85	0.64	1.02	0.65	0.45	0.75	0.67	0.55
东北	0.57	0.68	0.54	0.79	0.74	0.65	0.62	0.71	0.61	0.66	0.71	0.61
平均*	0.50	0.44	0.38	0.71	0.73	0.54	0.52	0.45	0.35	0.59	0.54	0.44

*30 个省份的平均出口隐含碳强度。

表 11-4 省级最终需求的隐含碳强度

单位：吨/万元

地区	消费隐含碳强度			资本形成隐含碳强度			出口隐含碳强度			最终需求隐含碳强度		
	2002 年	2007 年	2010 年	2002 年	2007 年	2010 年	2002 年	2007 年	2010 年	2002 年	2007 年	2010 年
北 京	0.430	0.301	0.261	0.701	0.507	0.369	0.587	0.261	0.260	0.542	0.354	0.296
天 津	0.658	0.493	0.419	0.701	0.639	0.484	0.767	0.551	0.286	0.711	0.557	0.413
河 北	0.714	0.611	0.648	1.211	0.733	0.689	0.929	1.038	0.661	0.982	0.712	0.668
山 西	1.372	0.820	0.903	2.900	1.484	0.841	1.276	1.425	0.651	1.814	1.185	0.857
内蒙古	1.085	0.827	0.835	1.493	0.922	0.689	1.359	0.923	0.549	1.281	0.867	0.739
辽 宁	0.414	0.594	0.552	0.512	0.649	0.679	0.636	0.653	0.601	0.502	0.628	0.626
吉 林	0.779	0.839	0.617	1.870	0.936	0.732	0.907	1.129	0.663	0.966	0.895	0.688
黑龙江	0.724	0.661	0.460	0.928	0.708	0.499	0.424	0.740	0.591	0.811	0.686	0.490
上 海	0.371	0.340	0.356	0.589	0.513	0.420	0.500	0.373	0.254	0.496	0.395	0.336
江 苏	0.387	0.335	0.264	0.416	0.613	0.413	0.389	0.366	0.294	0.401	0.444	0.334
浙 江	0.364	0.394	0.293	0.629	0.733	0.460	0.387	0.500	0.321	0.439	0.554	0.364
安 徽	0.596	0.449	0.397	0.874	0.761	0.550	0.676	0.539	0.358	0.730	0.572	0.463

地区	消费隐含碳强度			资本形成隐含碳强度			出口隐含碳强度			最终需求隐含碳强度		
	2002 年	2007 年	2010 年	2002 年	2007 年	2010 年	2002 年	2007 年	2010 年	2002 年	2007 年	2010 年
福建	0.294	0.368	0.283	0.338	0.484	0.355	0.442	0.481	0.330	0.348	0.440	0.323
江西	0.391	0.408	0.272	0.918	0.892	0.500	0.590	0.763	0.417	0.641	0.670	0.391
山东	0.452	0.424	0.377	0.418	0.859	0.541	0.528	0.692	0.469	0.446	0.644	0.472
河南	0.468	0.365	0.374	0.638	0.710	0.525	0.603	0.761	0.419	0.547	0.540	0.452
湖北	0.502	0.380	0.374	0.922	0.855	0.652	0.682	0.822	0.486	0.677	0.610	0.512
湖南	0.318	0.404	0.355	0.758	0.815	0.538	0.677	1.089	0.366	0.497	0.601	0.448
广东	0.336	0.254	0.258	0.576	0.471	0.456	0.381	0.289	0.303	0.418	0.311	0.327
广西	0.507	0.307	0.349	0.063	0.860	0.538	0.935	-0.552	0.391	0.342	0.477	0.454
海南	0.566	0.245	0.244	0.427	0.531	0.466	0.952	0.416	0.318	0.508	0.376	0.353
重庆	0.712	0.449	0.317	0.812	0.911	0.606	1.030	0.323	0.251	0.777	0.673	0.473
四川	0.393	0.321	0.259	0.640	0.710	0.517	0.562	0.511	0.345	0.497	0.489	0.382
贵州	1.022	0.854	0.606	1.039	1.075	0.864	1.631	1.388	0.502	1.057	0.949	0.701
云南	0.524	0.444	0.337	0.835	0.839	0.737	1.200	0.952	0.630	0.693	0.627	0.533
陕西	0.491	0.613	0.599	0.995	0.764	0.513	0.847	0.450	0.383	0.790	0.678	0.531
甘肃	0.634	0.547	0.502	1.105	1.025	0.971	1.020	0.697	0.528	0.876	0.762	0.731
青海	0.624	0.834	0.618	1.656	1.045	0.876	1.309	1.021	0.520	1.090	0.965	0.766
宁夏	1.832	1.138	1.157	2.514	1.225	1.144	4.568	1.558	1.046	2.380	1.206	1.140
新疆	0.703	0.808	0.670	1.065	0.775	0.694	0.708	1.297	0.784	0.797	0.870	0.693

然而，并非所有东部地区省份的最终需求隐含碳强度都低于全国平均水平。例如，河北、山东、天津和浙江 2007 年的最终需求隐含碳强度就高于全国平均水平。反过来，其他地区的一些省份也具有较低的最终需求隐含碳强度。以 2010 年为例，最终需求隐含碳强度低于全国平均水平的省份就包括西部地区的四川和中部地区的江西。其中，广西和四川的最终需求隐含碳强度一直低于全国平均水平。

不同类型最终需求隐含碳强度的地区差异也类似于上述情形。东部地区多数省份的消费隐含碳强度一直都低于全国平均水平，而且消费隐含碳强度最低的几个省份多为东部地区省份。属于其他地区的吉林、山西、内蒙古、贵州、宁夏和新疆等则一直是消费隐含碳强度最高的省份。固定资本形成隐含碳强度最低的几个省份也多为东部地区省份（如福建）。而吉林、宁夏、山西等几个固定资本形成隐含碳强度一直都较高的省份则分属东北、西部和中部地区。出口隐含碳强度低于全国平均水平的省份较少且主要是东部地区省份（如 2010 年上海、浙江、江苏、福建和广东），而其他地区只有个别省份（如 2010 年的四川和重庆）的出口隐含碳强度低于全国平均水平。

进一步的分析表明，2002～2010 年各个地区的中间需求平均有 76%～81% 都是由本地区自己生产的产品满足的，这意味着各地区的最终需求主要还是带动本地的经济活动。由于东部地区大多数省份的技术水平相对较高，其同类产品的直接碳排放系数明显低于其他地区，因而东部地区的最终需求隐含碳强度明显低于其他地区。当然，东部地区个别省份（如河北）的技术水平并不突出，且产业结构中重化工业比重较大，因而其最终需求隐含碳强度也较高。

第四节　2002～2010 年区域经济格局历史变化对碳排放的影响

2002～2010 年，中国的碳排放增加了 1.08 倍，年均增长 9.6%。各地区的最终需求隐含碳也都发生了显著增长。其中，绝对增长幅度最大的是山东，其次是广东，江苏、浙江、辽宁和河南的增幅也较大（超过 0.5 亿吨）；相对增长幅度最大的是广西，吉林、山东、江苏、福建、浙江及广东的相对增长幅度也较大（超过 1.5 倍）。表 11-5 显示了整个研究时期和两个子阶段（2002～2007 年及 2007～2010 年）各种因素对全国碳排放变化的影响，表 11-6 和表 11-7 分别显示了两个子阶段省际层面各种因素对碳排放的影响。

表 11-5　2002～2010 年全国碳排放的结构分解

单位：万吨

| 阶段 | 技术效应 $g(\Delta F)$ | 中间投入结构效应 $g(\Delta L)$ | 需求结构效应 | | | 规模效应 $g(\Delta y)$ | 引致效应 $g(\Delta h)$ | 合计 Δq^r |
			部门结构效应 $g(\Delta S)$	分配结构效应 $g(\Delta U)$	地区结构效应 $g(\Delta W)$			
2002～2007 年	-60262	39743	10989	817	-3888	98575	-1798	84176
2007～2010 年	-48370	-4723	2798	6099	2019	70112	-2096	25840
2002～2010 年	-108632	35020	13788	6916	-1869	168687	-3894	110016

表 11 - 6 2002～2007 年省级层面的碳排放结构分解

单位：万吨

地区	技术效应 $g^r(\Delta F)$	中间投入结构效应 $g^r(\Delta L)$	最终需求效应		规模效应 $g(\Delta y^r)$	引致效应 $g(\Delta h^r)$	合计 Δq^r
			部门结构效应 $g(\Delta S^r)$	分配结构效应 $g^r(\Delta U^r)$			
北　京	-4355	2181	153	72	4101	-51	2101
天　津	-2201	932	447	-9	2348	-40	1477
河　北	-4227	1983	-61	-589	4464	-106	1464
山　西	-3984	806	113	681	4097	-64	1649
内蒙古	-1659	-528	770	-86	3447	-43	1901
辽　宁	-3175	3952	704	17	1312	-82	2728
吉　林	-1101	843	-867	824	3921	-47	3572
黑龙江	-1146	-135	586	-118	201	-59	-670
上　海	-3207	1658	140	-173	4965	-81	3301
江　苏	-4017	4393	1073	-279	8570	-142	9597
浙　江	-5355	5667	1435	637	8703	-130	10957
安　徽	-1062	-146	323	-167	2452	-51	1349
福　建	-1066	1985	-167	85	2423	-45	3216
江　西	-528	1035	-477	116	1967	-40	2073
山　东	-3841	5352	3175	-52	7545	-163	12016
河　南	-1192	1268	-225	63	3356	-77	3193
湖　北	-9	-527	-169	140	2779	-65	2149
湖　南	794	292	-345	95	2214	-55	2996
广　东	-8755	5794	-472	-579	12440	-154	8275
广　西	-515	50	1114	11	1169	-26	1804
海　南	-477	-18	300	27	250	-7	76
重　庆	-1275	-61	855	50	2061	-35	1594
四　川	-934	521	278	59	2675	-56	2544
贵　州	-1746	595	916	-20	1144	-28	860
云　南	-785	-309	839	-19	1064	-33	757
陕　西	-1627	671	523	-87	1503	-40	942
甘　肃	-364	189	-119	-15	902	-26	565
青　海	-373	243	-39	82	500	-9	404
宁　夏	-2131	888	291	-33	861	-17	-141
新　疆	50	169	-104	84	1255	-28	1427

表 11 - 7 2007 ~ 2010 年省级层面的碳排放结构分解

单位：万吨

地区	技术效应 $g^r(\Delta F)$	中间投入结构效应 $g^r(\Delta L)$	最终需求效应		规模效应 $g(\Delta y^r)$	引致效应 $g(\Delta h^r)$	合计 Δq^r
			部门结构效应 $g(\Delta S^r)$	分配结构效应 $g^r(\Delta U^r)$			
北　京	-1776	393	279	92	1839	-58	769
天　津	-855	-283	-344	218	1530	-43	223
河　北	-466	-1242	961	90	2282	-105	1519
山　西	-1666	24	-243	-20	1423	-60	-543
内蒙古	-1204	-105	437	-1	2603	-55	1675
辽　宁	251	-410	-9	131	3183	-99	3047
吉　林	-2102	-808	1077	171	2774	-63	1049
黑龙江	-841	-673	-122	35	1905	-48	256
上　海	-3239	1331	16	450	2420	-91	888
江　苏	-3320	-1982	-212	455	7019	-179	1780
浙　江	-4201	-1714	-377	32	3598	-152	-2814
安　徽	-2262	883	-165	252	3432	-61	2078
福　建	-1158	-733	145	54	1864	-56	117
江　西	-2226	-137	204	-25	1474	-41	-751
山　东	-8004	-317	651	1113	9158	-213	2388
河　南	-1375	-807	252	321	3663	-92	1962
湖　北	-1804	160	35	317	2947	-75	1581
湖　南	-2545	434	-435	566	3173	-68	1125
广　东	-459	985	-224	656	3729	-197	4490
广　西	-283	-275	-60	439	1367	-37	1151
海　南	-129	64	-6	30	204	-7	156
重　庆	-1539	-256	309	130	1465	-39	70
四　川	-1932	913	-847	279	2419	-65	768
贵　州	-715	-82	-135	80	909	-29	29
云　南	-1045	177	107	175	1541	-37	918
陕　西	-1638	-312	909	9	1755	-43	679
甘　肃	-421	121	83	103	661	-28	519
青　海	-234	48	-13	6	55	-9	-146
宁　夏	-304	66	145	9	522	-16	422
新　疆	-878	-185	382	-66	1216	-33	435

一 规模效应和引致效应

经济的快速增长是中国碳排放迅速上升的主要原因。无论是消费、固定资本形成还是出口都在这一时期快速扩大，使中国 2010 年的最终需求总量在 2002 年的基础上增长了 177%，年均增速高达 14%。快速扩张的最终需求必然也会带动生产规模的快速扩大，从而导致碳排放总量的快速增长。同样的原因，省际最终需求隐含碳的规模效应也都很突出，且对绝大多数省份来说，最终需求规模的变动都是最终需求隐含碳的最重要影响因素。进一步，2002~2010 年东部地区的规模效应占总规模效应的 54%，远远超过中部、西部和东北地区的规模效应。在两个子阶段内，广东、浙江、江苏、山东的省际规模效应一直位居前五；而海南、青海、宁夏、甘肃的规模效应始终排在末尾。

与此同时，引致效应对中国的碳排放产生了抑制作用。如前所述，引致效应主要取决于生活碳排放与生产碳排放的比值。在整个研究时期内，虽然生活碳排放的绝对量有所增加，但其增速明显低于生产碳排放。因而生活碳排放与生产碳排放的比值逐渐从 2002 年的 0.06 下降至 2007 年的 0.05 和 2010 年的 0.04，这意味着单位生产碳排放引致的生活碳排放在不断下降。因此，引致效应对中国碳排放的影响与规模效应相反。不过，生活碳排放与生产碳排放的比值一直都处于较低水平，其变化也不大，故而在整个研究时期内引致效应仅相当于规模效应的 2%~3%。

二 地区结构效应

在整个研究时期内，最终需求的地区结构变化有利于减少全国的碳排放。这是因为在此期间东部地区最终需求份额有所上升，而其他地区的最终需求份额都有下降（如表 11-2 所示）。由于东部地区的最终需求隐含碳强度始终明显低于其他地区（如表 11-3 所示），因而东部地区最终需求份额的上升会导致碳排放总量下降。不过，最终需求的地区结构变化在 2007~2010 年导致碳排放总量增加。随着中部崛起、西部大开发以及振兴东北老工业基地等一系列支持中部、西部及东北地区经济发展的战略措施的实施，2007 年以来上述地区的经济增速明显高于东部地区，这些地区在全国最终需求总量中的份额已经呈现逐步上升的态势，而东部地区的份额则逐渐下降。

具体来看，2002～2007 年东部地区除河北、山东和海南外，其余省份在全国最终需求中的份额都有所上升。其他地区则只有吉林、内蒙古、山西、重庆和青海在最终需求中的份额有所上升，其余省份在最终需求中的份额则有所下降。2007～2010 年东部地区的广东、浙江、河北、上海、北京、海南及福建等省份在最终需求中的份额都有所下降。其他地区只有山西、甘肃、青海、辽宁、贵州在最终需求中的份额有所下降，而大多数省份在最终需求中的份额则都有所上升。

三 分配结构效应

最终需求的分配结构在整个研究时期及两个子阶段内都导致全国碳排放增加。表 11-8 显示了不同阶段全国及各大区域的分配结构变化。2002～2007 年全国主要表现为消费和固定资本形成份额的下降及出口份额的上升。东部地区的分配结构变化与全国的分配结构类似。由于东部地区消费和固定资本形成的平均隐含碳强度高于其出口，因而其分配结构导致碳排放减少。中部地区的最终需求中，消费的份额下降而固定资本形成和出口的份额有所上升。由于后两者的隐含碳强度明显高于前者，因而中部地区的分配结构变化导致碳排放增加。西部地区的分配结构变化主要表现为固定资本形成份额的下降及出口份额的上升，由于其出口的隐含碳强度较高，因而其分配结构变化也导致碳排放增加。东北地区的分配结构主要表现为出口份额的下降和固定资本形成份额的上升，由于后者的隐含碳强度较高，因而其分配结构变化也导致碳排放增加。最终，由于东部地区分配结构变化对碳排放的抑制效应小于其他地区分配结构变化对碳排放的放大效应，全国的分配结构变化导致碳排放增加。

表 11-8 全国及四大地区最终需求的分配结构变化

单位：%

地区	2002～2007 年份额变化			2007～2010 年份额变化			2002～2010 年份额变化		
	消费	固定资本形成	出口	消费	固定资本形成	出口	消费	固定资本形成	出口
东部	-4.7	-9.2	13.9	-0.5	8.2	-7.7	-5.2	-1.0	6.3
中部	-2.5	0.8	1.6	-6.6	5.7	0.9	-9.0	6.6	2.5
西部	0.8	-2.1	1.3	-9.1	8.8	0.3	-8.3	6.8	1.6
东北	0.5	2.7	-3.3	-10.8	12.3	-1.5	-10.3	15.0	-4.8
全国	-4.0	-5.9	9.8	-3.2	8.5	-5.3	-7.2	2.6	4.6

2007～2010年东部的分配结构变化主要表现为固定资本形成份额的显著上升和出口份额的显著下降。由于这一时期东部地区固定资本形成的隐含碳强度明显高于出口的隐含碳强度，因而其分配结构变化导致碳排放增加。中部和西部地区的分配结构变化主要表现为固定资本形成份额的显著上升和消费份额的显著下降。由于这一时期这两个地区固定资本形成隐含碳强度略高于消费的隐含碳强度，因而它们的分配结构变化也导致碳排放增加。东北地区的分配结构变化也主要表现为固定资本形成份额的显著上升和消费份额的显著下降。该地区的固定资本形成隐含碳强度在2002年略低于其消费的隐含碳强度，但在2007年前者明显高于后者，因而最终该地区的分配结构变化也导致碳排放增加。由于各地区的分配结构变化都导致碳排放增加，全国的分配结构对碳排放的放大效应明显大于前一时期。

需要说明的是，各大区域内各省份的分配结构变化及分配结构效应并不尽相同，甚至存在较大差异。以2002～2007年东部地区为例，这一时期东部地区大多数省份的最终需求中，固定资本形成的份额都大幅下降，并使碳排放有所减少。不过，由于海南的固定资本形成隐含碳强度在初期相对较低，因而其分配结构变化导致碳排放增加。同时，浙江、北京及福建的最终需求中，固定资本形成和出口的份额都有上升，并导致碳排放增加。由于上述原因，这一时期东部地区的分配结构效应被大幅削弱。

再以2002～2007年中部地区为例。中部地区的江西、湖北及湖南具有类似的分配结构变化，即消费份额下降而固定资本形成及出口份额上升。由于这三个省份的消费隐含碳强度相对降低，因而其分配结构导致碳排放增加。不过，山西、河南及安徽三个中部地区省份的分配结构变化与前三者明显不同。其中，山西的分配结构变化表现为固定资本形成份额的上升和消费及出口份额的下降，且这一变化导致碳排放增加。河南的分配结构变化主要表现为出口份额的上升和消费份额的下降，该变化也导致碳排放增加。安徽的分配结构变化主要表现为消费份额的上升和固定资本形成份额的下降，该变化导致碳排放减少。由于中部地区大部分省份的分配效应方向相同且相对较大，因而中部地区成为这一时期分配结构效应最大的地区。

四 部门结构效应

最终需求的部门结构变化也一直不利于减少最终需求隐含碳。图9-1显示了各部门产品在最终需求中的份额变化及各部门在整个研究时期内平均隐含碳强度①。根据各部门的平均隐含碳强度，可以将它们区分为五类：低碳部门、中低碳部门、中碳部门、次高碳部门及高碳部门。2002～2007年最终需求的部门结构变化主要表现为低碳部门份额的下降及其他类型部门份额的上升②，因而导致最终需求隐含碳的增加。2007～2010年部门结构变化主要表现为低碳部门和中低碳部门份额的下降及中碳部门份额的上升③，因而也导致最终需求隐含碳的增加，但其影响力明显低于前一时期。

　　从省际部门结构效应来看，2002～2007年共有19个省份的部门结构变化导致最终需求隐含碳增加，其中部门结构变化超过1000万吨的有山东、浙江、广西和江苏；超过500万吨而低于1000万吨的有贵州、重庆、云南、内蒙古、辽宁、黑龙江和陕西；其余8个省份的部门结构效应低于500万吨。同时，吉林、江西、广东、湖南、河南、湖北、福建、甘肃、新疆、河北和青海11个省份的部门结构变化导致最终需求隐含碳减少，不过这些省份（除吉林外）的部门结构效应相对较小（低于500万吨）。2007～2010年部门结构变化导致碳排放增加的省份减少为16个，其中超过1000万吨的只有吉林；超过500万吨而低于1000万吨的只有河北、陕西和山东；其余12个省份的部门结构效应低于500万吨。与此同时，最终需求部门结构变化导致碳排放减少的省份增加至14个，不过这些省份的部门结构效应也普遍较小。

五　中间投入结构效应

　　中间投入结构变化在2002～2007年导致最终需求隐含碳增加，但在2007～2010年却导致最终需求隐含碳减少。由于前一阶段的中间投入结构效应较大，因而整个研究时期内中间投入结构变化导致最终需求隐含碳增加。可以从区域和部门两个维度来理解中间投入结构变化对最终需求隐含碳的影响。

---

① 每个部门平均隐含碳强度的计算方法如下：先计算各时期各地区该部门隐含碳强度的算术平均值，然后计算该部门在整个研究时期内的隐含碳强度的算术平均值。

② 2002～2007年低碳部门的份额下降了8.6个百分点，中低碳部门、中碳部门、次高碳部门及高碳部门的份额分别上升了5.6、0.2、0.7和0.1个百分点。

③ 2007～2010年低碳部门、中低碳部门及次高碳部门的份额分别下降了1.4、3.2及0.1个百分点，而中碳部门和高碳部门的份额分别上升了4.7和0.1个百分点。

图 11 - 2 和图 11 - 3 分别显示了各阶段中间投入的区域结构变化和部门结构变化。2002~2007 年湖北、福建、辽宁等 14 个省份在中间投入中的份额合计下降了 7.7 个百分点，这些省份在这两年的加权平均直接碳排放强度分别为 0.237 吨/万元和 0.233 吨/万元；其他省份在这两个年份的加权直接碳排放强度分别为 0.260 吨/万元和 0.229 吨/万元。后者在 2002 年明显高于前者，在 2007 年则略低于前者，因而中间投入区域结构变化在这一时期总体上不利于减少碳排放。这一时期中间投入的部门结构变化能更清楚地解释上述中间投入结构效应。2002~2007 年批发零售业、农林牧渔业、其他服务业等 18 个部门的份额合计下降了 10.2 个百分点，它们在这两年的加权平均直接碳排放强度分别为 0.146 吨/万元和 0.150 吨/万元；其他部门在这两年的加权平均直接碳排放强度分别为 0.455 吨/万元和 0.330 吨/万元。由于后者的碳排放强度明显高于前者，因而中间投入部门结构变化导致最终需求隐含碳增加。

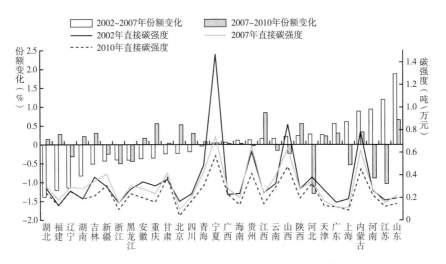

图 11 - 2　各省在中间投入中的份额变化及直接碳强度

2007~2010 年，河北、江苏、河南等 11 个省份在中间投入中的份额合计下降了 5.8 个百分点，它们在这两年的加权直接碳排放强度分别为 0.242 吨/万元和 0.189 吨/万元；其他省份在这两个年份的加权直接碳排放强度分别为 0.221 吨/万元和 0.170 吨/万元。由于后者始终低于前者，因而中间投入区域结构变化在这一时期导致碳排放减少。这一时期中间投入的部门结构变化也能清楚地解释上述中间投入结构效应。2007~2010 年，农林牧渔业，

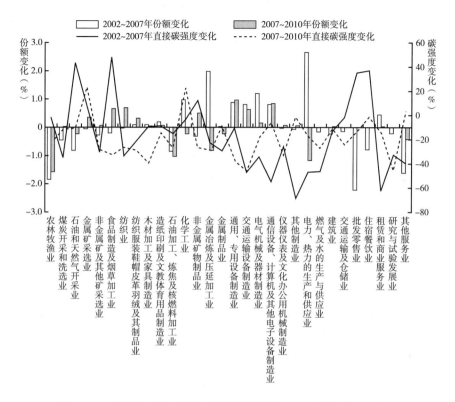

图 11 - 3　各部门在中间投入中的份额变化及平均直接碳强度变化

电力、热力的生产和供应业，石油加工、炼焦及核燃料加工业等 11 个部门在中间投入中的份额合计下降 5.7 个百分点，它们在这两年的加权直接碳排放强度分别为 0.322 吨/万元和 0.260 吨/万元；其他部门在这两个年份的加权碳排放强度分别为 0.140 吨/万元和 0.106 吨/万元。由于后者明显低于前者，因而中间投入的部门结构变化在这一时期导致最终需求隐含碳减少。

不过，省际的中间投入结构效应也存在明显差异。2002～2007 年中间投入结构变化导致 23 个省份的最终需求隐含碳增加。其中，广东、浙江和山东的中间投入结构效应位居前三，都超过了 5000 万吨。江苏和辽宁的中间投入结构效应紧随其后，都超过了 3000 万吨。北京、福建、河北、上海、河南和江西的中间投入结构效应也较大，都超过了 1000 万吨。广西、新疆、甘肃、青海及湖南的中间投入结构效应则较小，均未超过 300 万吨。与此同时，内蒙古、湖北、云南、安徽、黑龙江、重庆和海南 7 省份的中间投入结构变化有利于减少碳排放。2007～2010 年中间投入结构变化导致碳排放增加的省份数目明显减少，只剩 13 个省份，且其中仅上海的中间投入产出效应超过了 1000 万吨。反过来，中间投入结构效应为负的省份数目则增加至 17 个。其中，江苏、浙江及河北的中间投入结构效应绝对值超过 1000 万吨。

六 技术效应

在整个研究时期及各分阶段，各部门的直接碳强度变化对碳排放产生了重要的减缓作用，是影响力仅次于最终需求总量变化的碳排放影响因素，且是减缓碳排放的最重要因素。图 11 - 3 也显示了各部门在两个分阶段的直接碳强度变化。在第一分阶段和第二分阶段，直接碳强度下降的部门分别达到 25 个和 27 个，而各部门的加权平均直接碳强度则分别下降了 7.8% 和 22.8%。在上述两个分阶段，部门直接碳强度产生的技术效应分别相当于这两个阶段规模效应的 -61% 和 -69%。

2002 ~ 2007 年绝大多数省份的技术效应也都导致碳排放减少，其中有 11 个省份的技术效应较高（超过平均水平）。技术效应较高的省份大部分都是东部地区的省份，包括广东、浙江、北京、河北、江苏、上海、山东和天津，这几个省份的技术效应合计约占总技术效应的 60%。其他地区只有个别省份的技术效应超过平均水平，如山西、辽宁和宁夏。不过，湖南和新疆的技术效应还导致碳排放的增加，因为这一时期这两个省份多数部门特别是第一产业和第二产业部门的直接碳强度都有所上升。

2007 ~ 2010 年绝大多数省份的技术效应仍然导致碳排放减少。技术效应超过平均水平的省份有 13 个，其中东部地区的省份仍然较多，但数目有所下降，仅包括山东、浙江、江苏、上海和北京 5 省份。反之，技术效应超过平均水平的其他地区的省份数目则有所增加。不过，这一时期也有一个省份即辽宁的技术效应导致碳排放增加，因为该省多数部门的直接碳强度也有所上升。

第五节 2010 ~ 2030 年未来区域经济发展格局对碳排放的影响

历史分解分析清楚地展现了过去各种因素对中国碳排放的影响。那么，未来这些因素将如何变动并影响中国的碳排放呢？为此，本节进一步通过情景分析，探讨 2010～2030 年未来区域经济发展格局变化对我国碳排放的潜在影响。

一　未来区域经济格局及技术演化情景

根据稳定结构演进（Stable Structural Evolution）假说（Tarancón & del Río，2005），本书在参考相关研究的基础上，采用如下方法设定了未来区域经济格局及技术演化的基准情景。

分地区分行业增加值的变化。①参考国家统计局课题组（2004）的方法，用各地区过去五年分行业的增加值平均增长速度先初步预测各地区各行业 2014～2030 年的增加值 v_i^r。然后将各类行业按三次产业分类，并以上述初步预测值为基础，估计各地区各行业在全国相应产业增加值中的份额 s_i^r。②根据 Li 等（2013）对中国宏观经济的中长期增长速度的预测结果，设定未来中国 GDP 的变化情景。同时，根据《国家应对气候变化规划（2014～2020 年）》（发改气候〔2014〕2347 号），假定服务业在 GDP 中的份额逐年增加，在 2020 年和 2030 年分别达到 52% 和 62%。由此，可以设定未来中国三次产业的增加值变化情景。③对各地区各行业增加值的初步预计值进行调整。主要利用①和②中得到的各地区各行业在全国相应产业中的份额 s_i^r 及全国三次产业的 GDP，从而估计出各地区各行业经过调整的增加值 v'^r_i、最终需求及区域间投入产出流量的变化。④Hubacek 和 Sun（2001）估计了居民对各部门产品的消费量随收入变化的弹性，同时他们假定其他各类需求与总消费的比例不变①，并据此预测最终需求的结构变化。参考 Hubacek 和 Sun（2001）提出的方法但与他们不同的是，本章以各部门增加值的变动作为基础，并假定各部门产品在各类需求中的使用量变化相对于各部门增加值变化的弹性（如表 11 - 9 所示）不变，继而得到各类产品的最终需求量和总产出及全国最终需求总量 y。⑤由于最终需求总量 $y = \sum_r \sum_i (v'^r_i + m^r_i)$，因此可以根据④中得到的全国需求总量和③中得到的各地区各行业的增加值 v'^r_i 推算出进口总量 m。⑥在确定了各区域各类产品的总投入（产出）、增加值、进口及最终需求后，采用 RAS 法推断区域间投入产出流量。

---

①　Hubacek 和 Sun（2001）提出的方法也被 Liang 等（2007）及 Guan 等（2008）采用。

表 11－9　各部门产品在各类需求中的使用量变化相对于各部门增加值变化的弹性

部门	中间需求	最终消费	其他最终需求
第一产业	1.13	0.1 *	0.86
第二产业	1.24	0.89	0.89
第三产业	1.35	1.08	1.08

资料来源：根据 2007 年和 2010 年区域间投入产出表估计。* 取自 Guan 等（2008）。

技术变化。假定"十二五"和"十三五"期间，中国能实现既定的单位 GDP 碳排放下降目标，即 2015 全国碳排放强度在 2010 年的基础上下降 17%，2020 年全国碳排放强度比 2005 年的水平低 40%。2021～2030 年部门直接碳排放强度年均下降 3.2%，即每个五年规划期下降约 15%。

本书还设定了另外两个情景，即保守情景与乐观情景。这两种情景中区域经济格局演化与基准情景相同，但技术演化不同。在保守情景中，仍假定 2020 年全国碳排放强度比 2005 年的水平低 40%，但 2021～2030 年部门直接碳排放强度年均下降速度仅为 2.1%，即每个五年规划期下降约 10%。在乐观情景中，假定 2020 年全国碳排放强度比 2005 年低 45%，2021～2030 年部门直接碳排放强度年均下降 3.7%，即每个五年规划期分别下降约 18%。

二　不同情景下全国及各地区碳排放的变化趋势

图 11－4 和表 11－10 分别显示了不同情境下中国碳排放的未来变化及其结构分解结果。在基准情景下，中国碳排放总量有望于 2029 年达到峰值。

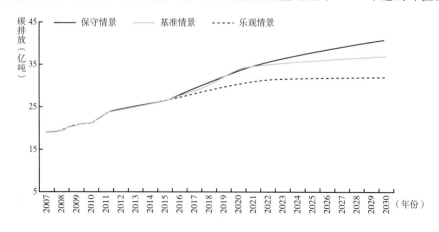

图 11－4　不同情景下中国碳排放的未来变化

　　分省来看，北京、上海、浙江的直接碳排放已经越过峰值进入较低水平，但今后几年将有可能轻微反弹直至 2020 年，其后将平稳持续下降；河北、山西、江苏、河南、广东、甘肃及新疆 7 省（区）的直接碳排放将于 2020 年达到峰值，随后逐渐下降；辽宁、黑龙江、福建、江西、山东及宁夏 6 省（区）的直接碳排放将于 2023～2029 年达到峰值；而余下 14 个省份的碳排放在 2030 年以后仍将继续增长。

表 11-10　2010～2030 年全国碳排放的结构分解

单位：万吨

阶段	技术效应 $g(\Delta F)$	中间投入结构效应 $g(\Delta L)$	需求结构效应			规模效应 $g(\Delta y)$	引致效应 $g(\Delta h)$	合计 Δq^r
			部门结构效应 $g(\Delta S)$	分配结构效应 $g(\Delta U)$	地区结构效应 $g(\Delta W)$			
保守情景	-145073	38006	-49534	-10397	16177	348869	-5062	192985
基准情景	-175048	37032	-48442	-10022	15654	334468	-3978	149665
乐观情景	-206969	36024	-47317	-9630	15110	319405	-2751	103872

　　在保守情景下，中国碳排放总量在 2030 年以前不能达到峰值，仍将增长。不过，仍有河北、山西、浙江及广东 4 省的直接碳排放将于 2020 年达到峰值；江苏、河南、甘肃及新疆 4 省（区）的直接碳排放将于 2023～2029 年达到峰值。此外，上海的直接碳排放将持续轻微反弹至 2020 年，而北京、浙江的直接碳排放将持续轻微反弹至 2030 年。其余 19 个省份的直接碳排放则将持续增长。

　　在乐观情景下，中国碳排放总量将于 2027 年达到峰值。已经越过碳排放峰值的北京、上海及浙江的碳排放将持续下降；河北、山西、黑龙江、江苏、河南、广东、甘肃及新疆 8 省（区）的直接碳排放将于 2020 年或之前达到峰值；辽宁、福建、江西、山东、云南、青海及宁夏 7 省（区）的直接碳排放将于 2023～2029 年达到峰值。不过，仍有 12 个省份的直接碳排放在 2030 年都不能达到峰值。

　　总体来看，东部地区最有希望于 2030 前达到其直接碳排放峰值，而其他地区将晚于东部地区达到直接碳排放峰值。相应地，东部地区对全国碳排放的百分比贡献将会有所下降。例如，在基准情景下东部地区的直接碳排放在全国碳排放总量中的份额将从 2010 年的 44% 下降到 2030 年的 29%，而东部地区的隐含碳份额则从 52% 下降至 37%。不过要指出的是，尽管东部地区的直接碳排放份额和隐含碳份额都将大幅度下降，其隐含碳份额仍将明显高于其直接碳排放份额。这意味着未来东部地区仍会通过区域间贸易将部分直接碳排放转移到其他地区。

此外值得注意的是，在保守情景下中国的碳排放强度在 2020～2030 年将年均下降 4%，这一速度相当于 2005～2020 年碳排放强度累计下降 45% 的平均速度，且高于"十二五"规划对应的碳强度年均降速。然而，保守情景下中国并不能实现碳排放总量达到峰值的承诺。在基准情景和乐观情景下中国能在 2030 年前达到碳排放峰值，而这两种情景下中国在 2020～2030 年的碳排放强度年均降幅将分别达到 4.9% 和 5.3%，高于其 2005～2020 年的平均下降速度。这意味着中国今后需要以更快的碳排放强度下降速度保证中国在既定的经济增速下于 2030 年以前达到碳排放峰值。

三 不同情景下区域经济发展格局对碳排放的影响

在基准情景下，我国经济总量在 2010～2030 年仍将持续增长，因而经济总量变化仍将是我国碳排放的最重要影响因素，并会对其产生巨大的规模效应（相当于 2010 年碳排放总量水平的 154%）。东部地区的规模效应约占总规模效应的 36%，仍将明显高于其他地区，但其份额较之 2002～2010 年已大幅下降。部门直接碳排放强度下降所带来的技术效应仍将是未来最重要的碳减排因素，它将抵消规模效应的 52%。同时，由于生活碳排放的增速仍将低于生产部门碳排放，因而引致效应仍会对碳排放总量产生轻微的抑制作用。

地区结构效应也将继续导致碳排放增加。可以预期，随着中部崛起、西部大开发以及振兴东北老工业基地战略的进一步深化，在未来一二十年，中部、西部以及东北地区省份的平均经济增速仍将快于东部地区省份。2007～2010 年的最终需求地区结构变化趋势将延续至 2030 年。本书的预测表明，东部地区在最终需求中的份额将由目前的 60% 左右跌至 2030 年的 50% 左右，而其他地区特别是西部地区的份额则会明显增加。由于其他地区最终需求的隐含碳强度显著高于东部地区，因而未来地区结构变化不利于减缓碳排放。

不过，与 2007～2010 年不同的是，2010～2030 年分配结构效应将有利于减少碳排放。一方面，由于全球金融危机后世界经济增长进入低谷，中国东部地区出口增速可能会受较大影响。另一方面，其他地区大多数省份的投资需求则可能相继越过增速峰值，中国也将逐渐淡出投资推动型增长模式。同时，中国居民收入仍将较快增长。因而未来消费在最终需求中的份额有望较大幅度上升。根据推测，2030 年最终消费在最终需求中的份额将由 2010 年的 36% 上升至 47%，而固定资本形成及出口的份额将分别下降 4.8 和 6.6 个百分点。由于最终消费的隐含碳强度明显低于后两类最终需求，因而最终需求的上述分配结构变化将减少碳排放。

部门结构效应也将有利于减少碳排放。近年来第三产业在中国三次产业中的份额已经呈现逐渐上升的变化趋势。本书根据国家相关规划所做的预测表明，2010 ~ 2030 年第三产业的份额将继续上升，第一产业的份额将基本维持在当前水平，而第二产业的份额则会逐渐下降。特别是在东部地区，上述产业结构变化将表现得更加明显。其他地区因为工业化进程相对滞后，第二产业份额仍可能维持在较高水平。由于第三产业的平均隐含碳强度要远远低于第二产业，因而部门结构变化将带来明显的减碳效果。

2010 ~ 2030 年中间投入结构效应仍将导致碳排放增加。本书的预测表明，在此期间有 11 个省份在区域间中间投入中的份额会有所下降，这些省份包括大部分东部省份（除天津、福建和海南外）及个别其他地区省份（如山西、河南、甘肃和辽宁），它们在 2010 年和 2030 年的直接碳排放强度的加权平均值分别为 0.157 吨/万元和 0.067 吨/万元。另外 19 个省份在中间投入中的份额有所上升，它们在 2010 年和 2030 年的直接碳排放强度的加权平均值分别为 0.217 吨/万元和 0.122 吨/万元。由于后者的直接碳排放强度始终明显高于前者，因而中间投入结构变化不利于减少碳排放。

保守情景及乐观情景与基准情景下碳排放总量的结构分解结果类似，只不过保守情景下规模效应更大，而技术效应显著下降，因而碳排放总量增长幅度更大；乐观情景的规模效应较之基准情景显著下降，而技术效应显著增强，因而碳排放总量增长幅度更小。

第六节　结论及政策建议

本章基于结构分解方法研究了 2002 ~ 2010 年区域经济格局对中国碳排放变化的历史影响，并进一步展望了三种情境下 2010 ~ 2030 年区域经济格局变化对中国碳排放的潜在影响。通过上述分析能得到如下主要结论。

其一，经济总量的快速增长是导致过去中国碳排放不断上升的最重要的因素，其影响远远超过其他各类因素。虽然中国的经济增长进入了"新常态"，未来增长速度会有所下降，但仍可能在较长时期内保持在较高的水平。更何况中国的经济总量已经相当庞大，仅次于美国，远远超过20年前乃至10年前的经济总量水平。因此，未来规模效应仍将主导中国碳排放总量的变化，经济增长与碳排放约束之间的矛盾仍将是中国气候变化政策需要解决的主要矛盾。

其二，无论是过去还是未来，生产部门直接碳排放强度下降所带来的技术效应都是减缓碳排放的最重要因素，从而也是缓解经济增长与碳排放约束之间矛盾的主要途径。不过，2010～2030年技术效应对规模效应的抑制作用有可能下降，因为生产部门直接碳排放强度的下降空间越来越小，难度也将逐渐增加。这意味着要想在2030年前使中国的碳排放达到峰值，单靠各生产部门的技术进步恐怕力有未逮，还必须辅之以经济结构（如产业结构）的优化。

其三，区域经济格局变动对中国的碳排放产生了显著影响。加入世贸组织以后，在出口的带动下，东部地区的经济增速快于其他地区，加之东部地区碳排放效率较高，因而最终需求的地区结构变化有利于减缓碳排放。但是，随着一系列支持中部、西部及东北地区经济发展的战略措施的实施，2007年以来上述地区的经济增速明显高于东部地区，它们在全国最终需求总量中的份额呈现逐步上升的态势，而东部地区的份额则逐渐下降。可以预期，最终需求的上述地区结构变化趋势在未来一二十年内仍将延续。同时，中间投入的地区结构也将呈现类似的演化趋势。由于东部地区的碳排放效率总体上仍明显高于其他地区，因而上述区域经济格局的变化将不利于中国降低碳排放。进一步，东部地区无论在直接碳排放还是隐含碳排放中的份额都将逐渐下降，从而失去其在中国碳排放中的主导地位，而其他地区的碳排放份额则将逐渐上升并主导中国的碳排放。

其四，未来最终需求分配结构的变动趋势将发生改变，并将有利于减缓碳排放。2002～2010年中国东部地区的出口增长迅猛但消费增长相对缓慢，在其他地区则是固定资本形成快速增长而消费增长相对缓慢，这导致消费在全国最终需求中的份额显著下降，而出口和固定资本形成的份额明显上升。由于消费的隐含碳强度明显低于出口和固定资本形成，因而最终需求的上述分配结构变化导致这一时期中国的碳排放增加。不过，随着出口和固定资本形成增速的下滑，2010～2030 年消费在最终需求中的份额将逐渐增加，最终需求的分配结构将朝着有利于减缓碳排放的方向发展。

其五，未来最终需求部门结构变动对碳排放的影响也将发生逆转，继而成为减缓碳排放的重要因素。2002～2010 年与固定资本形成和出口快速增长相应的，是中国碳密集型部门的迅速膨胀，这使得最终需求的部门结构变化也加剧了碳排放增加。不过，随着中国产业结构调整力度的不断加大，居民消费的稳步增长和结构升级及由此产生的巨大拉动作用，未来中国特别是东部地区的高新技术制造业及服务业有望加速发展，它们在国民经济中的份额将逐步上升。因此，未来最终需求的部门结构变化有望显著减缓碳排放。

上述结论表明，对于减缓碳排放而言，未来中国经济发展方式和区域经济格局的变动既蕴含了许多有利因素，也将产生不少不利因素。中国有望在 2030 年达到碳排放峰值，而实现这一碳排放总量控制目标的关键就在于发挥上述有利因素的影响，同时尽量减弱不利因素的影响。为此，本章提出如下政策建议。

第一，为了降低生产部门的直接碳排放强度，一方面生产部门特别是一些高碳部门（如电力、热力的生产和供应业）要通过引进新技术、采用新工艺、更新设备或改善管理水平等方式提高能源利用效率。尤其是要提高化石能源（如煤炭）的使用效率和洁净化利用水平，因为化石能源在未来仍将是中国能源消费中的主导能源。另一方面，中国需要大力发展清洁能源，提高清洁能源的使用比例，从而达到优化能源结构，降低碳排放强度的目的。与此同时，碳捕捉与封存（CCS）也是值得大力发展与推广应用的碳减排技术。

第二，考虑到中国区域经济格局的变化趋势，在控制全国碳排放总量及建立全国碳排放交易体系时，碳排放份额的分配应当充分考虑经济发展相对滞后的中部、西部及东北地区的发展需求，为这些地区预留充足的碳排放额度。反之，东部地区大多数经济比较发达的省份有望提前实现碳排放峰值，可以适当压缩其碳排放额度。这既符合碳排放分配的公平原则，也适合中国的基本国情。

第三，中国要更加重视改善中部、西部及东北地区的碳排放效率。一方面，这些地区应当充分发挥后发优势，更多地采用先进的节能技术、工艺与设备。在承接东部产业转移的过程中，这些地区不应盲目引资，而应当设定严格的环境标准，拒绝不达标的企业、项目进入本地区，同时尽量优先选择技术水平高且符合本地发展需求的企业、项目。另一方面,由于东部地区的发展水平远远超过其他地区,且东部地区仍然将向其他地区转移碳排放,因而中央政府及东部地区应当对其他地区进行技术、资金及其他方式的援助。

第四,必须在尊重经济发展规律和各地区发展需求的基础上,加大力度推进产业结构的优化调整,发挥结构减排的效应。东部地区一些发达省(市)已经或即将在未来一二十年内完成工业化,这些地区应当着力提高自主创新能力,并借此推进服务业和战略性新兴产业的快速发展。其他地区绝大多数省份仍处于快速工业化、城镇化时期,第二产业仍将长期占主导地位。这些地区应努力发挥自己的资源优势、比较优势,并通过加强区域合作来延伸资源加工业产业链,有重点地发展战略性新兴产业、生产性服务业和相关特色产业。这些区域性产业结构优化调整战略将有助于降低碳排放需求。

第五,优化需求结构,促进经济低碳化增长。一方面,中国应多管齐下鼓励居民消费,提高最终需求中消费的份额。这既需要通过完善收入分配制度和财税体制改革等来提高中、低收入者的收入水平和支付能力,又需要通过建立健全社会保障体系等途径增强居民的边际消费倾向。当然,鼓励居民消费的同时也应提倡和鼓励低碳生活模式。另一方面,在可以预见的未来,投资仍将在中国经济增长中发挥重要作用,因而中国迫切需要通过投资体制改革等提高投资效率,避免投资的盲目扩张,从而有效控制最终需求中固定资本形成的份额。此外,考虑到出口所面临的世界经济形势不乐观,中国应在大力优化出口结构的同时,通过建立自由贸易区等形式促进出口增长。

最后需要指出的是,本章仍然只是非常初步地研究了区域经济格局对中国碳排放的影响,还存在不足之处有待进一步深入研究。首先,受数据所限,本章的结果具有一定的不确定性。例如,目前只能获得30部门且未包含西藏的多区域投入产出表,这有可能影响结果的精度。其次,本章主要从生产最终产品的视角展开分析,未来还可以从消费最终产品的视角进行研究,并比较两种研究视角所产生的结果差异性。再次,本章没有对跨区域的碳减排政策展开深入研究,这也是本章的一个重要拓展方向。这些都需要在进一步的研究中加以完善。

结束语

区域协同低碳发展对中国全面建成小康社会、建设生态文明、应对全球气候变化、融入和引领全球环境治理、提升经济增长质量和可持续竞争力都具有十分重大的意义。本书从区域间经济和碳排放溢出—反馈效应的视角对区域协同低碳发展的路径与政策进行了多层次、多视角的系统研究。通过各章节的分析结果，并结合当前国内外政治经济发展形势，本书有如下主要结论、判断和建议。

一 区域协同低碳发展的内外部动力日趋强劲

中国区域间的经济发展水平、技术水平、产业结构、资源禀赋条件具有比较显著的差异，这为区域间的优势互补和协同发展提供了强大的内在驱动力。与此同时，中国区域协同低碳发展的外部条件也日趋优化。

（一） 中央政府对低碳发展理念的重视，使低碳发展逐渐成为各区域的发展共识

中央提出将创新、协调、绿色、开放、共享作为当前及未来长期内中国发展的五大指导理念。低碳发展是绿色发展领域的重要内容，也是促进绿色发展和生态文明建设的重要抓手。特别是中央政府制定的 2020 年的碳强度控制目标、2030 年左右达到碳排放峰值的目标及这些目标的地区分解，对各地区的低碳发展形成了强大的激励作用。可以说，各个地区都将低碳发展作为本地的发展目标和内在要求，纷纷制定了相应的规划方案和政策措施。因此，各区域在对低碳发展目标的认同上没有分歧，具有高度的一致性和协同性。

（二） 中国基础设施和相关产业的飞速发展为区域间商品和要素流动提供了越来越便利的条件

近年来，中国区域间的贸易得到了比较好的发展，各区域输出的商品及

服务价值平均已经达到总产出的 1/5，个别地区甚至达到总产出的四成。随着中国现代化交通、通信等基础设施的进一步发展，区域间的商品及要素流动有望继续增长。根据国家统计局网站公布的数据，中国高速公路里程已经从 2010 年的 7.41 万公里发展至 2015 年的 12.35 万公里。国家铁路电气化里程也取得突破性发展，从 2014 年的 3.69 万公里一举跃升至 2015 年的 7.47 万公里。光缆线路长度从 2010 年的不到 1000 万公里发展至 2015 年的将近 2500 万公里，其中长途光缆线路增加了约 15 万公里。

基础设施的飞速发展也带动了运输、信息、金融等相关现代服务业的高速成长。2010~2015 年，公路运输、航空运输、邮政业就业人员都增加了 1 倍左右；移动电话普及率从 64.36% 提升至 92.49%；中国的互联网普及率从 34.3% 上升至 50.3%；互联网宽带接入用户从 1.26 亿户增加至 2.59 亿户，增长了 1 倍多；金融业增加值每年都以 10% 左右的速度递增，2015 年其增速更是高达 16%。这些基础设施和相关服务业的发展有力地促进了区域间的市场一体化程度，为区域间的物质流、信息流、资金流及人员流动创造了十分便利的条件。

（三）国家制定的一系列重大区域发展战略和规划为区域协同低碳发展提供了强大动力

为促进区域协调发展，中国于 1999 年提出"西部大开发"战略，随后又根据形势变化陆续提出"中部崛起""振兴东北老工业基地"等重大区域发展战略。这些区域发展战略有力地推动了上述各区域的经济发展，并产生了巨大的经济溢出效应，使经济增长呈现多极化趋势，为区域协同低碳发展铺垫了良好的基础。近年来，中央更是制定了"一带一路"倡议，以京津冀一体化和长江经济带等为着力点的区域协同发展战略。"一带一路"是区域协同发展的国家顶层设计，京津冀、长江经济带则着眼于两个关键地域的区域协同发展规划，以期为全国区域协同发展打开突破口，并探索出有价值的经验。作为国家战略发展目标的低碳发展无疑也是上述重大区域发展战略的基本目标甚至是优先级目标。例如，长江经济带规划纲要就明确要求长江经济带发展必须生态优先，走出一条绿色低碳循环发展的道路。新的区域发展战略必将进一步推动中国的区域协同低碳发展。

（四）低碳技术进展迅速，为区域协同低碳发展提供了技术支撑

本书的研究表明，近年来中国低碳技术的发展大大降低了各地区各部门的直接碳排放强度，在促进区域协同低碳发展中所发挥的作用极其突出。中国的低碳技术仍有巨大的发展空间。其中，一些高耗能产业的节能技术已经取得较大突破。如中国的电力行业在特高压、智能电网、大容量高参数低能耗火电机组、高效洁净燃煤发电等技术领域不断取得重大突破[1]；钢铁、水泥产业的余热发电技术也达到世界先进水平。清洁能源技术的研发和产业化水平进展迅速，如第三代核电工程设计和设备制造、可再生能源发电也取得重大进展，且风电、太阳能光伏发电的产业化程度已领先世界。交通、建筑和居民生活领域的低碳技术也有长足发展，如电动汽车、光伏建筑系统、外墙保温技术、太阳能热水系统、绿色照明系统等（可以预期，中国低碳技术的发展将为区域协同低碳发展提供强劲支撑）。

（五）国家和地方层面的低碳发展战略、规划、政策正在形成体系，为区域协同低碳发展提供了坚实的制度保障

除了低碳技术进步外，各种低碳发展战略、规划、政策无疑也是促进区域协同低碳发展的重要因素。它们能够有效地促使各地区各部门采用低碳技术，向低碳方向转变发展方式。自"十一五"期间中国首次将节能减排作为国家发展的约束性指标以来，从国家、部委到各级地方政府，与低碳发展相关的战略、规划、政策便迅速出台和丰富起来。已经从法律、行政、经济、宣传教育等不同领域初步建立了低碳发展激励机制体系。许多探索性的激励机制也即将从试点走向普及。例如，自 2011 年底以来，中国已先后在北京、上海、天津、湖北、广东、深圳、重庆 7 个省（市）启动碳排放交易试点，取得了不少经验，2017 年即将启动全国范围内统一的碳排放交易市场。中国 2050 年低碳发展战略也即将公布[2]（渐趋完善的低碳发展体制、机制将从制度上有力保障区域协同低碳发展）。

（六）低碳发展已成为世界的历史发展潮流，区域协同低碳发展乃顺势而为

无论从全球生态环境保护还是长期可持续的经济增长角度出发，低碳发展都是人类历史发展的大趋势。与其被动消极地抵触，不如积极主动地适应这一发展大势，顺势而为。因此，许多国家特别是发达国家早已经开始向低

---

① 中国电力企业联合会：《中国电力行业年度发展报告 2016》。
② 新华网，http://jjckb.xinhuanet.com。

碳发展领域进军，不断加大低碳技术研发投入，积极探索低碳发展的有效措施，努力推动产业结构向低碳方向转型，希望在未来的低碳发展中赢得一席之地，为本国的可持续发展赢得更大的空间和机会。随着中国与世界的联系日益密切，世界低碳发展潮流也必将从理念、技术、标准、产品、产业链等各个方面冲击中国各个区域的发展，推动中国的区域协同低碳发展。中国各地区相继制定的应对气候变化规划是对这一历史大势的积极响应。

二　区域协同低碳发展仍然面临艰巨的困难和挑战

虽然中国的区域协同低碳发展充满机遇，符合当今世界发展潮流和历史发展大势，但面临的困难和挑战仍然十分艰巨。

（一）低碳技术瓶颈仍亟待进一步突破

低碳技术是促进区域协同低碳发展的核心因素，但中国低碳技术的整体水平与国际先进水平仍有差距，一些核心技术仍未取得实质性进展。例如，中国的风电、太阳能光伏发电等可再生能源产业规模庞大，但缺乏核心技术支撑。而且，这些产业在缺乏核心技术或核心技术尚不成熟时，过早参与国际相关产业链，导致产业规模超常发展，但抑制了技术研发的积极性，存在被锁定在产业链低端的风险。又如，二氧化碳捕集和封存（CSS）仍处于研发示范阶段。同时，中国低碳技术的配套技术与设备基础薄弱，严重制约了低碳技术的自主创新和系统性发展。发达国家的一些核心低碳技术仍然对中国及其他发展中国家予以封锁，使低碳技术援助在历次全球气候变化谈判中都是焦点问题。此外，低碳技术的成本仍然较高，难以满足大规模推广的要求，而且不少低碳技术（如太阳能、核能、生物质能）的大规模应用甚至可能造成严重的生态环境破坏。

（二）区域协同低碳发展受区域发展阶段的制约

本书的分析表明，经济发展越好的地区，往往低碳发展水平也越高。然而，中国除少数地区已经基本完成工业化建设、城镇化水平较高以外，很多欠发达地区仍处于快速工业化、城镇化阶段。在这些欠发达地区，高碳产业仍是其支柱产业，在区域经济中占据较大比重，且短期内难以被其他产业特别是低碳产业大规模替代。处于快速城镇化阶段的欠发达地区，其基础设施也需要大规模的投资建设，对金属产品、水泥等高碳产品的需求量仍然很大。欠发达地区的发展特征表现在需求模式上，就是其最终需求中的资本形成增长较快、份额突出，而消费份额则很小。上述需求模式对增加值劳动作用较小，而对碳排放的影响较大。同时，由于城镇居民的人均能源消费远远高于农村居民，因而欠发达地区大规模的农村居民转为城镇居民通常也会大幅增加居民的能源消费量。因此，欠发达地区的发展仍然需要资源环境的有力支撑，这些地区正面临加快发展和转型升级的双重压力，其低碳发展仍然任重而道远。

（三）区域经济一体化仍处于初级阶段

总体上中国的生产力地区布局还不太合理，区域经济一体化仍处于初级阶段。受地方利益驱使，区域间低水平竞争激烈，妨碍了公平、有序的国内统一市场的形成。一方面，产业结构趋同，低水平重复建设现象、无序开发状况比较突出，使区域间产业关联弱，产业融合程度低；另一方面，地方保护主义现象也屡见不鲜，例如某些地区采取种种手段限制其他地区的同类产品在当地销售，或者干涉企业的并购、重组等市场行为。本书与上述现实状况对应的发现就是区域间经济溢出乘数总体上远远小于区域内乘数，且随时间改善的程度不太明显，不少地区的经济溢出乘数甚至有下降的趋势。与此同时，区域间的贸易往来主要以物质产品特别是生产资料为主，而服务及生活资料占区域间贸易的比重较低。表现在部门溢出效应上，就是区域间溢出效应较大的部门在供给侧主要是中间产品供应部门，在需求侧则主要是资本品供应部门。

（四）区域间贸易模式总体上不利于低碳发展

如前所述，目前中国的区域经济社会发展落差仍然很大，资本和劳动力等基本生产要素总体上呈现由经济社会发展水平较低地区向经济社会发展水平较高地区单向流动的特点。一方面，欠发达地区对资本、人才特别是优质资本和高水平的技术性人才的吸引力远低于发达地区，不少欠发达地区的人才流失情况比较严重。另一方面，由于某些欠发达地区急于发展经济、增加就业，在招商引资的过程中放低标准，导致发达地区的高能耗、高污染产业向欠发达地区转移的情况比较严峻。反映在本书的研究结果上，就是区域间溢出效应对区域经济的贡献总体上要小于其对区域碳排放的贡献；区域间存在明显的碳排放转移现象，且主要从经济社会发达地区向欠发达地区转移；区域间的贸易模式总体上不利于全国的碳减排，因而也不利于全国的低碳发展。

（五）区域协同低碳发展还存在比较明显的制度短板

1. 中国的低碳发展目前仍然以行政性手段推动为主，其他政策手段特别是经济手段的作用相对有限

一些重要的经济政策如碳税仍处于研究和酝酿状态；一些具有创新性的

经济手段如用能权交易目前仍处在试点阶段；还有一些已经通过试点获得认可的重要经济手段（如碳排放权交易）即将在全国范围内推广开来，但其运行步入正常化恐怕也需时日。有关低碳发展的法律手段也还很不完善，例如对低碳消费的法律规定尚属空白。同时一些与低碳发展相关的法律法规虽然已经颁布，但法律实施和执行却难以落实到位。即便是行政性手段的执行也往往受到严重干扰，因为很多地区的干部绩效考核仍然以 GDP 为主导，低碳发展目标还是"软指标"。

2. 区域经济及生态环境利益协调机制还很不完善

区域间基本利益关系尚未理顺，妨碍了区域间的协同低碳发展。一方面，区域间的经济利益关系协调还缺乏科学规范的制度体系。目前以分税制为基础的财税体制虽然增强了各地区财政创收的积极性，解决了地方经济发展激励问题，但也在一定程度上带来了区域间经济利益的冲突，使区域间难以建立有效的产业分工协作机制。由于大部分地区仍处于经济赶超阶段，迫切希望改善本地的财政状况，为了增加财政收入有可能通过行政手段干预企业决策，同时还可能以利益为出发点决定是否与其他地区开展合作。另一方面，区域间生态环境利益关系协调机制仍处于起步阶段，区域间的生态补偿机制、污染排放权的分配制度、环境责任分担制度、生态环境协同治理机制等都还在探索研究之中。

三　区域协同低碳发展的路径与政策

（一）促进区域市场一体化，改善区域间经济溢出效应

区域间经济溢出效应的改善是区域协同低碳发展的助推器，而区域间经济溢出效应的改善离不开区域市场一体化的进一步深化。区域协同加强基础设施建设，特别是交通、物流、通信条件的改善将为区域市场一体化的深化奠定坚实的物质基础，极大地推进区域市场一体化。国家和各级地方政府都应积极筹措资金，包括积极引进民间投资，保证对基础设施的投入。特别是区域之间应加强交流、沟通和协作，提高基础设施建设投资的效率，优化基础设施格局。

在强化物质基础的同时，也要为区域市场一体化的深化创造良好的制度条件，即积极完善区域间利益协调机制。物质基础与良好的制度条件能够良性互动，相互促进。为此，首先要进一步通过改革强化市场在资源配置中的决定性作用，使企业成为区域市场一体化进程的主导力量。

政府则应在基础设施、公共服务建设中发挥主导作用的同时，清理和废除有碍统一市场和公平竞争的各种规章制度，减少对市场主体不必要的干预。其次，可以考虑建立基于产业链的利益协调机制，如联合共建、股份制运作、财政转移支付制度等，使产业链上的基础原料供应地区能够共享产业链高端产品所在地区获取的高附加值，或得到合理的利益补偿。还可以考虑通过合法的民间机构（如行业协会）来协调区域间利益。再次，通过完善法律体系，为区域利益协调机制提供法律保障，提高其约束力和执行力。最后，中央政府对有利于发挥各区域比较优势的区域间合作项目应予以鼓励，如减免税收。

（二）坚持区域主体功能导向，协同优化升级产业结构

各区域的生态环境承载力、资源禀赋、经济社会发展水平存在显著差异。"十一五"期间国务院就已经根据各区域的差异性，将全国国土空间统一划分为优化开发、重点开发、限制开发和禁止开发四大类主体功能区。各区域应根据自身的功能定位，明确发展方向，融入国家区域发展大格局。同时，中央政府也应基于各区域的主体功能，进一步制定和落实不同区域的差异化政绩考核指标和配套的政策措施，引导各区域按其功能定位有序发展和低碳发展，避免不同区域在单一的 GDP 考核指挥棒下盲目投资、开发，低水平重复建设及由此可能产生的区域间恶性竞争，促进区域间的功能互补与协作。进一步，由于各地区的主体功能定位不同，因而不存在统一的区域产业结构优化标准，而只有适合各区域功能定位的产业结构优化方向。各区域之间应当积极主动地开展协作，谋求资源的区域间有效配置及产业的合理布局，实现产业结构的协同优化升级，继而促进区域协调低碳发展。经济欠发达地区在承接发达地区相关产业转移时，必须充分考虑自身的功能定位和低碳发展要求。同时，发达地区对欠发达地区的资金、技术、人才等方面的援助应当得到进一步的引导和鼓励。

（三）结合供给侧结构性改革，优化需求结构

本书的研究表明，各类最终需求中，消费对经济（增加值）的拉动乘数最大，对碳排放的拉动乘数最小。然而，从需求视角来看，消费提振乏力却是区域协同低碳发展需要克服的一大困难。其中一个关键问题就是处在供给侧的生产企业所供给的产品结构、质量与人民的消费能力、消费水平不匹配，归根结底就是人民日益增长的美好生活需要和不平衡

不充分的发展之间的矛盾。供给侧的结构性问题就是这一矛盾的主要方面：随着经济进入新常态，一些提供高碳产品的行业（如重化工业）产能过剩，而提供高端、优质消费品和服务的行业则发展缓慢。

因而，大力推进供给侧结构性改革，消解产能过剩问题，提升高端、优质、低碳产品和服务的供给能力，是促进消费增长，优化需求结构，继而促进区域协同低碳发展的重大战略举措。与此同时，也应注意到，长期以来中国的居民收入增速落后于经济增速，加之各种社会保障制度仍不完善，严重抑制了居民消费的积极性。这就需要通过完善收入分配制度、财税体制改革及精准扶贫等政策措施来提高中、低收入者的收入水平和支付能力，同时还需要通过建立健全社会保障体系等途径增强居民的边际消费倾向。

在积极促进消费增长的同时，一方面应通过投资体制改革等措施提高投资效率，避免投资的盲目扩张。政府主要负责民生工程、生态环境保护、交通基础设施的公共服务领域和国家战略行业的投资，其他领域的投资则应积极发挥市场的资源配置功能。另一方面，还应积极通过供给侧结构性改革，并依托"一带一路"倡议，以及设立自由贸易区等贸易发展方式，大力优化中国的出口结构，促进低碳产品和服务的出口增长，从而提升出口的经济影响力，降低出口的碳排放影响力。

（四）区域协同技术创新，突破低碳技术瓶颈

本书的研究表明，低碳技术的发展所带来的各区域各部门直接碳排放强度的快速下降为中国的区域协同低碳发展做出了巨大贡献。未来中国区域协同低碳发展的进一步深化也离不开低碳技术的支撑，只要不断突破低碳技术瓶颈，就能有效提升中国在低碳约束下的生产力水平，并对区域协同低碳发展产生巨大的推动作用。区域之间的协同技术创新是突破低碳技术瓶颈的重要途径。第一，区域协同技术创新有利于先进低碳技术在区域间扩散。第二，区域协同技术创新有利于改善低碳技术的配套技术与设备基础，从而有利于在核心低碳技术研发方面取得突破和低碳技术的系统性发展。第三，区域协同技术创新有利于优化低碳产业的区域布局，降低或避免国内低碳产业内部的恶性竞争，使低碳技术的研发得到有效的资源保障，逐渐提升中国低碳产业在全球低碳产业链中的位置。

（五）创新区域协同低碳发展制度

低碳发展需要低碳技术创新为其提供物质基础，同时也需要相应的低碳制度创新为其创造良好的制度环境。低碳发展需要经济增长路径发生重大变化，从高度依赖能源消耗和碳排放的原有路径转向低碳路径，这会冲击原有路径下各类主体的经济利益。如果没有相应的低碳发展制度保障，原有路径下各类主体通常很难自觉改变自身的行为方式以转向低碳发展路径。因此，必须创新低碳发展制度，使碳排放的外部成本内部化，从根本上改变各类经济主体的决策约束条件，使低碳发展逐渐成为其利益最大化的必然选择。

当前，中国的低碳发展制度体系建设虽然取得了长足进展，但仍不能满足中国低碳发展的要求，亟待进一步完善。一方面，需要尽快建立和补充缺失的、具有区域差异性的低碳发展政策措施。例如，应当通过立法严格禁止在限制开发区和禁止开发区发展高碳产业；完善区域性低碳发展绩效考核制度；建立共担责任原则下的区域碳排放责任核算制度；在即将推出全国统一碳排放市场的同时，可以考虑引入区域差别化的碳税制度，进一步扩大用能权交易试点；根据区域经济社会发展水平建立和完善气候变化资金体系；完善政府低碳采购制度、低碳产业发展保险制度、低碳金融制度等。另一方面，需要增强政策措施之间的协同性，避免不同政策措施的冲突和矛盾，优化低碳发展政策体系。

附　录

附录A：各地区分产业增加值占全国份额及构成

表 A1　2015 年各地区分产业增加值在全国所占份额

单位：%

地区	第一产业	第二产业			第三产业						
		工业	建筑业	合计	交通运输、仓储和邮政业	批发和零售业	住宿和餐饮业	金融业	房地产业	其他	合计
北　京	0.2	1.3	2.1	1.5	2.9	3.4	2.5	7.7	4.3	6.7	5.4
天　津	0.3	2.5	1.6	2.4	2.2	3.0	1.6	3.1	1.9	2.5	2.5
河　北	5.7	4.6	3.8	4.5	7.1	3.4	2.6	2.9	4.0	2.9	3.5
山　西	1.3	1.6	1.8	1.6	2.7	1.6	2.2	2.2	1.9	2.0	2.0
内蒙古	2.7	2.8	2.7	2.8	3.3	2.5	4.0	1.6	1.3	1.8	2.1
辽　宁	3.9	4.1	4.0	4.1	5.1	4.3	3.9	3.6	3.5	3.5	3.9
吉　林	2.6	2.2	2.0	2.2	1.6	1.6	2.1	1.1	1.3	1.8	1.6
黑龙江	4.3	1.5	1.8	1.5	2.1	2.4	3.0	1.7	1.8	2.3	2.2
上　海	0.2	2.6	1.8	2.5	3.4	5.5	2.4	8.1	5.1	4.3	5.0
江　苏	6.6	10.2	8.7	10.0	8.1	10.1	7.5	10.3	11.3	10.3	10.0
浙　江	3.0	6.3	5.5	6.1	4.9	7.6	6.3	5.7	7.1	6.0	6.3
安　徽	4.0	3.4	3.6	3.4	2.4	2.4	2.6	2.4	2.6	2.6	2.5
福　建	3.5	3.9	4.8	4.1	4.6	3.0	2.5	3.3	3.2	2.9	3.2
江　西	2.9	2.5	3.2	2.6	2.2	1.7	2.5	1.8	1.7	2.0	1.9
山　东	8.2	9.4	7.8	9.2	7.5	12.1	8.3	5.8	7.8	7.7	8.4

地区	第一产业	第二产业			第三产业						
		工业	建筑业	合计	交通运输、仓储和邮政业	批发和零售业	住宿和餐饮业	金融业	房地产业	其他	合计
河 南	6.9	5.8	4.6	5.6	5.4	3.8	6.5	3.9	5.0	4.1	4.3
湖 北	5.4	4.2	4.4	4.2	3.7	3.4	4.4	3.6	3.4	3.9	3.7
湖 南	5.5	4.0	4.0	4.0	3.9	3.4	3.8	2.2	2.3	4.8	3.7
广 东	5.5	11.0	5.2	10.2	8.8	11.0	9.2	11.2	15.4	10.2	10.9
广 西	4.2	2.3	2.9	2.4	2.4	1.6	2.4	2.0	2.0	1.8	1.9
海 南	1.4	0.2	0.8	0.3	0.6	0.6	1.1	0.5	0.9	0.4	0.6
重 庆	1.9	2.0	3.2	2.2	2.3	1.9	2.3	2.8	2.6	2.0	2.2
四 川	6.0	4.0	5.0	4.1	3.7	2.7	5.4	4.3	3.8	4.1	3.8
贵 州	2.7	1.2	1.8	1.3	2.8	1.0	2.3	1.2	0.7	1.4	1.4
云 南	3.4	1.4	3.4	1.7	0.9	1.9	2.8	1.9	0.9	2.0	1.8
西 藏	0.2	0.0	0.7	0.1	0.1	0.1	0.2	0.1	0.1	0.2	0.2
陕 西	2.6	2.7	3.8	2.8	2.1	2.2	2.7	2.1	2.1	2.1	2.1
甘 肃	1.6	0.6	1.6	0.8	0.8	0.7	1.2	0.9	0.7	1.2	1.0
青 海	0.3	0.3	0.7	0.4	0.3	0.2	0.3	0.4	0.2	0.3	0.3
宁 夏	0.4	0.4	0.9	0.4	0.6	0.2	0.3	0.4	0.3	0.4	0.4
新 疆	2.6	1.0	2.0	1.1	1.6	0.8	1.0	1.1	0.9	1.5	1.2

数据来源：根据《中国统计年鉴2016》刊载数据计算得到。

表 A2　2015 年各地区生产总值构成

单位：%

地区	第一产业	第二产业			第三产业						
		工业	建筑业	合计	交通运输、仓储和邮政业	批发和零售业	住宿和餐饮业	金融业	房地产业	其他	合计
北 京	0.6	16.1	4.2	20.3	4.3	10.2	1.7	17.1	6.3	39.5	79.1
天 津	1.3	42.2	4.5	46.7	4.4	12.5	1.5	9.7	3.7	20.2	52.0
河 北	11.6	42.6	6.0	48.6	8.0	8.0	1.4	5.0	4.4	13.1	39.8
山 西	6.2	34.3	6.7	40.9	7.0	8.5	2.8	9.0	5.0	20.7	52.9
内蒙古	9.1	43.5	7.1	50.6	6.1	9.7	3.5	4.7	2.5	13.9	40.4
辽 宁	8.4	39.5	6.6	46.1	6.0	10.4	2.2	6.5	4.1	16.4	45.6
吉 林	11.4	43.6	6.6	50.2	3.8	8.0	2.3	4.0	3.1	17.1	38.4

地区	第一产业	第二产业			第三产业						
		工业	建筑业	合计	交通运输、仓储和邮政业	批发和零售业	住宿和餐饮业	金融业	房地产业	其他	合计
黑龙江	17.5	27.0	5.7	32.6	4.7	11.2	3.2	5.6	4.0	21.1	49.8
上 海	0.4	28.5	3.4	31.9	4.5	15.2	1.5	16.6	6.8	23.1	67.6
江 苏	5.7	40.1	5.8	45.9	3.9	10.0	1.7	7.6	5.4	19.9	48.4
浙 江	4.3	40.2	6.0	46.1	3.8	12.2	2.3	6.8	5.5	18.9	49.6
安 徽	11.2	42.3	7.8	50.0	3.6	7.5	1.9	5.7	4.0	16.1	38.8
福 建	8.2	41.8	8.8	50.5	6.0	7.9	1.5	6.5	4.2	15.2	41.3
江 西	10.6	41.5	9.0	50.5	4.4	7.1	2.3	5.4	3.3	16.3	38.9
山 东	7.9	41.3	5.8	47.1	4.0	13.4	2.1	4.8	4.1	16.6	45.0
河 南	11.4	42.9	5.8	48.8	4.9	7.1	2.8	5.4	4.5	15.1	39.8
湖 北	11.2	39.2	6.9	46.1	4.2	7.9	2.4	6.3	3.9	18.0	42.7
湖 南	11.6	38.0	6.5	44.6	4.5	8.1	2.1	3.8	2.6	22.7	43.9
广 东	4.6	41.6	3.4	45.0	4.0	10.5	2.0	7.9	7.0	19.0	50.4
广 西	15.3	38.0	8.1	46.1	4.8	6.8	2.2	6.1	3.9	14.7	38.6
海 南	23.2	13.2	10.6	23.8	5.1	12.0	4.7	6.6	8.2	16.3	52.9
重 庆	7.3	35.4	9.6	45.0	4.8	8.6	2.3	9.0	5.4	17.6	47.6
四 川	12.3	36.8	7.7	44.6	4.1	6.2	2.9	7.3	4.2	18.5	43.2
贵 州	15.7	31.8	8.0	39.8	8.8	6.4	3.5	5.8	2.2	17.7	44.5
云 南	15.1	28.3	11.6	39.9	2.2	9.8	3.2	7.2	2.1	20.3	44.9
西 藏	9.6	6.8	29.9	36.7	3.1	6.6	3.1	6.6	2.9	31.3	53.7
陕 西	8.9	40.9	9.9	50.8	4.0	8.4	2.4	6.0	3.9	15.6	40.2
甘 肃	14.1	26.3	10.8	37.2	4.1	7.5	2.9	6.6	3.6	24.0	48.7
青 海	8.7	37.0	13.0	50.0	3.8	6.4	1.8	9.2	2.2	18.0	41.3
宁 夏	8.2	33.8	13.8	47.6	6.9	4.7	1.8	8.8	3.3	18.6	44.2
新 疆	16.8	29.5	10.3	39.8	5.8	5.6	1.7	6.1	3.1	21.1	43.4

数据来源：根据《中国统计年鉴 2016》刊载数据计算得到。

附录 B：需求侧溢出—反馈效应

$$\begin{pmatrix} X^a \\ X^b \\ X^c \end{pmatrix} = \begin{bmatrix} A^{aa} & A^{ab} & A^{ac} \\ A^{ba} & A^{bb} & A^{bc} \\ A^{ca} & A^{cb} & A^{cc} \end{bmatrix} \begin{pmatrix} X^a \\ X^b \\ X^c \end{pmatrix} + \begin{pmatrix} Y^a \\ Y^b \\ Y^c \end{pmatrix}$$

$$(I - A^{aa})X^a - A^{ab}X^b - A^{ac}X^c = Y^a \tag{B1}$$

$$- A^{ba} X^a + (I - A^{bb}) X^b - A^{bc} X^c = Y^b \qquad\text{(B2)}$$

$$- A^{ca} X^a - A^{cb} X^b + (I - A^{cc}) X^c = Y^c \qquad\text{(B3)}$$

假定所涉及的所有矩阵都可逆, 可将式 (B1) ~ (B3) 化为:

$$(A^{ab})^{-1} (I - A^{aa}) X^a - X^b - (A^{ab})^{-1} A^{ac} X^c = (A^{ab})^{-1} Y^a \qquad\text{(B4)}$$

$$- (I - A^{bb})^{-1} A^{ba} X^a + X^b - (I - A^{bb})^{-1} A^{bc} X^c = (I - A^{bb})^{-1} Y^b \qquad\text{(B5)}$$

$$- (A^{cb})^{-1} A^{ca} X^a - X^b + (A^{cb})^{-1} (I - A^{cc}) X^c = (A^{cb})^{-1} Y^c \qquad\text{(B6)}$$

令 $D^{ab} = (I - A^{bb})^{-1} A^{ab}, M^{aa} = (I - A^{aa})^{-1}$

易知:

$$(A^{ab})^{-1} A^{ac} = [(A^{ab})^{-1} (I - A^{aa})] [(I - A^{aa})^{-1} A^{ac}] = (D^{ab})^{-1} D^{ac},$$

$$(A^{ab})^{-1} = [(A^{ab})^{-1} (I - A^{aa})] (I - A^{aa})^{-1} = (D^{ab})^{-1} M^{aa}$$

类似地, $(A^{cb})^{-1} A^{ca} = (D^{cb})^{-1} D^{ca}$, $(A^{cb})^{-1} = (D^{cb})^{-1} M^{cc}$。

则式 (B4) ~ (B6) 可改写为式 (B7) ~ (B9):

$$(D^{ab})^{-1} X^a - X^b - (D^{ab})^{-1} D^{ac} X^c = (D^{ab})^{-1} M^{aa} Y^a \qquad\text{(B7)}$$

$$- D^{ba} X^a + X^b - D^{bc} X^c = M^{bb} Y^b \qquad\text{(B8)}$$

$$- (D^{cb})^{-1} D^{ca} X^a - X^b + (D^{cb})^{-1} X^c = (D^{cb})^{-1} M^{cc} Y^c \qquad\text{(B9)}$$

(B7) + (B8) 得:

$$[(D^{ab})^{-1} - D^{ba}] X^a - [D^{bc} + (D^{ab})^{-1} D^{ac}] X^c = (D^{ab})^{-1} M^{aa} Y^a + M^{bb} Y^b \qquad\text{(B10)}$$

(B9) + (B8) 得:

$$- [D^{ba} + (D^{cb})^{-1} D^{ca}] X^a + [(D^{cb})^{-1} - D^{bc}] X^c = M^{bb} Y^b + (D^{cb})^{-1} M^{cc} Y^c \qquad\text{(B11)}$$

式 (B10)、(B11) 可进一步整理为:

$$\begin{aligned}
&[D^{bc} + (D^{ab})^{-1} D^{ac}]^{-1} [(D^{ab})^{-1} - D^{ba}] X^a - X^c \\
&= [D^{bc} + (D^{ab})^{-1} D^{ac}]^{-1} [(D^{ab})^{-1} M^{aa} Y^a + M^{bb} Y^b]
\end{aligned} \qquad\text{(B12)}$$

$$\begin{aligned}
&- [(D^{cb})^{-1} - D^{bc}]^{-1} [D^{ba} + (D^{cb})^{-1} D^{ca}] X^a + X^c \\
&= [(D^{cb})^{-1} - D^{bc}]^{-1} [M^{bb} Y^b + (D^{cb})^{-1} M^{cc} Y^c]
\end{aligned} \qquad\text{(B13)}$$

又:

$$[D^{bc} + (D^{ab})^{-1} D^{ac}]^{-1} = (D^{ab} D^{bc} + D^{ac})^{-1} D^{ab}$$

$$[(D^{ab})^{-1} - D^{ba}] = (D^{ab})^{-1} (I - D^{ab} D^{ba})$$

$$[(D^{cb})^{-1} - D^{bc}]^{-1} = (I - D^{bc} D^{cb})^{-1} D^{cb}$$

$$[D^{ba} + (D^{cb})^{-1} D^{ca}] = (D^{cb})^{-1} (D^{cb} D^{ba} + D^{ca})$$

（B12） + （B13） 得：

$$\begin{aligned}
& [(D^{ab} D^{bc} + D^{ac})^{-1} D^{ab} (D^{ab})^{-1} (I - D^{ab} D^{ba}) \\
& \quad - (I - D^{bc} D^{cb})^{-1} D^{cb} (D^{cb})^{-1} (D^{cb} D^{ba} + D^{ca})] X^a \\
& = (D^{ab} D^{bc} + D^{ac})^{-1} D^{ab} [(D^{ab})^{-1} M^{aa} Y^a + M^{bb} Y^b] \\
& \quad + (I - D^{bc} D^{cb})^{-1} D^{cb} [M^{bb} Y^b + (D^{cb})^{-1} M^{cc} Y^c]
\end{aligned}$$

整理得：

$$\begin{aligned}
& [(D^{ab} D^{bc} + D^{ac})^{-1} (I - D^{ab} D^{ba}) - (I - D^{bc} D^{cb})^{-1} (D^{cb} D^{ba} + D^{ca})] X^a \\
& = (D^{ab} D^{bc} + D^{ac})^{-1} M^{aa} Y^a + [(D^{ab} D^{bc} + D^{ac})^{-1} D^{ab} \\
& \quad + (I - D^{bc} D^{cb})^{-1} D^{cb}] M^{bb} Y^b + (I - D^{bc} D^{cb})^{-1} M^{cc} Y^c
\end{aligned}$$

提取因式 $(D^{ab} D^{bc} + D^{ac})^{-1}$ 并整理得：

$$\begin{aligned}
& (D^{ab} D^{bc} + D^{ac})^{-1} [(I - D^{ab} D^{ba}) - (D^{ab} D^{bc} + D^{ac}) (I - D^{bc} D^{cb})^{-1} (D^{cb} D^{ba} + D^{ca})] X^a \\
& = (D^{ab} D^{bc} + D^{ac})^{-1} M^{aa} Y^a + (D^{ab} D^{bc} + D^{ac})^{-1} [D^{ab} \\
& \quad + (D^{ab} D^{bc} + D^{ac}) (I - D^{bc} D^{cb})^{-1} D^{cb}] M^{bb} Y^b + (I - D^{bc} D^{cb})^{-1} M^{cc} Y^c
\end{aligned}$$

方程两边同时左乘 $(D^{ab} D^{bc} + D^{ac})$ 得：

$$\begin{aligned}
& [(I - D^{ab} D^{ba}) - (D^{ab} D^{bc} + D^{ac}) (I - D^{bc} D^{cb})^{-1} (D^{cb} D^{ba} + D^{ca})] X^a \\
& = M^{aa} Y^a + [D^{ab} + (D^{ab} D^{bc} + D^{ac}) (I - D^{bc} D^{cb})^{-1} D^{cb}] M^{bb} Y^b \\
& \quad + (D^{ab} D^{bc} + D^{ac}) (I - D^{bc} D^{cb})^{-1} M^{cc} Y^c
\end{aligned}$$

易得：

$$X^a = F^{aa} M^{aa} Y^a + F^{aa} U^{ba} M^{bb} Y^b + F^{aa} S^{ca} M^{cc} Y^c \tag{B14}$$

其中：

$$\begin{aligned}
F^{aa} &= [I - D^{ab} D^{ba} - S^{ca} (D^{cb} D^{ba} + D^{ca})]^{-1} \\
S^{ca} &= (D^{ab} D^{bc} + D^{ac}) (I - D^{bc} D^{cb})^{-1} \\
U^{ba} &= D^{ab} + S^{ca} D^{cb}
\end{aligned}$$

同理可得，

$$X^b = F^{bb} M^{bb} Y^b + F^{bb} U^{cb} M^{cc} Y^c + F^{bb} S^{ab} M^{aa} Y^a \tag{B15}$$

$$X^c = F^{cc} M^{cc} Y^c + F^{cc} U^{ac} M^{aa} Y^a + F^{cc} S^{bc} M^{bb} Y^b \tag{B16}$$

其中，M^{bb}、M^{cc} 的表达式分别与 M^{aa} 类似；F^{bb}、F^{cc} 的表达式分别与 F^{aa} 类似；S^{ab}、S^{bc} 的表达式分别与 S^{ca} 类似；U^{cb}、U^{ac} 的表达式分别与 U^{ba} 类似。

可将式（B14）～（B16）表示为：

$$\begin{pmatrix} X^a \\ X^b \\ X^c \end{pmatrix} = \begin{bmatrix} F^{aa} & & \\ & F^{bb} & \\ & & F^{cc} \end{bmatrix}\begin{bmatrix} I & U^{ba} & S^{ca} \\ S^{ab} & I & U^{cb} \\ U^{ac} & S^{bc} & I \end{bmatrix}\begin{bmatrix} M^{aa} & & \\ & M^{bb} & \\ & & M^{cc} \end{bmatrix}\begin{pmatrix} Y^a \\ Y^b \\ Y^c \end{pmatrix} \quad (B17)$$

区域内乘数效应　区域间溢出效应　区域间反馈效应

Dietzenbacher（2002）以两个区域为例给出的区域内乘数效应、区域间溢出效应以及区域间反馈效应的具体表达式具有清晰的经济学含义，可将其拓展到三个区域的情形。由（B17）式可知，区域间 Leontief 逆矩阵可表示为：

$$L = \begin{bmatrix} L^{aa} & L^{ab} & L^{ac} \\ L^{ba} & L^{bb} & L^{bc} \\ L^{ca} & L^{cb} & L^{cc} \end{bmatrix} = \begin{bmatrix} F^{aa} & & \\ & F^{bb} & \\ & & F^{cc} \end{bmatrix}\begin{bmatrix} I & U^{ba} & S^{ca} \\ S^{ab} & I & U^{cb} \\ U^{ac} & S^{bc} & I \end{bmatrix}\begin{bmatrix} M^{aa} & & \\ & M^{bb} & \\ & & M^{cc} \end{bmatrix}$$

$$= \begin{bmatrix} F^{aa}M^{aa} & F^{aa}U^{ba}M^{bb} & F^{aa}S^{ca}M^{cc} \\ F^{bb}S^{ab}M^{aa} & F^{bb}M^{bb} & F^{bb}U^{cb}M^{cc} \\ F^{cc}U^{ac}M^{aa} & F^{cc}S^{bc}M^{bb} & F^{cc}M^{cc} \end{bmatrix}$$

令 $\eta^a = \eta^b = \eta^c = (1, \cdots, 1)^T$。以区域 a 为例，其最终需求产生的总产出效应为：

$$[(\eta^a)^T, (\eta^b)^T, (\eta^c)^T][(L^{aa})^T, (L^{ba})^T, (L^{ca})^T]$$

$$= (\eta^a)^T F^{aa}M^{aa} + (\eta^b)^T F^{bb}S^{ab}M^{aa} + (\eta^c)^T F^{cc}U^{ac}M^{aa}$$

$$= (\eta^a)^T M_{aa} + (\eta^b)^T S^{ab}M^{aa} + (\eta^c)^T U^{ac}M^{aa} + [(\eta^a)^T (F^{aa} - I)M^{aa}$$

$$+ (\eta^b)^T (F^{bb} - I)S^{ab}M^{aa} + (\eta^c)^T (F^{cc} - I)U^{ac}M^{aa}]$$

其中，$(\eta^a)^T M^{aa}$ 表示需求侧区域内产出乘数，$(\eta^b)^T S^{ab}M^{aa}$ 表示区域 a 对区域 b 的需求侧产出溢出效应，$(\eta^c)^T U^{ac}M^{aa}$ 表示区域 a 对区域 c 的需求侧溢出效应，而区域 a 通过影响区域 b 和 c 而对自身产生的需求侧产出反馈效应为 $(\eta^a)^T (F^{aa} - I) M^{aa} + (\eta^b)^T (F^{bb} - I) S^{ab}M^{aa} + (\eta^c)^T (F^{cc} - I) U^{ac}M^{aa}$。类似地，可以得到其他区域的各项效应。进一步，如果将 η 定义为增加值率或劳动报酬率（增加值或劳动报酬与总产出的比值）向量，则可得到相应的增加值或劳动报酬的各类乘数。

附录 C：供给侧溢出—反馈效应表达式

类似需求侧溢出—反馈效应表达式的推导过程，我们可以将供给侧溢出—反馈效应的表达式推导如下：

$$\begin{pmatrix} X^a \\ X^b \\ X^c \end{pmatrix}^T = \begin{pmatrix} X^a \\ X^b \\ X^c \end{pmatrix}^T \begin{bmatrix} A'^{aa} & A'^{ab} & A'^{ac} \\ A'^{ba} & A'^{bb} & A'^{bc} \\ A'^{ca} & A'^{cb} & A'^{cc} \end{bmatrix} + \begin{pmatrix} V^a \\ V^b \\ V^c \end{pmatrix}^T$$

$$(X^a)^{\mathrm{T}}(I - A'^{aa}) - (X^b)^{\mathrm{T}}A'^{ba} - (X^c)^{\mathrm{T}}A'^{ca} = (V^a)^{\mathrm{T}} \tag{C1}$$

$$-(X^a)^{\mathrm{T}}A'^{ab} + (X^b)^{\mathrm{T}}(I - A'^{bb}) - (X^c)^{\mathrm{T}}A'^{cb} = (V^b)^{\mathrm{T}} \tag{C2}$$

$$-(X^a)^{\mathrm{T}}A'^{ac} - (X^b)^{\mathrm{T}}A'^{bc} + (X^c)^{\mathrm{T}}(I - A'^{cc}) = (V^c)^{\mathrm{T}} \tag{C3}$$

同样，假定所涉及的所有矩阵都可逆，可将式（C1）～（C3）化为：

$$(X^a)^{\mathrm{T}}(I - A'^{aa})(A'^{ba})^{-1} - (X^b)^{\mathrm{T}} - (X^c)^{\mathrm{T}}A'^{ca}(A'^{ba})^{-1} = (V^a)^{\mathrm{T}}(A'^{ba})^{-1} \tag{C4}$$

$$-(X^a)^{\mathrm{T}}A'^{ab}(I - A'^{bb})^{-1} + (X^b)^{\mathrm{T}} - (X^c)^{\mathrm{T}}A'^{cb}(I - A'^{bb})^{-1} = (V^b)^{\mathrm{T}}(I - A'^{bb})^{-1} \tag{C5}$$

$$-(X^a)^{\mathrm{T}}A'^{ac}(A'^{bc})^{-1} - (X^b)^{\mathrm{T}} + (X^c)^{\mathrm{T}}(I - A'^{cc})(A'^{bc})^{-1} = (V^c)^{\mathrm{T}}(A'^{bc})^{-1} \tag{C6}$$

令 $D'^{ab} = A'^{ab}(I - A'^{bb})^{-1}$，$M'^{aa} = (I - A'^{aa})^{-1}$

易知：

$$A'^{ca}(A'^{ba})^{-1} = [A'^{ca}(I - A'^{bb})^{-1}][(I - A'^{bb})(A'^{ba})^{-1}] = D'^{ca}(D'^{ba})^{-1}$$
$$(A'^{ba})^{-1} = (I - A'^{bb})^{-1}[(I - A'^{bb})(A'^{ba})^{-1}] = M'^{aa}(D'^{ba})^{-1}$$

则式（C4）～（C6）可改写为式（C7）～（C9）：

$$(X^a)^{\mathrm{T}}(D'^{ba})^{-1} - (X^b)^{\mathrm{T}} - (X^c)^{\mathrm{T}}D'^{ca}(D'^{ba})^{-1} = (V^a)^{\mathrm{T}}M'^{aa}(D'^{ba})^{-1} \tag{C7}$$

$$-(X^a)^{\mathrm{T}}D'^{ab} + (X^b)^{\mathrm{T}} - (X^c)^{\mathrm{T}}D'^{cb} = (V^b)^{\mathrm{T}}M'^{bb} \tag{C8}$$

$$-(X^a)^{\mathrm{T}}D'^{ac}(D'^{bc})^{-1} - (X^b)^{\mathrm{T}} + (X^c)^{\mathrm{T}}(D'^{bc})^{-1} = (V^c)^{\mathrm{T}}M'^{cc}(D'^{bc})^{-1} \tag{C9}$$

其中，M'_{bb}、M'_{cc} 的表达式分别与 M'_{aa} 类似。

（C7）+（C8）得：

$$(X^a)^{\mathrm{T}}[(D'^{ba})^{-1} - D'^{ab}] - (X^c)^{\mathrm{T}}[D'^{cb} + D'^{ca}(D'^{ba})^{-1}]$$
$$= (V^a)^{\mathrm{T}}M'^{aa}(D'^{ba})^{-1} + (V^b)^{\mathrm{T}}M'^{bb} \tag{C10}$$

（C9）+（C8）得：

$$-(X^a)^{\mathrm{T}}[D'^{ab} + D'^{ac}(D'^{bc})^{-1}] + (X^c)^{\mathrm{T}}[(D'^{bc})^{-1} - D'^{cb}]$$
$$= (V^b)^{\mathrm{T}}M'^{bb} + (V^c)^{\mathrm{T}}M'^{cc}(D'^{bc})^{-1} \tag{C11}$$

式（C10）、（C11）可进一步整理为：

$$(X^a)^{\mathrm{T}}[(D'^{ba})^{-1} - D'^{ab}][D'^{cb} + D'^{ca}(D'^{ba})^{-1}]^{-1} - (X^c)^{\mathrm{T}}$$
$$= [(V^a)^{\mathrm{T}}M'^{aa}(D'^{ba})^{-1} + (V^b)^{\mathrm{T}}M'^{bb}][D'^{cb} + D'^{ca}(D'^{ba})^{-1}] \tag{C12}$$

$$-(X^a)^{\mathrm{T}}[D'^{ab} + D'^{ac}(D'^{bc})^{-1}][(D'^{bc})^{-1} - D'^{cb}]^{-1} + (X^c)^{\mathrm{T}}$$
$$= [(V^b)^{\mathrm{T}}M'^{bb} + (V^c)^{\mathrm{T}}M'^{cc}(D'^{bc})^{-1}][(D'^{bc})^{-1} - D'^{cb}] \tag{C13}$$

又：

$$(D'^{ba})^{-1} - D'^{ab} = (I - D'^{ab}D'^{ba})(D'^{ba})^{-1}$$

$$[D'^{cb} + D'^{ca}(D'^{ba})^{-1}]^{-1} = D'^{ba}(D'^{cb}D'^{ba} + D'^{ca})^{-1}$$

$$D'^{ab} + D'^{ac}(D'^{bc})^{-1} = (D'^{ab}D'^{bc} + D'^{ac})(D'^{bc})^{-1}$$

$$[(D'^{bc})^{-1} - D'^{cb}]^{-1} = D'^{bc}(I - D'^{cb}D'^{bc})^{-1}$$

（C12）＋（C13）得：

$$(X^a)^{\mathrm{T}}[(I - D'^{ab}D'^{ba})(D'^{ba})^{-1}D'^{ba}(D'^{cb}D'^{ba} + D'^{ca})^{-1}$$
$$- (D'^{ab}D'^{bc} + D'^{ac})(D'^{bc})^{-1}D'^{bc}(I - D'^{cb}D'^{bc})^{-1}]$$
$$= [(V^a)^{\mathrm{T}}M'^{aa}(D'^{ba})^{-1} + (V^b)^{\mathrm{T}}M'^{bb}]D'^{ba}(D'^{cb}D'^{ba} + D'^{ca})^{-1}$$
$$+ [(V^b)^{\mathrm{T}}M'^{bb} + (V^c)^{\mathrm{T}}M'^{cc}(D'^{bc})^{-1}]D'^{bc}(I - D'^{cb}D'^{bc})^{-1}$$

整理得：

$$(X^a)^{\mathrm{T}}[(I - D'^{ab}D'^{ba})(D'^{cb}D'^{ba} + D'^{ca})^{-1}$$
$$- (D'^{ab}D'^{bc} + D'^{ac})(I - D'^{cb}D'^{bc})^{-1}]$$
$$= (V^a)^{\mathrm{T}}M'^{aa}(D'^{cb}D'^{ba} + D'^{ca})^{-1}$$
$$+ (V^b)^{\mathrm{T}}M'^{bb}[D'^{ba}(D'^{cb}D'^{ba} + D'^{ca})^{-1}$$
$$+ D'^{bc}(I - D'^{cb}D'^{bc})^{-1}] + (V^c)^{\mathrm{T}}M'^{cc}(I - D'^{cb}D'^{bc})^{-1}$$

提取因式（$D'^{cb}D'^{ba} + D'^{ca}$）$^{-1}$并整理得：

$$(X^a)^{\mathrm{T}}[(I - D'^{ab}D'^{ba}) - (D'^{ab}D'^{bc} + D'^{ac})(I - D'^{cb}D'^{bc})^{-1}$$
$$(D'^{cb}D'^{ba} + D'^{ca})](D'^{cb}D'^{ba} + D'^{ca})^{-1}$$
$$= (V^a)^{\mathrm{T}}M'^{aa}(D'^{cb}D'^{ba} + D'^{ca})^{-1} + (V^b)^{\mathrm{T}}M'^{bb}[D'^{ba}$$
$$+ D'^{bc}(I - D'^{cb}D'^{bc})^{-1}(D'^{cb}D'^{ba} + D'^{ca})](D'^{cb}D'^{ba} + D'^{ca})^{-1}$$
$$+ (V^c)^{\mathrm{T}}M'^{cc}(I - D'^{cb}D'^{bc})^{-1}$$

方程两边同时右乘（$D'^{cb}D'^{ba} + D'^{ca}$）得：

$$(X^a)^{\mathrm{T}}[(I - D'^{ab}D'^{ba}) - (D'^{ab}D'^{bc} + D'^{ac})(I - D'^{cb}D'^{bc})^{-1}(D'^{cb}D'^{ba} + D'^{ca})]$$
$$= (V^a)^{\mathrm{T}}M'^{aa} + (V^b)^{\mathrm{T}}M'^{bb}[D'^{ba} + D'^{bc}(I - D'^{cb}D'^{bc})^{-1}(D'^{cb}D'^{ba} + D'^{ca})]$$
$$+ (V^c)^{\mathrm{T}}M'^{cc}(I - D'^{cb}D'^{bc})^{-1}(D'^{cb}D'^{ba} + D'^{ca})$$

易得：

$$(X^a)^{\mathrm{T}} = (V^a)^{\mathrm{T}}M'^{aa}F'^{aa} + (V^b)^{\mathrm{T}}M'^{bb}U'^{ba}F'^{aa} + (V^c)^{\mathrm{T}}M'^{cc}S^{ca}F'^{aa} \qquad (C14)$$

其中：

$$F'^{aa} = [I - D'^{ab}D'^{ba} - (D'^{ac} + D'^{ab}D'^{bc})S'^{ca}]^{-1}$$
$$S'^{ca} = (I - D'^{cb}D'^{bc})^{-1}(D'^{ca} + D'^{cb}D'^{ba})$$
$$U'^{ba} = D'^{ba} + D'^{bc}S^{ca}$$

同理可得：

$$(X^b)^{\mathrm{T}} = (V^b)^{\mathrm{T}} M'^{bb} F'^{bb} + (V^c)^{\mathrm{T}} M'^{cc} U'^{cb} F'^{bb} + (V^a)^{\mathrm{T}} M'^{aa} S'^{ab} F'^{bb} \quad (\text{C15})$$

$$(X^c)^{\mathrm{T}} = (V^c)^{\mathrm{T}} M'^{cc} F'^{cc} + (V^a)^{\mathrm{T}} M'^{aa} U'_{ac} F'^{cc} + (V^b)^{\mathrm{T}} M'^{bb} S'_{bc} F'^{cc} \quad (\text{C16})$$

其中，F'^{bb}、F'^{cc} 的表达式分别与 F'^{aa} 类似；S'^{ab}、S'^{bc} 的表达式分别与 S'^{ca} 类似；U'^{cb}、U'^{ac} 的表达式分别与 U'^{ba} 类似。

可将式（C14）~（C16）表示为：

$$\begin{pmatrix} X^a \\ X^b \\ X^c \end{pmatrix}^{\mathrm{T}} = \begin{pmatrix} V^a \\ V^b \\ V^c \end{pmatrix}^{\mathrm{T}} \begin{bmatrix} M'^{aa} & & \\ & M'^{bb} & \\ & & M'^{cc} \end{bmatrix} \begin{bmatrix} I & S'^{ab} & U'^{ac} \\ U'^{ba} & I & S'^{bc} \\ S'^{ca} & U'^{cb} & I \end{bmatrix} \begin{bmatrix} F'^{aa} & & \\ & F'^{bb} & \\ & & F'^{cc} \end{bmatrix} \quad (\text{C17})$$

$$\underbrace{\quad\quad\quad}_{\text{区域内乘数效应}} \underbrace{\quad\quad\quad}_{\text{区域间溢出效应}} \underbrace{\quad\quad\quad}_{\text{区域间反馈效应}}$$

由（C17）式可知，区域间 Ghosh 逆矩阵可表示为：

$$G = \begin{bmatrix} G^{aa} & G^{ab} & G^{ac} \\ G^{ba} & G^{bb} & G^{bc} \\ G^{ca} & G^{cb} & G^{cc} \end{bmatrix} = \begin{bmatrix} M'^{aa} & & \\ & M'^{bb} & \\ & & M'^{cc} \end{bmatrix} \begin{bmatrix} I & S'^{ab} & U'^{ac} \\ U'^{ba} & I & S'^{bc} \\ S'^{ca} & U'^{cb} & I \end{bmatrix} \begin{bmatrix} F'^{aa} & & \\ & F'^{bb} & \\ & & F'^{cc} \end{bmatrix}$$

$$\begin{bmatrix} M'^{aa} F'^{aa} & M'^{aa} S'^{ab} F'^{bb} & M'^{aa} S'^{ab} F'^{cc} \\ M'^{bb} U'^{ba} F'^{aa} & M'^{bb} F'^{bb} & M'^{bb} S'^{bc} F'^{cc} \\ M'^{cc} S'^{ca} F'^{aa} & M'^{cc} U'^{cb} F'^{bb} & M'^{cc} F'^{cc} \end{bmatrix}$$

以区域 a 为例，其供给侧产生的总效应为：

$$[(G^{aa})^{\mathrm{T}}, (G^{ab})^{\mathrm{T}}, (G^{ac})^{\mathrm{T}}][(\eta^a)^{\mathrm{T}}, (\eta^b)^{\mathrm{T}}, (\eta^c)^{\mathrm{T}}]^{\mathrm{T}}$$

$$= M'^{aa} F'^{aa} \eta^a + M'^{aa} S'^{ab} F'^{bb} \eta^b + M'^{aa} U'^{ac} F'^{cc} \eta^c$$

$$= M'^{aa} \eta^a + M'^{aa} S'^{ab} \eta^b + M'^{aa} U'^{ac} \eta^c + [M'^{aa} (F'^{aa} - I) \eta^a$$

$$+ M'^{aa} S'^{ab} (F'^{bb} - I) \eta^b + M'^{aa} U'^{ac} (F'^{cc} - I) \eta^c]$$

其中，$M'^{aa} \eta^a$ 表示供给侧区域内产出乘数，$M'^{aa} S'^{ab} \eta^b$ 表示区域 a 对区域 b 的供给侧产出溢出效应，$M'^{aa} U'^{ac} \eta^c$ 表示区域 a 对区域 c 的供给侧产出溢出效应，而区域 a 通过影响区域 b 和 c 而产生的供给侧产出反馈效应为 M'^{aa} $(F'^{aa} - I)$ $\eta^a + M'^{aa} S'^{ab}$ $(F'^{bb} - I)$ $\eta^b + M'^{aa} U'^{ac}$ $(F'^{cc} - I)$ η^c。类似地，可以得到其他区域的各项效应。进一步，如果分别将 η 定义为消费率或资本形成率或出口率（消费或资本形成或出口与总产出的比值）向量，则可得到相应的供给侧消费、资本形成和出口乘数。

附录 D：2002 年和 2007 年分部门的需求侧和供给侧经济溢出—反馈乘数效应

表 D1　2002 年三大地区分部门需求侧经济溢出—反馈乘数

部门代码	东部				中部				西部			
	区域内	溢出		反馈	区域内	溢出		反馈	区域内	溢出		反馈
		中部	西部			西部	东部			东部	中部	
s1	1.680	0.082	0.036	0.012	1.634	0.027	0.129	0.009	1.568	0.077	0.039	0.003
s2	1.870	0.080	0.027	0.015	1.502	0.032	0.197	0.013	1.574	0.154	0.070	0.006
s3	1.397	0.034	0.014	0.006	1.138	0.007	0.031	0.002	1.438	0.076	0.039	0.003
s4	2.149	0.118	0.041	0.020	1.888	0.047	0.196	0.014	1.601	0.155	0.064	0.006
s5	2.196	0.104	0.039	0.019	1.956	0.053	0.276	0.019	1.789	0.181	0.077	0.008
s6	2.330	0.170	0.076	0.023	2.363	0.070	0.245	0.018	2.161	0.184	0.091	0.008
s7	2.595	0.148	0.058	0.023	2.468	0.072	0.387	0.027	2.067	0.396	0.147	0.016
s8	2.641	0.151	0.061	0.025	2.338	0.102	0.406	0.029	2.131	0.517	0.187	0.020
s9	2.432	0.162	0.054	0.024	2.583	0.078	0.417	0.029	2.290	0.332	0.173	0.014
s10	2.539	0.152	0.058	0.026	2.362	0.069	0.388	0.027	2.180	0.365	0.198	0.016
s11	1.904	0.131	0.022	0.012	1.912	0.056	0.331	0.016	2.244	0.120	0.095	0.005
s12	2.377	0.116	0.041	0.019	2.108	0.056	0.314	0.021	2.377	0.267	0.115	0.011
s13	2.487	0.160	0.054	0.027	2.231	0.060	0.341	0.024	2.160	0.259	0.154	0.012
s14	2.217	0.116	0.042	0.021	1.972	0.058	0.270	0.019	2.165	0.249	0.134	0.011
s15	2.387	0.131	0.050	0.024	2.033	0.077	0.347	0.025	1.934	0.259	0.146	0.012
s16	2.667	0.143	0.054	0.027	2.344	0.099	0.447	0.032	2.279	0.364	0.199	0.017
s17	2.839	0.167	0.064	0.033	2.640	0.097	0.522	0.037	2.492	0.302	0.131	0.014
s18	2.610	0.127	0.050	0.025	2.498	0.101	0.542	0.037	2.295	0.384	0.198	0.017
s19	2.559	0.107	0.046	0.022	2.298	0.076	0.565	0.036	2.339	0.465	0.198	0.021
s20	2.391	0.110	0.044	0.021	2.190	0.070	0.427	0.029	2.032	0.290	0.113	0.013
s21	2.306	0.116	0.043	0.019	2.117	0.065	0.335	0.023	2.095	0.301	0.143	0.013
s22	2.051	0.140	0.038	0.023	1.889	0.053	0.194	0.014	1.932	0.162	0.067	0.007
s23	2.101	0.100	0.033	0.016	1.965	0.051	0.239	0.015	1.938	0.181	0.108	0.008
s24	2.327	0.120	0.045	0.022	2.277	0.071	0.433	0.031	2.185	0.272	0.184	0.014
s25	2.453	0.137	0.049	0.025	2.320	0.075	0.415	0.028	2.394	0.297	0.129	0.012
s26	1.831	0.076	0.026	0.013	1.779	0.037	0.225	0.015	1.806	0.170	0.069	0.007
s27	1.965	0.111	0.044	0.016	2.167	0.051	0.227	0.016	1.983	0.159	0.087	0.007
s28	1.674	0.060	0.021	0.011	1.838	0.041	0.261	0.018	1.702	0.156	0.057	0.006
s29	3.507	0.268	0.126	0.057	3.702	0.170	1.015	0.075	3.154	0.774	0.265	0.037
s30	1.628	0.054	0.022	0.010	1.586	0.030	0.183	0.013	1.588	0.165	0.062	0.008

表 D2　2002 年三大地区分部门供给侧经济溢出—反馈乘数

部门代码	东部				中部				西部			
	区域内	溢出		反馈	区域内	溢出		反馈	区域内	溢出		反馈
		中部	西部			西部	东部			东部	中部	
s1	1.844	0.043	0.019	0.008	1.887	0.045	0.416	0.022	1.614	0.226	0.065	0.007
s2	4.503	0.252	0.080	0.042	2.920	0.090	1.044	0.064	3.112	0.373	0.223	0.020
s3	3.496	0.473	0.091	0.081	2.072	0.135	0.805	0.064	3.922	0.356	0.327	0.025
s4	3.659	0.151	0.107	0.028	3.343	0.166	0.486	0.035	3.366	0.257	0.164	0.013
s5	3.028	0.163	0.032	0.016	2.503	0.072	0.131	0.009	2.912	0.097	0.046	0.004
s6	1.758	0.050	0.021	0.010	1.768	0.027	0.146	0.009	1.466	0.061	0.024	0.003
s7	2.228	0.082	0.036	0.013	1.840	0.061	0.195	0.011	1.322	0.092	0.071	0.005
s8	1.530	0.028	0.016	0.005	1.701	0.028	0.133	0.008	1.814	0.109	0.040	0.005
s9	2.253	0.087	0.047	0.014	2.063	0.043	0.146	0.009	2.143	0.122	0.064	0.006
s10	2.624	0.118	0.077	0.022	2.681	0.071	0.266	0.017	2.528	0.213	0.100	0.011
s11	3.265	0.211	0.092	0.040	2.952	0.104	0.451	0.032	3.502	0.330	0.173	0.018
s12	2.840	0.134	0.042	0.022	2.547	0.053	0.305	0.018	2.629	0.194	0.102	0.009
s13	2.168	0.150	0.030	0.013	2.106	0.130	0.115	0.008	2.095	0.057	0.036	0.002
s14	3.312	0.208	0.091	0.032	2.439	0.160	0.363	0.025	2.463	0.258	0.190	0.014
s15	2.426	0.105	0.036	0.015	2.261	0.038	0.185	0.011	2.765	0.184	0.097	0.008
s16	1.800	0.040	0.016	0.007	1.908	0.027	0.145	0.009	2.017	0.079	0.038	0.004
s17	2.074	0.101	0.051	0.023	2.016	0.062	0.331	0.025	2.234	0.184	0.075	0.010
s18	1.754	0.046	0.030	0.009	1.742	0.042	0.313	0.016	1.943	0.210	0.057	0.008
s19	1.865	0.044	0.029	0.010	1.717	0.034	0.255	0.013	1.819	0.184	0.052	0.008
s20	1.870	0.069	0.060	0.017	1.786	0.052	0.286	0.018	1.731	0.217	0.060	0.011
s21	2.491	0.233	0.133	0.042	2.182	0.231	0.304	0.029	1.929	0.193	0.138	0.013
s22	3.139	0.134	0.066	0.024	2.812	0.100	0.418	0.029	2.876	0.347	0.138	0.018
s23	2.697	0.086	0.042	0.015	2.234	0.047	0.196	0.013	2.658	0.155	0.079	0.008
s24	1.094	0.005	0.003	0.001	1.107	0.004	0.014	0.001	1.085	0.006	0.003	0.000
s25	2.512	0.230	0.139	0.051	2.213	0.140	0.455	0.035	2.286	0.404	0.179	0.021
s26	2.195	0.202	0.113	0.041	1.920	0.101	0.555	0.034	1.606	0.306	0.158	0.015
s27	2.041	0.212	0.095	0.041	1.726	0.096	0.497	0.035	1.747	0.255	0.110	0.015
s28	2.520	0.080	0.045	0.016	2.467	0.048	0.219	0.014	2.444	0.146	0.066	0.007
s29	1.781	0.199	0.372	0.061	1.262	0.326	0.776	0.056	1.475	0.746	0.173	0.047
s30	1.839	0.050	0.032	0.010	1.645	0.030	0.114	0.008	1.762	0.089	0.041	0.005

表 D3　2007 年三大地区分部门需求侧经济溢出—反馈乘数

部门代码	东部				中部				西部			
	区域内	溢出		反馈	区域内	溢出		反馈	区域内	溢出		反馈
		中部	西部			西部	东部			东部	中部	
s1	1.738	0.107	0.069	0.026	1.629	0.063	0.198	0.021	1.551	0.178	0.079	0.015
s2	2.102	0.161	0.086	0.042	1.940	0.071	0.288	0.029	1.612	0.279	0.075	0.023
s3	1.870	0.110	0.077	0.031	1.350	0.033	0.141	0.014	1.398	0.202	0.075	0.019
s4	2.205	0.142	0.086	0.040	1.932	0.089	0.342	0.035	1.707	0.304	0.084	0.025
s5	1.902	0.111	0.070	0.030	1.904	0.071	0.268	0.027	1.564	0.277	0.077	0.024
s6	2.237	0.199	0.131	0.046	2.162	0.108	0.249	0.028	1.963	0.237	0.127	0.021
s7	2.479	0.172	0.106	0.044	2.255	0.088	0.325	0.032	1.989	0.356	0.113	0.026
s8	2.384	0.151	0.093	0.040	2.200	0.079	0.323	0.031	1.846	0.514	0.109	0.034
s9	2.395	0.177	0.109	0.047	2.138	0.076	0.264	0.027	1.847	0.487	0.112	0.037
s10	2.469	0.143	0.087	0.040	2.147	0.075	0.338	0.032	1.839	0.509	0.121	0.034
s11	1.912	0.158	0.107	0.039	1.809	0.103	0.204	0.022	2.090	0.237	0.086	0.021
s12	2.298	0.150	0.089	0.041	2.006	0.098	0.416	0.040	1.861	0.368	0.100	0.028
s13	2.383	0.209	0.108	0.054	2.231	0.087	0.331	0.035	1.922	0.380	0.127	0.031
s14	2.381	0.200	0.189	0.065	2.164	0.098	0.348	0.037	1.989	0.318	0.100	0.031
s15	2.466	0.213	0.189	0.069	2.224	0.099	0.415	0.045	1.973	0.511	0.163	0.051
s16	2.351	0.166	0.128	0.052	2.038	0.096	0.454	0.047	1.883	0.492	0.141	0.045
s17	2.404	0.212	0.162	0.080	2.156	0.104	0.539	0.057	2.115	0.657	0.150	0.063
s18	2.292	0.157	0.135	0.051	2.014	0.084	0.416	0.041	1.885	0.498	0.145	0.047
s19	1.668	0.053	0.041	0.016	1.525	0.033	0.186	0.016	1.485	0.253	0.057	0.019
s20	1.616	0.064	0.045	0.019	1.592	0.039	0.211	0.019	1.521	0.253	0.062	0.022
s21	2.048	0.136	0.112	0.042	2.091	0.069	0.308	0.030	1.599	0.298	0.072	0.024
s22	2.393	0.219	0.135	0.057	2.037	0.106	0.323	0.034	2.123	0.271	0.080	0.023
s23	2.189	0.155	0.119	0.043	1.882	0.088	0.286	0.029	1.862	0.282	0.122	0.025
s24	2.457	0.201	0.133	0.057	2.197	0.091	0.438	0.046	1.958	0.564	0.181	0.051
s25	1.997	0.123	0.100	0.038	1.710	0.083	0.269	0.029	1.685	0.348	0.097	0.030
s26	1.562	0.049	0.036	0.015	1.553	0.045	0.147	0.015	1.527	0.185	0.051	0.015
s27	2.103	0.167	0.113	0.039	1.960	0.104	0.246	0.028	1.851	0.265	0.140	0.024
s28	2.156	0.105	0.074	0.031	1.840	0.079	0.319	0.029	1.834	0.412	0.101	0.031
s29	1.850	0.088	0.066	0.027	1.732	0.051	0.248	0.023	1.544	0.226	0.056	0.017
s30	1.724	0.066	0.046	0.020	1.629	0.049	0.210	0.020	1.511	0.246	0.062	0.019

表 D4 2007 年三大地区分部门供给侧经济溢出—反馈乘数

部门代码	东部				中部				西部			
	区域内	溢出		反馈	区域内	溢出		反馈	区域内	溢出		反馈
		中部	西部			西部	东部			东部	中部	
s1	2.418	0.093	0.046	0.028	1.944	0.066	0.387	0.024	1.630	0.330	0.116	0.017
s2	3.855	0.243	0.114	0.096	2.335	0.108	1.589	0.128	2.489	1.040	0.242	0.069
s3	3.265	0.315	0.166	0.135	2.461	0.199	1.416	0.157	2.474	1.445	0.457	0.135
s4	3.116	0.259	0.148	0.132	2.472	0.110	0.715	0.059	2.315	0.865	0.151	0.062
s5	2.659	0.125	0.109	0.043	2.256	0.151	0.524	0.039	2.141	0.422	0.113	0.026
s6	1.771	0.076	0.041	0.021	1.692	0.070	0.257	0.018	1.511	0.238	0.107	0.014
s7	2.022	0.048	0.038	0.021	2.000	0.046	0.548	0.028	1.453	0.713	0.085	0.030
s8	1.567	0.045	0.039	0.020	1.580	0.024	0.193	0.012	1.779	0.240	0.050	0.014
s9	1.924	0.063	0.095	0.032	1.932	0.046	0.312	0.020	2.024	0.403	0.086	0.025
s10	2.490	0.105	0.120	0.044	2.429	0.108	0.555	0.037	2.484	0.469	0.133	0.030
s11	3.204	0.299	0.227	0.138	2.407	0.173	0.890	0.075	2.057	1.076	0.314	0.077
s12	2.763	0.195	0.124	0.074	2.457	0.099	0.691	0.054	2.315	0.582	0.164	0.039
s13	2.297	0.094	0.090	0.028	2.174	0.084	0.389	0.022	2.128	0.241	0.054	0.013
s14	2.791	0.161	0.116	0.069	2.280	0.123	0.792	0.062	1.862	1.123	0.143	0.077
s15	2.355	0.128	0.139	0.060	1.982	0.123	0.752	0.055	2.578	0.577	0.102	0.039
s16	1.708	0.097	0.079	0.042	1.696	0.087	0.295	0.026	1.878	0.305	0.080	0.022
s17	1.915	0.087	0.104	0.045	1.668	0.059	0.436	0.031	1.879	0.430	0.086	0.031
s18	1.913	0.081	0.082	0.037	1.789	0.084	0.434	0.032	2.118	0.372	0.088	0.024
s19	1.479	0.034	0.022	0.011	1.600	0.024	0.230	0.013	1.665	0.212	0.044	0.011
s20	1.459	0.057	0.034	0.021	2.376	0.070	0.418	0.033	2.116	0.343	0.080	0.022
s21	2.239	0.144	0.100	0.066	2.282	0.089	0.481	0.039	2.295	0.575	0.127	0.041
s22	3.356	0.176	0.086	0.067	2.674	0.110	0.845	0.069	2.532	0.715	0.294	0.053
s23	2.574	0.086	0.074	0.037	1.798	0.052	0.302	0.023	1.598	0.381	0.062	0.023
s24	1.095	0.003	0.003	0.001	1.084	0.003	0.017	0.001	1.034	0.009	0.003	0.001
s25	2.487	0.106	0.088	0.048	2.282	0.080	0.475	0.036	2.108	0.534	0.121	0.035
s26	2.080	0.090	0.072	0.040	2.072	0.063	0.311	0.024	1.895	0.456	0.132	0.030
s27	1.926	0.050	0.063	0.024	1.864	0.042	0.196	0.015	1.687	0.250	0.060	0.015
s28	2.158	0.059	0.067	0.026	2.105	0.117	0.437	0.032	2.177	0.358	0.090	0.022
s29	1.814	0.049	0.058	0.020	1.953	0.043	0.178	0.014	1.850	0.268	0.094	0.019
s30	1.793	0.042	0.036	0.018	1.518	0.022	0.125	0.010	1.457	0.139	0.035	0.009

附录 E：2002 年和 2007 年分部门的需求侧和供给侧碳排放溢出—反馈乘数效应

表 E1　2002 年三大地区分部门需求侧碳排放溢出—反馈乘数

部门代码	东部				中部				西部			
	区域内	溢出		反馈	区域内	溢出		反馈	区域内	溢出		反馈
		中部	西部			西部	东部			东部	中部	
s1	0.209	0.023	0.013	0.003	0.233	0.011	0.030	0.003	0.256	0.017	0.013	0.001
s2	0.506	0.037	0.017	0.004	0.911	0.019	0.055	0.005	0.923	0.041	0.033	0.003
s3	0.266	0.017	0.010	0.002	0.239	0.004	0.011	0.001	0.530	0.022	0.021	0.002
s4	0.420	0.054	0.027	0.006	0.682	0.029	0.058	0.006	0.499	0.041	0.031	0.003
s5	0.616	0.048	0.024	0.005	0.530	0.029	0.078	0.007	0.832	0.048	0.037	0.004
s6	0.288	0.042	0.023	0.006	0.352	0.023	0.058	0.006	0.446	0.040	0.030	0.004
s7	0.432	0.046	0.024	0.006	0.579	0.030	0.081	0.009	1.000	0.077	0.047	0.007
s8	0.349	0.043	0.024	0.006	0.338	0.032	0.077	0.010	0.454	0.095	0.056	0.008
s9	0.371	0.048	0.024	0.006	0.571	0.040	0.100	0.011	0.718	0.078	0.062	0.007
s10	0.479	0.053	0.028	0.007	0.720	0.034	0.089	0.008	0.822	0.084	0.067	0.008
s11	0.529	0.041	0.013	0.003	1.035	0.025	0.073	0.007	1.042	0.031	0.036	0.003
s12	0.477	0.047	0.024	0.005	0.847	0.030	0.079	0.008	1.081	0.067	0.052	0.005
s13	2.000	0.076	0.036	0.007	1.900	0.037	0.126	0.010	2.852	0.084	0.094	0.006
s14	1.094	0.061	0.031	0.006	1.566	0.043	0.092	0.008	2.060	0.077	0.076	0.006
s15	0.571	0.066	0.035	0.007	0.687	0.056	0.116	0.011	0.785	0.087	0.092	0.007
s16	0.578	0.064	0.034	0.008	0.869	0.070	0.148	0.014	0.883	0.115	0.116	0.009
s17	0.559	0.070	0.036	0.009	0.826	0.060	0.166	0.016	0.707	0.081	0.066	0.007
s18	0.480	0.056	0.030	0.007	0.867	0.067	0.162	0.016	0.985	0.118	0.120	0.009
s19	0.345	0.042	0.024	0.006	0.705	0.040	0.126	0.014	0.661	0.104	0.108	0.011
s20	0.350	0.043	0.023	0.006	0.561	0.040	0.114	0.012	0.612	0.070	0.057	0.007
s21	0.416	0.042	0.021	0.005	0.456	0.032	0.078	0.008	1.078	0.072	0.059	0.006
s22	4.889	0.087	0.034	0.006	5.364	0.037	0.062	0.006	6.067	0.046	0.037	0.003
s23	1.529	0.063	0.033	0.004	1.936	0.034	0.073	0.006	3.374	0.054	0.056	0.004
s24	0.634	0.058	0.030	0.006	0.798	0.049	0.179	0.013	0.953	0.085	0.119	0.007
s25	0.677	0.053	0.027	0.007	0.948	0.037	0.103	0.011	1.197	0.069	0.053	0.006
s26	0.252	0.028	0.014	0.003	0.326	0.018	0.053	0.006	0.447	0.041	0.028	0.003
s27	0.320	0.034	0.019	0.004	0.410	0.019	0.053	0.006	0.578	0.037	0.030	0.003
s28	0.160	0.021	0.012	0.003	0.448	0.022	0.069	0.007	0.384	0.037	0.024	0.003
s29	0.733	0.117	0.095	0.015	1.288	0.085	0.239	0.028	1.075	0.174	0.107	0.019
s30	0.192	0.021	0.013	0.003	0.289	0.016	0.047	0.005	0.329	0.038	0.026	0.004

表 E2　2002 年三大地区分部门供给侧碳排放溢出—反馈乘数

部门代码	东部				中部				西部			
	区域内	溢出		反馈	区域内	溢出		反馈	区域内	溢出		反馈
		中部	西部			西部	东部			东部	中部	
s1	0.124	0.009	0.006	0.002	0.157	0.012	0.048	0.005	0.150	0.023	0.009	0.002
s2	3.228	0.135	0.032	0.011	2.339	0.035	0.677	0.019	3.101	0.204	0.174	0.007
s3	0.828	0.194	0.034	0.019	0.572	0.057	0.224	0.020	1.407	0.083	0.151	0.008
s4	0.691	0.042	0.043	0.006	1.247	0.059	0.116	0.010	1.237	0.053	0.047	0.004
s5	0.816	0.054	0.012	0.003	0.663	0.026	0.032	0.002	1.125	0.024	0.014	0.001
s6	0.098	0.009	0.006	0.002	0.115	0.008	0.019	0.002	0.145	0.008	0.005	0.001
s7	0.147	0.016	0.012	0.002	0.245	0.020	0.023	0.003	0.573	0.009	0.013	0.002
s8	0.078	0.007	0.006	0.001	0.201	0.010	0.025	0.002	0.341	0.018	0.013	0.001
s9	0.167	0.021	0.014	0.003	0.272	0.013	0.032	0.003	0.344	0.023	0.017	0.002
s10	0.279	0.027	0.023	0.005	0.477	0.023	0.046	0.005	0.542	0.033	0.024	0.003
s11	0.938	0.069	0.035	0.010	1.355	0.038	0.108	0.009	1.467	0.074	0.059	0.006
s12	0.320	0.032	0.013	0.004	0.626	0.017	0.049	0.005	0.644	0.030	0.026	0.003
s13	1.544	0.038	0.012	0.003	1.384	0.043	0.025	0.002	2.113	0.012	0.009	0.001
s14	1.011	0.054	0.029	0.007	1.242	0.051	0.078	0.007	1.430	0.052	0.051	0.004
s15	0.295	0.026	0.011	0.004	0.312	0.012	0.044	0.003	0.512	0.038	0.028	0.003
s16	0.212	0.012	0.006	0.002	0.333	0.010	0.038	0.003	0.437	0.017	0.013	0.001
s17	0.214	0.029	0.019	0.006	0.289	0.023	0.070	0.008	0.336	0.034	0.022	0.003
s18	0.137	0.014	0.010	0.002	0.265	0.015	0.061	0.006	0.398	0.039	0.020	0.003
s19	0.084	0.011	0.010	0.002	0.236	0.012	0.037	0.004	0.255	0.029	0.016	0.003
s20	0.171	0.020	0.022	0.004	0.342	0.020	0.068	0.005	0.318	0.050	0.022	0.004
s21	0.353	0.075	0.052	0.009	0.382	0.090	0.077	0.008	0.864	0.044	0.043	0.004
s22	5.073	0.045	0.028	0.006	5.563	0.044	0.130	0.008	6.471	0.101	0.056	0.006
s23	1.109	0.024	0.015	0.004	1.486	0.017	0.046	0.004	3.188	0.032	0.027	0.003
s24	0.041	0.001	0.001	0.000	0.050	0.001	0.003	0.000	0.053	0.001	0.001	0.000
s25	0.615	0.083	0.055	0.015	0.785	0.059	0.109	0.010	0.991	0.095	0.063	0.007
s26	0.282	0.059	0.049	0.010	0.300	0.039	0.107	0.009	0.304	0.056	0.047	0.005
s27	0.186	0.055	0.033	0.009	0.241	0.033	0.082	0.010	0.329	0.042	0.031	0.005
s28	0.242	0.024	0.017	0.004	0.357	0.018	0.046	0.004	0.387	0.027	0.020	0.002
s29	0.132	0.037	0.097	0.012	0.105	0.086	0.104	0.015	0.152	0.100	0.033	0.014
s30	0.186	0.015	0.012	0.002	0.221	0.011	0.024	0.002	0.434	0.018	0.013	0.001

表 E3　2007 年三大地区分部门需求侧碳排放溢出—反馈乘数

部门代码	东部				中部				西部			
	区域内	溢出		反馈	区域内	溢出		反馈	区域内	溢出		反馈
		中部	西部			西部	东部			东部	中部	
s1	0.188	0.035	0.023	0.006	0.230	0.024	0.039	0.008	0.210	0.032	0.022	0.006
s2	0.521	0.105	0.057	0.012	0.791	0.048	0.077	0.014	0.719	0.060	0.035	0.011
s3	0.425	0.078	0.051	0.009	0.356	0.030	0.040	0.007	0.471	0.050	0.044	0.010
s4	0.410	0.100	0.059	0.012	0.642	0.078	0.115	0.018	0.446	0.065	0.040	0.012
s5	0.428	0.063	0.043	0.009	0.631	0.055	0.087	0.013	0.499	0.060	0.033	0.012
s6	0.219	0.053	0.035	0.011	0.326	0.033	0.047	0.010	0.290	0.041	0.032	0.009
s7	0.283	0.058	0.038	0.011	0.380	0.038	0.063	0.013	0.421	0.056	0.034	0.011
s8	0.201	0.046	0.033	0.009	0.265	0.031	0.054	0.012	0.197	0.065	0.030	0.013
s9	0.287	0.072	0.049	0.012	0.408	0.044	0.063	0.012	0.362	0.079	0.039	0.016
s10	0.343	0.065	0.045	0.011	0.674	0.048	0.080	0.014	0.544	0.085	0.049	0.016
s11	0.541	0.069	0.049	0.011	0.647	0.048	0.051	0.011	0.854	0.056	0.043	0.010
s12	0.393	0.076	0.047	0.011	0.813	0.072	0.102	0.019	0.622	0.075	0.045	0.013
s13	1.846	0.128	0.076	0.016	2.400	0.067	0.120	0.017	3.437	0.108	0.066	0.016
s14	0.962	0.121	0.118	0.020	1.426	0.074	0.117	0.019	1.293	0.086	0.054	0.015
s15	0.548	0.127	0.122	0.021	0.777	0.070	0.134	0.023	0.633	0.137	0.088	0.027
s16	0.398	0.091	0.076	0.015	0.559	0.061	0.122	0.023	0.491	0.114	0.072	0.024
s17	0.313	0.091	0.072	0.022	0.473	0.064	0.132	0.027	0.371	0.125	0.066	0.029
s18	0.352	0.086	0.081	0.015	0.515	0.055	0.112	0.020	0.463	0.125	0.076	0.025
s19	0.139	0.028	0.023	0.005	0.262	0.024	0.044	0.008	0.244	0.054	0.032	0.010
s20	0.156	0.034	0.025	0.005	0.287	0.027	0.052	0.009	0.223	0.060	0.032	0.011
s21	0.285	0.068	0.065	0.012	0.414	0.038	0.069	0.013	0.353	0.058	0.030	0.011
s22	3.072	0.150	0.124	0.017	4.098	0.128	0.144	0.018	4.576	0.070	0.053	0.012
s23	1.095	0.090	0.073	0.012	1.219	0.074	0.088	0.014	1.061	0.064	0.052	0.013
s24	0.636	0.125	0.087	0.017	0.755	0.062	0.150	0.023	0.753	0.178	0.106	0.027
s25	0.512	0.048	0.041	0.010	0.559	0.042	0.067	0.013	0.683	0.072	0.038	0.013
s26	0.140	0.021	0.015	0.004	0.308	0.035	0.040	0.006	0.278	0.033	0.018	0.007
s27	0.243	0.047	0.035	0.009	0.306	0.036	0.046	0.010	0.342	0.043	0.035	0.009
s28	0.206	0.044	0.033	0.008	0.288	0.049	0.063	0.013	0.285	0.070	0.037	0.014
s29	0.217	0.039	0.029	0.007	0.310	0.031	0.054	0.010	0.238	0.045	0.024	0.008
s30	0.176	0.030	0.022	0.005	0.265	0.034	0.048	0.009	0.311	0.044	0.026	0.009

表 E4　2007 年三大地区分部门供给侧碳排放溢出—反馈乘数

部门代码	东部				中部				西部			
	区域内	溢出		反馈	区域内	溢出		反馈	区域内	溢出		反馈
		中部	西部			西部	东部			东部	中部	
s1	0.153	0.016	0.010	0.005	0.176	0.011	0.037	0.005	0.139	0.028	0.018	0.004
s2	1.813	0.141	0.047	0.026	1.556	0.045	0.809	0.047	2.121	0.495	0.148	0.022
s3	0.877	0.149	0.069	0.033	0.863	0.090	0.453	0.053	0.993	0.461	0.198	0.044
s4	0.576	0.098	0.055	0.029	0.709	0.039	0.156	0.018	0.647	0.175	0.056	0.019
s5	0.686	0.049	0.049	0.010	0.793	0.082	0.146	0.012	0.889	0.120	0.047	0.008
s6	0.109	0.013	0.007	0.003	0.193	0.010	0.028	0.004	0.134	0.024	0.017	0.003
s7	0.110	0.011	0.011	0.004	0.220	0.013	0.049	0.007	0.270	0.056	0.020	0.008
s8	0.078	0.014	0.013	0.005	0.142	0.008	0.028	0.004	0.246	0.043	0.018	0.004
s9	0.103	0.018	0.023	0.009	0.255	0.013	0.060	0.006	0.301	0.058	0.026	0.007
s10	0.225	0.029	0.031	0.009	0.586	0.029	0.083	0.011	0.544	0.069	0.038	0.008
s11	0.921	0.115	0.089	0.033	0.979	0.067	0.242	0.024	0.876	0.292	0.123	0.024
s12	0.263	0.053	0.035	0.015	0.715	0.030	0.106	0.015	0.555	0.085	0.048	0.011
s13	1.532	0.036	0.028	0.007	2.071	0.026	0.096	0.007	3.051	0.064	0.020	0.004
s14	0.774	0.048	0.036	0.016	1.094	0.037	0.159	0.019	0.879	0.214	0.047	0.023
s15	0.216	0.040	0.040	0.014	0.314	0.036	0.139	0.018	0.460	0.111	0.037	0.012
s16	0.163	0.033	0.025	0.012	0.313	0.029	0.077	0.009	0.337	0.070	0.032	0.007
s17	0.144	0.026	0.023	0.010	0.182	0.016	0.075	0.010	0.197	0.065	0.027	0.008
s18	0.280	0.039	0.049	0.011	0.397	0.052	0.127	0.012	0.646	0.109	0.047	0.008
s19	0.034	0.009	0.006	0.003	0.156	0.008	0.033	0.004	0.177	0.030	0.014	0.004
s20	0.132	0.028	0.012	0.006	0.668	0.026	0.113	0.011	0.405	0.079	0.039	0.007
s21	0.234	0.049	0.036	0.015	0.451	0.031	0.102	0.012	0.643	0.112	0.044	0.012
s22	3.245	0.098	0.036	0.017	4.338	0.056	0.301	0.024	4.741	0.280	0.186	0.017
s23	0.819	0.030	0.025	0.009	0.844	0.018	0.073	0.007	0.781	0.090	0.022	0.007
s24	0.037	0.001	0.001	0.000	0.042	0.001	0.005	0.000	0.030	0.002	0.001	0.000
s25	0.606	0.038	0.034	0.012	0.789	0.031	0.121	0.012	0.936	0.115	0.046	0.011
s26	0.211	0.030	0.026	0.009	0.412	0.022	0.064	0.007	0.444	0.085	0.045	0.009
s27	0.163	0.016	0.018	0.006	0.309	0.013	0.047	0.005	0.251	0.045	0.019	0.005
s28	0.146	0.018	0.020	0.006	0.316	0.033	0.081	0.010	0.323	0.064	0.028	0.007
s29	0.119	0.015	0.013	0.005	0.280	0.012	0.048	0.005	0.238	0.053	0.029	0.006
s30	0.178	0.015	0.014	0.004	0.197	0.008	0.032	0.003	0.234	0.033	0.015	0.003

附录 F：EEBT 方法和 MRIO 方法下省际碳排放转移明细

表 F1　基于 EEBT 方法的中国省际隐含碳调入、调出量（2010）年

单位：万吨

出\入	京	津	冀	晋	蒙	辽	吉	黑	沪	苏	浙	皖	闽	赣	鲁
京	0	61	45	13	18	14	11	16	53	62	32	16	31	13	18
津	120	0	171	27	47	74	71	63	89	198	153	50	28	19	52
冀	1175	669	0	210	387	617	359	204	548	1296	1133	427	120	59	712
晋	291	197	1266	0	37	43	123	20	123	456	227	74	25	16	1281
蒙	555	480	669	52	0	360	1851	103	284	336	295	90	47	20	1037
辽	184	220	671	71	177	0	978	561	98	264	126	67	27	25	106
吉	96	170	177	79	68	573	0	527	60	96	41	37	16	9	106
黑	59	59	129	16	68	291	657	0	61	91	73	34	13	12	413
沪	96	157	99	64	95	35	29	49	0	114	93	63	66	24	54
苏	186	163	383	72	167	151	83	94	499	0	1038	462	82	165	176
浙	45	48	67	21	28	26	22	20	691	175	0	87	79	44	445
皖	76	90	104	41	56	30	52	26	310	1142	463	0	79	104	73
闽	36	25	37	7	29	15	14	11	99	100	118	43	0	40	13
赣	27	19	20	8	13	17	24	10	158	126	247	72	121	0	13
鲁	166	290	612	110	181	186	395	133	587	665	314	207	77	37	0
豫	125	206	531	66	148	104	76	51	584	936	779	314	92	161	597
鄂	46	70	50	14	29	17	8	11	470	121	106	35	62	244	247
湘	44	60	98	16	120	21	41	21	97	104	175	71	62	35	48
粤	104	91	167	44	81	48	38	35	259	378	723	167	252	301	59
桂	36	37	35	11	22	17	8	8	69	80	128	33	39	72	23
琼	7	7	13	3	6	2	3	2	7	12	14	7	3	2	3
渝	57	55	61	24	56	6	17	8	35	37	23	31	17	15	27
川	42	67	96	25	83	32	23	14	71	99	101	34	31	73	158
黔	23	35	49	9	16	8	7	8	56	79	87	18	23	205	25
滇	20	21	23	8	9	8	3	2	48	70	137	20	46	13	19
陕	87	92	128	34	87	22	30	16	201	334	258	97	55	40	54
甘	65	44	102	39	14	12	9	3	106	203	247	19	12	37	21
青	8	11	14	1	5	2	2	1	18	21	25	6	3	1	17
宁	56	72	166	14	11	10	4	2	26	57	35	10	5	9	24
新	61	55	55	19	17	8	13	5	54	73	76	26	13	7	44
合计	3892	3573	6037	1120	2076	2749	4952	2031	5762	7724	7266	2620	1525	1803	5865

出\入	豫	鄂	湘	粤	桂	琼	渝	川	黔	滇	陕	甘	青	宁	新
京	27	7	7	26	23	2	19	5	14	15	18	4	7	4	11
津	87	19	19	101	19	2	30	47	20	28	72	20	13	18	70
冀	525	111	73	328	56	4	72	98	41	63	420	36	22	44	93
晋	152	87	29	426	13	3	9	11	9	11	64	4	8	8	15
蒙	154	49	31	187	23	4	26	27	12	23	140	53	15	40	31
辽	152	22	26	133	23	3	28	31	19	29	80	55	17	22	35
吉	74	12	9	93	13	2	7	7	8	12	24	5	4	8	18
黑	35	14	16	83	14	1	9	10	8	16	23	8	7	9	5
沪	131	18	26	124	36	5	22	24	16	58	53	6	20	8	23
苏	370	68	118	396	57	2	38	76	32	45	231	91	15	40	131
浙	67	23	53	297	45	3	13	31	22	28	39	11	2	4	11
皖	148	43	39	107	18	1	16	18	11	11	65	12	6	9	11
闽	30	14	68	324	27	1	10	12	11	12	35	9	2	6	17
赣	21	27	99	385	20	2	11	8	5	16	18	3	1	4	3
鲁	279	48	61	214	61	3	30	92	23	52	315	31	17	35	63
豫	0	251	214	468	89	5	84	116	48	43	674	73	19	54	229
鄂	48	0	274	296	67	3	39	30	14	30	82	6	6	6	21
湘	83	60	0	604	124	11	33	54	68	64	92	5	4	22	14
粤	433	108	405	0	316	49	236	134	172	275	128	36	18	19	33
桂	66	24	67	749	0	4	69	17	45	83	45	4	1	3	4
琼	5	2	2	40	8	0	2	3	2	3	5	1	1	1	2
渝	59	12	49	293	50	1	0	83	45	78	49	8	1	10	7
川	94	26	101	347	79	4	375	0	70	88	160	10	5	16	20
黔	234	10	111	585	121	2	75	66	0	123	20	2	2	5	4
滇	24	14	31	1117	39	1	65	29	63	0	21	6	1	2	12
陕	118	44	96	248	54	4	40	78	32	34	0	44	11	17	25
甘	68	12	24	82	8	1	23	27	6	8	79	0	126	46	15
青	10	2	6	57	3	0	3	10	2	1	11	100	0	14	9
宁	24	5	4	37	5	1	4	9	3	3	24	107	27	0	29
新	41	17	12	52	10	10	9	20	5	11	23	104	17	16	0
合计	3560	1150	2070	8201	1419	133	1398	1172	828	1260	3007	853	393	487	962

注：横向为地区隐含碳的流出量，纵向为地区隐含碳的调入量。

表 F2　基于 MRIO 方法的中国省际隐含碳调入、调出量（2010）年

单位：万吨

出＼入	京	津	冀	晋	蒙	辽	吉	黑	沪	苏	浙	皖	闽	赣	鲁
京	0	74	88	39	31	22	22	40	86	130	56	14	56	26	30
津	21	0	77	26	49	30	39	35	49	69	22	15	24	12	18
冀	52	190	0	112	171	86	99	88	164	120	66	37	44	28	66
晋	9	72	88	0	11	5	27	8	26	18	30	7	8	8	78
蒙	32	159	185	22	0	24	203	31	44	38	16	10	10	6	36
辽	29	115	223	72	134	0	323	296	37	40	21	13	9	10	32
吉	23	118	116	126	79	232	0	416	45	43	18	12	8	5	52
黑	23	44	60	14	47	108	168	0	39	36	35	8	8	7	24
沪	46	151	118	124	129	29	41	69	0	104	47	41	61	22	62
苏	45	126	171	80	212	69	71	88	163	0	102	76	38	61	37
浙	11	36	68	30	40	14	20	26	278	94	0	49	76	28	23
皖	36	79	77	58	72	23	60	31	197	199	89	0	51	65	46
闽	12	16	24	4	32	8	12	11	27	16	16	11	0	9	3
赣	5	13	12	5	10	6	14	9	37	12	18	9	21	0	2
鲁	52	193	313	89	148	90	181	112	198	147	57	53	27	23	0
豫	25	156	261	56	143	49	55	40	136	132	73	50	34	89	73
鄂	6	32	17	6	15	5	4	7	135	20	11	5	17	110	14
湘	24	63	104	14	151	9	48	21	41	22	25	39	32	14	10
粤	25	61	90	34	73	14	18	33	121	81	81	31	83	165	14
桂	6	18	15	6	16	2	5	4	19	12	11	5	8	27	8
琼	2	5	10	2	4	1	2	2	4	4	9	3	2	1	1
渝	15	42	55	19	71	1	19	8	13	12	5	19	9	7	6
川	19	50	64	17	78	8	20	10	22	20	10	18	13	22	24
黔	6	19	30	4	14	2	5	6	22	22	13	5	8	79	5
滇	4	13	9	7	6	2	2	2	19	9	9	3	8	6	6
陕	24	78	114	26	130	8	34	19	42	48	20	34	27	13	14
甘	7	18	17	6	9	5	4	3	18	11	16	5	7	10	3
青	1	4	4	0	4	0	1	1	3	1	0	2	1	0	0
宁	4	27	32	5	6	2	2	3	10	7	4	2	2	4	3
新	8	31	32	11	8	2	5	3	32	21	13	4	5	4	9
合计	572	2005	2474	1015	1896	856	1506	1420	2030	1487	892	579	697	861	697

续表

出\入	豫	鄂	湘	粤	桂	琼	渝	川	黔	滇	陕	甘	青	宁	新
京	77	12	14	36	56	3	51	11	32	29	39	6	18	8	19
津	110	16	14	41	21	1	21	30	19	26	60	10	14	15	32
冀	188	30	22	51	31	1	29	30	20	19	134	13	20	15	32
晋	14	4	4	20	10	4	7	4	7	5	18	1	4	2	4
蒙	27	8	4	14	7	1	5	5	3	3	32	5	5	4	4
辽	134	7	9	26	10	2	8	16	10	9	42	11	6	16	13
吉	108	7	6	16	12	1	7	3	6	5	23	2	3	7	11
黑	24	6	7	42	12	0	7	6	6	11	16	3	6	9	4
沪	285	23	38	116	50	6	33	33	20	102	92	7	28	11	25
苏	261	18	101	140	71	1	25	66	42	36	202	26	9	43	101
浙	103	17	82	230	92	2	15	51	45	47	51	3	2	6	13
皖	192	26	30	61	21	1	15	18	13	9	79	11	7	11	10
闽	17	3	23	59	15	0	6	5	8	5	25	5	1	5	10
赣	6	5	9	39	7	1	3	2	3	6	9	1	1	2	1
鲁	227	25	39	71	50	2	19	77	20	35	173	17	16	28	41
豫	0	71	84	100	68	3	39	86	41	22	261	29	14	28	90
鄂	23	0	34	73	42	1	23	13	8	15	24	3	6	2	10
湘	76	13	0	194	116	8	24	27	48	54	99	3	4	26	16
粤	150	37	125	0	152	14	75	57	114	185	99	19	12	8	37
桂	15	8	15	58	0	1	24	5	13	20	34	2	1	2	2
琼	2	1	1	9	3	0	2	1	1	1	4	1	1	1	1
渝	53	11	47	89	40	0	0	18	22	73	49	2	1	12	6
川	56	11	54	78	49	2	39	0	42	30	96	3	4	11	7
黔	36	3	21	74	43	1	19	12	0	27	13	1	2	3	3
滇	6	11	8	77	19	1	16	7	16	0	15	2	1	1	2
陕	96	9	84	104	73	1	17	22	41	11	0	13	7	19	20
甘	15	2	5	11	4	1	9	9	4	2	30	0	27	6	5
青	2	0	4	5	3	0	1	1	2	0	4	3	0	14	9
宁	9	0	4	4	3	0	2	4	1	1	7	16	11	0	6
新	14	6	2	11	5	1	6	5	2	3	8	4	9	5	0
合计	2325	385	890	1849	1086	60	544	625	610	793	1737	222	241	320	534

注：横向为地区隐含碳的流出量，纵向为地区隐含碳的调入量。表中第一列为各地简称，其对应的地区名如下：京（北京），津（天津），冀（河北），晋（山西），蒙（内蒙古），辽（辽宁），吉（吉林），黑（黑龙江），沪（上海），苏（江苏），浙（浙江），皖（安徽），闽（福建），赣（江西），鲁（山东），豫（河南），鄂（湖北），湘（湖南），粤（广东），桂（广西），琼（海南），渝（重庆），川（四川），黔（贵州），滇（云南），陕（陕西），甘（甘肃），青（青海），宁（宁夏），新（新疆）。本研究中其他表格中的地区名简称及含义与此表相同。

附录 G：各地区的贸易隐含碳与节碳量

表 G　各地区的贸易隐含碳与节碳量

单位：万吨

地区	调出隐含碳			调入隐含碳			调入节碳量		
	2002	2007	2010	2002	2007	2010	2002	2007	2010
北　京	847	1000	593	2301	3441	3892	1785	2109	1485
天　津	745	1494	1727	1232	3559	3573	1330	2346	2385
河　北	3318	9421	9902	3077	6431	6037	3238	5936	6519
山　西	2205	4116	5029	650	769	1120	1592	2145	2301
内蒙古	1970	6194	6995	841	1075	2076	1540	1808	3883
辽　宁	2040	4647	4250	1011	2378	2749	981	2250	3612
吉　林	1892	2789	2351	1238	4655	4952	1940	6507	6039
黑龙江	816	2397	2234	2302	1878	2031	1798	1995	2327
上　海	1080	1572	1608	2286	5288	5762	1708	2944	2952
江　苏	2186	4947	5430	1631	6784	7724	1029	4990	5964
浙　江	1687	2627	2449	1604	7940	7266	1314	4423	3313
安　徽	1484	2655	3160	1158	2118	2620	1912	2352	2604
福　建	416	1036	1165	560	1463	1525	284	1379	1324
江　西	448	944	1500	1079	1859	1803	937	2235	1553
山　东	2437	5313	5284	1495	5107	5865	1631	6108	5623
河　南	1813	6796	7138	1422	3080	3560	1149	4369	5465
湖　北	1469	1972	2452	948	1113	1150	771	1472	1480
湖　南	614	2394	2252	862	1573	2070	781	2526	2365
广　东	1378	3113	5109	3067	8657	8201	1958	3523	7592
广　西	1042	1589	1799	738	981	1419	879	1147	1794
海　南	108	160	167	468	97	133	993	88	137
重　庆	669	887	1216	516	1438	1398	723	1968	1436
四　川	988	1540	2342	698	1322	1172	652	1459	1513
贵　州	739	2468	2004	475	723	828	1171	1753	1553
云　南	436	2208	1875	452	969	1260	564	1452	1634
陕　西	646	2073	2378	1628	2557	3007	1115	2153	2343
甘　肃	489	1052	1457	947	886	853	1422	936	1381
青　海	120	257	364	134	369	393	149	395	393
宁　夏	788	839	785	217	382	487	1200	743	1118
新　疆	508	1422	874	342	1029	962	505	2219	2169
东　部	14203	30682	33434	17721	48768	49978	15270	33845	37293
中　部	8033	18876	21531	6120	10511	12323	7141	15099	15768
西　部	8395	20529	22089	6988	11731	13856	9919	16033	19218
东　北	4749	9833	8835	4551	8910	9732	4719	10752	11978

附录 H：分省边际贸易隐含碳、人均资本存量及人均 GDP

表 H1 2002 年边际贸易隐含碳、人均资本存量及人均 GDP

地区 a	地区 b	边际调出隐含碳（吨/万元）		边际调入节碳量（吨/万元）		人均资本存量（万元）		人均 GDP（万元）	
		地区 a	地区 b	地区 a	地区 b	地区 a	地区 b	地区 a	地区 b
北　京	其他	0.08	0.18	0.48	0.23	12.53	7.07	3.08	1.19
天　津	其他	0.23	0.31	0.46	0.35	14.34	6.99	2.14	1.44
河　北	其他	0.67	0.56	0.51	0.43	5.02	7.66	0.90	1.48
山　西	其他	1.14	0.50	0.25	0.70	4.81	7.30	0.71	1.17
内蒙古	其他	1.13	0.59	0.32	0.79	9.73	7.56	0.82	1.22
辽　宁	其他	0.56	0.52	0.40	0.61	8.15	7.23	1.30	1.30
吉　林	其他	0.39	0.91	0.75	0.40	8.07	7.26	0.87	1.21
黑龙江	其他	0.44	0.45	0.39	0.59	4.65	7.86	0.95	1.25
上　海	其他	0.15	0.21	0.42	0.28	12.88	6.73	3.54	1.30
江　苏	其他	0.32	0.36	0.47	0.40	8.17	6.92	1.44	1.44
浙　江	其他	0.21	0.24	0.53	0.31	8.42	6.78	1.70	1.58
安　徽	其他	0.39	0.35	0.35	0.37	3.30	7.56	0.57	1.48
福　建	其他	0.25	0.26	0.30	0.29	6.92	7.08	1.29	1.49
江　西	其他	0.34	0.61	0.71	0.33	3.76	7.04	0.58	1.29
山　东	其他	0.46	0.72	0.76	0.45	7.02	7.14	1.16	1.30
河　南	其他	0.68	0.52	0.34	0.58	4.68	7.37	0.65	1.07
湖　北	其他	0.67	0.54	0.42	0.62	4.48	6.83	0.74	1.20
湖　南	其他	0.38	0.50	0.44	0.35	3.71	6.49	0.67	1.27
广　东	其他	0.31	0.35	0.38	0.38	5.79	6.47	1.54	1.25
广　西	其他	0.48	0.35	0.28	0.42	4.22	6.58	0.56	1.22
海　南	其他	0.25	0.26	0.25	0.40	4.04	6.69	0.80	1.25
重　庆	其他	0.27	0.43	0.42	0.30	5.24	6.51	0.71	1.13
四　川	其他	0.46	0.42	0.33	0.48	3.44	6.56	0.59	1.06
贵　州	其他	0.82	0.57	0.31	0.51	2.45	6.55	0.33	0.93
云　南	其他	0.59	0.35	0.27	0.46	3.29	6.66	0.54	1.05
陕　西	其他	0.30	0.32	0.41	0.35	5.32	7.05	0.61	1.00
甘　肃	其他	0.72	0.72	0.44	0.57	2.93	7.14	0.48	0.89

续表

地区a	地区b	边际调出隐含碳（吨/万元）		边际调入节碳量（吨/万元）		人均资本存量（万元）		人均GDP（万元）	
		地区a	地区b	地区a	地区b	地区a	地区b	地区a	地区b
青　海	其他	0.53	0.47	0.47	0.61	5.84	6.87	0.65	0.70
宁　夏	其他	1.13	0.94	0.41	0.54	6.70	7.26	0.66	1.04
新　疆	其他	0.36	0.73	0.32	0.38	5.26	7.36	0.85	0.93
东　部	其他	0.32	0.35	0.47	0.36	8.42	5.24	1.67	0.77
中　部	其他	0.58	0.49	0.38	0.49	4.50	7.63	0.71	1.39
西　部	其他	0.57	0.48	0.35	0.48	5.38	7.53	0.63	1.36
东　北	其他	0.47	0.64	0.52	0.54	7.19	7.57	1.09	1.44
东　部	中部	0.31	0.45	0.64	0.46	8.39	4.52	1.65	0.72
东　部	西部	0.26	0.37	0.56	0.42	8.42	5.26	1.70	0.63
东　部	东北	0.34	0.41	0.47	0.48	8.53	7.11	1.68	1.09
中　部	西部	0.43	0.50	0.47	0.53	4.42	5.22	0.72	0.60
中　部	东北	0.36	0.43	0.64	0.47	4.56	7.26	0.70	1.06
西　部	东北	1.27	0.66	0.52	1.25	6.98	7.41	0.73	1.08

表 H2　2007 年边际贸易隐含碳、人均资本存量及人均 GDP

地区a	地区b	边际调出隐含碳（吨/万元）		边际调入节碳量（吨/万元）		人均资本存量（万元）		人均GDP（万元）	
		地区a	地区b	地区a	地区b	地区a	地区b	地区a	地区b
北　京	其他	0.18	0.37	0.60	0.36	11.42	4.68	4.87	2.28
天　津	其他	0.29	0.41	0.63	0.43	8.77	4.73	3.96	2.27
河　北	其他	0.73	0.63	0.68	0.61	3.19	5.32	1.59	2.54
山　西	其他	1.50	0.93	0.33	1.03	2.90	4.94	1.31	2.42
内蒙古	其他	1.43	0.73	0.43	1.10	5.01	5.28	2.02	2.54
辽　宁	其他	0.77	0.51	0.54	0.69	4.69	4.68	2.35	2.23
吉　林	其他	0.65	1.32	0.95	0.45	4.01	4.79	1.59	2.35
黑龙江	其他	0.60	0.55	0.52	0.75	2.85	5.13	1.64	2.43
上　海	其他	0.20	0.29	0.52	0.33	11.78	4.48	5.71	2.21
江　苏	其他	0.42	0.46	0.62	0.55	5.45	4.75	2.76	2.31
浙　江	其他	0.32	0.39	0.70	0.42	6.28	4.75	3.09	2.41
安　徽	其他	0.53	0.48	0.43	0.44	2.01	5.39	1.01	2.64

地区 a	地区 b	边际调出隐含碳 （吨/万元）		边际调入节碳量 （吨/万元）		人均资本存量 （万元）		人均 GDP （万元）	
		地区 a	地区 b	地区 a	地区 b	地区 a	地区 b	地区 a	地区 b
福建	其他	0.36	0.36	0.38	0.33	4.26	5.07	2.29	2.60
江西	其他	0.52	1.03	0.86	0.37	2.40	4.90	1.03	2.51
山东	其他	0.78	1.11	0.93	0.61	4.52	4.94	2.24	2.37
河南	其他	0.85	0.69	0.48	0.76	2.54	5.05	1.21	2.48
湖北	其他	0.90	0.69	0.52	0.76	2.84	4.50	1.31	2.26
湖南	其他	0.65	0.82	0.51	0.36	2.21	4.53	1.15	2.38
广东	其他	0.24	0.22	0.55	0.53	4.15	4.46	2.84	2.12
广西	其他	0.53	0.39	0.33	0.41	2.04	4.65	0.97	2.43
海南	其他	0.45	0.26	0.28	0.46	2.67	4.60	1.33	2.40
重庆	其他	0.36	0.70	0.51	0.32	3.33	4.44	1.28	2.26
四川	其他	0.53	0.49	0.44	0.58	2.18	4.52	1.06	2.25
贵州	其他	1.46	0.82	0.34	0.65	1.42	4.56	0.55	2.39
云南	其他	0.89	0.50	0.33	0.49	2.14	4.63	0.85	2.45
陕西	其他	0.42	0.49	0.58	0.41	2.45	4.86	1.11	2.39
甘肃	其他	0.77	0.62	0.59	0.73	2.58	4.69	0.82	2.23
青海	其他	0.76	0.79	0.74	0.57	2.75	4.73	1.10	2.24
宁夏	其他	1.60	0.96	0.49	0.66	3.76	4.91	1.10	2.34
新疆	其他	0.66	0.93	0.43	0.36	3.42	4.88	1.33	2.34
东部	其他	0.41	0.43	0.62	0.49	6.15	2.95	3.14	1.33
中部	其他	0.81	0.72	0.50	0.63	2.63	5.29	1.25	2.65
西部	其他	0.78	0.62	0.45	0.58	2.87	5.32	1.18	2.72
东北	其他	0.69	0.83	0.69	0.64	3.98	5.33	1.91	2.56
东部	中部	0.39	0.56	0.86	0.71	6.12	2.64	3.13	1.25
东部	西部	0.32	0.41	0.78	0.57	6.12	2.82	3.17	1.16
东部	东北	0.42	0.47	0.69	0.59	6.31	3.97	3.09	1.91
中部	西部	0.63	0.69	0.64	0.70	2.62	2.77	1.25	1.15
中部	东北	0.56	0.52	0.83	0.65	2.61	3.95	1.24	1.89
西部	东北	1.84	0.82	0.69	1.93	3.54	4.06	1.44	1.93

表 H3　2010 年边际贸易隐含碳、人均资本存量及人均 GDP

地区 a	地区 b	边际调出隐含碳（吨/万元）		边际调入节碳量（吨/万元）		人均资本存量（万元）		人均 GDP（万元）	
		地区 a	地区 b	地区 a	地区 b	地区 a	地区 b	地区 a	地区 b
北　京	其他	0.08	0.18	0.48	0.23	12.53	7.07	5.54	3.06
天　津	其他	0.23	0.31	0.46	0.35	14.34	6.99	5.47	3.03
河　北	其他	0.67	0.56	0.51	0.43	5.02	7.66	2.11	3.29
山　西	其他	1.14	0.50	0.25	0.70	4.81	7.30	1.65	3.25
内蒙古	其他	1.13	0.59	0.32	0.79	9.73	7.56	3.14	3.31
辽　宁	其他	0.56	0.52	0.40	0.61	8.15	7.23	3.38	2.92
吉　林	其他	0.39	0.91	0.75	0.40	8.07	7.26	2.38	3.11
黑龙江	其他	0.44	0.45	0.39	0.59	4.65	7.86	2.30	3.24
上　海	其他	0.15	0.21	0.42	0.28	12.88	6.73	6.68	2.86
江　苏	其他	0.32	0.36	0.47	0.40	8.17	6.92	3.86	2.99
浙　江	其他	0.21	0.24	0.53	0.31	8.42	6.78	3.95	3.09
安　徽	其他	0.39	0.35	0.35	0.37	3.30	7.56	1.53	3.36
福　建	其他	0.25	0.26	0.30	0.29	6.92	7.08	3.25	3.32
江　西	其他	0.34	0.61	0.71	0.33	3.76	7.04	1.47	3.31
山　东	其他	0.46	0.72	0.76	0.45	7.02	7.14	3.10	3.03
河　南	其他	0.68	0.52	0.34	0.58	4.68	7.37	1.68	3.28
湖　北	其他	0.67	0.54	0.42	0.62	4.48	6.83	1.93	3.07
湖　南	其他	0.38	0.50	0.44	0.35	3.71	6.49	1.67	3.01
广　东	其他	0.31	0.35	0.38	0.38	5.79	6.47	3.59	2.76
广　西	其他	0.48	0.35	0.28	0.42	4.22	6.58	1.39	3.12
海　南	其他	0.25	0.26	0.25	0.40	4.04	6.69	1.85	3.11
重　庆	其他	0.27	0.43	0.42	0.30	5.24	6.51	1.94	2.96
四　川	其他	0.46	0.42	0.33	0.48	3.44	6.56	1.56	2.89
贵　州	其他	0.82	0.57	0.31	0.51	2.45	6.55	0.80	3.08
云　南	其他	0.59	0.35	0.27	0.46	3.29	6.66	1.17	3.21
陕　西	其他	0.30	0.32	0.41	0.35	5.32	7.05	1.66	3.16
甘　肃	其他	0.72	0.72	0.44	0.57	2.93	7.14	1.10	3.01
青　海	其他	0.53	0.47	0.47	0.61	5.84	6.87	1.56	3.05
宁　夏	其他	1.13	0.94	0.41	0.54	6.70	7.26	1.51	3.11

地区a	地区b	边际调出隐含碳 （吨/万元）		边际调入节碳量 （吨/万元）		人均资本存量 （万元）		人均GDP （万元）	
		地区a	地区b	地区a	地区b	地区a	地区b	地区a	地区b
新 疆	其他	0.36	0.73	0.32	0.38	5.26	7.36	1.69	3.22
东 部	其他	0.32	0.35	0.47	0.36	8.42	5.24	4.05	1.92
中 部	其他	0.58	0.49	0.38	0.49	4.50	7.63	1.79	3.47
西 部	其他	0.57	0.48	0.35	0.48	5.38	7.53	1.79	3.53
东 北	其他	0.47	0.64	0.52	0.54	7.19	7.57	2.76	3.25
东 部	中部	0.31	0.45	0.64	0.46	8.39	4.52	4.06	1.79
东 部	西部	0.26	0.37	0.56	0.42	8.42	5.26	4.10	1.75
东 部	东北	0.34	0.41	0.47	0.48	8.53	7.11	3.90	2.75
中 部	西部	0.43	0.50	0.47	0.53	4.42	5.22	1.77	1.74
中 部	东北	0.36	0.43	0.64	0.47	4.56	7.26	1.78	2.73
西 部	东北	1.27	0.66	0.52	1.25	6.98	7.41	2.28	2.81

参考文献

中文参考文献

财政部财政科学研究所课题组：《中国开征碳税问题研究》，研究报告，2009。

陈和、隋广军：《产业结构演变与三次产业发展的关联度》，《改革》2010 年第 3 期。

陈诗一：《中国各地区低碳经济转型进程评估》，《经济研究》2012 年第 8 期。

陈文颖、吴宗鑫、何建坤：《全球未来碳排放权"两个趋同"的分配方法》，《清华大学学报（自然科学版）》2005 年第 6 期。

成艾华、魏后凯：《促进区域产业有序转移与协调发展的碳减排目标设计》，《中国人口·资源与环境》2013 年第 1 期。

崔连标、范英、朱磊、毕清华、张毅：《碳排放交易对实现我国"十二五"减排目标的成本节约效应研究》，《中国管理科学》2013 年第 1 期。

杜克锐、邹楚沅：《我国碳排放效率地区差异、影响因素及收敛性分析——基于随机前沿模型和面板单位根的实证研究》，《浙江社会科学》2011 年第 11 期。

傅京燕、代玉婷：《碳交易市场链接的成本与福利分析——基于 MAC 曲线的实证研究》，《中国工业经济》2015 年第 9 期。

傅京燕、李丽莎：《环境规制、要素禀赋与产业国际竞争力的实证研究——基于中国制造业的面板数据》,《管理世界》2010 年第 10 期。

傅京燕、张珊珊:《中美贸易与污染避难所假说的实证研究——基于内含污染的视角》,《中国人口·资源与环境》2011 年第 2 期。

龚六堂、谢丹阳:《我国省份之间的要素流动和边际生产率的差异分析》,《经济研究》2004 年第 4 期。

国家信息中心:《中国区域间投入产出表》,社会科学文献出版社,2005。

国务院发展研究中心课题组:《全球温室气体减排:理论框架和解决方案》,《经济研究》2009 年第 3 期。

韩晶、王赟、陈超凡:《中国工业碳排放绩效的区域差异及影响因素研究——基于省域数据的空间计量分析》,《经济社会体制比较》2015 年第 1 期。

何建武、李善同:《二氧化碳减排与区域经济发展》,《管理评论》2010 年第 6 期。

何龙斌:《国内污染产业区际转移路径及引申——基于 2000~2011 年相关工业产品产量面板数据》,《经济学家》2013 年第 6 期。

侯伟丽、方浪、刘硕:《"污染避难所"在中国是否存在?——环境管制与污染产业区际转移的实证研究》,《经济评论》2013 年第 4 期。

胡霞、魏作磊:《中国城市服务业区域间溢出效应与反馈效应分析》,《产业经济研究》2009 年第 5 期。

黄宗远、宫汝凯:《中国物质资本存量估算方法的比较与重估》,《学术论坛》2008 年第 9 期。

靖学青:《中国省际物质资本存量估计:1952~2010》,《广东社会科学》2013 年第 2 期。

鞠建东、马弘、魏自儒、钱颖一、刘庆:《中美贸易的反比较优势之谜》,《经济学(季刊)》2012 年第 3 期。

李钢、廖建辉:《基于碳资本存量的碳排放权分配方案》,《中国社会科学》2015 年第 7 期。

李惠娟:《中国三大经济区间服务业溢出和反馈效应——基于三区域间投入产出分析的视角》,《当代财经》2014 年第 6 期。

李林、丁艺、刘志华:《金融集聚对区域经济增长溢出作用的空间计量分析》,《金融研究》2011 年第 5 期。

李娜、石敏俊、袁永娜:《低碳经济政策对区域发展格局演进的影响——

基于动态多区域 CGE 模型的模拟分析》,《地理学报》2010 年第 12 期。

李善同、齐舒畅、许昭元等:《2002 年中国地区扩展投入产出表:编制与应用》,经济科学出版社,2010 年。

李小平、王树柏、郝路露:《环境规制、创新驱动与中国省际碳生产率变动》,《中国地质大学学报(社会科学版)》2016 年第 1 期。

李小平、卢现祥、陶小琴:《环境规制强度是否影响了中国工业行业的贸易比较优势》,《世界经济》2012 年第 4 期。

李小平、卢现祥:《国际贸易、污染产业转移和中国工业 CO_2 排放》,《经济研究》2010 年第 1 期。

李小胜、宋马林:《"十二五"时期中国碳排放额度分配评估——基于效率视角的比较分析》,《中国工业经济》2015 年第 9 期。

李炫榆、宋海清:《区域减排合作路径探寻——基于结构效应与二氧化碳排放的空间面板数据实证分析》,《福建师范大学学报(哲学社会科学版)》2015 年第 1 期。

林伯强、邹楚沅:《发展阶段变迁与中国环境政策选择》,《中国社会科学》2014 年第 5 期。

林季红、刘莹:《内生的环境规制:"污染天堂假说"在中国的再检验》,《中国人口·资源与环境》2013 年第 1 期。

刘传江、胡威、吴晗晗:《环境规制、经济增长与地区碳生产率——基于中国省级数据的实证考察》,《财经问题研究》2015 年第 10 期。

刘红光、刘卫东、唐志鹏、范晓梅:《中国区域产业结构调整的 CO_2 减排效果分析——基于区域间投入产出表的分析》,《地域研究与开发》2010 年第 3 期。

刘明磊、朱磊、范英:《我国省级碳排放绩效评价及边际减排成本估计:基于非参数距离函数方法》,《中国软科学》2011 年第 3 期。

刘卫东、陈杰、唐志鹏、刘红光、韩丹、李方一:《中国 2007 年 30 省区市区域间投入产出表编制理论与实践》,中国统计出版社,2012。

刘卫东、唐志鹏、陈杰、杨波:《2010 年中国 30 省区市区域间投入产出表》,中国统计出版社,2014。

刘志忠、陈果:《环境管制与外商直接投资区位分布:基于城市面板数据的实证研究》,《国际贸易问题》2009 年第 3 期。

陆旸:《环境规制影响了污染密集型商品的贸易比较优势吗?》,《经济研究》2009年第4期。

路正南、李晓洁：《基于区域间贸易矩阵的中国各省区碳排放转移研究》，《统计与决策》2015年第1期。

马克思：《资本论》（第1卷），人民出版社，1975。

毛艳华、钱斌华：《基于CGE模型的分区域碳税从价征收税率研究》，《财政研究》2014年第9期。

潘家华、张丽峰：《我国碳生产率区域差异研究》，《中国工业经济》2011年第5期。

潘家华、陈迎：《碳预算方案：一个公平、可持续的国际气候制度框架》，《中国社会科学》2009年第5期。

潘文卿：《地区间经济影响的反馈与溢出效应》，《系统工程理论与实践》2006年第7期。

潘文卿：《中国沿海与内陆间经济影响的溢出与反馈效应》，《统计研究》2012年第10期。

潘文卿：《碳税对中国产业与地区竞争力的影响：基于CO_2排放责任的视角》，《数量经济技术经济研究》2015年第6期。

潘文卿：《中国区域经济发展：基于空间溢出效应的分析》，《世界经济》2015年第7期。

潘文卿、李子奈：《中国沿海与内陆间经济影响的反馈与溢出效应》，《经济研究》2007年第5期。

潘文卿、李子奈：《三大增长极对中国内陆地区经济的外溢性影响研究》，《经济研究》2008年第6期。

潘文卿、张润君：《中国经济的空间结构：反馈回路与层级分析》，《管理评论》2009年第12期。

庞瑞芝、李鹏：《中国工业增长模式转型绩效研究——基于1998—2009年省际工业企业数据的实证考察》，《数量经济技术经济研究》2011年第9期。

彭可茂、席利卿、雷玉桃：《中国工业的污染避难所区域效应——基于2002—2012年工业总体与特定产业的测度与验证》，《中国工业经济》2013年第10期。

彭可茂、席利卿、彭开丽：《中国环境规制与污染避难所区域效应——以大宗农产品为例》，《南开经济研究》2012年第4期。

彭连清、吴超林：《我国区域经济增长溢出效应比较分析——以东、中、西部三大地区为例》，《西部商学评论》2009 年第 1 期。

彭水军、张文城、孙传旺：《中国生产侧和消费侧碳排放量测算及影响因素研究》，《经济研究》2015 年第 1 期。

齐天宇、杨远哲、张希良：《国际跨区碳市场及其能源经济影响评估》，《中国人口·资源与环境》2014 年第 3 期。

石敏俊、王妍、张卓颖、周新：《中国各省区碳足迹与碳排放空间转移》，《地理学报》2012 年第 10 期。

市村真一、王慧炯主编《中国经济区域间投入产出表》，化学工业出版社，2007。

孙耀华、仲伟周、庆东瑞：《基于 Theil 指数的中国省际间碳排放强度差异分析》，《财贸研究》2012 年第 3 期。

唐志鹏、刘卫东、公丕萍：《出口对中国区域碳排放影响的空间效应测度——基于 1997—2007 年区域间投入产出表的实证分析》，《地理学报》2014 年第 10 期。

王锋、冯根福、吴丽华：《中国经济增长中碳强度下降的省区贡献分解》，《经济研究》2013 年第 8 期。

王利宁、陈文颖：《不同分配方案下各国碳排放额及公平性评价》，《清华大学学报（自然科学版）》2015 年第 6 期。

王群伟、周鹏、周德群：《我国二氧化碳排放绩效的动态变化、区域差异及影响因素》，《中国工业经济》2010 年第 1 期。

王文军、谢鹏程、胡际莲等：《碳税和碳交易机制的行业减排成本比较优势研究》，《气候变化研究进展》2016 年第 1 期。

王文治、陆建明：《要素禀赋、污染转移与中国制造业的贸易竞争力——对污染天堂与要素禀赋假说的检验》，《中国人口·资源与环境》2012 年第 12 期。

魏楚：《中国城市 CO_2 边际减排成本及其影响因素》，《世界经济》2014 年第 7 期。

魏庆坡：《碳交易与碳税兼容性分析——兼论中国减排路径选择》，《中国人口·资源与环境》2015 年第 5 期。

吴福象、朱蕾：《中国三大地带间的产业关联及其溢出和反馈效应——基于多区域投入—产出分析技术的实证研究》，《南开经济研究》2010 年第 5 期。

吴洁、夏炎、范英、刘婧宇（a）：《碳配额初始分配方式对我国省区宏观经济及行业竞争力的影响》，《管理评论》2015 年第 12 期。

吴洁、夏炎、范英、刘婧宇（b）：《全国碳市场与区域经济协调发展》，《中国人口·资源与环境》2015 年第 1 期。

吴力波、钱浩祺、汤维祺：《基于动态边际减排成本模拟的碳排放权交易与碳税选择机制》，《经济研究》2014 年第 9 期。

吴添、潘文卿：《中日经济的相互影响：溢出效应、反馈效应与产业价值链》，《经济学报》2014 年第 3 期。

肖雁飞、万子捷、刘红光：《我国区域产业转移中"碳排放转移"及"碳泄漏"实证研究——基于 2002 年、2007 年区域间投入产出模型的分析》，《财经研究》2014 年第 2 期。

谢群、潘玉君：《中国内地各省区 1952～2009 年实物资本存量估算》，《当代经济》2011 年第 1 期。

谢申祥、王孝松、黄保亮：《经济增长、外商直接投资方式与我国的二氧化硫排放——基于 2003～2009 年省际面板数据的分析》，《世界经济研究》2012 年第 4 期。

徐现祥、周吉梅、舒元：《中国省区三次产业资本存量估计》，《统计研究》2007 年第 5 期。

徐盈之、王书斌：《碳减排是否存在空间溢出效应？——基于省际面板数据的空间计量检验》，《中国地质大学学报（社会科学版）》2015 年第 1 期。

徐盈之、张赟：《中国区域碳减排责任及碳减排潜力研究》，《财贸研究》2013 年第 2 期。

闫云凤：《消费碳排放责任与中国区域间碳转移——基于 MRIO 模型的评估》，《工业技术经济》2014 年第 8 期。

姚亮、刘晶茹：《中国八大区域间碳排放转移研究》，《中国人口·资源与环境》2010 年第 12 期。

姚愉芳、陈杰、张晓梅：《京津冀地区间经济影响及溢出和反馈效应分析》，《城市与环境研究》2016 年第 1 期。

叶宗裕：《中国省际资本存量估算》，《统计研究》2010 年第 12 期。

应瑞瑶、周力：《外商直接投资、工业污染与环境规制：基于中国数据的计量经济学分析》，《财贸经济》2006 年第 1 期。

余典范、干春晖、郑若谷:《中国产业结构的关联特征分析——基于投入产出结构分解技术的实证研究》,《中国工业经济》2011 年第 11 期。

余晓钟、王湘、郑世文:《跨区域低碳经济协同发展影响因素系统分析》,《西南石油大学学报(社会科学版)》2012 年第 2 期。

袁永娜、石敏俊、李娜等:《碳排放许可的强度分配标准与区域经济协调发展:基于 30 省区 CGE 模型的分析》,《气候变化研究进展》2012 年第 8 期。

袁永娜、石敏俊、李娜:《碳排放许可的初始分配与区域协调发展:基于多区域 CGE 模型的模拟分析》,《管理评论》2013 年第 2 期。

岳超、胡雪洋、贺灿飞、朱江玲、王少鹏、方精云:《1995—2007 年我国省区碳排放及碳强度的分析——碳排放与社会发展Ⅲ》,《北京大学学报(自然科学版)》2010 年第 4 期。

曾贤刚、庞含霜:《我国各省区 CO_2 排放状况、趋势及其减排对策》,《中国软科学》2009 年第 S1 期。

曾贤刚:《环境规制、外商直接投资与"污染避难所"假说——基于中国 30 个省份面板数据的实证研究》,《经济理论与经济管理》2010 年第 11 期。

张国兴、高秀林、汪应洛等:《中国节能减排政策的测量、协同与演变——基于 1978—2013 年政策数据的研究》,《中国人口·资源与环境》2014 年第 12 期。

张军、吴桂英、张吉鹏:《中国省际物质资本存量估算:1952~2000》,《经济研究》2004 年第 10 期。

张亚雄、齐舒畅:《2002、2007 年中国区域间投入产出表》,中国统计出版社,2012。

张亚雄、赵坤:《区域间投入产出分析》,社会科学文献出版社,2006。

张友国:《经济发展方式变化对中国碳排放强度的影响》,《经济研究》2010 年第 4 期。

张友国:《中国贸易含碳量及其影响因素——基于(进口)非竞争型投入产出表的分析》,《经济学季刊》2010 年第 4 期。

张友国:《基于经济利益的区域能耗责任研究》,《中国人口·资源与环境》2014 年第 9 期。

张友国:《碳排放视角下的区域间贸易模式:污染避难所与要素禀赋》,

《中国工业经济》2015 年第 8 期。

张友国：《区域间供给驱动的碳排放溢出与反馈效应》，《中国人口·资源与环境》2016 年第 4 期。

张增凯、郭菊娥、安尼瓦尔·阿木提：《基于隐含碳排放的碳减排目标研究》，《中国人口·资源与环境》2011 年第 12 期。

赵慧卿、郝枫：《中国区域碳减排责任分摊研究——基于共同环境责任视角》，《北京理工大学学报（社会科学版）》2013 年第 6 期。

赵慧卿：《我国各地区碳减排责任再考察——基于省际碳排放转移测算结果》，《经济经纬》2013 年第 6 期。

政府间气候变化专门委员会：《2006 年 IPCC 国家温室气体清单指南》，日本全球环境战略研究所，2006。

郑立群：《中国各省区碳减排责任分摊——基于零和收益 DEA 模型的研究》，《资源科学》2012 年第 11 期。

郑新立：《中国支柱产业振兴方略》，中国计划出版社，1995。

宗振利、廖直东：《中国省际三次产业资本存量再估算：1978—2011》，《贵州财经大学学报》2014 年第 3 期。

英文参考文献

Ahmed N. and A. Wyckoff. 2003. "Carbon Dioxide Emissions Embodied in International Trade," OECD DSTI/DOC 15.

Andrew R., Peters G. P., Lennox J. 2009. "Approximation and Regional Aggregation In Multi-Regional Input-Output Analysis For National Carbon Footprint Accounting." *Economic Systems Research*, 21: 311 – 335.

Andrew R., Forgie V. 2008. "A Three-perspective View of Greenhouse Gas Emission Responsibilities in New Zealand." *Ecological Economics*, 68 (1 – 2): 194 – 204.

Anthoff David, Tol Richard S. J. 2010. "On International Equity Weights and National DecisionMaking on Climate Change," *Journal of Environmental Economics and Management*, 60: 14 – 20.

Antweiler W., Copeland Brian R., Taylor M. Scott. 2001. "Is Free Trade Good for the Environment?" *The American Economic Review*, Vol. 91, No. 4: 877 –

908.

Antweiler W. 1996. " *The Pollution Terms of Trade. Economic Systems Research*," 8 (4): 361 – 365.

Atkinson G. et al. 2011. "Trade in 'Virtual Carbon': Empirical Results and Implications for Policy. " *Global Environmental Change*, 21 (2): 563 – 574.

Bai C. , Ma H. and Pan W. 2012. " Spatial Spillover and Regional Economic Growth in China. " *China Economic Review*, 23 (4): 982 – 990.

Balassa B. 1965. " Trade Liberalisation and Revealed Comparative Advantage. " *The Manchester School*, 33 (2): 99 – 123.

Bastianoni S. , Federico M. , Enzo T. 2004. " The Problem of Assigning Responsibility for Greenhouse Gas Emissions." *Ecological Economics*, 49 (3): 253 – 257.

Beck M. , Winker P. 2004. " Modeling Spillovers and Feedback of International Trade in a Disequilibrium Framework," *Economic Modelling*, Vol. 21 (3): 445 – 470.

Becker R. and Henderson V. 2000. "Effects of Air Quality Regulations on Polluting Industries," *Journal of Political Economy*, 108 (2): 379 – 421.

Boeters Stefan. 2014. " Optimally Differentiated Carbon Prices for Unilateral Climate Policy. " *Energy Economics*, 45: 304 – 312.

Böhringer C. , Lange A. , Rutherford T. F. 2014. " Optimal Emission Pricing in the Presence of International Spillovers: Decomposing Leakage and Terms-of-trade Motives. " *Journal of Public Economics*, 110: 101 – 111.

Brun J. F. , Combes J. L. and Renard M. F. 2002, "Are there Spillover Effects Between Coastal and Noncoastal Regions in China?" *China Economic Review*, Vol. 13: 161 – 169.

Cao Zi, Wei Jie, Chen Hong-Bo. 2016. "CO_2 Emissions and Urbanization Correlation in China Based on Threshold Analysis. " *Ecological Indicators*, 61: 193 – 201.

Chen A. , Groenewold N. 2015. "Emission reduction policy: A Regional Economic Analysis for China. " *Economic Modelling*, 51: 136 – 152.

Chen Liang, Yang Zhifeng. 2015. " A Spatio-Temporal Decomposition Analysis of Energy-Related CO_2 Emission Growth in China. " *Journal of Cleaner*

Production, 103: 49 – 60.

Chipman J. S. 1950. "The multi-sector multiplier." *Econometrica*, vol. 18: 355 – 74.

Cole M. A., and R. J. R. Elliott. 2003. "Determining the Trade-environment Composition Effect: the Role of Capital, Labor and Environmental Regulations." *Journal of Environmental Economics and Management*, 46 (3): 363 – 383.

Cole M. A., R. J. R. Elliott and K. Shimamoto. 2005. "Why the Grass Is Not Always Greener: The Competing Effects of Environmental Regulations and Factor Intensities on US Specialization." *Ecological Economics*, 54 (1): 95 – 109.

Cong R. G., Wei Y. M. 2010. "Potential Impact of (CET) Carbon Emissions Trading on China's Power Sector: a Perspective from Different Allowance Allocation Options." *Energy*, 35 (9): 3921 – 3931.

Copeland B. R., Taylor M. S. 1994. "North-South Trade and the Environment," *The Quarterly Journal of Economics*, 109 (3): 755 – 787.

Copeland B. R., Taylor M. S. 2004. "Trade, Growth, and the Environment." *Journal of Economic Literature*, vol. 42: 7 – 71.

Dean J. M., Lovely M. E., Wang H. 2009. "Are Foreign Investors Attracted to Weak Enviromental Regulations? Evaluating the Evidence from China." *Journal of Development Economics*, 90 (1): 1 – 13.

Dietzenbacher E. and Mukhopadhyay K. 2007. "An Empirical Examination of the Pollution Haven Hypothesis for India: Towards a Green Leontief Paradox?" *Environmental & Resource Economics*, 36: 427 – 449.

Dietzenbacher E. 2002, "Interregional Multipliers: Look backward, Looking Forward." *Regional Studies*, (36) 2: 125 – 36.

Dietzenbacher E., Pei J., Yang C. 2012. "Trade, Production Fragmentation, and China's Carbon Dioxide Emissions." *Journal of Environmental Economics and Management*, 64 (1): 88 – 101.

Dong Huijuan, Dai Hancheng, Dong Liang. 2015. "Pursuing Air Pollutant Co-benefits of CO_2 mitigation in China: A provincial leveled analysis." *Applied Energy*, 144: 165 – 174.

Du Limin, Wei Chu, Cai Shenghua. 2012. "Economic Development and Carbon Dioxide Emissions In China: Provincial Panel Data Analysis." *China*

Economic Review, 23: 371 – 384.

Eder P. , Narodoslawsky M. 1999. "What Environmental Pressures Are A Region's Industries Responsible for? A Method of Analysis with Descriptive Indices and Input-output Models. " *Ecological Economics*, 29 (3): 359 – 374.

Elliott Joshua, Fullerton Don. 2014. "Can A Unilateral Carbon Tax Reduce Emissions Elsewhere?" *Resource and Energy Economics*, 36: 6 – 21.

Eskeland G. S. and A. E. Harrison. 2003. "Moving to Greener Pastures? Multinationals and the Pollution Haven Hypothesis. " *Journal of Development Economics*, 70 (1): 1 – 23.

Fan Ying, Wu Jie, Xia Yan, Liu Jing-Yu. 2016. "How Will a Nationwide Carbon Market Affect Regional Economies and Efficiency of CO_2 Emission reduction in China?" *China Economic Review*, 38: 151 – 166.

Feng K. , Siu Y. L. , Guan D. , Hubacek K. 2012. "Analyzing Drivers of Regional Carbon Dioxide Emissions for China," *Journal of Industrial Ecology*, 16: 600 – 611.

Feng K. , Siu Y. L. , Guan D. , Hubacek K. 2012. "Assessing Regional Virtual Water Flows and Water Footprints in the Yellow River Basin, China: A consumption based approach. " *Applied Geography*, 32: 691 – 701.

Feng K. , Davis S. J. , Sun L. , Li X. , Guan D. , Liu W. , Liu Z. and Hubacek K. 2013. "Outsourcing CO_2 within China. " *Proceedings of the National Academy of Sciences of the United States of America* (*PNAS*), 110: 11654 – 11659.

Ferng J. J. 2003. "Allocating the Responsibility of CO_2 Over-emissions from the Perspectives of Benefit Principle and Ecological Deficit. " *Ecological Economics*, 46 (1): 691 – 701.

Fujimori Shinichiro, Masui Toshihiko, Matsuoka Yuzuru. 2015. "Gains from Emission Trading under Multiple Stabilization Targets and Technological Constraints. " *Energy Economics*, 48: 306 – 315.

Gallego B. , Lenzen M. 2005. "A Consistent Input-output Formulation of Shared Consumer and Producer Responsibility. " *Economic Systems Research*, 17 (4): 365 – 391.

Ghosh A. 1958. "Input-Output Approach in an Allocation System. " *Economica*, 25: 58 – 64.

Gillen W. J. and Guccione A. 1980. "Interregional Feedbacks in Input-Output Models: Some Formal Results." *Journal of Regional Science*, 20 (4): 477 – 482.

Greenstone, Michael. 2002. "The Impacts of Environmental Regulations on Industrial Activity: Evidence from the 1970 and the 1977 Clean Air Act Ammendments and the Census of Manufactures." *Journal of Political Economy*, 110 (6): 1175 – 219.

Greytak D. 1970. "Regional Impacts of Interregional Trade in the Input-Output Analysis, Papers." *Regional Science Association*, 25: 203 – 217.

Greytak D. 1974. "Regional Interindustrial Multipliers: An Analysis of Infromation." *Regional and Urban Economics*, 4: 163 – 172.

Grossman, Gene M. and Alan B. Krueger. 1993. "Environmental Impacts of a North American Free Trade Agreement." in *The U. S. -Mexico Free Trade Agreement*, edited by Peter M. Garber, pp. 13 – 56. Cambridge, MA: MIT Press.

Guan D. and Hubacek K. 2007. "Assessment of Regional Trade and Virtual Water Flows in China." *Ecological Economics*, 61 (1): 159 – 170.

Guan D. , Liu Z. , Geng Y. , Lindner S. , Hubacek K. 2012. "The Gigatonne Gap in China's Carbon Dioxide Inventories." *Nature Climate Change*, 2: 672 – 675.

Guan D. , Hubacek K. , Weber C. L. , Glen P. Peters and Reiner D. M. 2008. "The Drivers of Chinese CO_2 Emissions from 1980 to 2030." *Global Environmental Change*, 18: 626 – 634.

Guccione A. , Gillen W. J. , Blair P. D. , Miller R. E. 1988. "Interregional Feedbacks in Input-Output Models: the least upper bound." *Journal of Regional Science*, 28 (3): 397 – 404.

Guo J. , Zhang Z. , Meng L. 2012. "China's Provincial CO_2 Emissions Embodied in International and Interprovincial Trade." *Energy Policy*, 42: 486 – 497.

He Jian-Kun. 2014. "An Analysis of China's CO_2 Emission Peaking Target and Pathways." *Advances in Climate Change Research*, 5: 155 – 161.

Henderson J. Vernon. 1996. "Effects of Air Quality Regulation." *American*

Economic Review, 86 (4): 789 – 813.

Hubacek K., Sun L. 2001. "A Scenario Analysis of China's Land Use and Land Cover Change: Incorporating Biophysical Information into Input-Output Modeling." *Structural Change and Economic Dynamics* 12 (4): 367 – 397.

Hübler Michael, Voigt Sebastian, Löschel Andreas. 2014. "Designing an Emissions Trading Scheme for China——An Up-to-date Climate Policy Assessment." *Energy Policy*, 75: 57 – 72.

Jaffe A. B., Peterson S. R., Portney P. R., Stavins R. N. 1995. "Environmental Regulation and the Competitiveness of US Manufacturing: What Does the Evidence Tell US?" *Journal of Economic Literature*, vol. 33: 132 – 163.

Keller, Wolfgang and Arik Levinson. 2002. "Pollution Abatement Costs and Foreign Direct Investment Inflows to U. S. States." *Review of Economics and Statistics*, 84 (4): 691 – 703.

Lenzen M., Pade L. and Munksgaard J. 2004. "CO_2 Multipliers in Multi-region Input-Output Models." *Economic Systems Research*, 16 (4): 391 – 412.

Lenzen M. 2008. "Consumer and Producer Environmental Responsibility: A Reply." *Ecological Economics*, 66 (2 – 3): 19 – 24.

Lenzen M., Murray J. 2010. "Conceptualising Environmental Responsibility." *Ecological Economics*, 70 (2): 261 – 270.

Lenzen M., Murray J., Sacb F., et al. 2007. "Shared Producer and Consumer Responsibility-Theory And Practice." *Ecological Economics*, 61 (1): 27 – 42.

Lenzen M., Wood R. and Wiedmann T. 2010. "Uncertainty Analysis For Multi-Region Input-Output Models——A Case Study Of TheUk's Carbon Footprint." *Economic Systems Research*, 22 (1): 43 – 63.

Leontief W. 1953. "Domestic Production and Foreign Trade: The American Capital Position Re-examined." *Proceedings of the American Philosophical Society*, 97 (4): 332 – 349.

Li Aijun, Zhang Zhe, Zhang Aizhen. 2015. "Why Are There Large Differences in Performances When the Same Carbon Emission Reductions Are Achieved in Different Countries." *Journal of Cleaner Production*, 103: 309 – 318.

Li J. F., Wang X., Zhang Y. X. 2012. "Is It in China's Interest to

Implement an Export Carbon Tax?" *Energy Economics*, vol. 34: 2072 – 2080.

Li X., Lou F., Liu Y., Zhang R. 2013. "Forecast and International Comparison of Chinese Economy for the Next Decade." *Journal of Emerging Markets*, Vol. 18, No. 1: 7 – 23.

Li You, C. N. Hewitt. 2008. "The Effect of Trade between China and the UK on National and Global Carbon Dioxide Emissions." *Energy Policy*, 36 (6): 1907 – 1914.

Liang Q. M., Fan Y., Wei Y. M. 2007. "Multi-regional Input-Output Model for Regional Energy requirements and CO_2 Emissions in China." *Energy Policy*, 35: 1685 – 1700.

Lin B, Sun C. 2010. "Evaluating Carbon Dioxide Emissions in International Trade of China." *Energy Policy* 38: 1389 – 1397.

Lin B., Sun C. 2010. "Evaluating Carbon Dioxide Emissions in International Trade of China." *Energy Policy*, 38: 613 – 621.

Liu X., M. Ishikawa, C. Wang, Y. Dong, W. Liu. 2010. "Analyses of CO_2 Emissions Embodied in Japan-China trade." *Energy Policy*, 38 (1): 613 – 621.

Lopez L. A., Arce G., Zafrilla J. E. 2013. "Parcelling Virtual Carbon in the Pollution Haven Hypothesis." *Energy Econonimcs*, 39: 177 – 186.

Machlup F. 1943. *International Trade and National Income Multiplier*. Philadelphia: The Blakiston Company.

Marklund Per-oliv, Samakovlis Eva. 2007. "What Is Driving the EU Burden-Sharing Agreement: Efficiency or Equity." *Journal of Environmental Management*, 85: 317 – 329.

Marques A., Rodrigues J., Lenzen M., et al. 2012. "Income-based Environmental Responsibility." *Ecological Economics*, 84: 57 – 65.

Marques A., Rodrigues J., Domingos T. 2013. "International Trade and the Geographical Separation between Income and Enabled Carbon Emissions." *Ecological Economics*, 89: 162 – 169.

Meng B., Xue J., Feng K., Guan D., Fu X. 2013. "China's Inter-Regional Spillover of Carbon Emissions And Domestic Supply Chains." *Energy Policy*, 61: 1305 – 1321.

Meng L. , Guo J. , Chai J. , Zhang Z. 2011. "China's Regional CO$_2$ Emissions: Characteristics, Inter-regional Transfer and Emission Reduction Policies. " *Energy Policy*, 39: 6136 – 6144.

Mercure J. F. , Pollitt H. , Chewpreecha U. , et al. 2014. "The Dynamics of Technology Diffusion and the Impacts of Climate Policy Instruments in the Decarbonization of the Global Electricity Sector. " *Energy Policy*, 73: 686 – 700.

Metzler L. A. 1950. "A Multiple-region Theory of Income and Trade. " *Econometrica*, vol. 18: 329 – 54.

Meunier Guy, Ponssard Jean-Pierre, Quirion Philippe. 2014. "Carbon Leakage and Capacity-based Allocations: Is the EU right?" *Journal of Environmental Economics and Management*, 68: 262 – 279.

Miller R. E. 1963. "Comments on the 'General Equilibrium' Model of Professor Moses. " *Metroeconomica*, 40: 82 – 88.

Miller R. E. 1966. "Interregional Feedbacks in Input-Output Models: Some Preliminary Results. " *Papers and Proceedings ofthe Regional Science Association*, 17 (1): 105 – 25.

Miller R. E. 1969. "International Feedbacks in Input-Output Models: Some Empirical Results. " *Western Economic Journal*, vol. 7: 41 – 50.

Miller R. E. 1986. "Upper Bounds of the Sizes of Interregional Feedbacks in Multiregional Input-Output Models. " *Journal of Regional Science*, 26 (2): 285 – 306.

Miller R. E. and Blair P. D. 2009. *Input-output Analysis: Foundations and Extensions.* New York: Cambridge University Press, Second Edition.

Mongelli I. , G. Tassielli, B. Notarnicola. 2006. "Global Warming Agreements, International Trade and Energy/Carbon Embodiments: an Input-Output Approach to the Italian Case. " *Energy Policy*, 34 (1): 88 – 100.

Munksgaard J, Pedersen K. A. 2001. "CO$_2$ Accounts for Open Economies: Producer or Consumer Responsibility?" *Energy Pol* 29: 327 – 334.

Ni Jinlan, Wei Chu, Du Limin. 2015. "Revealing the Political Decision Toward Chinese Carbon Abatement: Based On Equity and Efficiency Criteria. " *Energy Economics*, 51: 609 – 621.

Nijdam D. , Wilting H. C. , Goedkoop M. J. , Madsen J. 2005. "Environmental

Load from Dutch Private Consumption: How Much Pollution Is Exported?" *Journal of Industrial Ecology*, 9 (1 - 2): 147 - 168.

Pan J. , Phillips J. , Chen Y. 2008. "China's Balance of Emissions Embodied in Trade: Approaches to Measurement and Allocating International Responsibility. " *Oxford Review of Economic Policy*, 24 (2): 354 - 376.

Panayotou Theodore, Sachs Jeffrey D. , ZwaneAlix Peterson. 2012. "Compensation for 'Meaningful Participation' in Climate Change Control: a Modest Proposal and Empirical Analysis. " *Journal of Environmental Economics and Management*, 43: 437 - 454.

Peters G. P. 2007. "Opportunities and Challenges for Environmental MRIO Modeling: Illustrations with the GTAP Database. " 16th International Input-Output Conference of the International Input-Output Association (IIOA), 2 - 6 July 2007, Istanbul, Turkey.

Peters G. P. 2008. "From Production-based to Consumption-based National Emission Inventories. " *Ecological Economics*, 65: 13 - 23.

Peters G. P. , Hertwich E. G. 2006. "Pollution Embodied in Trade: the Norwegian Case. " *Global Environmental Change*, 16 (4): 379 - 387.

Peters G. P. , Hertwich E. G. 2008. "CO_2 Embodied in International Trade with Implications for Global Climate policy. " *Environmental Science and Technology*, Vol. 42 (5): 1401 - 1407.

Porter M. E. , VanderLinde C. 1995. "Towards a New Conception of the Environment Competitiveness Relationship. " *Journal of Economic Perspectives*, vol. 9: 97 - 118.

Pyatt G. and Round J. I. 1979. "Accounting and Fixed Price Multipliers in A Social Accounting Matrix Framework. " *Economic Journal*, 89 (356): 850 - 873.

Rhee H. C. , Chung H. S. 2006. "Change in CO_2 Emission and Its Transmission between Korea and Japan Using International Input-Out Analysis. " *Ecological Economics*, 58 (4): 788 - 800.

Richardson H. W. 1985. "Input-Output and Economic Base Multipliers: Looking Backwards and Forwards. " *Journal of Regional Science*, 25: 607 - 661.

Richmond A. K. and Kaufmann R. K. 2006. "Energy Prices and Turning

Points: The Relationship between Income and Energy Use/Carbon Emissions. " *The Energy Journal*, 27 (4): 157 – 180.

Riefler R. , Tiebout C. M. 1970. " Interregional Input-Output: An Empirical California-Washington Model. " *Journal of Regional Science*, vol. 10 (2): 135 – 52.

Rodrigues J. , Domingos T. , Giljum S. , et al. 2006. " Designing An Indicator of EnvironmentalResponsibility. " *Ecological Economics*, 59 (3): 256 – 266.

Round J. I. 1979. " Compensating Feedbacks in Interregional Input-Output Models. " *Journal of Regional Science*, 19: 145 – 55.

Round J. I. 1985. " Decomposing Multipliers for Economic Systems Involving Regional and World Trade. " *Economic Journal*, 95 (378): 383 – 399.

Round J. I. 2001. " Feedback Effects in Interregional Input-Output Models: What Have We Learned?" In *Input-Output Analysis: Frontiers and Extensions*. edited by Lahr, M. L. , Dietzenbacher, New York: Palgrave publisher, 54 ~ 70.

Schreiner D. F. , Chang J. C. 1980. " Empirical Estimates of Interregional Feedback in Input-Output Models and Model Approximations. " *American Journal of Agricultural Economics*, vol. 62 (4): 793 – 797.

Shui B. , Harriss R. C. 2006. " The Role of CO_2 Embodiment in US-China Trade. " *Energy*, 34: 4063 – 4068.

Smarzynska B. K. , Wei Shang-Jin. 2004. " Pollution Havens and Foreign Direct Investment: Dirty Secert of popular myth?" *Contributions to Economic Analysis & Policy*, 3 (2), Article 8. (B. E. Journal) .

Sonis M. , Oosterhaven J. , Hewings G. J. D. 1993. "Spatial Economic Structure and Structural Changes in the EC: Feedback Loop Analysis. " *Economic Systems Research*, 5: 173 – 184.

Sonis M. , Guilhoto J. J. M. , Hewings G. J. D. 1995. " The Asian Economy: Trade Structure Interpreted by Feedback Loop Analysis. " *Journal of Applied Input-Output Analysis*, 2: 24 – 40.

Sonis M. , Hewings G. J. D. , Gazel R. 1995. " The Structure of Multi-regional Trade Flows: Hierarchy, Feedbacks and Spatial Linkages. " *The Annual of Regional Science*, 29: 409 – 430.

Sonis M. , Hewings G. J. D. , Guo J. , Hulu E. 1997. "Interpreting Spatial Economic Structure: feedback loops in the Indonesian Economy, 1980 – 1985. " *Regional Science and Urban Economic*, 27: 325 – 342.

Sonis M. , Hewings G. J. D. , Okuyama Y. 2001. "Feedback Loops Analysis of Japanese Interregional Trade, 1980 – 85 – 90. " *Journal of Economic Geography*, Vol. 1: 341 – 362.

Stone J. R. N. 1978. "The Disaggregation of the Household Sector in the National Accounts. " Paper presented at World Bank Conference on Social Accounting Methods in Development Planning, Cambridge, UK.

Su B. , Ang B. W. 2010. "Input-Output Analysis of CO_2 Emissions Embodied in Trade: The Effects of Spatial Aggregation. " *Ecological Economics*, 70: 10 – 18.

Su B. , Ang B. W. 2011. "Multi-region Input-Output Analysis of CO_2 Emissions Embodied in Trade: The Feedback Effects. " *Ecological Economics*, 71: 42 – 53.

Su B. , Ang B. W. 2014. "Input-output analysis of CO_2 Emissions Embodied in Trade: A Multi-region Model for China. " *Applied Energy*, 114: 377 – 384.

Su B. , Ang B. W. , Low M. 2013. "Input-Output Analysis of CO_2 Emissions Embodied in Trade and the Driving Forces: Processing and Normal exports. " *Ecological Economics*, 88: 119 – 125.

Su B. , Huang H. C. , Ang B. W. , Zhou P. 2010. "Input-Output Analysis of CO_2 Emissions Embodied in Trade: The Effects of Sector Aggregation. " *Energy Economics*, 32 (1): 166 – 175.

Sun C. , Yang Y. , Zhao L. 2015. "Economic Spillover Effects in the Bohai Rim Region of China: Is the Economic Growth of Coastal Counties Beneficial for the Whole Area?" *China Economic Review*, 33: 123 – 136.

Tan H. , Sun A. , Lau H. 2013. "CO_2 Embodiment in China-Australia Trade: the Drivers and Implications. " *Energy Policy*, 61: 1212 – 1220.

Tarancón M. A. and del Rio P. 2005. "Projection of Input-Output Tables by means of Mathematical Programming based on the Hypothesis of Stable Structural Evolution. " *Economic Systems Research*, Vol. 17, No. 1: 1 – 23.

Tobey J. A. 1990. "The Effects of Domestic Environmental Policies on Patterns of World Trade: An Empirical Test." *Kyklos*, 43 (2): 191 – 209.

Turner K., Lenzen M., Wiedmann T., Barrett J. 2007. "Examining the Global Environmental Impact of Regional Consumption Activities—Part 1: A Technical Note on Combining Input-Output and Ecological Footprint Analysis." *Ecological Economics*, 62 (1): 37 – 44.

United Nations. 1999. Handbook of Input-Output Table Compilation and Analysis, Studies in Methods Series F, No. 74, Handbook of National Accounting, United Nations.

Vandyck Toona, Van Regemorter Denise. 2014. "Distributional and Regional Economic Impact of Energy Taxes in Belgium." *Energy Policy*, 72: 190 – 203.

Walter I. and J. Ugelow. 1979. "Environmental Policies in Developing Countries." *Ambio*, 8: 102 – 109.

Walter I. 1973. "The pollution Content of American Trade." *Western Economic Journal*, 11 (1): 61 – 70.

Wang T. and Watson J. 2007. "Who Owns China's Carbon Emissions." *Tyndall Briefing Note* No. 23.

Wang X., Li J. F., Zhang Y. X. 2011. "An Analysis on the Short-term Sectoral Competitiveness Impact of Carbon Tax in China." *Energy Policy*, vol. 39: 4144 – 4152.

Wang Yanan, Zhao Tao. 2015. "Impacts of Energy-Related CO_2 emissions: Evidence from Under Developed, Developing and Highly Developed Regions in China." *Ecological Indicators*, 50: 186 – 195.

Weber C. L., Peters G. P., Guan D., Hubacek K. 2008. "The Contribution of Chinese Exports to Climate Change." *Energy Policy*, 36: 3572 – 3577.

Weber C. L., Matthews H. S. 2008. "Quantifying the Global and Distributional Aspects of American Household Carbon Footprint." *Ecological Economics*, 66 (2 – 3): 379 – 391.

Wei Chu, Ni Jinlan, Du Limin. 2012. "Regional Allocation of Carbon Dioxide Abatement in China." *China Economic Review*, 23: 552 – 565.

Weitzela M., Ma T. 2014. "Emissions Embodied in Chinese Exports

Taking into Account the Special Export Structure of China." *Energy Economics*, 45: 45 – 52.

Wiedmann T. 2009 (a). "A First Empirical Comparison of Energy Footprints Embodied in trade-MRIO versus PLUM." *Ecological Economics*, 68: 1975 – 1990.

Wiedmann T. 2009 (b). "A Review of Recent Multi-region Input-Output Models Used for Consumption-based Emission and Resource Accounting." *Ecological Economics*, Vol. 69 (2): 211 – 222.

Wiedmann T., Lenzen M., Turner K., Barrett J. 2007. "Examining the Global Environmental Impact of Regional Consumption Activities-Part 2: Review of Input-Output Models for the Assessment of Environmental Impacts Embodied in Trade." *Ecological Economics*, 61: 15 – 26.

Wiedmann T., Wilting H. C., Lenzen M., Lutter S., Palm V. 2011. "Quo Vadis MRIO? Methodological, Data and Institutional Requirements for Multi-region Input-Output Analysis." *Ecological Economics*, 70 (11): 1937 – 1945.

Wyckoff A. W. and J. M. Roop. 1994. "The Embodiment of Carbon in Imports of Manufactured Products: Implications for International Agreements on Greenhouse Gas Emissions." *Energy Policy*, 22: 187 – 194.

Xing Y., and D. C. Kolstad. 2002. "Do Lax Environmental Regulations Attract Foreign Direct Investment?" *Environmental and Resource Economics*, 21 (1): 1 – 23.

Yan Y., L. Yang. 2010. "China's Foreign Trade and Climate Change: A Case Study of CO_2 Emissions." *Energy Policy*, 38 (1): 350 – 356.

Yu Shiwei, Wei Yi-Ming, Wang Ke. 2014. "Provincial Allocation of Carbon Emission Reduction Targets in China: An Approach Based on Improved Fuzzy Cluster and Shapley Value Decomposition." *Energy Policy*, 66: 630 – 644.

Yu. Y., Hubacek K., Feng K., Guan D. 2010. "Assessing Regional and Global Water Footprints for the UK." *Ecological Economics*, 69: 1140 – 1147.

Zakeri Atefe, Dehghanian Farzad, Fahimnia Behnam, Sarkis Joseph. 2015. "Carbon Pricing Versus Emissions Trading: A Supply Chain Planning Perspective." *International Journal of Production Economics*, 164: 197 – 205.

Zhang H., Lahr M. L. 2014. "China's Energy Consumption Change from 1987 to 2007: A Multi-regional Structural Decomposition Analysis." *Energy*

Policy, 67: 682 – 693.

Zhang Y. 2013. "The Responsibility for Carbon Emissions and Carbon Efficiency at the Sectoral Level: Evidence from China." *Energy Economics*, 40: 967 – 975.

Zhang Y. 2012. "Scale, Technique and Composition Effects in Trade Related Carbon Emissions in China." *Environment and Resource Economics*, 51: 371 – 389.

Zhang Y., Zhang J., Yang Z., Li S. 2011. "Regional Differences in the Factors That Influence China's Energy-related Carbon Emissions and Potential Mitigation Strategies." *Energy Policy*, 39: 7712 – 7718.

Zhang Youguo. 2012. "Scale, Technique and Composition Effects in Trade Related Carbon Emissions in China." *Environment and Resource Economics*, Vol. 51 (3): 371 – 389.

Zhang Youguo, Tang Zhipeng. 2015. "Driving Factors of Carbon Embodied in China's Provincial Exports." *Energy Economics*, 51: 445 – 454.

Zhang Youguo. 2015. "Provincial Responsibility for Carbon Emissions in China under Different Principles." *Energy Policy*, 86 (11): 142 – 153.

Zhang Z., Guo J., Hewings G. J. D. 2014. "The Effects of Direct Trade within China on Regional and National CO_2 Emissions." *Energy Economics*, 46: 161 – 175.

Zhou X., Imura H. 2011. "How does Consumer Behavior Influence Regional Ecological Footprints? An Empirical Analysis for Chinese Regions Based on the Multi-region Input-Output Model." *Ecological Economics*, 71 (1): 171 – 179.

致　谢

　　本书的研究得到中国社会科学院学科建设"登峰战略"之重点学科"环境技术经济学"和国家社科基金"跨区域碳减排的技术经济优化路径及政策研究"（13CJY009）的资助，本书的出版获得中国社会科学院创新工程学术出版资助项目的资助，并被纳入《中国社会科学院文库》。本书的完成离不开中国社会科学院提供的优良科研条件，中国社会科学院数量经济与技术经济研究所为作者的研究提供了诸多便利和支持。中国科学院虚拟经济与数据科学研究中心无偿提供了本书所使用的中国区域间投入产出表。诸多匿名评审专家对本书相关研究内容提出了许多宝贵意见和修改建议。作者谨在此对上述机构和专家学者表示衷心的感谢！当然，本书内容完全由作者负责。

张友国
2017 年 6 月

图书在版编目（CIP）数据

区域协同低碳发展路径与政策：溢出－反馈效应的视角／张友国著. －－北京：社会科学文献出版社，2018.2

（中国社会科学院文库.经济研究系列）

ISBN 978 - 7 - 5201 - 1513 - 1

Ⅰ.①区… Ⅱ.①张… Ⅲ.①区域经济发展－节能－研究－中国 Ⅳ.①F127

中国版本图书馆 CIP 数据核字（2017）第 244558 号

中国社会科学院文库·经济研究系列

区域协同低碳发展路径与政策

——溢出—反馈效应的视角

著　者／张友国

出　版　人／谢寿光
项目统筹／梁艳玲
责任编辑／姚冬梅　易　卉　贾立平

出　　版／社会科学文献出版社·期刊运营中心（010）59366560
　　　　　地址：北京市北三环中路甲 29 号院华龙大厦　邮编：100029
　　　　　网址：www.ssap.com.cn
发　　行／市场营销中心（010）59367081　59367018
印　　装／北京季蜂印刷有限公司

规　　格／开　本：787mm×1092mm　1/16
　　　　　印　张：23.5　字　数：405 千字
版　　次／2018 年 2 月第 1 版　2018 年 2 月第 1 次印刷
书　　号／ISBN 978 - 7 - 5201 - 1513 - 1
定　　价／98.00 元